Christian Werner
RELAX Guide 2014
Österreich

RELAX Guide & Magazin
Werner Medien GmbH, Wien
www.relax-guide.com

Die Deutsche Bibliothek – CIP-Einheitsaufnahme
Werner, Christian:
RELAX Guide 2014 Österreich / Christian Werner. – Wien:
Werner Medien GmbH, 2013
ISBN: 978-3-902115-49-2

© 2013 by Werner Medien GmbH, Wien

Redaktionsanschrift: Josefstädter Straße 75-77, 1080 Wien, Austria
redaktion@relax-guide.com, www.relax-guide.com

Layout: Stefanie Muther
Produktion: Paul Umfahrer-Vass, Dirk Aschoff, Karl Baumann
Satellitenfotos: Global Land Cover Facility, http://glcfapp.umiacs.umd.edu
Herstellung: Samson, St. Margarethen

Anzeigenverkauf:
Melanie Schmidt, key@relax-guide.com
Brigitta Grani, sales@relax-guide.com

Sondervertrieb, Industrieauflagen, Industriekooperationen:
Eva Maria Moser-Werner, moser@relax-guide.com

Bildnachweis Sonderthema Filmhotels: Fabrice Rambert, Jaap Buitendijk, Matthias Hamel, Ascot Elite Homeentertainment GmbH, intergroove, Concorde Home Entertainment, Dyvik Milling, Peter Heneisen, Disney, Ryan Lackey (Creative Commons), Focus Features, Paramount Pictures.

ISBN: 978-3-902115-49-2

Dieses Werk ist einschließlich aller seiner Teile urheberrechtlich geschützt. Jede Verwertung außerhalb des Urheberrechtsgesetzes ist ohne schriftliche Zustimmung des Verlags unzulässig und strafbar. Das gilt insbesondere für Vervielfältigungen, Übersetzungen, Mikroverfilmungen und die Einspeicherung in elektronische Systeme. Alle Rechte vorbehalten.

RELAX® und RELAX Guide® sind eingetragene Warenzeichen – Registered Trademark

Christian Werner
RELAX Guide 2014

Alle Hotels für Wellness und Gesundheit

1.057 Adressen
in Österreich

Getestet und bewertet

WEIN & CO bringt's!

Ganz relaxed von zu Hause (w)einkaufen.

WEIN & CO bietet **2.000 verschiedene Weine** immer auf Lager und Beratung von ausgebildeten Sommeliers. **21 mal in Österreich** und **weltweit unter weinco.at**

weinco.at

Die ganze Welt vergünstigt – mit American Express Selects®

WWW.AMERICANEXPRESS.AT/SELECTS

Genießen Sie spezielle Angebote bei Hotelaufenthalten und auf Reisen, bei Restaurantbesuchen, in Onlineshops und bei Einkäufen jeder Art.
Was auch immer Ihnen vorschwebt – bei American Express Selects finden Sie weltweit das Richtige.

Liebe Leserin, lieber Leser,

dies ist bereits die 15. Ausgabe des RELAX Guide, unser kleiner Verlag feiert demnach heuer sein 15-jähriges Bestehen. Zwar haben wir zahlreiche Verlage überlebt, die versuchten, uns nachzueifern, doch es handelt sich nicht wirklich um ein reifes Alter – im Vergleich mit so manchem anderen Verlagshaus befinden wir uns sozusagen noch in der „Trotzphase". Dennoch sind wir deutlich älter als die meisten Wellnesshotels, über die wir schreiben: Rund 70 Prozent haben erst Jahre nach unserer ersten Ausgabe eröffnet! Das mit der Trotzphase ist übrigens gar nicht so weit hergeholt, denn wir trotzen auch weiterhin allen Beschimpfungen, Anfeindungen und Interventionsversuchen, die ihre Ursache darin haben, dass viele Hoteliers meinen, ihr Hotel müsste im RELAX Guide besser abschneiden. Das heißt, wir bleiben unbeirrbar. Wir lassen uns auch weiterhin nicht davon abbringen, für Sie alle Hotels für Wellness und Gesundheit zu testen und nach klaren, standardisierten Kriterien zu bewerten. Und so zu schreiben, wie es ist, wie wir es bei unseren anonymen Hotelbesuchen vorfinden. Ohne zu beschönigen, manchmal begeistert, manchmal ernüchtert, jedoch stets mit dem Blick für das „Gesamtprodukt", dabei sachlich und fair.

Die jährliche Überprüfung des gesamten Marktes ist, genauso wie die kritische Grundhaltung der Redaktion, das Einzigartige am RELAX Guide. Diesen Gesamtüberblick kann Ihnen kein anderes Medium bieten. Wohl gibt es Publikationen nach dem Muster „Die besten Wellnesshotels", doch dabei können Sie mit Sicherheit davon ausgehen, dass dieser Auswahl „der Besten" keine kritische Untersuchung vorangegangen ist – und niemals eine Analyse des gesamten Angebots erfolgte. Es handelt sich in einem solchen Fall immer um bezahlte Werbung.

Testen, Daten sammeln, vergleichen

Nicht so beim RELAX Guide: Wir überprüfen alles, testen anonym und auf unsere Kosten – das verschafft uns nicht zuletzt auch die für eine objektive Bewertung unbedingt nötige Unabhängigkeit.

Jedenfalls kennen wir den gesamten Markt und verfügen deshalb über Informationen, die niemand anderer hat. So können wir Ihnen beispielsweise sagen, dass bereits mehr als 15 Prozent aller Hotels ihren Wellnessbereich auch externen Gästen öffnen (was für Sie als Hausgast nicht von Vorteil ist), dass nur jedes vierte Wellnesshotel auch einen ganzjährig nutzbaren Außenpool hat, dass sogar so banale Dinge wie eine Liegewiese nur in jedem dritten Hotel zum Angebot zählen oder dass 21,8 Prozent aller Häuser direkt an einer Bundesstraße oder gar an einer Autobahn liegen, weshalb Sie dort mit Lärm und Abgasen rechnen müssen.

Auch etwa die Art der Massagen, die Möglichkeiten für Jogging und andere sportliche Betätigungen sowie zusätzliche Spezialisierungen (z. B. Kinder, Tagungen, Hochzeiten) fließen in unsere Rechercheergebnisse ein, können doch gerade solche Spezialisierungen die Entspannung erheblich beeinträchtigen. Jedenfalls sammeln wir für jedes Hotel mehr als 100 derartige Datenkategorien, die das Bewertungsergebnis beeinflussen. Der abgedruckte Kommentar liefert nur ein stark komprimiertes Bild, die große Datenmenge bleibt dabei im Hintergrund. Hotels ohne Lilien-Auszeichnung werden übrigens seit 2009 nicht mehr kommentiert, sie erhalten nur eine zusammenfassende Bewertung von 9 bis 12 Punkten in der jeweiligen Dachzeile.

Premium-Qualität für die Gesundheit

boso
BOSCH + SOHN
GERMANY

EINER WIE KEINER
der neue
boso
medicus exclusive

boso medicus exclusive Oberarm-Blutdruckmessgerät | Medizinprodukt

SO INDIVIDUELL WIE IHRE GESUNDHEIT

BLUTDRUCK MESSEN VOM FEINSTEN

Der neue boso medicus exclusive – so individuell wie Ihre Gesundheit: Wie kein anderes boso Gerät lässt es sich auf Ihre persönlichen Bedürfnisse einstellen und bietet zahlreiche Statistikfunktionen für eine optimale Beurteilung der Blutdruckwerte. Erhältlich in Apotheke und Sanitätsfachhandel.

boso medicus exclusive – exclusive für Ihre Gesundheit und für mehr Lebensqualität.

GEWINNEN Sie ein boso medicus exclusive.

Aus allen TeilnehmerInnen werden 5 GewinnerInnen gezogen, die je ein boso medicus exclusive erhalten. Nehmen Sie online teil: www.boso.at oder schreiben Sie uns direkt eine E-Mail an gewinnspiel@boso.at mit dem Betreff: „Blutdruck messen mit boso". Einsendeschluss: 31.01.2014

Die GewinnerInnen werden schriftlich benachrichtigt. Keine Barauszahlung. Der Rechtsweg ist ausgeschlossen.

BOSCH + SOHN GmbH & Co. KG | Niederlassung Wien | Handelskai 94-96 | 1200 Wien | www.boso.at

„Objektive" Bewertung und ihre Grenzen

Zur eben erwähnten Objektivität muss allerdings gesagt werden, dass diese auch ihre Grenzen hat. Zum einen ist ein Hotel keine Maschine, bei der mittels Computer glasklare Diagnoseergebnisse ermittelt werden können, sondern ein lebendiges System – ein „Organismus", der zu jeder Zeit mehr oder weniger unterschiedlich reagieren kann. Sei es, dass die Belegschaft durch eine Grippewelle stark dezimiert ist, sei es, dass der virtuose Koch auf Urlaub weilt oder dass die große Anzahl von Gästen die Kapazitätsgrenzen von Restaurant und anderen Bereichen zu sprengen droht – es gibt vielerlei Möglichkeiten, warum man ein Hotel heute anders empfindet als noch am Tag zuvor. Zum anderen ist ja das Vorhandensein einer vom Beobachter unabhängig existierenden Wirklichkeit von der Quantenphysik längst widerlegt. Daher betrachten wir Hotels stets als „Bild", in dem man selbst enthalten ist. Das heißt: Wie man sich selbst verhält, ist in gewissem Ausmaß auch relevant für das Wohlfühlerlebnis – um vom Verhalten der anderen Gäste noch gar nicht zu sprechen.

Neues im RELAX Guide 2014

Neu in dieser Ausgabe sind zunächst 45 Hotels (die meisten in Tirol, gefolgt von Salzburg und der Steiermark, zum zweiten Mal in Folge keines in Niederösterreich), davon konnten 12 mit mindestens einer Lilie ausgezeichnet werden. Rausgefallen sind nicht weniger als 17 (das ist ein absoluter Spitzenwert in der Geschichte der heimischen Wellnesshotellerie; Lilien-Hotel ist allerdings keines dabei), was bedeutet, dass diese entweder geschlossen haben oder als Hotel ohne Spa-Angebot weitergeführt werden. 74 Hotels mussten schlechter bewertet werden als im Vorjahr, darunter auch jene 33, die einen Totalverlust ihrer bisherigen Lilie(n) hinnehmen müssen.

38 Häuser konnten hingegen besser bewertet werden, darunter auch jene vier, die erstmals in den Kreis der Lilien-Hotels aufsteigen. Dieser ist noch kleiner und exklusiver geworden: Nur 267 der insgesamt 1.057 Hotels konnten die 12-Punkte-Hürde überwinden und nun mit mindestens einer Lilie zertifiziert werden (Stichtag: Redaktionsschluss 15. Juni 2013).

Beibehalten haben wir die Attribute „hundefreundlich", „kinderfreundlich" und „familienfreundlich", sie stehen jeweils ganz am Beginn der Hotelkritik. „Hundefreundlich" ist dabei ein Hotel, in das Sie Ihren Hund ohne vorherige Absprache mitbringen dürfen, das ist zurzeit in 82 Lilien-Hotels (doppelt so viele wie im Vorjahr) möglich. „Familienfreundlich" bezeichnet ein Hotel, das eine gewisse Infrastruktur für Kinder zur Verfügung stellen kann. „Kinderfreundlich" geht darüber hinaus, bedeutet es doch das gleichzeitige Vorhandensein von Infrastruktur und (im Logispreis inkludierter) Kinderbetreuung, dies während des ganzen Jahres.

„Kinderhotels" hingegen sind reine Spezialisten und ohne Kids gar nicht buchbar. Sie bieten Betreuung und häufig große Spielareale, im Regelfall aber kleinere Spa-Zonen als andere Häuser.

Diesjähriges Extra: Urlaub wie im Film

Die 50 schönsten Filmhotels der Welt (mit Schwerpunkt Europa) haben wir in monatelangen Recherchen ermittelt – eine spannende Aufgabe. Das Ergebnis ist jedenfalls absolut lesenswert.

Mein Dank gilt meinem Team und Ihnen: für das Vertrauen sowie für die vielen Leserbriefe und Gastbewertungen über www.relax-guide.com. Nun viel Freude mit Ihrem neuen RELAX Guide 2014!

Mag. Christian Werner

Das Geheimnis unseres Wassers

Planen Sie gerade Ihren nächsten Wellness-Urlaub in einem dieser atemberaubenden Hotels? Dann stellen Sie doch mal das Wasser in den Mittelpunkt Ihrer Überlegungen. Als Europas Nummer 1 der Wasseraufbereitung und Komplettanbieter realisieren wir seit rund 40 Jahren Poolkonzepte für private Bauherren, Kommunen, Thermen und führende Wellnesshotels. Unsere innovativen Technologien sorgen für Hygiene, Sicherheit und Gesundheit im Wasser. Damit Sie und Ihre Familie ungetrübten Badespaß genießen können. Entdecken Sie das Geheimnis unseres Wassers für mehr Lebensfreude – in unseren BWT Wellnesshotels! Mehr dazu auf www.bwt.at.

Möchten Sie das einzigartige Glücksgefühl eines Wellness-Urlaubes gerne jeden Tag genießen? Dann verwirklichen Sie Ihren Traum vom eigenen Pool – mit bester Wasseraufbereitung von BWT und einem edlen Schwimmbecken von Berndorf Bäderbau, dem Spezialisten für hochwertige Privat-Edelstahlbecken.

www.bwt.at   For You and Planet Blue.

Forschung, Erfahrung, Purer Genuss.

Diese drei Grundlagen machen die Clarins Methode einzigartig.
Seit über 50 Jahren kombiniert Clarins die Kraft von Pflanzen mit Forschung und entwickelt hochwirksame Formeln. Weltweit können Sie in ausgewählten Instituten eine maßgeschneiderte Clarins Behandlung mit exklusiven Anwendungsmethoden genießen – für perfekte Harmonie und Balance von Körper und Geist. www.clarins.com

CLARINS

Bewertungskriterien

Zur Bewertung der Hotels in den Kategorien Wellness („ohne Arzt"), Kur („Arzt für chronisch Kranke"), Gesundheit (Prävention – „Arzt für Gesunde") und Beauty (Schönheitsfarmen) haben wir die „RELAX-Guide-Lilie" geschaffen. Seit alten Zeiten und in vielen Kulturen gilt die Lilie als Symbol der Reinheit, aber auch der Erneuerung. Seit Herbst 1999 schmücken unsere Lilien die besten Hotels in Österreich, seit 2001 auch jene in Deutschland: auf einer blauen Plakette mit der jeweiligen Jahreszahl. Und zwar nicht nur als Qualitätsgütezeichen, sondern auch als Symbol für die überdurchschnittlich gute Befindlichkeit ihrer Gäste.

Lilien als Qualitätsgütesiegel

Das gesamte Angebot wird im RELAX Guide in die vier Kategorien Kur, Gesundheit, Wellness und Beauty eingeteilt. Kur bedeutet dabei einen zumindest einwöchigen Aufenthalt und inkludiert ärztliche Diagnostik sowie überwachte Therapieabläufe. Wellness heißt im Regelfall „ohne Arzt".

Die Leistungen von Gesundheitshotels richten sich an Gesunde, reichen von Prävention über medizinische Check-ups bis hin zur Therapie von Stressfolgen und eher harmloseren Gesundheitsstörungen – unter ärztlicher Aufsicht. Typische Vertreter dieser Kategorie sind Heilfasten-, Mayrund Ayurvedakurhäuser sowie auf Traditionelle Chinesische Medizin spezialisierte Hotels.

Wellness, Gesundheit, Kur und Beauty

Unter der Kategorie Beauty sind im RELAX Guide nur „echte" Schönheitsfarmen gelistet. Man erkennt diese daran, dass sie keine normalen Feriengäste aufnehmen und zumeist nur Wochenarrangements offerieren. Übrigens: Bereits mehr als zwei Drittel aller Hotels haben mittlerweile Kosmetikbehandlungen im Angebot – die Leistungen, die auf einer Schönheitsfarm (meist nur für Damen) geboten werden, sind jedoch im Schnitt deutlich besser.

Bitte beachten Sie, dass Kurhotels keine Wellness-Oasen sind, sondern völlig andere Gäste – nämlich chronisch Kranke – sowie andere Ziele haben als Wellnesshotels. Daher gelten für diese Betriebe auch geringfügig modifizierte Bewertungskriterien; zudem werden Kurhotels natürlich nur mit anderen Kurhotels verglichen. Ergeben sich dann hohe Lilien-Anzahlen, bedeutet dies natürlich nicht, dass ein solches Haus mit einem Top-Wellnesshotel vergleichbar wäre.

Kriterien für einen Spa-Urlaub

Alle Hotels werden ausschließlich nach unseren Wellness- oder Kururlaubskriterien beurteilt. Das bringt mit sich, dass luxuriöse Stadthotels, perfekte „Tagungspaläste" oder auch exklusive Fünfsternhäuser mit geringer Wellness-Entsprechung mit relativ niedrig erscheinenden Punktezahlen bewertet werden, selbst wenn sie im normalen Beherbergungsbereich eine regionale Spitzenstellung innehaben.

Daher kann ein luxuriöses Stadthotel mit perfektem Service und gutem Spa beispielsweise nur mit maximal 16 Punkten beurteilt werden – aber auch nur dann, wenn bei unserer Recherche vor Ort absolut alles gepasst hat. Für unsere Bewertung maßgeblich ist jedenfalls stets unser persönliches Wohlfühlerlebnis, das sich auf die folgenden Kriterien bezieht: „Natur & Lage", „Ambiente", „Ausstattung & Dienstleistungsqualität", „Locker & Easy", „Beratung & Verkauf", „Preis & Wert".

Aus dem Hause BWT - For You and Planet Blue.

Gewinnen Sie eine Nacht...

Jetzt mitmachen & gewinnen!

...die Ihnen Ihr ganzes Leben versüßt!

NeherINTENSE, unsere einzigartige Infrarot-Glasdusche, vereint die wärmende Energie der Sonne mit der erfrischenden Kraft des Wassers. Und sie bringt ein modernes Soundsystem und stimmungsvolles LED-Lichtdesign in Ihr Bad. So erleben Sie intensive Entspannung, die unter die Haut geht.

Starten auch Sie energiegeladen in den Tag und gewinnen Sie ein Wochenende in einer Private Spa Suite eines NeherINTENSE Partnerhotels. Senden Sie uns eine E-Mail an relax@neher.at mit dem Betreff: „Entspannung, die unter die Haut geht."

Aus allen TeilnehmerInnen werden 3 GewinnerInnen gezogen. Die GewinerInnen werden schriftlich benachrichtigt. Keine Barauszahlung. Der Rechtsweg ist ausgeschlossen. **Einsendeschluss: 31. März 2014**

NEHER 1879
Manufactured in Austria_

www.neher.at

Natur & Lage
Besonders für den Großstadtbewohner ist die Lage in belebender Natur einer der wichtigsten Relax-Faktoren überhaupt. Blumenübersäte Almwiesen, stille Bergseen oder ein herrlicher Fernblick können sowohl psychisch als auch somatisch bereits kleine Wunder bewirken. Und das nicht nur beim ganz normalen „Stress-Patienten". Eine in diesem Sinne schöne Lage ist für uns sehr wichtig, daher gilt: Auch das allerschönste Wellnesshotel mit sauberen Dienstleistungen wird, wenn es in einem Gewerbegebiet oder direkt an der Autobahn liegt, kaum über 12 bis 13 Punkte hinauskommen.

Ambiente
Nicht jeder notdürftig adaptierte Kellerraum eignet sich zum Wohlfühlen. Wer auf Körper und Sinne hören will, der findet sich in einem unfeinen Ambiente, in niedrigen, verwinkelten und unharmonisch gestalteten Räumen in einer paradoxen Situation gefangen, an der er unweigerlich scheitern muss. Ein nachhaltiger Effekt bleibt in solchen Fällen aus, der Wellnessurlaub geht an den Bedürfnissen des Gastes vorbei. Die höchsten Bewertungen vergeben wir jedenfalls für ein stilvolles Ambiente mit reduzierten visuellen Reizen, das es dem (ohnedies reizüberfluteten) Entspannungssuchenden ermöglicht, wieder ein bisschen zu sich selbst zu finden. Sagenhaft inszenierte „Erlebniswelten" gehören nach Disneyland, in die Ordner „Freizeitstress" oder „Kollektive Verblödung" und punkten im RELAX Guide nur schlecht – oder gar nicht!

Ausstattung & Dienstleistung
Ähnlich ist das bei Wellnesszonen, die mit allerlei überflüssigem Schnickschnack aufgemotzt wurden. Niemand braucht 20 verschiedene Saunen, und auf Dinge wie Massagemaschinen, künstliche „Mikro-Strände" oder gar einen Klima-Apparat, der „einen dreistündigen Spaziergang am Strand ersetzt", wollen wir liebend gerne verzichten. Fazit: Qualität geht vor Quantität, Schmonzes drückt die Bewertung nach unten. Die Ausstattung muss aber dem heutigen Standard entsprechen. Und der Gast darf nicht für jede Kleinigkeit extra zur Kasse gebeten werden.

Besonderes Augenmerk legen wir auf die Anzahl der Ruheliegen im Spa-Innenbereich, natürlich in Relation zur Hotelgröße bzw. zur Bettenanzahl. Angemessen wäre es wohl, wenn für jeden Gast eine Liege bereitstünde, leider gibt es nur 15 Hotels, in denen das so ist. Im Schnitt müssen sich etwa neun Gäste eine Ruheliege teilen. Die vor der Bettenanzahl angeführte Liegenanzahl bezieht sich stets auf den Innenbereich, abhängig von der Jahreszeit kann sie abweichen, da es vorkommt, dass im Sommer Liegen nach draußen gestellt werden.

Mehr noch als die harten Fakten zählt für uns aber die Dienstleistungsqualität, die wesentlich von Ausbildung und Motivation abhängt. Bei den Mitarbeitern eine echte Wohlfühlatmosphäre von Freundlichkeit und ungekünsteltem Gut-drauf-Sein entstehen zu lassen, zählt zu den wichtigsten Management-Aufgaben in der Gesundheitshotellerie. Wer sie beherrscht, kommt im RELAX Guide auch mit einer weniger guten Ausstattung auf respektable Lilien-Werte. Familienbetriebe haben es hier übrigens meist leichter als große Bettenburgen und zentral verwaltete Kettenhotels.

Weiters wichtig sind kompetente Therapeuten und nicht zuletzt die Küchenleistung. Auch bei ihr gilt für uns: Qualität vor Quantität, möglichst aus biologischer Herkunft, frisch zubereitet und für höchste Ansprüche. Bewertet wird – so angeboten – die Halbpensionsküche.

ACHTEN SIE AUF DIESES ZEICHEN!

Textilien mit Hygienegarantie: Garantiert standardisierte, desinfizierende Waschverfahren, regelmäßige Prüfungen und Begutachtungen durch unabhängige Institute.

Der QR-Code führt zu unseren Videos.

Hygienische Textilien mit Umweltbonus.

Wir sorgen für hygienisch einwandfreie Wäsche in Zimmern und Spa-Bereich. Dabei kommen ausschließlich umweltoptimierte, nachhaltige Verfahren zum Einsatz. Sie spüren diesen Unterschied sofort und erkennen ihn im Relax-Guide an diesem Zeichen: Es steht für garantierte Hygiene und Umweltschonung durch Textilservice von SALESIANER MIETTEX.

Für beide Garantien erhalten ausgezeichnete Betriebe entsprechende Zertifikate.

Textil-Management vom Besten.

www.salesianer.com

Das aus gutem Grund: Zahlreiche Hotels haben nämlich neben dem regulären Beherbergungsbetrieb noch ein À-la-carte-Restaurant, das nicht selten auf eine ausgezeichnete Gourmetküche stolz sein kann. Immer wieder müssen wir aber erleben, dass man als Halbpension buchender Hotelgast mit Speisequalitäten zweiter oder gar dritter Klasse konfrontiert wird.

Locker & Easy

Nach unserer Auffassung verträgt sich ein Relax-Urlaub kaum mit Seminar-, Veranstaltungs- oder Bustourismus. Das Frühstück im Bademantel neben einer Gruppe von businessmäßigen Krawattenträgern empfinden wir nicht als angenehm, außerdem ist es in derartigen Häusern meist auch gar nicht gestattet. Wer sich auf die Zielgruppe Wellnessurlauber spezialisiert und nicht zusätzlich in alle Geschäftsrichtungen gleichzeitig losläuft, der hat es viel leichter, auf eine hohe Anzahl von Lilien zu kommen. Dasselbe gilt für Hoteliers, die ihren Gästen beispielsweise das Frühstück bis 13 Uhr oder den Zugang zum Hallenbad 24 Stunden am Tag gewähren – also einen völlig zwanglosen Aufenthalt garantieren.

Beratung & Verkauf

Als besonders mühsam empfinden wir es, wenn einem ständig irgendwelche Massagen oder Schönheitsprozeduren aufgedrängt werden. Speziell im Kosmetikbereich sollte vor jeder Art von Behandlung eine eingehende Beratung mit Behandlungsplan erfolgen, und zwar bevor man mit kostspieligen, aber unkoordinierten Therapieabläufen beginnt. Gute Verkäufer sind oft schlechte Berater, und Letztere müssen in unserem Guide mit einem Punkteverlust rechnen.

Preis & Wert

Alle Hotels können ihre Einstufung durch besonders preiswürdige Angebote verbessern. Betriebe mit schlechtem Preis-Leistungs-Verhältnis erhalten dagegen einen Punkteabzug, ohne dass im Text gesondert darauf hingewiesen sein muss. Die Anzahl der von uns vergebenen RELAX-Guide-Lilien ist übrigens nicht unbedingt von einer luxuriösen Ausstattung abhängig.

Achtung: Auch die teuersten Luxushotels unterliegen den allgemeinen Bewertungsrichtlinien. Umgekehrt ist es deshalb auch möglich, dass Betriebe der Dreisternkategorie eine sehr hohe Bewertung mit bis zu drei Lilien erhalten.

Preisangaben

Die angeführten Preise beziehen sich im Regelfall auf den Nächtigungspreis pro Person im Doppelzimmer mit Halbpension (HP, einfachste Zimmerkategorie, günstigste Saison). Nicht immer ist dieser Preis der günstigste, da manchmal schon bei mehr als zwei Nächtigungen Rabatte gewährt werden. Die Anfrage um einen Sonderpreis, der je nach Marktausrichtung des Hauses entweder für Wochentage oder an Wochenenden gewährt wird, kann sich lohnen. Speziell Tagungs- und Cityhotels gewähren an Wochenenden respektable Preisnachlässe, die 35 Prozent und mehr betragen können. Auch Packages, also mehrtägige Arrangements mit Behandlungen, werden als Ab-Preis in der günstigsten Zimmervariante (pro Person im Doppelzimmer) angegeben. Achtung: In Alpinregionen können die Winterpreise ganz beträchtlich über denen des Sommers liegen, genau umgekehrt ist das in den Seengebieten des Flachlandes.

Zur Beachtung

Alle Preise wurden im Juli 2013 erhoben, viele Betriebe konnten damals noch keine Angaben für das Jahr 2014 machen, daher haben wir in diesen Fällen die zum Erhebungszeitpunkt gültigen Preise herangezogen. Für die Verbindlichkeit der abgedruckten Preise können wir jedenfalls keine Gewähr übernehmen.

Sterne, „Superior" und „Plus"

Hotels kennzeichnen wir neben dem Namen mit jener Sterneanzahl, mit der sie von der Wirtschaftskammer kategorisiert wurden. Allerdings haben sich längst nicht alle Häuser der offiziellen Klassifizierung unterzogen. Dort, wo in diesem Buch die Sterne neben dem Hotelnamen fehlen, lag bis dato keine Sternekategorisierung vor. Neben der bislang üblichen Einteilung in Drei-, Vier- und Fünfsternbetriebe gibt es auch so etwas wie Zwischenkategorien, die durch den Zusatz „Superior" (auch: „Halbsterne" oder „Plus") ausgedrückt werden. Hotels mit derartigen Halbsternen sind mit einem kleinen „s" neben den Sternesymbolen gekennzeichnet.

„Nonsense-Treatments"

Es gehört zu den negativen Begleiterscheinungen des Wellnesstrends, dass auch Abzocke und Wellnepp boomen. Das Spektrum reicht von Zimmern mit Schrankbetten über industriell vorgefertigte Küchenprodukte bis hin zu schlecht durchgeführten Anwendungen oder sogenannten Nonsense-Treatments, also Therapien ohne therapeutischen Effekt. Meist sind das sündteure Behandlungen, die keinerlei Auswirkungen auf den Organismus haben. Etwa das „vitaminreiche Zitronenbad", das „Sauerstoffbad" oder die Hautbehandlung mit Schokolade.

Als problematisch und keinesfalls empfehlenswert betrachten wir auch sogenannte Ayurvedakuren, die ohne entsprechende Ernährung angeboten werden. Genauso übrigens wie eine „Ayurveda-Salz-Packung": Während einer Ayurvedakur ist nämlich selbst das Baden in Salzwasser kontraindiziert.

Massagen: das Verschwinden des Handwerks

Vor 15 Jahren, bei unseren Recherchen für die erste Ausgabe des RELAX Guide, gab es gerade mal 180 Wellnesshotels. Die Welt war noch heil, zumindest jene der Körperbehandlungen: Die große Mehrheit der Massagen verlief zufriedenstellend bis gut, etwa drei Prozent erlebte man als virtuos.

Inzwischen ist der Anteil der virtuosen leicht zurückgegangen, richtig schlimm jedoch zeigt sich der Rest: Etwa die Hälfte der Massagen wird nicht zufriedenstellend durchgeführt, rund ein weiteres Drittel sogar völlig unzureichend bis inkompetent – von angelernten Hilfskräften, die keine Ahnung vom Thema haben und bestenfalls Streicheln auf tiefem Niveau bieten können. Immer mehr Häuser gehen sogar dazu über, sinnvolle Körperbehandlungen ganz aus ihrem Anwendungskatalog zu streichen, um sie durch „kosmetische" – von einer Kosmetikerin durchgeführte – „Treatments" zu ersetzen. Diese tragen dann duftvoll-absurde Namen wie „Nofretetes Traum" oder „Afrikanische Isis-Massage mit Kaviar". Wir raten: Im Zweifel Hände weg von solchen Treatments! Buchen Sie lieber eine klassische Massage. Falls diese nicht entspricht, brechen Sie sie ab und verweigern Sie die Bezahlung derselben. Wenn das jeder so macht, dann werden Sie sehen, wie schnell das gute Handwerk von ehedem wieder zurückkehrt!

!QMSMedicosmetics
MEDICAL COMPETENCE IN COSMETICS

Eine echte Alternative zur Schönheits-Chirurgie mit langfristigem Erfolg.

ION SKIN EQUALIZER

Ein einzigartiges, speziell aufeinander abgestimmtes Anti-Aging-Pflege Duo, welches den nächtlichen Regenerationsprozess der Haut auf Hochtouren bringt.

Diese hochwirksamen Anti-Aging Produkte und Treatments werden in Beauty und Wellness-Abteilungen gehobener Hotels in Österreich und Südtirol angeboten.
www.beautymed.at

CLASSIC SET

Diese Gesichtspflege mit 3 perfekt aufeinander abgestimmten Präparaten hilft, Zeichen der Hautalterun zu reduzieren. Die Haut wirkt jünger und vitaler.

Beratung & Information
BeautyMed Handels-GmbH
GENERAL-REPRÄSENTANZ FÜR
ÖSTERREICH UND SÜDTIROL
A-6020 Innsbruck, Salurner Str. 15/1,
Tel. +43-(0)512-579595
info@beautymed.at, www.beautymed.at

E-Mail- und Web-Adressen, Info & Buchen

Die Web- und E-Mail-Adressen aller Wellnesshotels sind auf www.relax-guide.com, dem weltgrößten Wellness-Internetportal, zu finden. Alle Hotels können zudem über das Portal gebucht werden, ohne dass für den User oder das Hotel Gebühren oder Provisionen anfallen. Auch die Anforderung von Prospekten funktioniert für alle Hotels schnell und problemlos.

Bewertungsmathematik

Die Bewertungen im RELAX Guide werden dynamisch durchgeführt, das heißt, dass wir Punkte und Lilien alljährlich am Branchenniveau ausrichten. Wegen der starken Veränderungen im Wellnesssektor, die sich an ständiger Weiterentwicklung und Neuinvestitionen vor allem bei Leitbetrieben zeigen, würde ein statisches Bewertungssystem – wie es bei anderen Hoteltestverfahren und sogenannten Zertifizierern leider die Regel ist – dazu führen, dass sich innerhalb von wenigen Jahren eine Mehrheit der Hotels mit einer hohen Anzahl an Lilien schmücken könnte. Unser Ziel ist es aber, für die Leser jene Hotels „herauszufiltern", deren Niveau den allgemeinen Durchschnitt übertrifft, Hotels zu nennen, die zu den besten gehören – Hotels mit Lilien. Daher werden jedes Jahr die Leistungen der Top-Betriebe (vier Lilien) als Maßstab herangezogen, an dem die gesamte Branche gemessen wird.

Das Punkteminimum sind 9 Punkte, es wird für ungepflegte Häuser oder solche vergeben, die nur über ein höchst bescheidenes Wellnessangebot verfügen. Durchschnittliche Wellnesshotels liegen bei 11 bis 12 Punkten (keine Lilie). Hotels ohne eigenen Wellnessbereich – mit Anbindung an eine öffentliche Therme – punkten mit etwa 12, können aber durch eine gute Küche, entsprechende Service- oder Ausstattungsqualitäten um etwa 1 bis 2 Punkte besser abschneiden.

Das Maximum sind 20 Punkte, es wird nur an Häuser vergeben, die, von kleineren „Ausrutschern" abgesehen, in allen Bereichen – vor allem auch in der Küche – Höchstleistungen erbringen. Rein rechnerisch liegt die interne Höchstwertung bei 22 Punkten (Idealfall), diese kann jedoch in der Praxis nicht erreicht werden, zumindest ist dieser Fall noch nie eingetreten.

Für das Bewertungssystem sind folgende Faktoren maßgeblich: Lage (max. 4 von 22 Punkten), Software (Ambiente, Dienstleistung, Küche; max. 9 von 22 Punkten), Hardware (Architektur, Infrastruktur, Ausstattung; max. 5 von 22 Punkten), „Locker & Easy" (Wohlfühlkriterien; max. 3 von 22 Punkten), Preis-Leistungs-Verhältnis (max. 1 von 22 Punkten).

Bewertungsbeispiel

Aktuelle Bewertung (Basis: RELAX Guide 2014) eines Hotels mit 13 Punkten (eine Lilie):
- Lage: Grünruhelage am Ortsrand, mit Fernblick – 3 Punkte.
- Software: Ambiente besser als regionaltypischer Durchschnitt, sehr sauberes Haus, dezente Dekoration, freundliche Mitarbeiter mit höherer Aufmerksamkeit, sehr gute Küche, kaum industriell vorgefertigte Speisen, hochkompetent durchgeführte Treatments – 6 Punkte.
- Hardware: zeitgemäße Zimmer, Spa-Fläche etwa 30 m^2 pro Zimmer, Freibecken (ganzjährig), Hallenbad, Sauna, Dampfbad, Massagen, Kosmetik, moderne Fitnessgeräte mit Laufband, Ruheliegen im Indoorbereich mindestens 30 Prozent der Bettenanzahl – 2,5 Punkte.
- „Locker & Easy": kein Bus- oder Tagungstourismus, angenehme Frühstückszeiten – 1,5 Punkte.
- Preis-Leistungs-Verhältnis: regionaler Durchschnitt – 0 Punkte.

Was wir gar nicht mögen, aber häufig erleben …

- Bademäntel und Liegetücher (auch auf den Behandlungsliegen) aus Polyester.
- Hotels mit Ruheliegen in Durchgangszonen, vor allem, wenn diese schlecht temperiert sind.
- Gestresste, nach Schweiß und Zigarettenrauch riechende Kosmetikerinnen und Masseure.
- Stümperhaft durchgeführte Massagen, die uns teuer als Ayurveda verkauft werden. Und Masseurinnen, die zugeben müssen, dass sie ungeeignete Billigöle verwenden und nicht einmal einen einzigen ayurvedischen Energiezustand („Dosha") nennen können.
- Kosmetikerinnen, die massieren: ohne Sachkenntnis, aber mit langen Fingernägeln.
- Therapeuten, die ohne Aufforderung ihre Lebensgeschichte erzählen und dann noch viele Fragen stellen.
- Haare, Hautschuppen und anderen Schmutz auf dem Gestänge von Massageliegen.
- Hotels ohne eigenes Spa, mit Anschluss an öffentliche Thermen und Kureinrichtungen.
- Schwarzalgen und Schmutzränder in den Pools, Chlorgeruch in den Badezonen.
- Veraltete Fitnessgeräte in miefigen, tageslichtlosen Kellerräumen mit Spannteppich.
- Zerschlissene und viel zu kleine Bademäntel. Bademäntel gehören ebenso wie Schlapfen zum Standard eines Wellnesshotels, sollten also ohne Aufpreis inkludiert sein.
- Hintergrundmusik im gesamten Haus, als Ganztagesberieselung.
- Hintergrundmusik, die unpassend ist. Pop zum Abendessen etwa, Techno in der Lobby. Fürchterlich ist Radio mit Werbung und Nachrichten. Noch schlimmer: Gedudel vom Typ „Zillertaler Schürzenjäger", vor allem im Asia-Spa zur balinesischen Massage.
- Dresscodes – weil man in einem Relax-Urlaub ohne Kleidungszwang entspannen können sollte.
- Hoteliers, die keine spezifische Zielgruppe bewerben. Wer mit dem Aston Martin vorfährt, wird sich nicht wohl fühlen, wenn in der Garage nur Autos der Billigmarke Logan stehen.
- Hotels, die an unterschiedliche Zielgruppen zu differenzierten Preisen verkaufen. Nur ungern teilen etwa junge Leute Restaurant und Nacktbereich mit in Bussen angereisten, wanderfreudigen Rentnergruppen aus Osteuropa. Noch unangenehmer wird es, wenn man dann erfährt, dass diese nur die Hälfte bezahlt haben.
- Hotels, die mehrere Zielgruppen gleichzeitig bedienen: etwa Familien mit Kindern, Alleinreisende, Tagungsteilnehmer und „Einbandagierte" (nach plastisch-chirurgischen Eingriffen).
- Das typische Ambiente: den Alpinholzfällerlederhosenkitschromantikhoteleinheitsbrei.
- Das Fehlen einer Garage bei praller Sonne – und im Winter erst recht.
- Reinigungsdamen, die am Morgen mehrmals klopfen oder gar ins Zimmer platzen.
- Mitarbeiter, die selbst bei kleinsten Sonderwünschen ein genervtes Gesicht zeigen.
- Mitarbeiter, die sagen: „Dafür bin ich nicht zuständig."
- Mitarbeiter, die keine Ahnung von der Umgebung haben und beispielsweise die Frage nach dem Namen eines weithin sichtbaren Berges nicht beantworten können.
- Hotelküchen, die fabrikmäßig vorgefertigte Speisen („Convenience-Food") verwenden.
- Üppige Buffets, bei denen sich zwar die Tische biegen, die angebotenen Speisen jedoch weder ernährungsphysiologisch Qualität noch einen guten Geschmack aufweisen.
- Fragebögen, mit denen wir nach langer Anreise mit dem Auto vor dem Check-in gequält werden. Auch das Meldeformular sollte längst vom Hotel ausgefüllt sein.
- Ein Management, das das Wort Sozialkompetenz für marxistisches Vokabular hält.

THALGO
COSMETIC GMBH

Schönheit & Gesundheit aus dem Meer

Genusspflege à la carte mit NUTRIDERMOLOGIE®

Luxuriöse SPA-Erlebnisse für alle Sinne

Natürliche Schönheit für höchste Ansprüche

Ganzheitliche SPA-Konzepte aus einer Hand

THALGO COSMETIC steht für vier starke Marken, einzigartige SPA-Konzepte, intensive Schulung sowie umfangreiche Betreuung und Marketingunterstützung.

THALGO nutzt die Kräfte des Meeres für authentische Pflege- und Behandlungskonzepte. Ella Baché überzeugt durch effiziente Schönheitsrezepte für die Haut. Mit einzigartigen SPA-Ritualen steht TERRAKÉ für sinnlichen Luxus. Couleur Caramel bietet biologisches Make-up mit einer außergewöhnlichen Farbvielfalt. Innovative Dienstleistungskonzepte wie SPA GYM® runden das Angebot ab.

THALGO LA BEAUTE MARINE   Paris Ella Baché   TERRAKÉ   Couleur Caramel natural make up

info@thalgo-cosmetic.de | .at · www.thalgo-cosmetic.de | .at

Was wir mögen, aber selten erleben …

- Ruhelage: An der Straße oder gar an der Eisenbahnlinie ist's nicht wirklich zum Entspannen geeignet. Auch Fluglärm oder Disco im Haus kommen nicht gut.
- Eine Rezeption, die uns schon bei der Buchung auf Engpässe bei den Behandlungsterminen hinweist und natürlich auch das Spa-Menü zu erklären weiß.
- Wenn man beim Check-in gleich über die gebuchten Behandlungen informiert wird.
- Mitarbeiter, die aufs Zimmer begleiten und dabei auch mit dem Gepäck behilflich sind.
- Stimmige Beleuchtung, die Atmosphäre schafft.
- Eine Küche für Gourmets, nicht für Gourmands: weniger, aber besser. Vornehmlich mit Zutaten aus biologischer Landwirtschaft. Sonnengereifte Früchte, saisonales Gemüse.
- Am Frühstückstisch: Sauerteigbrot (echtes!), nur frische, regionale Produkte, nichts aus der Fabrik, auch keine billigen Marmeladen oder gar „Multivitaminsäfte".
- Lange Frühstückszeiten: Ab 10.30 Uhr wird's gemütlich.
- Ein winziges, federleichtes Häppchen als Light Lunch im Preis inkludiert, beispielsweise Süppchen oder Salate.
- Etwas frisches Obst sowie Quellwasser im Zimmer, täglich ergänzt.
- In der Sauna: einen ordentlichen Frischluftraum sowie ein möglichst großes Kaltwasserbecken. Auch ein dicker Kneippschlauch gehört dazu.
- Ruheliegen für alle, sowohl im Innen- als auch im Außenbereich.
- Wenn die Behandlung vorher kurz erklärt wird oder – ganz besonders bei umfangreicheren Beauty- oder Physio-Treatments – eine Beratung stattfindet.
- Musik im Behandlungsraum, die man sich selbst aussuchen kann. Auf jeden Fall sollte zumindest die Lautstärke regulierbar – oder die Berieselung abschaltbar – sein.
- Eine kleine Auswahl an feinen Tees und an frischem, gewaschenem (!) Obst im Spa.
- Hallenbad rund um die Uhr (gerne auch bei kleiner Beleuchtung), Sauna bis 23.30 Uhr.
- Kleine Badetücher vor dem Dampfbad (Sitztücher).
- Wohltemperierte Therapieräume, speziell bei Anwendungen, die abkühlen, also etwa bei Lomi Lomi Nui oder ayurvedischen Massagen und Güssen.
- Nicht nur im Spa: echte Pflanzen und Blumen. Plastik ist unwürdig und stillos.
- Ein helles Leselicht am Bett, aber auch im Ruheraum.
- Ausreichende Zahl an Kleiderhaken, Hosenbügeln und Ablageflächen im Badezimmer.
- Gratisgarage für alle: Ein Parkplatz im Freien ist für Fahrer von teuren Limousinen eine Zumutung, dafür noch Geld zu verlangen Abzocke.
- Mitarbeiter, die das Wort Dienstleistung verstanden haben: als Dienen plus Leistung.
- Mitarbeiter, die genau daran Freude haben und am Umgang mit dem Gast wachsen.
- Wenn unsere Beschwerden ernst genommen werden und entsprechend reagiert wird.
- Wenn Kritik nicht bis zur Abreise mit reservierten Blicken geahndet, sondern mit einem Dankeschön als wertvoller Beitrag zur Produktverbesserung aufgefasst wird.
- Strahlende Sauberkeit im ganzen Haus.
- Im Spa und in der Lobby: statt Boulevard und Werbeprospekten eine Auswahl an niveauvollen Zeitungen und Magazinen.
- Wenn uns anstelle von dressiertem Personal menschliche Persönlichkeiten bedienen.

Wien 7 T: 05 9696 1-810, **Wien 21** T: 05 9696 1-540, **Perchtoldsdorf** T: 05 9696 2-311, **St.Pö**
Saalfelden (Herbst 2013) T: 05 9696 5-0, **Klagenfurt** T: 05 9696 9-240, **Villach** T: 05 9696 9-832, **Nu**

 www.facebook.com/SHT.Haustechnik

Entdecken Sie
das Paradies!

Verwirklichen Sie Ihr Traumbad!

sen Sie sich inspirieren von einer großen Auswahl namhafter Marken, moderner Badlösungen
den neuesten Trends. Ob kleiner oder großer Badtraum, wir bieten Ihnen kompetente Beratung
planen Ihre persönliche Wohlfühloase. Damit wir uns ausreichend Zeit für Sie nehmen können,
einbaren Sie bitte vorab einen Beratungstermin. Kauf, Lieferung und Montage übernimmt der
tallateur Ihres Vertrauens.

Österreichs größte Bäderauswahl
www.baederparadies.at

9696 2-552, **Ansfelden** T: 05 9696 4-880, **Graz** T: 05 9696 8-272, **Elsbethen** T: 05 9696 5-860,
nt T: 05 9696 9-840, **Innsbruck** T: 05 9696 6-650

SHT Unser Service. Ihr Mehrwert.

Unser Relax-Tipp: Jetzt zu VERBUND wechseln und Stromkosten sparen.
Danke, Wasserkraft!

Zu Strom aus 100% österreichischer Wasserkraft wechseln spart Geld und ist einfach. Mehr unter **www.verbund.at** oder unter der kostenlosen Serviceline **0800 210 210**.

Am Strom der Zukunft

Energieträger:	
Wasserkraft	100%

Stromkennzeichnung gem. § 78 Abs. 1 und 2 ElWOG 2010 und Strom-kennzeichnungs-VO 2011 für den Zeitraum 1.1.2012 bis 31.12.2012. Durch den vorliegenden Versorgermix fallen weder CO_2-Emissionen noch radioaktive Abfälle an. 100% der Nachweise stammen aus Österreich.

Das Punktesystem im RELAX Guide

❦❦❦❦ 20 Punkte – vier Lilien: Höchstnote
19 Punkte – vier Lilien: Spitzenbetrieb

❦❦❦ 17 und 18 Punkte – drei Lilien: hervorragend

❦❦ 15 und 16 Punkte – zwei Lilien: außergewöhnlich

❦ 13 und 14 Punkte – eine Lilie: sehr gute Leistungen

12 Punkte – guter Durchschnitt
11 Punkte – durchschnittlich
10 Punkte – unterdurchschnittlich
 9 Punkte – unangenehm

Küchenbewertung

1++	„hervorragend", Höchstnote
1+	„ausgezeichnet", hohes Niveau
1	„sehr gut"
2	„gut"
3	„durchschnittlich", wird nicht erwähnt, bei Premium-Hotels: „enttäuschend"
4	„enttäuschend", bei Premium-Hotels: „stark enttäuschend"
5	„stark enttäuschend"

Zeichen und Symbole

 kennzeichnet Hotels, in denen Sie mit American Express bezahlen können

 kennzeichnet Hotels mit Salesianer Miettex: garantiert hygienisch reine Textilien durch standardisierte desinfizierende Waschverfahren

NF Nächtigung mit Frühstück
HP Nächtigung mit Halbpension
VP Nächtigung mit Vollpension
30 Liegen Anzahl der Ruheliegen im Spa-Indoor-Bereich

Die Auswahl der Hotels unterliegt zeitlich unserem Redaktionsschluss (15. Juni 2013) und erhebt nicht zuletzt auch deshalb keinen Anspruch auf absolute Vollständigkeit. Irrtümer bei der Bewertung und Fehler bei Satz und Druck vorbehalten.

Geberit AquaClean
Das WC, das Sie mit Wasser reinigt.

■ GEBERIT

Die natür‑ liche Frische.

Mit Geberit AquaClean erleben Sie ein völlig neues Gefühl von Frische und Sauberkeit: Das WC mit Duschfunktion reinigt den Po auf Knopfdruck mit einem warmen Wasserstrahl. Für mehr Hygiene und Wohlbefinden.

→ www.geberit-aquaclean.at oder 01 577 11 77

Inhalt

Seite

Bewertungskriterien
Die Basics der Bewertung mit Beispiel	13

Die Bestenliste: alle Lilien-Hotels
Die besten Wohlfühladressen nach RELAX-Guide-Kriterien (ein bis vier Lilien)	34

Top-Rankings
Mit Kindern Top 15	47
Gourmet Top 60	47
Poolwasserhygiene Top 60	50

Alle 1.057 Hotels – bewertet, mit Kommentaren zu allen Lilien-Hotels
Niederösterreich	52
Oberösterreich	64
Salzburg	80
Tirol	112
Vorarlberg	166
Burgenland	178
Steiermark	190
Kärnten	214

Extra
Urlaub wie im Film: Die 50 schönsten Filmhotels der Welt	234

Index
Alle Orte von A bis Z	266
Alle Hotels von A bis Z	285

So kommen Sie zu Ihrem eBook:

Mit dem RELAX Guide 2014 haben Sie gleichzeitig auch ein eBook erworben.
In wenigen Sekunden ist es bei Ihnen, so funktioniert es:

1. Auf www.relax-guide.com/eBook gehen
2. Webformular ausfüllen: mit dem 12-stelligen Registrierungscode (Lesezeichen)
3. Download starten und sofort speichern
4. Auf Tablet oder Smartphone übertragen – fertig!

Finest natural cosmetics
Made in St.Barthémely, French Caribbean

LIGNE ST BARTH GMBH
Austria/Balearen

Rheinmahd 8 | A–6842 Koblach/Austria
Phone +43 (0)5523 – 529 87 | Fax +43 (0)5523 – 529 87-5
office@lignestbarth.at | www.lignestbarth.com

VIER LILIEN ❦❦❦❦

Hotelname (nach PLZ)	Kategorie	Punkte	PLZ	Ort	Seite
Der Steirerhof *****	Wellness	20	8271	Bad Waltersdorf	195
Reiters Supreme *****	Wellness	20	7431	Bad Tatzmannsdorf	185
Ronacher Thermenhotel *****s	Wellness	20	9546	Bad Kleinkirchheim	226
Salzburgerhof *****	Wellness	20	5700	Zell am See	102
Aenea	Wellness	19	9081	Reifnitz-Sekirn	217
Geinberg5 Private Spa Villas	Wellness	19	4943	Geinberg	75
Hochschober ****s	Wellness	19	9565	Turracher Höhe	228
Schalber Wellness-Residenz *****s	Wellness	19	6534	Serfaus	150
Stock Resort *****	Wellness	19	6292	Finkenberg	131

DREI LILIEN ❦❦❦

Hotelname (nach PLZ)	Kategorie	Punkte	PLZ	Ort	Seite
Eggerwirt ****s	Wellness	18	5582	St. Michael	91
Kaiserhof Ellmau *****	Wellness	18	6352	Ellmau	136
Klinik Pirawarth	Kur|Rehabilitation	18	2222	Bad Pirawarth	54
Posthotel Achenkirch *****	Wellness	18	6215	Achenkirch	125
Quellenhof ****s	Wellness	18	6105	Leutasch	117
Reiters Finest Family ****s	Wellness	18	7431	Bad Tatzmannsdorf	185
Viva	Gesundheit	18	9082	Maria Wörth	217
Astoria *****	Wellness	17	6100	Seefeld	115
Aurelio *****s	Wellness	17	6764	Lech	168
Cervosa *****	Wellness	17	6534	Serfaus	150
Der Daberer – das Biohotel ****s	Wellness	17	9635	Dellach im Gailtal	229
Eurothermenresort Paradiso ****s	Wellness	17	4701	Bad Schallerbach	71
Fasching Dorfhotel ****	Wellness	17	8654	Fischbach	204
Feuerberg Mountain Resort ****	Wellness	17	9551	Bodensdorf	227
Forsthofgut ****s	Wellness	17	5771	Leogang	108
Grandhotel Lienz *****	Wellness	17	9900	Lienz	162
Guglwald ****s	Wellness	17	4191	Guglwald	67
Gut Weissenhof ****s	Wellness	17	5550	Radstadt	88
Herz-Kreislauf-Zentrum Groß Gerungs ****	Kur|Gesundheit	17	3920	Groß Gerungs	62
Hotel im Park ****s	Wellness|Kur	17	8490	Bad Radkersburg	202
Jagdhof *****	Wellness	17	6167	Neustift	119
Juffing ****s	Wellness	17	6335	Thiersee	135
Jungbrunn	Wellness	17	6675	Tannheim	161
Kollers ****s	Wellness	17	9871	Seeboden	232

Hotelname (nach PLZ)	Kategorie	Punkte	PLZ	Ort	Seite
Krallerhof ****s	Wellness	17	5771	Leogang	109
Kur- & Thermenhotel ****s	Kur	17	7431	Bad Tatzmannsdorf	184
La Pura Women's Health Resort ****	Gesundheit	17	3571	Gars am Kamp	61
Lanserhof ****	Gesundheit	17	6072	Lans	114
Mohr Life Resort ****s	Wellness	17	6631	Lermoos	157
Reiters Allegria ****	Wellness	17	7551	Stegersbach	189
Rogner Bad Blumau ****	Wellness	17	8283	Bad Blumau	199
Schloss Pichlarn Spa & Golf Resort *****	Wellness|Gesundheit	17	8943	Aigen	207
Schloss Seefels *****	Wellness	17	9212	Pörtschach	220
Schwarz Alpenresort *****	Wellness	17	6414	Mieming	143
Tannenhof St. Anton *****s	Wellness	17	6580	St. Anton	156
Theresa Genießer-Hotel ****s	Wellness	17	6280	Zell am Ziller	128
Übergossene Alm ****s	Wellness	17	5652	Dienten am Hochkönig	101
Vollererhof Kurhotel ****	Gesundheit|Wellness	17	5412	Puch	85
Waldklause Naturhotel ****s	Wellness	17	6444	Längenfeld	144
Wasnerin G'sund & Natur ****	Wellness	17	8990	Bad Aussee	213
Wiesergut	Wellness	17	5754	Saalbach-Hinterglemm	107

ZWEI LILIEN

Hotelname (nach PLZ)	Kategorie	Punkte	PLZ	Ort	Seite
Almhof Kinderhotel ****	Wellness	16	6281	Gerlos	129
Alpenrose ****s	Wellness	16	6212	Maurach	121
Bismarck ****s	Wellness|Kur	16	5630	Bad Hofgastein	96
Burg Vital *****	Wellness	16	6764	Lech	169
Die Post ****	Wellness	16	9546	Bad Kleinkirchheim	223
Engel ****s	Wellness	16	6673	Grän	159
Erzherzog Johann ****	Wellness	16	8990	Bad Aussee	212
Falkensteiner Balance Resort *****	Wellness	16	7551	Stegersbach	187
Fernblick ****	Wellness	16	6780	Schruns-Bartholomäberg	171
Gleichenberger Hof ****	Wellness	16	8344	Bad Gleichenberg	200
Gmachl Bergheim ****s	Wellness	16	5101	Bergheim	82
Haus der Gesundheit	Gesundheit	16	9081	Reifnitz	217
Haus Esterházy ****	Kur	16	7202	Bad Sauerbrunn	181
Höflehner Naturhotel ****s	Wellness	16	8967	Haus	208
Interalpen-Hotel Tyrol *****s	Wellness	16	6410	Telfs-Buchen	143
Klosterbräu *****	Wellness	16	6100	Seefeld	116
Kurhotel Pirawarth	Kur|Gesundheit	16	2222	Bad Pirawarth	55
Kurzentrum Umhausen ****	Kur	16	6441	Umhausen	144

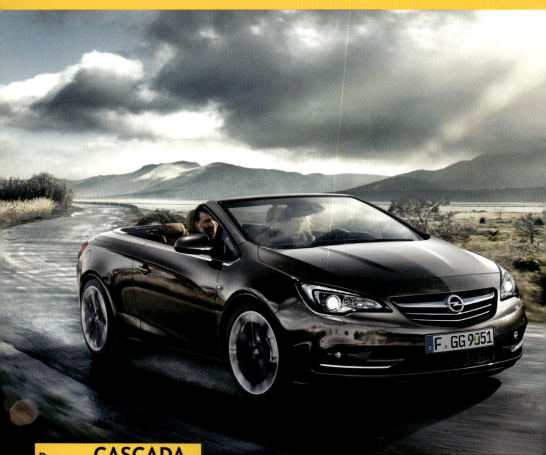

Der neue CASCADA

OPEL AIR.

Mit vollautomatischem Premium-Stoffverdeck
für jedes Wetter und jede Gelegenheit.

Mehr Informationen bei Ihrem Opel Händler oder unter opel.at

Verbrauch gesamt in l/100 km: 5,2 – 7,2; CO_2 Emission in g/km: 138 – 168

Hotelname (nach PLZ)	Kategorie	Punkte	PLZ	Ort	Seite
Larimar ****s	Wellness	16	7551	Stegersbach	188
Nesslerhof ****s	Wellness	16	5611	Großarl	95
Parkhotel Igls ****	Gesundheit	16	6080	Igls	115
Post Gasthof Lech *****	Wellness	16	6764	Lech	170
Quellenhotel ****	Wellness|Kur	16	8271	Bad Waltersdorf	196
Rickatschwende Gesundheitszentrum ****	Gesundheit|Wellness	16	6850	Dornbirn	172
Rieser Aktiv & Spa ****s	Wellness	16	6213	Pertisau	123
Schrothkur	Gesundheit|Kur	16	9821	Obervellach	231
Sonnenpark ****	Wellness	16	7361	Lutzmannsburg	183
Sonnhof Ayurveda Resort ****	Gesundheit|Wellness	16	6335	Thiersee	135
St. Martins Therme & Lodge ****s	Wellness	16	7132	Frauenkirchen	180
Stanglwirt Bio-Hotel *****	Wellness	16	6353	Going	137
Thermenhof Paierl ****s	Wellness	16	8271	Bad Waltersdorf	197
Alpen-Karawanserai ****	Wellness	15	5754	Saalbach-Hinterglemm	106
Am Holand ***	Wellness	15	6883	Au	174
Chesa Valisa Naturhotel ****	Wellness	15	6992	Hirschegg	176
Das Goldberg ****s	Wellness	15	5630	Bad Hofgastein	97
Das Kronthaler ****s	Wellness	15	6215	Achenkirch	124
Ebners Waldhof am See ****s	Wellness	15	5330	Fuschl am See	83
Edelweiß Wagrain ****	Wellness	15	5602	Wagrain	95
Eurothermenresort Miraverde ****	Wellness|Kur	15	4540	Bad Hall	69
Eurothermenresort Royal ****	Wellness|Kur	15	4820	Bad Ischl	72
Falkensteiner Bad Leonfelden ****	Wellness	15	4190	Bad Leonfelden	67
Falkensteiner Bad Waltersdorf ****	Wellness	15	8271	Bad Waltersdorf	196
Felsenhof ****	Wellness	15	9546	Bad Kleinkirchheim	224
Forsthofalm ****	Wellness	15	5771	Leogang	108
G'Schlössl Murtal	Wellness	15	8734	Großlobming	205
Gams ****s	Wellness	15	6870	Bezau	173
Gmachl Romantik-Hotel ****s	Wellness	15	5161	Elixhausen	82
Gradonna Mountain Resort ****s	Wellness	15	9981	Kals am Großglockner	164
Grand Park *****	Wellness|Kur	15	5630	Bad Hofgastein	99
Grandhotel Zell am See ****	Wellness	15	5700	Zell am See	102
Gugerbauer ****	Gesundheit	15	4780	Schärding	72
Haus Hirt Alpine Spa ****	Wellness	15	5640	Bad Gastein	100
Holzleiten ****	Wellness	15	6416	Obsteig	143
Jerzner Hof ****	Wellness	15	6474	Jerzens	147
Kempinski Das Tirol *****	Wellness	15	6373	Jochberg	142
Kirchheimerhof ****	Wellness	15	9546	Bad Kleinkirchheim	225
Kurzentrum Bad Bleiberg ****	Kur	15	9530	Bad Bleiberg	223
Kurzentrum Bad Eisenkappel ****	Kur	15	9135	Bad Eisenkappel	219
Kurzentrum Bad Häring ****	Kur	15	6323	Bad Häring	134

Hotelname (nach PLZ)	Kategorie	Punkte	PLZ	Ort	Seite
Kurzentrum Bad Traunstein ****	Kur	15	3632	Traunstein	62
Kurzentrum Bad Vöslau ****	Kur	15	2540	Bad Vöslau	55
Kurzentrum Zur Quelle ****	Kur	15	2853	Bad Schönau	58
Lärchenhof *****	Wellness	15	6383	Erpfendorf	142
Lebensquell ****s	Kur|Wellness	15	4283	Bad Zell	68
Lürzerhof ****s	Wellness	15	5561	Untertauern	89
Pierer Almwellness ****s	Wellness	15	8163	Fladnitz	193
Post ****s	Wellness	15	6631	Lermoos	158
Priesteregg Bergdorf	Wellness	15	5771	Leogang	111
Pulverer Thermenwelt *****	Wellness|Gesundheit	15	9546	Bad Kleinkirchheim	226
Schlosshotel Alpenresort ****s	Wellness	15	6533	Fiss	149
Singer Sporthotel & Spa ****s	Wellness	15	6622	Berwang	156
Stoiser Thermenhotel ****s	Wellness	15	8282	Loipersdorf Therme	199
Therme Laa ****s	Wellness	15	2136	Laa an der Thaya	54
Thermen- & Vitalhotel ****s	Wellness|Kur	15	7431	Bad Tatzmannsdorf	186
Travel Charme Fürstenhaus ****s	Wellness	15	6213	Pertisau	123
Vila Vita Pannonia ****	Wellness	15	7152	Pamhagen	181
Vitalhotel Wolfgangsee ****	Wellness	15	5360	St. Wolfgang	79
Warmbaderhof *****	Wellness|Kur	15	9504	Warmbad-Villach	223
Wöscherhof Aktivhotel ****	Wellness	15	6271	Uderns	127

EINE LILIE

Hotelname (nach PLZ)	Kategorie	Punkte	PLZ	Ort	Seite
Alpenhof ****s	Wellness	14	6294	Tux	133
Alpenhof Flachau ****s	Wellness	14	5542	Flachau	87
Alpenrose Biohotel ****	Wellness	14	9872	Millstatt	233
Alpenrose Family Resort ****s	Wellness	14	6631	Lermoos	156
Amerika-Holzer am See ****	Wellness	14	9122	St. Kanzian	217
Aqua Dome ****s	Wellness	14	6444	Längenfeld	144
Avita Resort ****s	Wellness	14	7431	Bad Tatzmannsdorf	183
Bär Family Kinderhotel ****s	Wellness	14	6534	Serfaus	149
Berghof Hintertux ****	Wellness	14	6294	Tux	133
Berghof Verwöhnhotel ****s	Wellness	14	5600	St. Johann	92
Bergland Sölden ****s	Wellness	14	6450	Sölden	145
Birkenhöhe ****	Wellness	14	6992	Hirschegg	176
Brennseehof Familien-Sport-Hotel ****s	Wellness	14	9544	Feld am See	223
Cortisen am See ****s	Wellness	14	5360	St. Wolfgang	77
Crystal ****s	Wellness	14	6456	Obergurgl	146

Hotelname (nach PLZ)	Kategorie	Punkte	PLZ	Ort	Seite
Eichingerbauer Marienschlössl ****s	Wellness	14	5310	Mondsee	76
Enzian Seehotel ****	Wellness	14	9762	Weißensee	230
Eschenhof ****	Wellness	14	9546	Bad Kleinkirchheim	224
Falkensteiner Bleibergerhof ****	Wellness	14	9530	Bad Bleiberg	223
Falkensteiner Schloss Velden *****	Wellness	14	9220	Velden	221
Fontana Thermalhotel ****	Kur|Wellness	14	8490	Bad Radkersburg	202
Gösing Alpenhotel ****	Wellness	14	3221	Gösing	59
Grafenast Naturhotel ***	Wellness	14	6130	Schwaz	118
Grand Tirolia	Wellness	14	6370	Kitzbühel	139
Held ****s	Wellness	14	6263	Fügen	126
Hohenfels Landhotel ****	Wellness	14	6675	Tannheim	161
Karawankenhof ****	Wellness	14	9504	Warmbad-Villach	222
Karwendel ****s	Wellness	14	6213	Pertisau	122
Klammer's Kärnten ****	Wellness|Kur	14	5630	Bad Hofgastein	99
Kneipp Traditionshaus Bad Kreuzen	Kur	14	4362	Bad Kreuzen	69
Königsberg Gesundheitsresort ****	Kur	14	2853	Bad Schönau	58
Kothmühle Relax-Resort ****	Wellness	14	3364	Neuhofen an der Ybbs	60
Kristall Verwöhnhotel ****	Wellness	14	6213	Pertisau	122
Landhaus Servus Schönheitsfarm ****	Beauty	14	9220	Velden-Lind	222
Lebens-Resort Ottenschlag	Kur|Gesundheit	14	3631	Ottenschlag	62
Liebes Rot-Flüh *****	Wellness	14	6673	Grän	160
Maierl Alm & Chalets	Wellness	14	6365	Kirchberg	139
Mayr & More Gesundheitszentrum	Gesundheit	14	9082	Maria Wörth-Dellach	217
Molzbachhof ***	Wellness	14	2880	Kirchberg	59
Moorheilbad Harbach ****	Kur|Gesundheit	14	3970	Moorbad Harbach	63
Parkhotel Pörtschach ****	Wellness	14	9210	Pörtschach	220
Poppengut ****	Wellness	14	4573	Hinterstoder	70
Post Bezau ****s	Wellness	14	6870	Bezau	173
Reiterhof Bio-Landhotel ****	Wellness	14	6215	Achenkirch	125
Römerstein Landhaus ****	Wellness	14	8282	Loipersdorf Therme	198
Seefischer am See ****s	Wellness	14	9873	Döbriach	233
Seehotel Europa ****s	Wellness	14	9220	Velden	221
Seekarhaus ****s	Wellness	14	5562	Obertauern	90
Seetal Familienhotel ****	Wellness	14	6272	Kaltenbach	127
Seevilla ****s	Wellness	14	8992	Altaussee	213
Seinerzeit Almdorf	Wellness	14	9564	Patergassen	228
Seitenalm Familotel ****	Wellness	14	5550	Radstadt	88
Sonne Lifestyle Resort ****s	Wellness	14	6881	Mellau	174
Sonnhof ****s	Wellness	14	5600	St. Johann	93
Tauern Spa ****	Wellness	14	5710	Kaprun	104
Therme Geinberg Vitalhotel ****	Wellness	14	4943	Geinberg	76

Hotelname (nach PLZ) | Kategorie | Punkte | PLZ | Ort | Seite

Hotelname (nach PLZ)	Kategorie	Punkte	PLZ	Ort	Seite
Trofana Royal *****s	Wellness	14	6561	Ischgl	153
Tuffbad Almwellness ****s	Wellness	14	9654	St. Lorenzen im Lesachtal	230
Tuxerhof Alpin Spa *****	Wellness	14	6293	Tux	132
Unterschwarzachhof ****s	Wellness	14	5754	Saalbach-Hinterglemm	107
Weinhof Kappel ****	Wellness	14	8442	Kitzeck	201
Werzer's Resort ****	Wellness	14	9210	Pörtschach	220
Werzer's Velden ****	Wellness	14	9220	Velden	222
Achensee Sporthotel ****	Wellness	13	6215	Achenkirch	124
Almesberger ****s	Wellness	13	4160	Aigen	66
Almwelt Austria ****	Wellness	13	8973	Pichl	210
Alpbacherhof ****	Wellness	13	6236	Alpbach	125
Alpenrose Zauchensee ****	Wellness	13	5541	Altenmarkt	87
Alpinahotel ****s	Wellness	13	6263	Fügen	126
Amiamo Familotel ****	Wellness	13	5700	Zell am See-Schüttdorf	103
Andy ****s	Wellness	13	6474	Jerzens	146
A-Rosa Kitzbühel *****	Wellness	13	6370	Kitzbühel	139
Badener Hof ****	Kur	13	2500	Baden bei Wien	55
Balance ****s	Wellness	13	9210	Pörtschach	219
Berghof ****	Wellness	13	8972	Ramsau	209
Bichlhof ****s	Wellness	13	6370	Kitzbühel	139
Castello Falkner ****s	Wellness	13	6450	Sölden	145
Damülser Hof ****	Wellness	13	6884	Damüls	175
Dr. Petershofer Kurhaus	Kur	13	4902	Wolfsegg am Hausruck	74
Edelweiß Vitalhotel ****	Wellness	13	6167	Neustift	119
Ellmauhof Kinderhotel ****s	Wellness	13	5754	Saalbach-Hinterglemm	106
Falkensteiner Carinzia ****	Wellness	13	9631	Hermagor-Naßfeld	229
Falkensteiner Schladming ****s	Wellness	13	8970	Schladming	208
Forelle ****	Wellness	13	9872	Millstatt	233
Forster ****	Wellness	13	6167	Neustift	119
Grüner Baum ****	Wellness|Kur	13	5640	Bad Gastein	100
Heilmoorbad Schwanberg	Kur|Wellness	13	8541	Schwanberg	204
Im Weissen Rössl ****s	Wellness	13	5360	St. Wolfgang	79
Inns Holz ****	Wellness	13	4161	Ulrichsberg	66
Klausnerhof ****	Wellness	13	6294	Tux	133
Kleinsasserhof	Wellness	13	9800	Spittal an der Drau	231
Knappenhof ****	Wellness	13	2651	Reichenau an der Rax	57
Kneipp Traditionshaus Bad Mühllacken	Kur	13	4101	Feldkirchen	66
Krone Au ****	Wellness	13	6883	Au	175
Linde Gartenhotel ****	Wellness	13	6531	Ried	147
Linsberg Asia ****s	Wellness	13	2822	Bad Erlach	57
Loisium Wine & Spa Langenlois ****s	Wellness	13	3550	Langenlois	60

NEU

Jeder Löffel ein Halleluja!

Cremigstes Naturjoghurt auf einer köstlichen Fruchtschicht

Das neue Obstgarten® Cremejoghurt!

Unglaublich cremiges Naturjoghurt gebettet auf einer köstlichen Schicht aus besten Früchten.
Ein himmlischer Genuss in den Sorten Erdbeere, Pfirsich, Kirsche, Himbeere, Maracuja, Brombeere und Zitrone.

Erleben Sie mit jedem Löffel Ihren Halleluja-Moment. Mehr auf: www.danone-obstgarten.at

Hotelname (nach PLZ)	Kategorie	Punkte	PLZ	Ort	Seite
Loisium Wine & Spa Südsteiermark ****	Wellness	13	8461	Ehrenhausen	202
Löwen-Hotel ****s	Wellness	13	6780	Schruns	171
Marienkron Kurhaus ****	Kur|Gesundheit	13	7123	Mönchhof	180
Mein Almhof ****s	Wellness	13	6543	Nauders	151
Miramonte ****	Wellness	13	5640	Bad Gastein	101
Oberforsthof	Wellness	13	5600	St. Johann	93
Panorama Landhaus ****	Wellness	13	5562	Obertauern	89
Parkhotel ***	Wellness|Kur	13	7431	Bad Tatzmannsdorf	184
Parkhotel Tristachersee ****	Wellness	13	9900	Lienz	163
Peternhof ****s	Wellness	13	6345	Kössen	135
Post Familien Erlebnis ****	Wellness	13	5091	Unken	82
Raxblick Gesundheitsresort	Kur|Rehabilitation	13	2654	Prein an der Rax	57
Ritzlerhof ****s	Wellness	13	6432	Sautens	144
Schermer Vital Landhotel ****s	Wellness	13	6363	Westendorf	138
Schloss Fuschl *****	Wellness	13	5322	Hof bei Salzburg	83
Schloss Lebenberg *****	Wellness	13	6370	Kitzbühel	141
Schneider ****s	Wellness	13	5562	Obertauern	90
Schwaigerhof ****	Wellness	13	8971	Rohrmoos-Untertal	209
Schwarzbrunn ****s	Wellness	13	6135	Stans	119
Seehof *****	Wellness	13	5311	Loibichl am Mondsee	77
Sillian Sporthotel ****	Wellness	13	9920	Sillian	163
Sonnberghof Landhotel-Gut ****	Wellness	13	5730	Mittersill	104
Spanberger ****	Gesundheit	13	8962	Gröbming	207
Stefanie Life & Spa ****	Wellness	13	6283	Hippach	131
Steigenberger Krems ****	Wellness	13	3500	Krems	60
Steiner ****	Wellness	13	5562	Obertauern	90
Stenitzer ****	Wellness	13	8344	Bad Gleichenberg	201
Taurerwirt Vitalhotel ****	Wellness	13	9981	Kals am Großglockner	165
Theresia Gartenhotel ****s	Wellness	13	5754	Saalbach-Hinterglemm	106
Tonnerhütte ***	Wellness	13	8822	Mühlen	206
Top Hochgurgl *****	Wellness	13	6456	Hochgurgl	146
Travel Charme Bergresort ****s	Wellness	13	5453	Werfenweng	86
Travel Charme Ifen-Hotel *****	Wellness	13	6992	Hirschegg	177
Tyrol Grän ****	Wellness	13	6673	Grän	160
Vier Jahreszeiten ****	Wellness	13	7361	Lutzmannsburg	183
Vier Jahreszeiten ****s	Wellness	13	6481	St. Leonhard	147
Villa Seilern ****	Wellness|Kur	13	4820	Bad Ischl	73
Wanzenböck ****	Wellness|Kur	13	2734	Puchberg am Schneeberg	57
Wiesenhof ****s	Wellness	13	6213	Pertisau	123
Zum Stern ****s	Wellness	13	5630	Bad Hofgastein	99
Zürserhof *****	Wellness	13	6763	Zürs	168

ACHTEN SIE AUF DIESES ZEICHEN!

Textilien mit Hygienegarantie: Garantiert standardisierte, desinfizierende Waschverfahren, regelmäßige Prüfungen und Begutachtungen durch unabhängige Institute.

Der QR-Code führt zu unseren Videos.

Hygienische Textilien mit Umweltbonus.

Wir sorgen für hygienisch einwandfreie Tischtücher und Stoffservietten. Dabei kommen ausschließlich umweltoptimierte, nachhaltige Verfahren zum Einsatz. Sie spüren diesen Unterschied sofort und erkennen ihn im Relax-Guide an diesem Zeichen: Es steht für garantierte Hygiene und Umweltschonung durch Textilservice von SALESIANER MIETTEX.

Für beide Garantien erhalten ausgezeichnete Betriebe entsprechende Zertifikate.

www.salesianer.com

Die Top-Rankings auf einen Blick

Mit Kindern in den Wellnessurlaub
Was Kids brauchen: Natur, viel Wasserfläche, herausfordernde Spielmöglichkeiten und liebevolle Betreuung. Ambiente, Spa, Massagen und Küche müssen aber auch für die Eltern passen.

Gourmet – die besten Lilien-Hotelküchen
Die Top 60 der Spa-Hotelküchen (HP!), viele liegen haarscharf nebeneinander. Unsere Grundsätze: Qualität vor Quantität, möglichst aus biologischer Herkunft, frisch zubereitet und für höchste Ansprüche. Convenience-Food (aus der Fabrik) geht bestenfalls in homöopathischer Dosierung.

Pool-Wasser im Hygienetest
Im vergangenen Jahr haben wir neuerlich 250 Poolwassertests (Stichproben nach Zufallsprinzip) durchgeführt. Hier die Bestenliste aus den nun bereits insgesamt rund 2.000 Messergebnissen, die Ex-aequo-Sieger auf Platz 1, 2 und 3 in alphabetischer Reihenfolge.

MIT KINDERN TOP 15

	Hotelname	Kategorie	PLZ	Ort	Seite
1.	Reiters Finest Family ****s	Wellness	7431	Bad Tatzmannsdorf	185
2.	Reiters Allegria ****	Wellness	7551	Stegersbach	189
3.	Almhof Kinderhotel ****	Wellness	6281	Gerlos	129
4.	Sonnenpark ****	Wellness	7361	Lutzmannsburg	183
5.	Feuerberg Mountain Resort ****	Wellness	9551	Bodensdorf	227
6.	Forsthofgut ****s	Wellness	5771	Leogang	108
7.	Seitenalm Familotel ****	Wellness	5550	Radstadt	88
8.	Eurothermenresort Paradiso ****s	Wellness	4701	Bad Schallerbach	71
9.	Übergossene Alm ****s	Wellness	5652	Dienten am Hochkönig	101
10.	Gut Weissenhof ****s	Wellness	5550	Radstadt	88
11.	Stock Resort *****	Wellness	6292	Finkenberg	131
12.	Bär Family Kinderhotel ****s	Wellness	6534	Serfaus	149
13.	Hochschober ****s	Wellness	9565	Turracher Höhe	228
14.	Alpenrose Family Resort ****s	Wellness	6631	Lermoos	156
15.	Brennseehof Familien-Sport-Hotel ****s	Wellness	9544	Feld am See	223

GOURMET TOP 60

	Hotelname	Kategorie	PLZ	Ort	Seite
1.	Salzburgerhof *****	Wellness	5700	Zell am See	102
2.	Jagdhof *****	Wellness	6167	Neustift	119

Neue Impulse für Ihr Geschäft:
Mehr Vollkorn, mehr Ballaststoffe, mehr Genuss!

Ab jetzt im Markt!

Servirvorschlag

KELLOGG'S® SPECIAL K® überzeugt jetzt mit verbesserter Rezeptur!

In SPECIAL K® steckt nun mehr:

✓ **Der Vollkornanteil wird um 78% erhöht**
✓ **Gerste wird hinzugefügt**
✓ **Der Ballaststoffgehalt erhöht sich um 80%**
✓ **Noch knuspriger**

Die verbesserte Rezeptur der SPECIAL K®-Flakes bietet noch **mehr Genuss** bei **gleichbleibendem Fettgehalt**.

Neue Rezeptur für alle Varianten!

KELLOGG (ÖSTERREICH) GMBH · Handelskai 388 · A-1020 Wien · **www.specialk.at**

® KELLOGG Company USA © 2013 KELLOGG Company

Hotelname	Kategorie	PLZ	Ort	Seite
3. Aurelio *****s	Wellness	6764	Lech	168
4. Tannenhof St. Anton *****s	Wellness	6580	St. Anton	156
5. Stanglwirt Bio-Hotel *****	Wellness	6353	Going	137
6. Kaiserhof Ellmau *****	Wellness	6352	Ellmau	136
7. Reiters Supreme *****	Wellness	7431	Bad Tatzmannsdorf	185
8. Schloss Seefels *****	Wellness	9212	Pörtschach	220
9. Ronacher Thermenhotel *****s	Wellness	9546	Bad Kleinkirchheim	226
10. Quellenhof ****s	Wellness	6105	Leutasch	117
11. Kollers ****s	Wellness	9871	Seeboden	232
12. Gleichenberger Hof ****	Wellness	8344	Bad Gleichenberg	200
13. Aenea	Wellness	9081	Reifnitz-Sekirn	217
14. Grandhotel Lienz *****	Wellness	9900	Lienz	162
15. Posthotel Achenkirch *****	Wellness	6215	Achenkirch	125
16. Nesslerhof ****s	Wellness	5611	Großarl	95
17. Poppengut ****	Wellness	4573	Hinterstoder	70
18. Theresa Genießer-Hotel ****s	Wellness	6280	Zell am Ziller	128
19. Stock Resort *****	Wellness	6292	Finkenberg	131
20. Römerstein Landhaus ****	Wellness	8282	Loipersdorf Therme	198
21. Forsthofgut ****s	Wellness	5771	Leogang	108
22. Der Steirerhof *****	Wellness	8271	Bad Waltersdorf	195
23. Am Holand ***	Wellness	6883	Au	174
24. La Pura Women's Health Resort ****	Gesundheit	3571	Gars am Kamp	61
25. Guglwald ****s	Wellness	4191	Guglwald	67
26. Zürserhof *****	Wellness	6763	Zürs	168
27. Wiesergut	Wellness	5754	Saalbach-Hinterglemm	107
28. Schalber Wellness-Residenz *****s	Wellness	6534	Serfaus	150
29. Post ****s	Wellness	6631	Lermoos	158
30. Priesteregg Bergdorf	Wellness	5771	Leogang	111
31. Astoria *****	Wellness	6100	Seefeld	115
32. Klosterbräu *****	Wellness	6100	Seefeld	116
33. Vollererhof Kurhotel ****	Gesundheit/Wellness	5412	Puch	85
34. Gut Weissenhof ****s	Wellness	5550	Radstadt	88
35. Hotel im Park ****s	Wellness/Kur	8490	Bad Radkersburg	202
36. Wasnerin G'sund & Natur ****	Wellness	8990	Bad Aussee	213
37. Reiters Finest Family ****s	Wellness	7431	Bad Tatzmannsdorf	185
38. Rickatschwende Gesundheitszentrum ****	Gesundheit/Wellness	6850	Dornbirn	172
39. Grand Park *****	Wellness/Kur	5630	Bad Hofgastein	99
40. Erzherzog Johann ****	Wellness	8990	Bad Aussee	212
41. Warmbaderhof *****	Wellness/Kur	9504	Warmbad-Villach	223
42. Burg Vital *****	Wellness	6764	Lech	169
43. Eggerwirt *****s	Wellness	5582	St. Michael	91

Hotelname	Kategorie	PLZ	Ort	Seite
44. Miramonte ****	Wellness	5640	Bad Gastein	101
45. Haus Hirt Alpine Spa ****	Wellness	5640	Bad Gastein	100
46. Cervosa *****	Wellness	6534	Serfaus	150
47. Juffing ****s	Wellness	6335	Thiersee	135
48. Der Daberer – das Biohotel ****s	Wellness	9635	Dellach im Gailtal	229
49. Birkenhöhe ****	Wellness	6992	Hirschegg	176
50. Schneider ****s	Wellness	5562	Obertauern	90
51. Edelweiß Wagrain ****	Wellness	5602	Wagrain	95
52. Karwendel ****s	Wellness	6213	Pertisau	122
53. Gmachl Romantik-Hotel ****s	Wellness	5161	Elixhausen	82
54. Gmachl Bergheim ****s	Wellness	5101	Bergheim	82
55. Tuxerhof Alpin Spa ****s	Wellness	6293	Tux	132
56. Schlosshotel Alpenresort ****s	Wellness	6533	Fiss	149
57. Hohenfels Landhotel ****	Wellness	6675	Tannheim	161
58. Engel ****s	Wellness	6673	Grän	159
59. Waldklause Naturhotel ****s	Wellness	6444	Längenfeld	144
60. Fasching Dorfhotel ****	Wellness	8654	Fischbach	204

POOL-WASSER-HYGIENE TOP 60

	Hotelname	Kategorie	PLZ	Ort	Seite
1	Kur- & Thermenhotel ****s	Kur	7431	Bad Tatzmannsdorf	184
	Geinberg5 Private Spa Villas	Wellness	4943	Geinberg	75
	Rogner Bad Blumau ****	Wellness	8283	Bad Blumau	199
	Gleichenberger Hof ****	Wellness	8344	Bad Gleichenberg	200
	Fasching Dorfhotel ****	Wellness	8654	Fischbach	204
	Stock Resort *****	Wellness	6292	Finkenberg	131
	Fernblick ****	Wellness	6780	Schruns-Bartholomäberg	171
2	Haus Esterházy ****	Kur	7202	Bad Sauerbrunn	181
	Sonnenpark ****	Wellness	7361	Lutzmannsburg	183
	Reiters Supreme *****	Wellness	7431	Bad Tatzmannsdorf	185
	Reiters Allegria ****	Wellness	7551	Stegersbach	189
	Eurothermenresort Royal ****	Wellness/Kur	4820	Bad Ischl	72
	Gmachl Romantik-Hotel ****s	Wellness	5161	Elixhausen	82
	Vollererhof Kurhotel ****	Gesundheit/Wellness	5412	Puch	85
	Eggerwirt ****s	Wellness	5582	St. Michael	91
	Nesslerhof ****s	Wellness	5611	Großarl	95
	Grandhotel Zell am See ****	Wellness	5700	Zell am See	102
	Salzburgerhof *****	Wellness	5700	Zell am See	102
	Forsthofgut ****s	Wellness	5771	Leogang	108

Hotelname	Kategorie	PLZ	Ort	Seite
Der Steirerhof *****	Wellness	8271	Bad Waltersdorf	195
Quellenhotel ****	Wellness/Kur	8271	Bad Waltersdorf	196
Erzherzog Johann ****	Wellness	8990	Bad Aussee	212
Wasnerin G'sund & Natur ****	Wellness	8990	Bad Aussee	213
Almhof Kinderhotel ****	Wellness	6281	Gerlos	129
Juffing ****s	Wellness	6335	Thiersee	135
Schwarz Alpenresort *****	Wellness	6414	Mieming	143
Tannenhof St. Anton *****s	Wellness	6580	St. Anton	156
Grandhotel Lienz *****	Wellness	9900	Lienz	162
Gradonna Mountain Resort ****s	Wellness	9981	Kals am Großglockner	164
Aurelio *****s	Wellness	6764	Lech	168
Post Gasthof Lech *****	Wellness	6764	Lech	170
3 Reiters Finest Family ****s	Wellness	7431	Bad Tatzmannsdorf	185
Larimar ****s	Wellness	7551	Stegersbach	188
Brennseehof Familien-Sport-Hotel ****s	Wellness	9544	Feld am See	223
Die Post ****	Wellness	9546	Bad Kleinkirchheim	223
Feuerberg Mountain Resort ****	Wellness	9551	Bodensdorf	227
Hochschober ****s	Wellness	9565	Turracher Höhe	228
Der Daberer – das Biohotel ****s	Wellness	9635	Dellach im Gailtal	229
Kollers ****s	Wellness	9871	Seeboden	232
Kothmühle Relax-Resort ****	Wellness	3364	Neuhofen an der Ybbs	60
Eurothermenresort Paradiso ****s	Wellness	4701	Bad Schallerbach	71
Vitalhotel Wolfgangsee ****	Wellness	5360	St. Wolfgang	79
Gut Weissenhof ****s	Wellness	5550	Radstadt	88
Lürzerhof ****s	Wellness	5561	Untertauern	89
Berghof Verwöhnhotel ****s	Wellness	5600	St. Johann	92
Edelweiß Wagrain ****	Wellness	5602	Wagrain	95
Bismarck ****s	Wellness/Kur	5630	Bad Hofgastein	96
Thermenhof Paierl ****s	Wellness	8271	Bad Waltersdorf	197
Hotel im Park ****s	Wellness/Kur	8490	Bad Radkersburg	202
G'Schlössl Murtal	Wellness	8734	Großlobming	205
Höflehner Naturhotel ****s	Wellness	8967	Haus	208
Klosterbräu *****	Wellness	6100	Seefeld	116
Quellenhof ****s	Wellness	6105	Leutasch	117
Posthotel Achenkirch *****	Wellness	6215	Achenkirch	125
Bär Family Kinderhotel ****s	Wellness	6534	Serfaus	149
Mohr Life Resort ****s	Wellness	6631	Lermoos	157
Engel ****s	Wellness	6673	Grän	159
Burg Vital *****	Wellness	6764	Lech	169
Birkenhöhe ****	Wellness	6992	Hirschegg	176
Chesa Valisa Naturhotel ****	Wellness	6992	Hirschegg	176

ALLE LILIEN-HOTELS IN **NIEDERÖSTERREICH**

- 12 Badener Hof ****
- 11 Gösing Alpenhotel ****
- 3 Herz-Kreislauf-Zentrum Groß Gerungs ****
- 9 Klinik Pirawarth
- 15 Knappenhof ****
- 10 Kothmühle Relax-Resort ****
- 18 Kurhotel Pirawarth
- 9 Kurzentrum Bad Traunstein ****
- 5 Kurzentrum Bad Vöslau ****
- 18 Kurzentrum Zur Quelle ****
- 18 Königsberg Gesundheitsresort ****
- 4 La Pura Women's Health Resort ****
- 6 Lebens-Resort Ottenschlag
- 16 Linsberg Asia ****s
- 8 Loisium Wine & Spa Langenlois ****s
- 17 Molzbachhof ***
- 1 Moorheilbad Harbach ****
- 13 Raxblick Gesundheitsresort
- 7 Steigenberger Krems ****
- 2 Therme Laa ****s
- 14 Wanzenböck ****

Wellness

Nexenhof Ayurveda-Verein
Absolute Grünruhelage bei Hollabrunn – 50 km von Wien
- 2041 Grund, Nr. 100, ☎ 02951-2813

Wellness 11

Therme Laa ****s
Grünlage am Ortsrand in Laa – 65 km von Wien
Familienfreundliches Großhotel im Gebäudeverbund mit der öffentlichen Therme gleichen Namens (mit Kinderbereich und 90 m langer Wasserrutsche), die man gottlob auch meiden kann, gibt es doch ein eigenes Hotel-Spa, das zwar auch externen Besuchern offensteht, sich aber im Vergleich zur Therme geradezu menschenleer anfühlt. Über die Qualität der Massagen – sie zeigte sich in der Vergangenheit gut – können wir nichts sagen, denn beim letzten Besuch war nicht eine einzige erhältlich („da hätten Sie vor 14 Tagen reservieren müssen"). Könnte man das nicht schon bei der Buchung ankündigen? Alles zeigt sich sauber, geradlinig gestaltet und zeitgemäß arrangiert, die Zimmer (vier Kategorien) sind großzügig geschnitten, bieten Holzböden und Balkone, einen erhebenden Ausblick darf man sich jedoch nicht erwarten. Der Eintritt in die Therme ist im Zimmerpreis inkludiert, die Garage kostenpflichtig (5,90 Euro/Tag). Reichhaltiges Frühstücksbuffet (zum Teil mit netten Sachen aus der Region), nette Restaurantterrasse, bei Küche und Service gibt es noch ein klein wenig Spielraum nach oben. Mehrere Laufstrecken, täglich Aktivprogramm, auch Yoga und Pilates. 112 Liegen, 244 Betten. Thermalhallenbad, Sauna, Dampfbad, Massagen, Kosmetik, Fitnessgeräte. HP ab € 129,–.
- 2136 Laa an der Thaya, Thermenplatz 1
  ☎ 02522-84700

Kur | Rehabilitation

Klinik Pirawarth
Grünruhelage in Bad Pirawarth – Weinviertel
Modernes und renommiertes Kur- und Rehabilitationszentrum, das eine knappe halbe Autostunde von Wien entfernt sehr ruhig am Ortsrand liegt. Die Schwerpunkte liegen bei Neurologie und Orthopädie, beispielsweise für Menschen nach Schlaganfällen, mit Unfallfolgen oder Parkinson-Syndrom – dafür stehen auch spezifische Privatkuren im Angebot (siehe Preisbeispiele unten). Außerordentlich breites Therapiespektrum, es reicht von Diätologie über Psychologie bis hin zu medizinischen Komplementärmethoden. Es besteht die Möglichkeit, Angehörige als Co-Therapeuten in den Genesungsprozess einzubinden. Für pflegeintensive Patienten gibt es Überwachungsräume. Helles und angenehmes Ambiente, gute Küche. Dank einer neuen Gartenvilla sind die Wartezeiten für Einzelzimmer neuerdings verkürzt. 352 liebevolle Mitarbeiter, 296 Betten.
Thermalhallenbad, Massagen.

„Parkinson-Privatkur" (7 NVP inkl. Arzt und Therapien) ab € 1.220,–. Tagespauschale für psychosomatische Rehabilitation (inkl. VP) ab € 260,–.
- 2222 Bad Pirawarth, Kurhausstraße 100
  ☎ 02574-29160

Kur | Gesundheit 🌿🌿16
Kurhotel Pirawarth
Grünruhelage in Bad Pirawarth – Weinviertel

Burnout, Übergewicht, Konzentrationsstörungen und Lebenskrisen: modernes Kurhotel, das direkt neben der renommierten Reha-Klinik liegt und hochwirksame Kuren und kompetent durchdachte Therapiekonzepte zu diesen aktuellen Themenbereichen anbietet. Diese werden jeweils individuell angepasst und richten sich im Falle Burnout vor allem an jene Menschen, die so schnell wie möglich wieder in das Arbeitsumfeld zurückwollen, die besondere Zielgruppe daher: Gewerbetreibende und Freiberufler. Die Dauer reicht von fünf- bis achttägigen Programmen bis hin zu mehrwöchigen Kuren. Geradliniges, helles Ambiente, die höchst sauberen Zimmer bieten Loggia mit Hängematten und einen ruhevollen Ausblick auf Äcker und Wiesen. Gute Küche, freundliches Team aus Ärzten, Sportwissenschaftern, Psychologen und Diätassistentinnen. Außerordentlich breites therapeutisches Angebot, Spazierwege ohne Zahl. 34 Liegen, 73 Betten. Thermalhallenbad, Sauna, Massagen, Ayurveda, Fitnessgeräte.
Pauschalen, etwa „Auszeitkur" (7 NVP inkl. Arzt und Therapien) ab € 1.420,– oder „Kraftkur" (7 NVP inkl. Arzt und Therapien) ab € 1.520,–. HP ab € 81,–.
- 2222 Bad Pirawarth, Kurhausstraße 100
  ☎ 02574-29160

Wellness 10
Pyramide Eventhotel ★★★★
Südliche Stadtrandnähe – Wien
- 2334 Vösendorf, Parkallee 2, ☎ 01-69900

Kur 11
Kaiserbad ★★★
Grünruhelage in Bad Deutsch-Altenburg – 50 km von Wien
- 2405 Bad Deutsch-Altenburg, Badgasse 21-24
  ☎ 02165-62617-0

Kur 10
Parkhotel ★★★
Grünruhelage in Bad Deutsch-Altenburg – 50 km von Wien
- 2405 Bad Deutsch-A., Badgasse 21, ☎ 02165-626170

Kur 🌿13
Badener Hof ★★★★
Ruhelage am Ortsrand in Baden bei Wien

Modernes, sehr sauberes, aber etwas nüchtern geratenes Kurhotel mit direktem Verbindungsgang zu öffentlicher Römertherme (Eintritt im Preis inkludiert) und Badener Kurzentrum. Alle Zimmer mit Balkon, Küche mit biologischer Orientierung. 119 Betten. In der Therme: Thermalfreibecken, Thermalhallenbad, Sauna, Dampfbad, Massagen, Kosmetik, Fitnessgeräte. VP ab € 83,90.
- 2500 Baden bei Wien, Pelzgasse 30
  ☎ 02252-48580

Wellness 11
Grand Hotel Sauerhof ★★★★
Grünruhelage in Zentrumsnähe in Baden bei Wien
- 2500 Baden bei Wien, Weilburgstraße 11-13
  ☎ 02252-41251-0

Wellness 10
Herzoghof ★★★★
Unmittelbare Casinonähe in Baden bei Wien
- 2500 Baden bei Wien, Kaiser-Franz-Ring 10
  ☎ 02252-87297

Wellness 12
Schloss Weikersdorf ★★★★
Grünruhelage am Ortsrand in Baden bei Wien
- 2500 Baden bei Wien, Schlossgasse 9-11
  ☎ 02252-48301-0

Kur 🌿🌿15
Kurzentrum Bad Vöslau ★★★★
Grünruhelage am Ortsrand – 35 km südlich von Wien

Zeitgemäßes Mittelklasse-Kurhotel in netter Lage, es besteht aus insgesamt sechs Gebäuden, die durch lange Gänge miteinander verbunden sind, was auf dem Weg zu Restaurant oder Therapie einen längeren Fußmarsch bedeuten kann. Spezialisiert ist man auf die Therapie von Erkrankungen des Bewegungsapparates, das Spektrum der Anwendungen ist breit, auch die Ganzkörperkältetherapie (minus 110 Grad) ist zu haben. Viele Sozialversicherungsgäste, im Angebot stehen aber auch drei „Gesundheitswochen" für Privatzahler. Angenehme Zimmer (sauber, hell und großzügig geschnitten), alle haben Balkon und Teppichboden. Das Spa würde so manchem Wellnesshotel zur Ehre gereichen, indoor gibt es aber zu wenige Ruheliegen. Günstige Preise, freundliche Mitarbeiter, Gratisgarage für Kinder. 140 Liegen, 430 Betten. Freibecken, Hallenbad, Sauna, Dampfbad, Massagen, Kosmetik, Fitnessgeräte. HP ab € 76,–.
- 2540 Bad Vöslau, Badener Straße 7-9
  ☎ 02252-90600

Wellness 10
Hirschwang Seminar-Parkhotel ★★★★
Ortsrandlage in Reichenau – 95 km südlich von Wien
- 2651 Reichenau, Hirschwang 11, ☎ 02666-58110

Der Vollererhof.

Zehn Kilometer südlich von Salzburg auf 800 Metern Seehöhe gelegen, umgeben nur von Wald und Natur, bietet das Kurhotel Vollererhof die richtigen Voraussetzungen für die Revitalisierung von Körper und Geist. Moderne Gesundheitsvorsorge ist nur dann wirklich effizient, wenn sie ganzheitlich gesehen wird. Erstklassige Beratung und Behandlung durch unser anerkanntes Gesundheits-Team sollen Sie bei Ihrer gesunden Lebensplanung unterstützen.

KUR - FX MAYR ViMENTAL

Ganzheitsmedizinische Heil- und Vorsorgetherapien: FX MAYR ViMENTAL Kuren, Traditionelle Chinesische Medizin, Physio- und Kneipptherapien. Ein tägliches Vital-Rahmenprogramm sorgt für Ausgleich und hält in Schwung.

BEAUTY -
GESUNDHEIT, DIE MAN SIEHT

Kombination von schönheitsmedizinischen Eingriffen, optimaler Nachbehandlung, Beautybehandlungen durch hochwertige Wirkstoffkosmetik, Well-Aging-Konzepte & Körperstyling, um die natürliche Schönheit zu optimieren.

WELLNESS -
GESUNDHEIT, DIE MAN FÜHLT

Loslassen, um neues Wohlbefinden zu erlangen und Lebensengerie zu tanken. Die wunderbare Landschaftskulisse, die Allwetter-Relax-Anlage und die kulinarischen Spezialitäten aus der **VOLL**LEBEN Vital Cuisine - für die Auszeit zwischendurch.

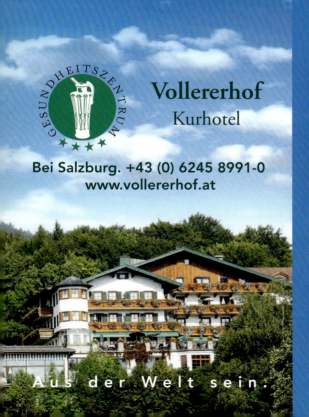

Vollererhof
Kurhotel

Bei Salzburg. +43 (0) 6245 8991-0
www.vollererhof.at

Aus der Welt sein.

Info und Buchen für alle Hotels: www.relax-guide.com

NIEDERÖSTERREICH

Wellness 13
Knappenhof ★★★★
Absolute Grünruhelage an der Rax – 100 km von Wien
Hideaway mit wenig Wellness, dafür in Traumlage: nach Redaktionsschluss der vorigen Ausgabe wiedereröffnetes ehemaliges Kurhotel, nun mit wunderschön renovierten ländlichen Zimmern, aber ohne die seit 2004 angebotenen „psychotherapeutischen" Kuren. Auch das Spa wurde erneuert, ist aber etwas nüchtern gestaltet und mini geblieben – es sind vor allem Atmosphäre und die grandiose Lage, die hier punkten! Fabelhafte Restaurantterrasse, gute Küche – schön präsentiert, mit ausgezeichneten Zutaten –, freundliche Crew, präsente Gastgeberin. Ungeeignet für Kinder. 4 Liegen, 56 Betten.
Naturbadeteich, Sauna, Dampfbad, Massagen. HP ab € 118,–.
- 2651 Reichenau an der Rax, Kleinau 34
  ☎ 02666-53633

Wellness 12
Raxalpenhof ★★★★
Grünruhelage am Ortsrand – 100 km südlich von Wien
- 2654 Prein an der Rax, Preinrotte 9
  ☎ 02665-526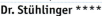

Kur | Rehabilitation 13
Raxblick Gesundheitsresort
Grünruhelage mit Fernblick – 100 km südlich von Wien
Sonderkrankenanstalt in schöner Lage, der Schwerpunkt liegt auf Rehabilitation bei Atemwegs- und Lungenerkrankungen sowie bei solchen des Bewegungsapparates. Sozialversicherungsgäste überwiegen, aber auch Reha-Aufenthalte für Privatzahler stehen im Angebot. Wunderschönes Panorama aus so manchem Zimmer. Kleines Spa, freundliche Crew. 24 Liegen, 252 Betten. Freibecken (Sommer), Hallenbad, Sauna, Massagen, Fitnessgeräte.
Ortho-Rehab- und Pulmo-Rehab-Tagespauschale (inkl. VP und Therapien) ab € 169,–.
- 2654 Prein an der Rax, Oberland 2
  ☎ 02665-241-0

Gesundheit | Kur 12
Dr. Stühlinger ★★★★
Grünruhelage mit Fernblick – 95 km südlich von Wien
- 2680 Semmering, Südbahnstraße 96
  ☎ 02664-2447-0

Wellness 10
Panhans ★★★★
Grünruhelage mit Fernblick – 95 km südlich von Wien
- 2680 Semmering, Hochstraße 32b
  ☎ 02664-8181

Wellness 12
Wagner Panoramahotel ★★★★
Grünruhelage mit Fernblick – 95 km südlich von Wien
- 2680 Semmering, Hochstraße 267, ☎ 02664-2512

Wellness 12
Schneeberghof ★★★★
Grünlage am Ortsrand – 80 km südlich von Wien
- 2734 Puchberg am Schneeberg
  Wiener Neustädter Straße 24, ☎ 02636-3500

Wellness | Kur 13
Wanzenböck ★★★★
Grünruhelage in Puchberg – 80 km südlich von Wien
Liebenswerter Rustikalklassiker mit Nostalgiebonus, er ist Kneippkurhaus, Schönheitsfarm und Wellnesshotel in einem und feiert gerade sein 50-jähriges Bestehen. Kleine, überwiegend sehr einfache Zimmer (ein knappes Drittel wurde vor kurzem renoviert), fast alle haben Balkon. Kleines Spa mit Liegewiese und sehr guten Treatments, auch Heilfasten und Entschlackungs- sowie Kneippkuren. Sehr familiär und preisgünstig, freundliche Crew. Viele alte Stammgäste, ungeeignet für Kinder. 54 Liegen, 84 Betten.
Naturbadeteich, Hallenbad, Sauna, Dampfbad, Massagen, Kosmetik. HP ab € 68,–.
- 2734 Puchberg am Schneeberg, Paradiesweg 4
  ☎ 02636-2310

Wellness 13
Linsberg Asia ★★★★s
Grünruhelage am Ortsrand – 70 km südlich von Wien
Modernes Großhotel an der gleichnamigen öffentlichen Therme, das aber auch einen eigenen, leider viel zu kleinen Wellnessbereich hat, in dem es mitunter unmöglich wird, eine Liege zu ergattern. Die – großzügig geschnittenen – Zimmer leiden unter architektonischen Ausrutschern (wir haben mehrmals ausführlich darüber berichtet) und dem Fehlen eines Balkons; wie man ohne Minibar zu einer Viersterns-superior-Kategorisierung gelangt, das zählt zu den Mysterien des Hauses. Service und Küche enttäuschen schwer – warum hier mit Begriffen wie „Fusion" oder „gesundheitsbedachte Fünf-Elemente-Küche" oder „besonders nahrhafte Speisen" geworben wird, bleibt für uns ein ebenfalls unergründliches Rätsel. Genauso wie das namensgebende „Asia", das hier bestenfalls in beliebiger Deko lieblosen Ausdruck findet. Oder wie der fehlende Light Lunch, der sich anderswo längst als HP-Standard durchgesetzt hat. Oder diese nervigen, unwürdigen Kleiderhaken mit „Diebstahlschutz" – hat man etwa Angst, dass die Gäste Kleiderhaken stehlen? Gute Massagen, Arztpraxis, auch Akupunktur. Aktivprogramm, auch Yoga und Qi Gong. Leihfahrräder kostenlos. Ungeeignet für Kinder. 77 Liegen, 250 Betten.

Hallenbad, Außensauna, Sauna, Dampfbad, Massagen, Kosmetik, Fitnessgeräte. 18-Loch-Parcours in 5 km. HP ab € 109,50.
- 2822 Bad Erlach, Thermenplatz 1
  ☎ 02627-48000

Wellness 10
Schloss Krumbach ****
Absolute Grünruhelage – Bucklige Welt
- 2851 Krumbach, Schloss 1
  ☎ 02647-42209

Kur 14
Königsberg Gesundheitsresort ****
Grünruhelage in Bad Schönau – Bucklige Welt

Hundefreundlich, solide und kompetent: traditionsreiches Kurhotel mit Spezialisierung auf Anwendungen mit Kohlensäuregas, das als natürliches Heilmittel aus der eigenen Quelle kommt und erfolgreich zur Behandlung von Durchblutungsstörungen, Herz-Kreislauf-Leiden und Gefäßerkrankungen eingesetzt wird. Das Haus besteht aus zwei Gebäuden unterschiedlichen Alters, im sogenannten Parkhotel, das 2003 eröffnet wurde, findet man jedenfalls die größeren und schöneren Zimmer, alle haben Balkon. Breites Therapiespektrum, auch Akupunktur und Wirbelsäulen-Video-Screening sowie Magnetfeld- und Sauerstofftherapie. Viele Sozialversicherungsgäste, zahlreiche unterschiedliche Pauschalangebote für Privatgäste. Große Liegewiese, Gratisgarage für alle. Ungeeignet für Kinder. 30 Liegen, 308 Betten. Freibecken, Hallenbad, Sauna, Dampfbad, Massagen, Kosmetik, Fitnessgeräte. Tennishalle. HP ab € 79,50.
- 2853 Bad Schönau, Am Kurpark 1
  ☎ 02646-8251-0

Kur 12
Kurzentrum Zum Landsknecht ****
Grünruhelage in Bad Schönau – Bucklige Welt
- 2853 Bad Schönau, Kurhausstr. 11
  ☎ 02646-90500-1501

Kur 15
Kurzentrum Zur Quelle ****
Grünruhelage in Bad Schönau – Bucklige Welt

Der neuere Teil des Kurzentrums Bad Schönau (siehe auch voriger Eintrag „Zum Landsknecht"), er wurde im Jahr 2004 eröffnet, auch hier ist man auf Kuren mit Kohlensäuregas spezialisiert. Besonders breites Therapiespektrum – unter anderem gibt's auch die Ganzkörperkältetherapie, die bei minus 110 Grad Celsius durchgeführt wird und bei zahlreichen Krankheiten (darunter Rheuma, Asthma und Hautleiden) außergewöhnlich gute Heilerfolge bringt. Viele Sozialversicherungsgäste, im Angebot stehen aber auch Kuren sowie „Gesund-

heitswochen" für Privatzahler – mit respektablem Preis-Leistungs-Verhältnis. Freundliches Team, saubere, sehr passable Zimmer – alle mit Balkon –, Liegewiese, Gratisgarage für alle. Ungeeignet für Kinder. 32 Liegen, 181 Betten.
Freibecken, Hallenbad, Sauna, Dampfbad, Massagen, Kosmetik. HP ab € 76,–.
- 2853 Bad Schönau, Landsknechtplatz 1
  ☎ 02646-90500-2501

Wellness 10
Thier ****
Zentrumslage in Mönichkirchen am Wechsel
- 2872 Mönichkirchen, Hauptstraße 243
  ☎ 02649-281

Wellness ⚜14
Molzbachhof ***
Grünruhelage bei Kirchberg am Wechsel
Hundefreundlicher Familienbetrieb, er liegt am Waldrand und bietet Zimmer in unterschiedlichsten Reifestadien, einige neue und liebevoll gestaltete finden sich auch darunter. Bescheidenes Spa, ausgezeichnete Massagen, auch Meditation und Qi Gong. Entzückend ist das „Paradiesgartl" – ein Park neben dem Haus, hier gibt es Beeren, Küchenkräuter- und Gemüsebeete sowie einen Schwimmteich mit Wasserfall. Naturnahe, gute Küche, ein Light Lunch ist im Preis inkludiert. Viele alte Stammgäste. Feine Laufstrecke, Wanderwege ohne Zahl. Gute Preise, Gratisgarage für alle. Ungeeignet für Kinder. 27 Liegen, 68 Betten.
Naturbadeteich, Sauna, Dampfbad, Massagen, Kosmetik, Fitnessgeräte.
HP ab € 63,–.
- 2880 Kirchberg, Aussen 36
  ☎ 02641-2203

Wellness 12
Schlosspark Mauerbach ****s
Grünruhelage im Wienerwald – Stadtrandnähe Wien
- 3001 Mauerbach bei Wien, Herzog-Friedrich-Platz 1
  ☎ 01-97030-100

Wellness 12
Tulbingerkogel ****
Grünruhelage im Wienerwald – Stadtrandnähe Wien
- 3001 Mauerbach bei Wien, Tulbingerkogel 1
  ☎ 02273-7391

Wellness 10
Steinberger Vital-Seminar ****
Grünlage an der Hauptstraße – westlich von Wien
- 3032 Eichgraben, Hauptstraße 34
  ☎ 02773-424310

Wellness 11
Lengbachhof ****
Grünlage an der Hauptstraße – westlich von Wien
- 3033 Altlengbach, Steinhäusl 8, ☎ 02774-2224-0

Wellness 9
Steinberger Event & Seminar ****
Grünlage an der Hauptstraße – westlich von Wien
- 3033 Altlengbach, Hauptstr. 52, ☎ 02774-2289

Kur 10
Salzerbad Kurhotel ****
Grünruhelage bei Kleinzell – Nähe Hainfeld
- 3171 Kleinzell, Nr. 96, ☎ 02766-371

Wellness ⚜14
Gösing Alpenhotel ****
Absolute Naturlage mit Fernblick – Ötschergebiet
Tief im Wald, an einem Südhang mit wunderbarem Ausblick auf den Ötscher: ein Haus mit großer Vergangenheit und charmanter Patina über allem. Kleines, vor kurzem modernisiertes Spa mit guten Treatments, stark unterschiedliche, aber stets nette Zimmer. Nahezu konkurrenzlos begeisternde Lage für Ruhesuchende, sehr freundliche Mitarbeiter, fabelhafte Restaurantterrasse, schier endlose Wanderwege und Laufstrecken. Ungeeignet für Kinder. 28 Liegen, 120 Betten.
Freibecken (Sommer), Hallenbad, Sauna, Dampfbad, Massagen, Kosmetik, Fitnessgeräte. HP ab € 89,–.
- 3221 Gösing, Nr. 4, ☎ 02728-217

Kur 11
Dr. Lumper Kneippkurhaus
Grünruhelage am Ortsrand – Nähe Scheibbs
- 3251 Purgstall an der Erlauf, Unternberg 6
  ☎ 07489-2328

Wellness 10
Jagdhof Bio-Wellness ****
Grünruhelage am Ortsrand – Ötschergebiet
- 3295 Lackenhof am Ötscher, Weitental 34
  ☎ 07480-5300

Wellness 9
Exel ****
Zentrale Ortslage in Amstetten
- 3300 Amstetten, Alte Zeile 14
  ☎ 07472-25888

Wellness 10
Schloss an der Eisenstraße ****
Zentrale Ortslage in Waidhofen an der Ybbs
- 3340 Waidhofen an der Ybbs, Am Schlossplatz 1
  ☎ 07442-505

Wellness 🌼14
Kothmühle Relax-Resort ★★★★
Grünruhelage – Nähe Neuhofen an der Ybbs

Sympathisches Tagungs- und Wellnesshotel, es handelt sich um einen Familienbetrieb mit Landwirtschaft (Obstbau), dessen Spa mit einem richtig großen Außenbereich aufwarten kann – ebensolcher Schwimmteich, FKK-Zone, Flaniergarten und Liegewiese inklusive. Erfreulich: die guten Massagen und die Öffnungszeiten im Spa: bis 23 Uhr (am Abreisetag bis 17 Uhr). Die Zimmer sind stark unterschiedlich, die deutlich besseren findet man im Neubautrakt. Aufmerksame und freundliche Crew, zumeist sehr gute Küche, ausgezeichnete selbstgemachte Edelbrände – die Domäne der Seniorchefin. Gute Laufstrecken. Ungeeignet für Kinder. 30 Liegen, 185 Betten. Naturbadeteich, Freibecken, Hallenbad, Außensauna, Sauna, Dampfbad, Massagen, Kosmetik, Fitnessgeräte. 18-Loch-Parcours in 11 km, 20 % Greenfee-Rabatt. Tennisplätze. HP ab € 91,–.
- 3364 Neuhofen an der Ybbs, Kothmühle 1
  ☎ 07475-52112-0

Wellness 🌼13
Steigenberger Krems ★★★★
Grünruhelage am Weinberg oberhalb von Krems

Hundefreundliches Tagungs- und Eventhotel in charmanter Lage (es hieß bis vor kurzem noch Steigenberger Avance). Mit passablen, aber mehrheitlich eher kleinen Zimmern, die nur teilweise einen schönen Ausblick bieten. Die „Spa World Luxury" (Werbung) ist nicht nur flächenmäßig gar nicht luxury, sondern höchst bescheiden ausgefallen und zudem auf mehrere Stockwerke verteilt, dafür gibt's sehr gute Massagen und eine nette Liegewiese beim Außenpool, der freilich nur in der warmen Jahreszeit zu haben ist. Nervige Parkverhältnisse, Garage gegen 10 Euro pro Tag. Hart an der Null-Lilien-Grenze. Ungeeignet für Kinder. 26 Liegen, 273 Betten. Freibecken (Sommer), Hallenbad, Sauna, Dampfbad, Massagen, Kosmetik, Fitnessstudio. 18-Loch-Parcours in 12, 32 und 35 km, bis 40 % Greenfee-Rabatt. HP ab € 90,–.
- 3500 Krems, Am Goldberg 2
  ☎ 02732-71010

Wellness 🌼13
Loisium Wine & Spa Langenlois ★★★★s
Grünlage am Ortsrand in Langenlois – Nähe Krems

Sowohl außen als auch innen höchst gewöhnungsbedürftig gestaltetes Hotel, es wurde 2005 eröffnet und liegt zwischen Weingärten und neuen Wohnsiedlungen etwas oberhalb des Ortes. Charakteristisch sind eine Sci-Fi-Movie-Fassade sowie Sichtbetonwände in den Zimmern (24 bis 50 m²) und auf den Fluren sowie deutlich unterdimensionierte Flächen für Restaurant und Spa – seltsam nur, dass Derartiges offenbar heute ausreicht, um internationale Tourismusinnovations- und Architekturpreise einzuheimsen. Der kleine Saunabereich jedenfalls befindet sich im fensterlosen Keller, die Fitnessgeräte ebenso, der Außenpool ist nur durch den Ruheraum über eine Tür ins Freie zu erreichen, wer Whirlpool, Innenpool oder Außensauna sucht, wird nicht fündig. Ein Lichtblick sind die Mitarbeiter: zuvorkommend, sehr freundlich – und im Restaurant über die angebotenen Weine erfreulich gut informiert. Feine Liegewiese. Garage? Leider nein! Ungeeignet für Kinder. 64 Liegen, 164 Betten. Freibecken, Sauna, Massagen, Kosmetik, Fitnessstudio. 18-Loch-Parcours in 8 und 29 km, 20 % Greenfee-Rabatt. HP ab € 118,–.

- 3550 Langenlois, Loisium Allee 2, ☎ 02734-77100

Gesundheit ♥ ♥ ♥ ♡ 17
La Pura Women's Health Resort ★★★★
Ruhige Ortslage in Gars am Kamp – 80 km von Wien

Ein Hotel nur für Frauen, und was für eines! Blitzsauber, mit feinem Ambiente, ebensolchen Zimmern und vielen liebevoll gestalteten Details, die Frauen Freude machen. Etwa die Handtaschenablagen im Restaurant, die Vorhänge in den Behandlungsräumen, die ein Umkleiden ermöglichen, ohne dass man fremden Blicken ausgesetzt ist, oder der angenehme Geruch im ganzen Haus – nein, keine synthetischen Düfte, nur bestens gelüftet! Spezialisiert ist man in diesem erst vor zwei Jahren eröffneten Hotel auf ganzheitliche Regeneration und typische Frauenanliegen (Behandlung von Problemzonen, Entschlackung, Gewebestraffung u. a.), dafür gibt es ein Team von hochkompetenten Ärzten und Therapeuten. Und: ein Füllhorn an medizinischen und kosmetischen Leistungen sowie sehr gute Massagen (schade nur, dass die gute alte Bürstenmassage neuerdings nicht mehr zu haben ist). Weiters auch Yoga, Pilates und Meditation sowie medizinische Check-ups. Wunderschönes Restaurant, qualitativ hochwertiges Frühstück, sehr gute bis ausgezeichnete Küche (mit biologischer Ausrichtung), die allerdings mehr Augenmerk auf Vegetarisches legen könnte, ein Light Lunch ist im Preis inkludiert. Wunderbar kompetente Mitarbeiter, gewinnend ruhiges und unaufgeregtes Umfeld – und bei der Abreise fanden wir die Windschutzscheibe geputzt vor. Ungeeignet für Kinder. 36 Liegen, 160 Betten. Hallenbad, Sauna, Dampfbad, Massagen, Kosmetik, Fitnessgeräte, Personal Trainer. 36-Loch-Parcours in 26 km, 18-Loch-Parcours in 31 km.
HP ab € 143,–.

- 3571 Gars am Kamp, Hauptplatz 58
  ☎ 02985-2666-0

Wellness 11
Pfeffel Gartenhotel ★★★★
Grünlage an der B3 bei Dürnstein – Wachau

- 3601 Dürnstein, Zur Himmelsstiege 122, ☎ 02711-206

La Pura Women's Health Resort

Wellness 12
Schloss Dürnstein *****
Grünruhelage in Dürnstein – Wachau
- 3601 Dürnstein, Nr. 2, ☏ 02711-212

Kur | Gesundheit ❦14
Lebens-Resort Ottenschlag
Grünruhelage am Ortsrand in Ottenschlag – Waldviertel
Ein Hybridprodukt, es bietet einerseits Kur- und Reha-Aufenthalte für Sozialversicherungspatienten (bei psychischen Problemen, Stoffwechselleiden und Erkrankungen des Bewegungsapparates), andererseits für Privatgäste – die hier jedoch in der Minderheit sind – Burnoutprävention und Lebensstilmedizin. Mit Letzterem gemeint sind die Themenkreise Bewegung, Ernährung, Rauchertherapie, Stress- und Gewichtsreduktion, für die es jeweils spezifische Packages unterschiedlicher Dauer gibt. Ziel ist stets, eine positive Veränderung der Lebensgewohnheiten in Gang zu bringen. Die medizinische Kompetenz des interdisziplinären Teams steht außer Zweifel, das Haus selbst ist aber keine Augenweide. Großzügig geschnittene Zimmer, alle mit Balkon und Teppichböden. Sehr freundliche Mitarbeiter, die Küche verwendet Zutaten aus ökologischer, regionaler Landwirtschaft. Auch medizinische Check-ups. Ringsum Wanderwege und Laufstrecken ohne Zahl. Sauberes Preis-Leistungs-Verhältnis. Ungeeignet für Kinder. 45 Liegen, 220 Betten.
Freibecken, Hallenbad, Außensauna, Sauna, Dampfbad, Massagen, Kosmetik, Fitnessgeräte. HP ab € 82,–.
- 3631 Ottenschlag, Xundheitsstraße 1
  ☏ 02872-20020

Kur ❦❦15
Kurzentrum Bad Traunstein ****
Grünruhelage 20 km südlich von Zwettl – Waldviertel
Am Ortsrand schön und ruhig gelegenes Kurhotel, es bietet ein weites Spektrum an medizinischen Behandlungen, darunter solche mit dem örtlich vorkommenden Heilmoor und eine sogenannte Kältekammer für die Ganzkörperkryotherapie bei minus 110 Grad. Nette, stets saubere Zimmer sowie ein Wellnessbereich, der so manchem Spa-Hotel zur Ehre gereichen würde und zudem bis 22 Uhr geöffnet ist. Verträge mit vielen Sozialversicherungsträgern, für Privatzahler gibt es auch mehrere vierbis siebentägige Packages – vom „Verwöhnwochenende" bis hin zur Heilmoorwoche, stets mit ausgezeichnetem Preis-Leistungs-Verhältnis. Ringsum wunderbare Wanderwege ohne Zahl. Freundliche und engagierte junge Mitarbeiter, enttäuschende Küche. Gratisgarage für alle. Ungeeignet für Kinder. 60 Liegen, 178 Betten.
Freibecken, Hallenbad, Sauna, Dampfbad, Massagen, Kosmetik. HP ab € 76,–.
- 3632 Traunstein, Windmühlweg 140
  ☏ 02878-25050

Gesundheit 10
Kloster Pernegg Fastenzentrum
Grünruhelage bei Pernegg – Waldviertel
- 3753 Pernegg, Nr. 1, ☏ 02913-614

Wellness 12
Liebnitzmühle ****
Grünruhelage bei Raabs an der Thaya – Waldviertel
- 3820 Raabs an der Thaya, Liebnitz 38
  ☏ 02846-7501

Wellness 12
Haugschlag Golfresort ****
Absolute Grünruhelage bei Haugschlag – Waldviertel
- 3874 Haugschlag, Nr. 160, ☏ 02865-8441-0

Wellness 12
Schwarz Alm ****
Absolute Grünruhelage Nähe Zwettl – Waldviertel
- 3910 Zwettl, Almweg 1, ☏ 02822-53173

Kur | Gesundheit ❦❦❦17
Herz-Kreislauf-Zentrum Groß Gerungs ****
Grünruhelage am Ortsrand – Waldviertel
Medizinische Kompetenz von internationalem Format: eine Art „Herz-Farm", jedenfalls ein „Klinik-Hotel" für Menschen mit chronischer koronarer Herzkrankheit, nach Herzinfarkten und herzchirurgischen Eingriffen. Es bestehen Verträge mit zahlreichen Sozialversicherungsträgern, für Privatgäste gibt es drei- bis 15-tägige Packages, darunter Check-ups sowie „Herz-" und „Fitnessurlaube" mit präventivem Charakter. Freundliche Mitarbeiter, gute Küche mit Produkten aus biologischer und regionaler Landwirtschaft. Ernährungsberatung, auch Yoga und Qi Gong. Langlaufloipen, Wanderwege und Radwege in unmittelbarer Umgebung. Ungeeignet für Kinder. 254 Betten.
Hallenbad, Sauna, Dampfbad, Massagen.
18-Loch-Parcours in 21 km. Tennisplätze.
HP ab € 69,–.
- 3920 Groß Gerungs
  Kreuzberg 310
  ☏ 02812-8681-0

Gesundheit | Wellness 12
Klosterberg ****
Grünruhelage am Ortsrand – Waldviertel
- 3921 Langschlag, Am Berg 170, ☏ 02814-8276

Wellness 11
Schloss Rosenau ****
Grünruhelage bei Zwettl – Waldviertel
- 3924 Schloss Rosenau, Nr. 1
  ☏ 02822-58221-0

NIEDERÖSTERREICH 63

Kur | Wellness 10
Leonardo Kurhotel ****
Grünlage in der Nähe von Gmünd – Waldviertel
- 3945 Hoheneich, Nondorf Hauptstraße 110
  ☏ 02855-500

Wellness 10
Sole-Felsen-Bad ****
Ortsrandlage an der B41 in Gmünd – Waldviertel
- 3950 Gmünd, Albrechtser Str. 14, ☏ 02852-20203-203

Kur | Gesundheit ♨14
Moorheilbad Harbach ****
Grünlage bei Weitra – Waldviertel

Ein gewaltiger Gebäudekomplex, er besteht aus einem renommierten Kur- und Rehabilitationszentrum für Sozialversicherungsgäste sowie aus einem Hotel für Privatgäste (Haus Hochwald, mit kleinem Spa und eigenem Restaurant), auf das sich unsere Bewertung bezieht. Im Angebot steht eine beinahe unüberschaubare Fülle von Packages zu den Themen Kur, Sportorthopädie, Leistungschecks, Lebensstil, Prävention und Wohlfühlen, wobei Letzteres freilich nicht immer ganz einfach gelingen mag, ist man doch auf Schritt und Tritt von Klinikambiente und Kranken umgeben, schon an der „Gemeinschaftsrezeption" ist man an die Aufnahme in einem Spital erinnert, und auf dem Weg in den vergleichsweise sehr bescheidenen Wellnessbereich erscheint es fast, als wäre man in eine Adipositas- und Geriatrieambulanz geraten. Überraschend nett zeigen sich dagegen die Zimmer: großzügig geschnitten, mit zeitgemäßen hellen Vollholzmöbeln und guten Betten. Gute Küche mit vielen Zutaten aus biologischer und regionaler Landwirtschaft. Außerordentlich freundliche Mitarbeiter, hochkompetente medizinische Betreuung. Ganz schwaches W-Lan. Ungeeignet für Kinder. 60 Liegen (mit SV-Spa), insgesamt 650 Betten. Freibecken (Sommer), Hallenbad, Sauna, Dampfbad, Massagen, Kosmetik, Fitnessgeräte. 18-Loch-Parcours in 10 km, 20 % Greenfee-Rabatt. Tennishalle. HP ab € 77,–.
- 3970 Moorbad Harbach
  ☏ 02858-5255-0

Wellness 11
Brauhotel Weitra
Am Stadtplatz in Weitra – Waldviertel
- 3970 Weitra, Rathausplatz 6
  ☏ 02856-2936-0

Kur 12
Moorbad Großpertholz ****
Grünruhelage am Ortsrand – Waldviertel
- 3972 Bad Großpertholz, Nr. 72
  ☏ 02857-2273

Herz-Kreislauf-Zentrum Groß Gerungs

ALLE LILIEN-HOTELS
IN OBERÖSTERREICH

- 2 Almesberger ****s
- 15 Cortisen am See ****s
- 11 Dr. Petershofer Kurhaus
- 13 Eichingerbauer Marienschlössl ****s
- 12 Eurothermenresort Miraverde ****
- 10 Eurothermenresort Paradiso ****s
- 16 Eurothermenresort Royal ****
- 4 Falkensteiner Bad Leonfelden ****
- 6 Geinberg⁵ Private Spa Villas
- 5 Gugerbauer ****
- 3 Guglwald ****s
- 15 Im Weissen Rössl ****s
- 1 Inns Holz ****
- 9 Kneipp Traditionshaus Bad Kreuzen
- 7 Kneipp Traditionshaus Bad Mühllacken
- 10 Lebensquell ****s
- 17 Poppengut ****
- 14 Seehof *****
- 6 Therme Geinberg Vitalhotel ****
- 16 Villa Seilern ****
- 15 Vitalhotel Wolfgangsee ****

Wellness 10
Donauschlinge ****
Grünlage am Donauufer – 40 km nordwestlich von Linz
- 4083 Haibach, Schlögen 2, ☎ 07279-8212

Wellness 12
Kocher Revita ****
Grünlage am Ortsrand – 35 km nordwestlich von Linz
- 4084 St. Agatha, Stefan-Fadinger-Straße 6
  ☎ 07277-8208

Kur 🌿13
Kneipp Traditionshaus Bad Mühllacken
Grünruhelage in Bad Mühllacken – Mühlviertel
Bei den Marienschwestern vom Karmel: Mehr als 100 Jahre Kneipptradition gibt es hier, dazu nette, helle Zimmer und viel Sauberkeit. Gute Therapien, liebevoll angelegter Kräutergarten, auch Fastenkuren nach Buchinger. Hauseigene Kapelle, täglich Abendmesse und Chorgebet. Gute Preise, herzliches Umfeld. Ungeeignet für Kinder. 14 Liegen, 40 Betten.
Hallenbad, Sauna, Dampfbad, Massagen, Kosmetik. HP ab € 69,40.
- 4101 Feldkirchen, Bad Mühllacken 55
  ☎ 07233-7215

Wellness 11
Mühltalhof ****
Grünruhelage am Ortsrand – Mühlviertel
- 4120 Neufelden, Unternberg 6, ☎ 07282-6258

Wellness 10
Bruckwirt Kinderhotel ***
Grünruhelage bei Obermühl an der Donau – Mühlviertel
- 4131 Obermühl, Graben 6, ☎ 07286-8321-0

Wellness 10
Lembacher Hof ***
Zentrumslage in Lembach – Mühlviertel
- 4132 Lembach, Falkensteinstraße 4, ☎ 07286-8257

Wellness 12
Falkner Landhotel ****
Grünruhelage mit Fernblick – Mühlviertel
- 4142 Hofkirchen, Marsbach 2, ☎ 07285-223

Wellness 🌿13
Almesberger ****s
Zentrale Ortslage in Aigen – Mühlviertel
Mischung aus rustikalem Kirchenwirt und Wellnesshotel, direkt im Zentrum gelegen, was schon beim Parken zur Herausforderung werden kann. Das auch externen Gästen zugängliche Spa ist weitläufig (die werblich angeführte Fläche zählt aber auch den – sehr netten – Außenbereich dazu), allerdings labyrinthisch und ohne systematischen Zusammenhang angelegt, auch die Ruheräume muss man sich erst erarbeiten: lange Wege, Treppen, Treppen, Treppen. Schmales Aktivprogramm, auch Pilates. Stark unterschiedliche Zimmer, auch sehr passable finden sich darunter. Ungeeignet für Kinder. 68 Liegen, 180 Betten. Freibecken, Freibecken (Sommer), Hallenbad, Sauna, Dampfbad, Massagen, Kosmetik, Fitnessstudio, Personal Trainer. 18-Loch-Parcours in 8 und 27 km. HP ab € 110,–.
- 4160 Aigen, Marktplatz 4
  ☎ 07281-8713-0

Wellness 🌿13
Inns Holz ****
Grünlage am Ortsrand bei Ulrichsberg – Mühlviertel
Familienfreundliches Mini-Dörfchen, es liegt direkt an einer Landstraße und besteht aus einem kleinen Hotel und 11 dicht aneinandergebauten Hütten, die hier Chalets genannt werden. Diese sind romantisierend rustikalisiert und bieten auf 90 m² maximal fünf Personen Platz – Kochnische, Sauna und freistehende Badewanne inklusive. Auch einen kleinen Wellnessbereich gibt es, ebenso wie einen kühlen Schwimmteich, dessen direkter Zugang von der Sauna allerdings dazu führt, dass man „in der Auslage" der umgebenden Hütten landet. Frühstück und Abendessen werden im Chalet serviert, mittags und abends kann man auch selber kochen oder im etwas gewöhnungsbedürftig gestalteten Restaurant des Hotels essen. Loipen, Laufstrecken und Wanderwege ohne Zahl. Wermutstropfen: Eine traumhafte Aussicht, wie sie bei der Konkurrenz (Seinerzeit, Almwelt Austria, Priesteregg, Maierl Alm) sozusagen zur Grundausstattung gehört, ist hier nicht einmal im Ansatz zu haben. 28 Liegen, 82 Betten.
Naturbadeteich, Freibecken, Außensauna, Sauna, Dampfbad, Massagen, Kosmetik, Fitnessgeräte. 27-Loch-Parcours in 12 km. HP ab € 119,–.
- 4161 Ulrichsberg, Schöneben 10
  ☎ 07288-70600

Wellness 12
Bergergut Romantik Resort ****s
Grünruhelage am Ortsrand in Afiesl – Mühlviertel
- 4170 Afiesl, Nr. 7, ☎ 07216-4451

Wellness 12
Aviva make friends ****s
Grünruhelage mit Fernblick bei St. Stefan – Mühlviertel
- 4170 St. Stefan am Walde, Höhenweg 1
  ☎ 07216-3760-0

Kur | Wellness 12
Bründl ****
Grünruhelage am Ortsrand in Bad Leonfelden – Mühlviertel
- 4190 Bad Leonfelden, Badweg 1, ☎ 07213-61177

Wellness ♃ ♃15

Falkensteiner Bad Leonfelden ****
Grünruhelage am Ortsrand in Bad Leonfelden – Mühlviertel
Hundefreundliches, auf einer sehr luftigen Anhöhe (das merkt man auch auf der Liegewiese) außerhalb des Ortes gelegenes Kettenhotel mit eigenwilliger Fassade. Passable Zimmer (jene vom Typ Standard sind allerdings von bescheidener Größe, die im Prospekt angegebenen 30 m² können wir nicht nachvollziehen) in Beige- und Brauntönen, alle haben Balkon, die höheren Kategorien zudem Holzböden. Das leider auch öffentlich zugängliche Spa bietet viel, unter anderem einen feinen Außenbereich mit Ruheterrasse sowie wunderschöne Behandlungsräume und ausgezeichnete Massagen (nur: warum gibt es neuerdings keine Thaimassage mehr?) sowie – gegen Aufpreis – auch Yoga und Qi Gong. Die Leistungen von Küche und Service schwanken stark, die Mitarbeiter sind freundlich und bemüht, wenn auch nicht selten überfordert, der Rezeption stünde ein bisschen mehr von Freundlichkeit und Hilfsbereitschaft ganz gut. Eine Garage fehlt uns (nach diesem Winter besonders). Ungeeignet für Kinder. 140 Liegen, 234 Betten. Freibecken, Hallenbad, Außensauna, Sauna, Dampfbad, Massagen, Kosmetik, Fitnessgeräte, Personal Trainer. HP ab € 92,–.
- 4190 Bad Leonfelden, Wallseerstraße 10
  ☏ 07213-2068-7911

Kur 12

Kurhotel Bad Leonfelden ****
Grünruhelage bei Bad Leonfelden – Mühlviertel
- 4190 Bad Leonfelden, Spielau 8, ☏ 07213-6363

Beauty 12

Sternsteinhof Schönheitsfarm ****
Grünruhelage bei Bad Leonfelden – Mühlviertel
- 4190 Bad Leonfelden, Oberlaimbach 20
  ☏ 07213-6365

Wellness ♃ ♃ ♃17

Guglwald ****s
Grünruhelage Nähe Bad Leonfelden – Mühlviertel
Wunderschön und ganz ruhig auf einer Anhöhe nahe der tschechischen Grenze gelegener Familienbetrieb, er präsentiert sich romantisch mit Türmchen und inwendig ländlich, etwas dunkel und charmant verwinkelt – unterm Strich sehr gemütlich. Die Zimmer (16 verschiedene Typen) sind höchst unterschiedlich gestaltet, das Interieur changiert von schwülstig-verspielt über unaufdringlich-modern bis hin zu aufreizend-modisch. Das Spa charakterisieren relativ kleine Pools, ein Naturbadeteich mit Liegewiese, mehrere Ruheräume sowie sehr gute Massagen, auch Qi Gong, Yoga und Pilates werden geboten. Eine Besonderheit des Hauses ist ein schöner Park mit einem liebevoll und aufwendig ange-

Guglwald

legten Kräutergarten, hier gibt es idyllische Platzerln und ein Teehaus, in dem es wunderbar duftet. Feines Frühstücksbuffet mit (Bio-)Produkten in guter Qualität (frischgepresste Säfte sollte man aber schon erwarten dürfen), nahezu ausgezeichnete Küche mit biologischer Ausrichtung; schade nur, dass die Restaurantterrasse so klein ist. Richtig Freude macht das gut eingespielte Team: Erfrischend natürlich und aufmerksam – zumindest nördlich der Donau haben wir diesmal kein besseres gefunden. Ein Light Lunch ist im Preis inkludiert, was uns fehlt, ist der Internetzugang am Zimmer. Ungeeignet für Kinder. 80 Liegen, 120 Betten.
Naturbadeteich, Freibecken, Hallenbad, Sauna, Dampfbad, Massagen, Kosmetik, Ayurveda, Fitnessgeräte.
18-Loch-Parcours in 20 km. HP ab € 91,–.
- 4191 Guglwald, Nr. 8
  ☎ 07219-7007

Kur 10

Kurhotel Bad Zell ***
Grünruhelage am Ortsrand in Bad Zell – Mühlviertel
- 4283 Bad Zell, Kurhausstraße 9, ☎ 07263-7566

Kur | Wellness 15

Lebensquell ****s
Grünruhelage am Ortsrand in Bad Zell – Mühlviertel
Vor sieben Jahren eröffnetes, blitzsauberes Kur- und Wellnesshotel, das mit dem Therapiezentrum sowie mit einer öffentlichen Badeanlage verbunden ist. Diese bietet mehrere Saunen (sieben Spezialaufgüsse pro Tag), jedoch nur relativ kleine Wasserflächen und ist vor allem an Wochenenden stark von externen Gästen besucht, allerdings hat man als Hotelgast die Möglichkeit, eine Liege für den ganzen Tag zu reservieren. Neben sehr guten Behandlungen und Radonwasserkuren (Schwerpunkt: rheumatische Erkrankungen) ist auch die wirkungsvolle Ganzkörperkältetherapie (minus 110 Grad) zu haben – für Gesunde ein dreiminütiger Frischekick, den man unbedingt ausprobieren sollte. Die Zimmer sind modern und zweckmäßig eingerichtet, das Restaurantservice ist abends um Lichtjahre besser als in der Früh, und frischgepresste Säfte sollte man sich eigentlich erwarten dürfen. Viele Kurgäste, teilweise mit Gehhilfen – wer eine romantische Kuscheloase sucht, wird hier jedenfalls nicht fündig. Eine Nachmittagsjause ist im Preis inkludiert, den Weckruf übernimmt die katholische Kirche mit ihren Glocken. Ungeeignet für Kinder. 166 Liegen, 156 Betten.
Freibecken, Hallenbad, Außensauna, Sauna, Dampfbad, Massagen, Kosmetik, Fitnessgeräte.
18-Loch-Parcours in 24 km. HP ab € 115,–.
- 4283 Bad Zell, Lebensquellplatz 1
  ☎ 07263-7515-0

Info und Buchen für alle Hotels: www.relax-guide.com OBERÖSTERREICH

Wellness 12
Aumühle
Grünruhelage bei Grein an der Donau – Mühlviertel
- 4360 Grein, Panholz 17, ☎ 07268-8130

Kur ♁14
Kneipp Traditionshaus Bad Kreuzen
Grünruhelage in Bad Kreuzen – Mühlviertel
Vor 42 Jahren terrassenförmig in den Hang gebautes und vor kurzem renoviertes „Kneipp-Kloster" der Marienschwestern vom Karmel. Es bietet viel Ruhe, ausschließlich südseitige Zimmer (großzügig geschnitten, aber mit schmalen Betten), fast alle mit Balkon und einem wunderschönen Ausblick auf die umgebende Landschaft. Sehr nett: der große Kneippgarten mit Kräutern, Duft- und Heilpflanzen, mit Schwimmteich und Liegewiese. Ausgezeichnete Treatments, freundliche, gut motivierte Crew, gute Preise, täglich Gottesdienst. Ungeeignet für Kinder. 10 Liegen, 94 Betten. Naturbadeteich, Hallenbad, Sauna, Dampfbad, Massagen. HP ab € 69,40.
- 4362 Bad Kreuzen, Nr. 106, ☎ 07266-6281

Gesundheit 12
Fessler Heilfasteninstitut ★★★
Grünlage oberhalb von Losenstein – südlich von Steyr
- 4460 Losenstein, Kirchenberg 15, ☎ 07255-4344

Wellness | Kur ⚘ ♁15
Eurothermenresort Miraverde ★★★★
Grünruhelage im Kurpark von Bad Hall
Über lange Jahre als „Herzog Tassilo" ein ehrwürdiges Kurhotel, nach mehreren Modernisierungen nun schon seit längerem fast ein lupenreines Wellnesshotel. Es bietet zwar einen nicht gerade weitläufigen Spa-Bereich (mit Liegewiese) – auch der Pool ist nicht rasend groß –, dafür ist das Haus gemütlich, von angenehmer Größe, und es liegt am Rand eines herrlichen Parks mit alten exotischen Bäumen, zudem werden die Behandlungen sehr kompetent durchgeführt und sind bei guter Witterung auch im Freien zu genießen (nur: warum sind einige der guten Spezialmassagen, darunter Tuina und APM, neuerdings nicht mehr erhältlich?). Zimmer gibt es in neun verschiedenen Varianten, viele haben Balkon und Holzböden, einige sogar Dampfbad sowie Zugang zu einer eigenen Club Lounge. Erquickende Spaziergänge und Jogging-Strecken vom Feinsten. Sieben Gehminuten sind es zur öffentlichen Therme, diese steht dem Hotelgast sowohl am Anreise- als auch am Abreisetag kostenlos zur Verfügung. Freundliche Crew, Frühstück bis 12 Uhr, eine Nachmittagsjause ist im Preis inkludiert. Auch Fastenkuren nach Buchinger. Ungeeignet für Kinder. 75 Liegen, 125 Betten.
Thermalhallenbad, Sauna, Dampfbad, Massagen, Kosmetik, Fitnessgeräte. 18-Loch-Parcours in 3 km. HP ab € 111,–.
- 4540 Bad Hall, Parkstraße 4, ☎ 07258-799-6600

Poppengut (Seite 70)

Kur | Wellness 11
Parkhotel Zur Klause **
Grünruhelage am Ortsrand – Bad Hall
- 4540 Bad Hall, Am Sulzbach 10, ☎ 07258-4900

Kur 12
Vitana Kurhotel
Ruhelage in Kurparknähe – Bad Hall
- 4540 Bad Hall, Dr.-Karl-Renner-Straße 6
  ☎ 07258-799-5500

Wellness 10
Berghotel Hinterstoder **
Absolute Grünruhelage am Ortsrand in Hinterstoder
- 4573 Hinterstoder, Hutterer Böden 70
  ☎ 07564-5421-0

Wellness 11
Dietlgut **
Absolute Grünruhelage am Ortsrand in Hinterstoder
- 4573 Hinterstoder, Dietlgut 5
  ☎ 07564-5248-0

Wellness 🌼 14
Poppengut **
Grünruhelage am Ortsrand in Hinterstoder
Liebevoll geführtes „Wanderhotel", das neuerdings mit überwiegend großen und sehr netten Zimmern – fast alle mit Balkon oder Terrasse, die meisten mit Holzböden – aufwarten kann. Alles sehr sauber, Wanderwege gibt es ohne Zahl, geführte Wanderungen in vielen Varianten. Das Spa ist klein, groß nur die Liegewiese, eine Spezialität sind Bäder mit Gebirgsheu aus der Gegend. Gute Treatments, weitere Stärken des Hauses sind die natürliche Freundlichkeit von Gastgebern und der vornehmlich jungen Crew sowie die sehr gute bis ausgezeichnete Küche. Eine Nachmittagsjause ist im Preis inkludiert. Ungeeignet für Kinder. 48 Liegen, 94 Betten (Foto Seite 69).
Freibecken, Hallenbad, Außensauna, Sauna, Dampfbad, Massagen, Kosmetik. HP ab € 72,–.
- 4573 Hinterstoder, Mitterstoder 20
  ☎ 07564-5268

Wellness 10
Stoderhof **
Zentrumslage in Hinterstoder
- 4573 Hinterstoder, Nr. 10, ☎ 07564-5266

Wellness 11
Dilly Familotel ****s
Grünlage am Ortsrand in Windischgarsten
- 4580 Windischgarsten, Pyhrnstraße 14
  ☎ 07562-5264-0

Info und Buchen für alle Hotels: www.relax-guide.com   OBERÖSTERREICH

Wellness	11

Lavendel ★★★
Grünruhelage am Ortsrand in Windischgarsten
- 4580 Windischgarsten, Svetlinstraße 7, ☏ 07562-7977

Kur	Wellness	11

Windischgarstnerhof ★★★★
Grünruhelage bei Windischgarsten – 85 km von Linz
- 4580 Windischgarsten, Edlbach 117
  ☏ 07562-7331

Wellness	11

Almtalhof ★★★★
Grünlage am Ortsrand – Almtal
- 4645 Grünau im Almtal, Almeggstraße 1
  ☏ 07616-6004

Kur	12

Moorbad Neydharting
Grünruhelage am Ortsrand – Nähe Wels
- 4654 Bad Wimsbach-Neydharting, Nr. 4
  ☏ 07245-25474-0

Kur	10

Moorbad Gmös
Grünruhelage bei Laakirchen – Nähe Gmunden
- 4663 Laakirchen, Rahstorf 10, ☏ 07613-6263

Wellness ⚜⚜⚜17

Eurothermenresort Paradiso ★★★★s
Grünruhelage am Ortsrand in Bad Schallerbach

Kinderfreundliches Großhotel, es ist durch einen kurzen Bademantelgang mit der öffentlichen Therme verbunden, die erst vor zwei Jahren modernisiert und ausgebaut wurde. Neben feinen FKK- und Saunazonen sowie einem Thermenareal, dessen Dach sich bei gutem Wetter öffnen lässt, bietet sie auch viele Attraktionen für Kids, darunter fünf schnelle Wasserrutschen, eine weitläufige Wasserspielanlage sowie eine „Piratenwasserwelt".
Für Hotelgäste gibt es einen eigenen und weitläufigen Thermal-Spa-Bereich, in dem es aber, genauso wie in der öffentlichen Therme, vor allem an gut gebuchten Wochenenden zu einem Mangel an Liegen kommen kann. Die Zimmer sind stets sehr sauber und ausreichend groß, sie haben entweder Laminat- oder Teppichböden sowie alle Balkon oder Terrasse, der Ausblick geht dabei auf die Poolanlagen und in den Garten. Frühstück und Check-out bis 12 Uhr, die öffentliche Therme kann an Anreise- und Abreisetag ohne Aufpreis ganztägig genutzt werden. Mehrheitlich freundliche Mitarbeiter, große Auswahl beim Frühstück, eine Nachmittagsjause (Strudelbuffet) ist im Preis inkludiert. Liegewiese, tägliche Betreuung für Kinder ab drei Jahren. Sehr gute Massagen, auch Pilates, Yoga und Qi Gong. Für Ruhesuchende und Pärchen weniger geeignet. 210 Liegen, 300 Betten.

Gugerbauer (Seite 72)

Thermalfreibecken, Außensauna, Dampfbad, Massagen, Kosmetik, Ayurveda, Fitnessgeräte. 18-Loch-Parcours in 27 und 34 km, bis 30 % Greenfee-Rabatt.
HP ab € 133,–.
- 4701 Bad Schallerbach, Promenade 1
  ☎ 07249-440-710

Wellness 12
Parkhotel Bad Schallerbach ★★★★
Ruhige Zentrumslage in Bad Schallerbach
- 4701 Bad Schallerbach, Badstraße 2
  ☎ 07249-48781

Kur 12
Barmherzige Brüder
Grünruhelage am Innufer in Schärding
- 4780 Schärding, Kurhausstraße 6, ☎ 07712-3221

Gesundheit 15
Gugerbauer ★★★★
Grünruhelage am Innufer in Schärding
Gemütliches Kleinhotel in beschaulicher Lage am Ufer des Inns, der auch aus so manchem Zimmer sowie aus Ruheraum und Hallenbad zu sehen ist. Der Fokus liegt auf Gesundheit, unter anderem werden Heilfasten nach Buchinger sowie Kneippkuren geboten. Alles ist sehr gepflegt, zu haben sind auch sehr nette Zimmer

mit Eichenböden. Die Lage animiert zu ausgedehnten Spaziergängen oder zum Laufen in der Au. Liegewiese, Kurarztpraxis, ausgezeichnete Treatments, auch Qi Gong sowie Muskelentspannung nach Jacobson. Familiär und sehr freundlich, nette Terrasse, ein Light Lunch ist im Preis inkludiert. Viele, viele Stammgäste. Ungeeignet für Kinder. 17 Liegen, 60 Betten (Foto Seite 71).
Hallenbad, Sauna, Dampfbad, Massagen, Kosmetik, Fitnessgeräte. 18-Loch-Parcours in 13 km, 10 % Greenfee-Rabatt. HP ab € 99,90.
- 4780 Schärding, Kurhausstraße 4
  ☎ 07712-3191

Wellness 12
Traunsee Seehotel ★★★★
Grünlage am Traunseeufer – Salzkammergut
- 4801 Traunkirchen, Klosterplatz 4, ☎ 07617-2216

Wellness | Kur 15
Eurothermenresort Royal ★★★★
Zentrumslage in Bad Ischl – Salzkammergut
Siebengeschoßige „Platte" aus den 1970er Jahren, sie wurde vor sechs Jahren mit Ausnahme der (ziemlich in die Jahre gekommenen) Standardzimmer modernisiert. Alle Zimmer haben Balkon, häufig einen schönen und seltener einen weniger feinen Ausblick. Über eine Bademantelbrücke gelangt man in die weitläufige

Salzkammergut-Therme, wo für Hotelgäste ein eigener Ruhebereich mit Tee- und Saftbar reserviert ist. Dank der natürlichen Heilvorkommen Sole, Schwefel und Soleschlamm ist man seit jeher auf Kuren gegen Herz-Kreislauf-Leiden und Atemwegserkrankungen ausgerichtet, die entsprechenden Anwendungen erhält man ebenfalls in der Therme. Gute Treatments, die Crew ist zumeist freundlich, jedoch mitunter etwas unroutiniert, die Küche ist gut, sie verwendet Zutaten aus biologischer Landwirtschaft. Frühstück und Check-out bis 12 Uhr, eine Nachmittagsjause (Strudelbuffet) ist im Preis inkludiert, die öffentliche Therme kann an Anreise- und Abreisetag ohne Aufpreis ganztägig genutzt werden. Eher ungeeignet für Kinder. Liegewiese, Gratisgarage für alle. 90 Liegen, 240 Betten.
In der Therme: Thermalsolefreibecken, Thermalsolehallenbad, Außensauna, Sauna, Dampfbad, Massagen, Kosmetik, Fitnessgeräte. 18-Loch-Parcours in 7 km. HP ab € 126,–.
- 4820 Bad Ischl, Voglhuberstraße 10
  ☎ 06132-204-0

Wellness 12
Goldener Ochs ★★★★
Zentrumslage in Bad Ischl – Salzkammergut
- 4820 Bad Ischl, Grazer Straße 4
  ☎ 06132-23529-0

Wellness 10
Goldenes Schiff ★★★★
Zentrumslage in Bad Ischl – Salzkammergut
- 4820 Bad Ischl, Adalbert-Stifter-Kai 3
  ☎ 06132-24241

Wellness 10
Hubertushof Landhotel ★★★★
Neben der Kaiservilla in Bad Ischl – Salzkammergut
- 4820 Bad Ischl, Götzstraße 1
  ☎ 06132-24445

Wellness | Kur ⚜13
Villa Seilern ★★★★
Ruhige Zentrumslage in Bad Ischl – Salzkammergut
Hundefreundlich, rein äußerlich eine angenehme Erscheinung, vom Konzept her allerdings ein Spagat zwischen Event- und Tagungs-Location sowie Wellnessoase und Sozialversicherungskurhaus für Lehrer. Während sich die Kurpatienten über ein in dieser Klasse überdurchschnittlich schönes Ambiente und eine sehr moderne Infrastruktur freuen können, könnte man als Wellnessgast so manches vermissen, was in anderen Hotels einfach dazugehört – vor allem auch im Spa. Das Therapiezentrum (Merkur-Recreation) bietet ausgezeichnete Treatments, darunter solche mit Moor und Sole, sowie auch medizinische Check-ups. Die Zimmer sind wirklich

Villa Seilern

nett und stets großzügig geschnitten, einen erhebenden Ausblick sucht man jedoch vergeblich. Gegessen wird im alten Trakt, in der namensgebenden klassizistischen Villa aus dem Jahr 1881, ein Light Lunch ist im Preis inkludiert. Auch Yoga, Qi Gong und Tai Chi. Liegewiese, Garage (6 Euro pro Tag). Viele Sozialversicherungsgäste. Ungeeignet für Kinder. 46 Liegen, 176 Betten. Hallenbad, Sauna, Dampfbad, Massagen, Kosmetik, Fitnessgeräte, Personal Trainer. 18-Loch-Parcours in 7 km, bis 25 % Greenfee-Rabatt. HP ab € 112,–.
- 4820 Bad Ischl, Tänzlgasse 11
  ☎ 06132-24132

Wellness   10
Agathawirt ***
Ortslage an der B145 in Bad Goisern – Salzkammergut
- 4822 Bad Goisern, St. Agatha 10, ☎ 06135-8341

Wellness   10
Sommerhof ****
Grünruhelage am Ortsrand in Gosau – Salzkammergut
- 4824 Gosau, Nr. 25, ☎ 06136-8258

Wellness   10
Robinson Club Ampflwang ****
Grünruhelage – 75 km westlich von Linz
- 4843 Ampflwang, Wörmannsedt 1, ☎ 07675-40200

Wellness   11
Aichinger ****
Ortslage in Nußdorf – Nähe Attersee
- 4865 Nussdorf am Attersee, Am Anger 1
  ☎ 07666-8007

Kur   10
Rupp ****
Grünruhelage außerhalb von St. Georgen im Attergau
- 4880 St. Georgen im Attergau, Kogl 25
  ☎ 07667-6161-0

Wellness   12
Winzer ****
Grünlage außerhalb von St. Georgen im Attergau
- 4880 St. Georgen im Attergau, Kogl 66
  ☎ 07667-6387

Wellness   11
Hofer ***s
Grünruhelage mit Fernblick Nähe Attersee
- 4881 Straß im Attergau, Kronberg 33, ☎ 07667-6396

Kur   13
Dr. Petershofer Kurhaus
Grünlage in Wolfsegg – Hausruckviertel
Kleiner, sehr persönlich geführter Spezialist für Venen-

und Rheumakuren, schon seit Jahrzehnten ist man auf die „Topfentherapie" spezialisiert. Indikationen: Krampfadern und Durchblutungsstörungen. Gepflegter Altbau, geräumige Zimmer, schöner Garten, viele, viele Stammgäste. 52 Betten.
Freibecken (Sommer), Sauna, Massagen, Kosmetik, Fitnessgeräte. VP ab € 67,90.

- 4902 Wolfsegg am Hausruck, Schulstraße 5
  ☎ 07676-7303

Wellness 19

Geinberg⁵ Private Spa Villas
Grünruhelage am Ortsrand in Geinberg – Innviertel

Hundefreundliches Hideaway – und was für eines! Vor wenigen Monaten eröffnetes Mini-Luxusresort, es ist wohl die mutigste wellnesstouristische Innovation des vergangenen Jahres, liegt an der gleichnamigen öffentlichen Therme und bietet nur 21 Suiten, diese sind in Villas, also in Bungalows, untergebracht, sie sind allesamt außerordentlich groß (114 bis 300 m²) und offerieren ein großartiges Wohngefühl: Sauna, Dampfbad, offener Kamin, feine Holzböden, übergroße Betten mit besonders hochwertigen Matratzen. Das Ambiente spielt mit niveauvoller Unaufdringlichkeit, große Glasflächen holen die umgebende Wasser-Garten-Natur herein, vor dem Wohnzimmer gibt es eine große Terrasse mit Thermalwhirlpool und einen Badesteg. Ein separater Wellnessbereich ist in einem zweistöckigen Badehaus untergebracht, Highlights sind zwei große Thermalwasserpools (leider keine wirklich schwimmbaren Grundrisse), ein einnehmend schöner Hamam sowie eine Sauna- und FKK-Zone auf dem Dach – für Gesichts- und Körperbehandlungen gelangt man durch dieses Gebäude auch in die Therapiezone der Therme, falls man sich nicht dazu entschließt, die Anwendungen in der Suite zu genießen, denn das ist möglich. Genauso wie übrigens Frühstück, Mittag- und Abendessen, das vom Butler gebracht wird (etwas unschön allerdings der Aufpreis dafür, nämlich 10 Euro pro Weg). Allerdings kann man die Mahlzeiten auch in einem eigenen Restaurant (mit netter Seeterrasse) einnehmen, das Frühstück wird serviert. Die Küche ist gut, sie bemüht sich, erinnert mit ihren Verrenkungen und großen Gesten aber noch ein wenig an einen Ami-Schlitten, dessen Motorleistung in der Klimaanlage versickert. Freundliche Crew, die sich allerdings ebenso wie die Küche noch etwas einspielen muss (vor allem das Restaurantservice erscheint teilweise richtiggehend überfordert, aber wie immer drücken wir am Anfang noch ein Auge zu). Insgesamt dennoch so, dass wir ob unserer Abreise fast trübsinnig wurden – und das passiert uns höchst selten! 40 Liegen, 54 Betten.

Naturbadeteich, Thermalfreibecken, Thermalhallenbad, Sauna, Dampfbad, Massagen, Kosmetik, Fitnessgeräte.

Therme Geinberg Vitalhotel (Seite 76)

18-Loch-Parcours in 15 und 20 km. Tennishalle, Tennisplätze. HP ab € 240,–.
- 4943 Geinberg, Thermenplatz 1
  ☎ 07723-8500-5555

Wellness 14
Therme Geinberg Vitalhotel **
Grünruhelage am Ortsrand in Geinberg – Innviertel
Großhotel an der öffentlichen Therme, diese ist wie das Hotel für Ruhesuchende konzipiert und bietet naturgemäß keine speziellen Attraktionen für Kinder. Neu ist ein sehr schön gestalteter Hamam („Oriental World", mit Außensauna auf dem Dach), der allerdings nur gegen Aufpreis (15 Euro) betreten werden darf. Alle Zimmer sollten bis Erscheinen dieser Ausgabe neu gestaltet sein – das war nach 15 Jahren auch nötig –, an den Grundrissen hat sich freilich nichts geändert. Reichhaltiges Frühstücksbuffet bis 12 Uhr, beim Abendessen muss man sich für fixe Zeiten (entweder 18 oder 20 Uhr) entscheiden. Die Therme kann an An- und Abreisetag bis 22 Uhr genutzt werden, unterm Strich aber etwas schwaches Preis-Leistungs-Verhältnis. Eher ungeeignet für Kinder. Gratisgarage für alle. 466 Betten (Foto Seite 75).
In der Therme: Thermalfreibecken, Solefreibecken, Thermalhallenbad, Außensauna, Sauna, Dampfbad, Massagen, Kosmetik, Ayurveda, Fitnessstudio. 18-Loch-Parcours in 15 und 20 km. Tennishalle, Tennisplätze.

HP ab € 156,–.
- 4943 Geinberg
  Thermenallee 1
  ☎ 07723-8501-0

Wellness 10
Moorhof Landhotel **
Grünruhelage beim Ibmer Moor – Innviertel
- 5131 Franking, Dorfibm 2
  ☎ 06277-8188

Kur 12
Kneipp Traditionshaus Aspach
Ruhige Ortslage in Aspach – 95 km von Linz
- 5252 Aspach, Kneippstraße 1
  ☎ 07755-7051

Wellness 14
Eichingerbauer Marienschlössl ****s
Grünlage bei Mondsee – 30 km von Salzburg
Ein sehr persönlich geführter Familienbetrieb in angenehmer Größe, etwas außerhalb des Ortes gelegen. Alles ist hier gemütlich arrangiert, die Zimmer sind großzügig geschnitten und teilweise recht geschmackvoll gestaltet, einige sind auch mit Holzböden zu haben. Das kleine Spa ist öffentlich zugänglich und, wie alles hier, blitzsauber. Liegewiese, Restaurantterrasse,

gute Küche, freundliche Mitarbeiter, zufriedene Gesichter. Zum See sind es sieben Autominuten. Laufstrecken, erfreuliches Preis-Leistungs-Verhältnis. Ungeeignet für Kinder. 38 Liegen, 80 Betten.
Freibecken, Sauna, Dampfbad, Massagen, Kosmetik.
18-Loch-Parcours in 1 und 4,5 km, bis zu 30 % Greenfee-Rabatt. Tennishalle, Tennisplätze.
HP ab € 77,–.

- 5310 Mondsee, Eich 34
  ☏ 06232-2658

Wellness 12
Iris Porsche *****
Zentrale Ortslage in Mondsee – 30 km von Salzburg
- 5310 Mondsee, Marktplatz 1
  ☏ 06232-2237

Wellness 10
Schloss Mondsee ****
Ruhige Ortslage in Mondsee – 30 km von Salzburg
- 5310 Mondsee, Schlosshof 1a
  ☏ 06232-5001

Wellness ❦13
Seehof *****
Grünruhelage am Mondsee – 30 km von Salzburg
Sommerhotel in zauberhafter Lage am See, mit Viersternanmutung, herrlichem Panorama, traumhafter Liegewiese und privatem Seebadestrand. Alle Zimmer mit Teppichböden, einfachen Bädern und einem Ambiente, das ungebeugt über jeder Modeströmung verharrt. Ein richtiger Wellnessbereich ist nicht vorhanden, es gibt eine Sauna am See und sehr gute Massagen, zudem viel Ruhe und Privacy. Schöne Restaurantterrasse, schwaches Frühstücksbuffet, gute Küche. Ungeeignet für Kinder. Null Liegen, 60 Betten.
Außensauna, Massagen, Fitnessgeräte.
Sechs Golfplätze innerhalb von 25 km, bis zu 20 % Greenfee-Rabatt. Wasserski, Ruderboote, Tennisplatz.
HP ab € 116,–.

- 5311 Loibichl am Mondsee, Auhof 1
  ☏ 06232-5031

Wellness 12
Appesbach Landhaus ****s
Grünlage am Ufer des Wolfgangsees – Salzkammergut
- 5360 St. Wolfgang, Au 18
  ☏ 06138-2209

Wellness ❦14
Cortisen am See ****s
Grünlage am Wolfgangsee – Salzkammergut
Eigenwillig geführtes Kleinhotel mit unscheinbarer Fassade, sehr ansprechend gestaltetem Innenleben und

Im Weissen Rössl (Seite 79)

Relax! Tagesurlaub

Neu!

Ihr Kurzurlaub mit Langzeitwirkung.

Exklusiver Relax Service täglich buchbar in allen Thermen- und Gesundheitsresorts der VAMED Vitality World.

the relaxing way of life

www.tagesurlaub.at

chilliger Atmosphäre über allem. Sehr unterschiedliche Zimmer (Ruhesuchenden sind nur jene an der Seeseite anzuraten), viele sind wunderbar wohnlich arrangiert. Mini-Spa, gute bis sehr gute Küche. Feine Auswahl an Malts, nette Crew. Gepflegter Garten mit Liegewiese, herrlicher Ausblick. Ungeeignet für Kinder (die werden hier ausnahmslos nicht als Gäste akzeptiert). 6 Liegen, 66 Betten.
Seebadestrand, Sauna, Dampfbad, Massagen, Kosmetik, Fitnessgeräte. HP ab € 106,–.
• 5360 St. Wolfgang, Pilger Straße 15
  ☏ 06138-2376

Wellness ♨13
Im Weissen Rössl ****s
Ruhelage am Wolfgangsee – Salzkammergut
Ansichtskartenadresse mit Nostalgiebonus und Mitglied des Werbeverbunds Small Luxury Hotels, jedoch seltsamerweise überhaupt nicht small, sondern richtig groß, zudem labyrinthisch angelegt und auch nirgendwo so wirklich luxury. Extrem unterschiedliche Zimmer, auch sehr unerfreuliche befinden sich darunter. Das Spa ist verwinkelt, deutlich zu klein geraten und zu allem Überfluss auch öffentlich zugänglich, Highlights bleiben das Sonnendeck, ein ganzjährig beheizter Pool sowie ein Whirlpool – beides im See. Freundliche Crew, stark schwankende Leistungen bei Küche und Service (häufig aber wirklich gut), nervige Parkverhältnisse. Ein Trost: Wer hier eines von den schönen Zimmern und einen Restauranttisch mit herrlichem Ausblick auf den See ergattert, der sieht die Welt gleich wieder ganz anders. Laufstrecken. Ungeeignet für Kinder. 45 Liegen, 177 Betten (Foto Seite 77).

Freibecken, Hallenbad, Sauna, Dampfbad, Massagen, Kosmetik, Ayurveda, Fitnessgeräte, Personal Trainer. 18-Loch-Parcours in 10 km, 30 % Greenfee-Rabatt. HP ab € 110,–.
• 5360 St. Wolfgang
  Am Markt 74
  ☏ 06138-2306-0

Wellness ♨♨15
Vitalhotel Wolfgangsee ****
Grünruhelage am Ortsrand in St. Wolfgang – Salzkammergut
Hunde- und familienfreundlich: Inhabergeführtes Kleinhotel in schöner Lage (erhöht über dem Ort und außerhalb des massentouristischen Epizentrums), es bietet Zimmer in vier Varianten, alle haben Vollholzmöbel und Balkon, einige auch feine Holzböden, aus vielen genießt man einen herrlichen Ausblick. Das Spa (mit Liegewiese) befindet sich in einem trockenen Fußes erreichbaren Nebengebäude, hat feine Liegen und ist gut durchdacht angelegt (inwendig aber etwas kleiner als im Prospekt angegeben), so kommt man etwa aus der Saunazone direkt ins Freie. Herzliche Gastgeber, freundliche Crew, sehr gute Küche (so manches kommt aus dem großen eigenen Garten, die selbstgezogenen Kräuter werden übrigens auch bei vielen Treatments eingesetzt). 28 Liegen, 62 Betten.
Freibecken (Sommer), Hallenbad, Sauna, Dampfbad, Massagen, Kosmetik, Fitnessgeräte.
18-Loch-Parcours in 9 km. Tennishalle, Tennisplätze. Leihfahrräder gratis.
HP ab € 113,–.
• 5360 St. Wolfgang, Au 53
  ☏ 06138-2277-0

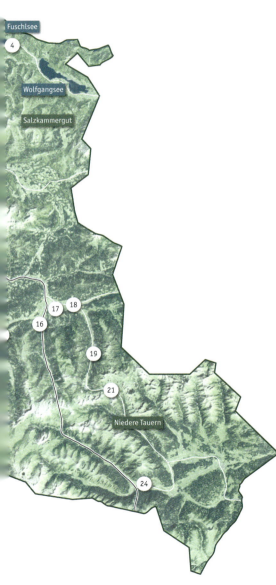

ALLE LILIEN-HOTELS
IN **SALZBURG**

16 **Alpen-Karawanserai** ****
9 **Alpenhof Flachau** ****s
17 **Alpenrose Zauchensee** ****
13 **Amiamo Familotel** ****
14 **Berghof Verwöhnhotel** ****s
22 **Bismarck** ****s
22 **Das Goldberg** ****s
4 **Ebners Waldhof am See** ****s
15 **Edelweiß Wagrain** ****
24 **Eggerwirt** ****s
9 **Ellmauhof Kinderhotel** ****s
7 **Forsthofalm** ****
7 **Forsthofgut** ****s
2 **Gmachl Bergheim** ****s
1 **Gmachl Romantik-Hotel** ****s
22 **Grand Park** *****
13 **Grandhotel Zell am See** ****
23 **Grüner Baum** ****
18 **Gut Weissenhof** ****s
23 **Haus Hirt Alpine Spa** ****
22 **Klammer's Kärnten** ****
7 **Krallerhof** ****s
19 **Lürzerhof** ****s
23 **Miramonte** ****
20 **Nesslerhof** ****s
14 **Oberforsthof**
21 **Panorama Landhaus** ****
6 **Post Familien Erlebnis** ****
7 **Priesteregg Bergdorf**
13 **Salzburgerhof** *****
3 **Schloss Fuschl** *****
21 **Schneider** ****s
21 **Seekarhaus** ****s
18 **Seitenalm Familotel** ****
11 **Sonnberghof Landhotel-Gut** ****
14 **Sonnhof** ****s
21 **Steiner** ****
12 **Tauern Spa** ****
9 **Theresia Gartenhotel** ****s
8 **Travel Charme Bergresort** ****s
10 **Unterschwarzachhof** ****s
9 **Übergossene Alm** ****s
5 **Vollererhof Kurhotel** ****
22 **Wiesergut**
22 **Zum Stern** ****s

Wellness	10

Ramada Salzburg City Centre ★★★★
Zentrumslage am Hauptbahnhof in Salzburg
- 5020 Salzburg, Südtiroler Platz 13
  ☎ 0662-22850

Wellness	12

Schloss Mönchstein ★★★★★
Zentrumsnahe Grünruhelage in Salzburg
- 5020 Salzburg, Mönchsbergpark 26
  ☎ 0662-848555-0

Business	Wellness	12

Melanie garni ★★★★
Grünruhelage in Wals bei Salzburg
- 5071 Wals-Siezenheim
  Käferheimer Straße 130
  ☎ 0662-265138

Wellness	12

Friesacher ★★★★s
Ortsrandlage – Nähe Salzburg
- 5081 Anif bei Salzburg, Hellbrunner Straße 17
  ☎ 06246-8977

Wellness	🌿 13

Post Familien Erlebnis ★★★★
Grünlage an der Ortsstraße – Nähe Lofer im Pinzgau
Kinder- und Babyhotel, es besteht aus einem älteren Stammhaus, einem größeren Zubau und einem fabelhaft großen Außenbereich: Auf sechs Hektar finden sich unter anderem Badesee, Angelteich, Fußballplatz, Reitstall, verschiedenartige Spielareale sowie im Winter ein kleiner Schilift. Die Zimmer zeigen sich stark unterschiedlich, zumeist aber großzügig geschnitten, angenehm gestaltet und, wie das gesamte Haus, sehr sauber. Kleines Spa mit Liegewiese, engagierte Kinderbetreuung bis zu 72 Stunden pro Woche. Freundliche Crew, gute Küche. Ausschließlich VP-Preise, nichtalkoholische Getränke sind dabei inkludiert. 35 Liegen, 150 Betten.
Naturbadeteich mit Wasserrutsche, Hallenbad, Kinderbecken, Sauna, Dampfbad, Massagen, Kosmetik, Fitnessgeräte. Driving Range, 18-Loch-Parcours in 25 und 46 km, bis zu 20 % Greenfee-Rabatt. Tennisplatz.
VP (inkl. alkoholfreier Getränke) ab € 105,–.
- 5091 Unken, Niederland 28
  ☎ 06589-4226-0

Wellness	12

Zu den drei Brüdern ★★★★
Grünlage am Ortsrand – Nähe Lofer im Pinzgau
- 5091 Unken, Reith 11
  ☎ 06589-4522

Kur	10

Bad Hochmoos Gasthof ★★★s
Grünruhelage am Ortsrand – Nähe Lofer im Pinzgau
- 5092 St. Martin bei Lofer, Hochmoos 3
  ☎ 06588-8226-0

Wellness	🌸🌸 16

Gmachl Bergheim ★★★★s
Grünlage am Ortsrand in Bergheim – Nähe Salzburg
Familienfreundliches, solide geführtes und stets gut gebuchtes Traditionshaus unweit der Salzburger Stadtgrenze. Mit stark unterschiedlichen, aber durchwegs netten Zimmern in acht verschiedenen Varianten – die größten messen 65 m², rund ein Viertel der Zimmer wurden vor wenigen Monaten komplett neu gestaltet und bieten so etwas wie heimelige Modernität – gebürstete Eiche und Glas inklusive. Das auch externen Gästen zugängliche Spa bietet unter anderem ein romantisches Solebecken und gute Massagen, außergewöhnlich ist der große Garten mit Außensauna, Liegewiese und Wasserfall. Herrliche Frühstücksterrasse, urige Stuben, gemütliche Atmosphäre über allem. Freundliche Mitarbeiter (vor allem im Restaurant), gute Küche. Der Weckruf erfolgt durch Hahnenschrei. 73 Liegen, 167 Betten.
Naturbadeteich, Freibecken, Hallenbad, Außensauna, Sauna, Dampfbad, Massagen, Kosmetik, Ayurveda, Fitnessstudio. 10 Golfplätze innerhalb 30 km. Tennisplatz.
HP ab € 124,–.
- 5101 Bergheim, Dorfstraße 35
  ☎ 0662-452124-0

Wellness	🌸🌸 15

Gmachl Romantik-Hotel ★★★★s
Ruhige Ortslage in Elixhausen – Nähe Salzburg
Traditionshotel unweit von Salzburg, es besteht aus Altbau und Neubau, die durch eine Straße getrennt und mit einem unterirdischen Gang verbunden sind. Die besseren Zimmer findet man naturgemäß im Neubau, sie haben zumeist Holzböden, manche bieten Ausblick auf die Berge. Das kleine, feine – und leider auch öffentlich zugängliche – Spa befindet sich ebenfalls im Neubau, und zwar im Dachgeschoß. Es bietet unter anderem eine Damensauna, sehr gute Massagen und einen herrlichen Ausblick in die Landschaft, speziell auch vom Innenpool. Weiters täglich ein kleines Aktivprogramm, auch Yoga. Gemütliche Gaststuben, netter Restaurantgarten mit alten Kastanienbäumen. Reichhaltiges Frühstücksbuffet in guter Qualität, erfreulich sind die vielen frischen Bauernprodukte aus der Region, aber auch die selbstgemachten Marmeladen. Sehr gute Küche, herzliche und hilfsbereite Mitarbeiter. Den Weckruf übernimmt die katholische Kirche mit ihren Glocken, pünktlich um sieben Uhr früh. Laufstrecken, Gratisgarage für (fast) alle. Ungeeignet für Kinder. 38 Liegen, 146 Betten.

Freibecken (Sommer), Hallenbad, Sauna, Dampfbad, Massagen, Kosmetik, Fitnessgeräte. 18-Loch-Parcours in 6, 7, 8, 11 und 13 km. Tennishalle, Tennisplätze. HP ab € 131,–.
- 5161 Elixhausen, Dorfstraße 14
  ☎ 0662-480212-0

Wellness 11
Iglhauser Schlosshotel ★★★★
Grünruhelage am See in Mattsee – Nähe Salzburg
- 5163 Mattsee, Schlossbergweg 1
  ☎ 06217-5205

Wellness 12
Seewirt Mattsee ★★★★
Grünruhelage am See in Mattsee – Nähe Salzburg
- 5163 Mattsee, Seestraße 4
  ☎ 06217-5271

Wellness 10
Drei Eichen Landhotel ★★★★
Grünlage an der B1 bei Eugendorf – Nähe Salzburg
- 5301 Eugendorf, Kirchbergstraße 1
  ☎ 06225-8521

Wellness 10
Gastagwirt ★★★★
Grünlage am Ortsrand in Eugendorf – Nähe Salzburg
- 5301 Eugendorf, Alte Wiener Straße 37
  ☎ 06225-8231

Wellness 10
Gschirnwirt Landhotel ★★★★
Grünlage am Ortsrand in Eugendorf – Nähe Salzburg
- 5301 Eugendorf, Alte Wiener Straße 49
  ☎ 06225-8229

Wellness 10
Holznerwirt ★★★★
Grünruhelage in Eugendorf – Nähe Salzburg
- 5301 Eugendorf, Dorfstraße 4
  ☎ 06225-8205

Wellness ❀13
Schloss Fuschl ★★★★★
Absolute Grünruhelage am See – 20 km von Salzburg
Diese unvergleichliche Traumlage am See punktet hier: Das „Sissi-Schloss" aus den 1950er-Jahre-Filmen von Ernst Marischka ist heute wohl mehr Tagungs- und Event-Location als Wellnessadresse. Streckenweise edles oder nicht mehr taufrisches Ambiente, stark unterschiedliche Zimmer in acht Kategorien, auch wenig erfreuliche finden sich darunter. Das Spa begeistert wenig, die Massagen ebenso, Yoga und Pilates gibt es gegen einen saftigen Aufpreis. Fabelhafte Restaurantterrasse, sie wird an schönen Tagen allerdings von Tagestouristen (Sissi-Museum) regelrecht überflutet. Schwankende Küchenleistung, heftige Preise – speziell auch bei den Getränken –, verbesserungsfähiges Service. Ungeeignet für Kinder. 33 Liegen, 220 Betten.
Seebadesteg, Hallenbad, Außensauna, Sauna, Dampfbad, Massagen, Kosmetik, Fitnessgeräte, Personal Trainer. 9-Loch-Parcours, bis zu 50 % Greenfee-Rabatt, vier weitere Golfplätze in der Nähe. HP ab € 223,–.
- 5322 Hof bei Salzburg, Schlossstraße 19
  ☎ 06229-2253-0

Wellness 12
Sheraton Jagdhof Fuchslsee ★★★★s
Grünlage an der B158 – 20 km von Salzburg
- 5322 Hof bei Salzburg, Schlossstraße 1
  ☎ 06229-2372-0

Wellness 11
Alte Post ★★★★
Zentrale Ortslage in Faistenau – 25 km von Salzburg
- 5324 Faistenau, Am Lindenplatz 5
  ☎ 06228-2205

Wellness ❀❀15
Ebners Waldhof am See ★★★★s
Grünruhelage am Fuschlsee – 25 km von Salzburg
Hunde- und kinderfreundliches Traditionshaus in idyllischer Lage am See. Es besteht aus vier labyrinthisch miteinander verbundenen Logiergebäuden in unterschiedlichen Reifestadien, wobei streckenweise etwas Renovierungsbedarf besteht. Ebenso stark unterschiedlich zeigen sich die Zimmer (18 verschiedene Varianten), darunter finden sich auch zahlreiche neue (unter anderem „Einzelsuiten" für Singles) und großzügig geschnittene, manche haben feine Holzböden, fast alle Balkon oder Terrasse. Das – auch externen Gästen zugängliche – Spa ist außergewöhnlich weitläufig, bietet insgesamt sechs Pools und herrliche Ruheräume mit Ausblick auf den Fuschlsee, ist allerdings sehr unübersichtlich angelegt. Gute Massagen, auch Qi Gong und Pilates. Breites Zusatzangebot, darunter Badestrand am See, kostenlose Ruderboote, Fitnessparcours im Wald, geführte Wanderungen und ein eigener Golfplatz. Wunderschöne Laufstrecke um den See. Hübscher Garten, fabelhafte Restaurantterrassen, kleine Sauberkeitsdefizite. Ein Light Lunch ist im Preis inkludiert, Küche und vor allem Service sollten noch etwas zulegen. Betreuung von Kindern ab drei Jahren von 10 bis 18 Uhr (Di bis Sa). 86 Liegen, 240 Betten.
Seebadestrand, Naturbadeteich, Freibecken, Solefreibecken, Hallenbad, Sauna, Dampfbad, Massagen, Kosmetik, Personal Trainer, Fitnessstudio. 9-Loch-Parcours,

DEIMANN

ROMANTIK- & WELLNESSHOTEL

★★★★★

Bereits zu Kaisers Zeiten, als Wellness noch Sommerfrische hieß, galt das Hotel Deimann als eine erste Adresse für gesunde Erholung im Land der tausend Berge.
Heute, gut 125 Jahre später, verwöhnt Familie Deimann ihre anspruchsvollen Gäste im einzigen 5-Sterne-Hotel des Sauerlandes.

Romantik- & Wellnesshotel Deimann
57392 Schmallenberg-Winkhausen · Tel.: 02975 - 810 · www.deimann.de

Driving Range, Putting Green, acht weitere Golfplätze im Umkreis von 25 km. Golfschule, Tennisplatz, Tennishalle, Leinfahrräder, Ruderboote.
HP ab € 121,–.
- 5330 Fuschl am See, Seestraße 30
  ☎ 06226-8264

Wellness 12
Hollweger **
Ortsrandlage an der B158 – Wolfgangsee
- 5340 St. Gilgen, Mondsee Bundesstraße 2
  ☎ 06227-2226

Wellness 10
Bergrose **
Ortslage Nähe Strobl – Wolfgangsee
- 5350 Strobl, Weißenbach 162, ☎ 06137-5431

Wellness 12
**Brandauers Villen ****s
Grünruhelage am Seeufer in Strobl – Wolfgangsee
- 5350 Strobl, Moosgasse 73
  ☎ 06137-7205

Kur 10
Schloss Strobl Alpenmoorbad **
Grünruhelage in Strobl – Wolfgangsee
- 5350 Strobl, Ischler Straße 27
  ☎ 06137-7310

Wellness 11
Seethurn **
Ortslage Nähe Strobl – Wolfgangsee
- 5350 Strobl, Weißenbach 88
  ☎ 06137-20255

Wellness 10
Strobler Hof **
Ortslage in Strobl – Wolfgangsee
- 5350 Strobl, Ischler Straße 16
  ☎ 06137-7308

Wellness 10
Kirchenwirt *
Ortslage an der Hauptstraße – 20 km südlich von Salzburg
- 5412 Puch, Halleiner Landesstraße 28
  ☎ 06245-83134

Gesundheit | Wellness 17
Vollererhof Kurhotel **
Absolute Grünruhelage mit Fernblick – Nähe Salzburg
Hundefreundlich, mit ziemlicher Sicherheit mit der schönsten Lage aller Hotels der Region, und das nur ein paar Autominuten südlich von Salzburg: eigentlich gar kein Kurhotel, wie der Name suggerier hätte, sondern ein Gesundheitshotel, jedenfalls ein ruhiger und sehr solider Familienbetrieb mit gemütlichen Zimmern im Salzburger Landhausstil. Alle sind sehr sauber, wirklich großzügig geschnitten und haben Teppichböden sowie Balkon. Zum Spa gehört auch eine Arztpraxis, denn man ist seit langem auch auf Mayrkuren, auf Traditionelle Chinesische Medizin sowie auf kleine Schönheitsoperationen (u. a. Faltenunterspritzung, Lidkorrekturen und Fettabsaugung) spezialisiert. Die Massagen sind ausgezeichnet, zum täglichen Aktivprogramm gehören auch Qi Gong, Pilates und Yoga. Liegewiese, fabelhafte Terrasse, auf der man abends fast ewig Sonne hat, feines Frühstücksbuffet mit vernünftiger Auswahl, leichte und sehr gute Küche, ein Light Lunch ist im Zimmerpreis enthalten. Niveauvolle Tageszeitungen, freundliche, gut geschulte Mitarbeiter. Bester Schlaf, rundum wunderbar erholsam. Ungeeignet für Kinder. 28 Liegen, 90 Betten. Freibecken, Solehallenbad, Sauna, Dampfbad, Massagen, Kosmetik, Ayurveda, Fitnessstudio, Personal Trainer. Acht Golfplätze in max. 45 Autominuten, bis 50 % Greenfee-Rabatt. HP ab € 120,–.
- 5412 Puch, Thurnberg 158
  ☎ 06245-8991-0

Wellness 12
Alparella Vital Resort **
Grünruhelage bei Hallein – 25 km südlich von Salzburg
- 5421 Adnet, Waidach 20a
  ☎ 06245-8984

Kur 12
St. Josef *
Grünruhelage mit Fernblick – 30 km südlich von Salzburg
- 5422 Bad Dürrnberg, Prof.-Martin-Hell-Straße 1
  ☎ 06245-8977-0

Wellness | Gesundheit 11
Sommerau Bio-Vital *
Ruhige Hochtallage – 30 km südlich von Salzburg
- 5423 St. Koloman, Sommeraustraße 231
  ☎ 06241-212

Kur | Wellness 12
Bad Vigaun **
Grünruhelage bei Hallein – 25 km südlich von Salzburg
- 5424 Bad Vigaun, Karl-Rödhammer-Weg 91
  ☎ 06245-8999-0

Wellness 11
Gutjahr **
Ortslage in Abtenau – 50 km südlich von Salzburg
- 5441 Abtenau, Markt 187
  ☎ 06243-2434

| Wellness | 10 |

Moisl ★★★★
Ortslage in Abtenau – 50 km südlich von Salzburg
- 5441 Abtenau, Markt 26, ☎ 06243-2232-0

| Wellness | 12 |

Elisabeth ★★★★
Grünlage mit Fernblick in Werfenweng – Pongau
- 5453 Werfenweng, Weng 41
  ☎ 06466-400

| Wellness | 13 |

Travel Charme Bergresort ★★★★s
Grünruhelage am Ortsrand in Werfenweng – Pongau
Familienfreundliches Großhotel, es wurde vor wenigen Monaten eröffnet, liegt in einem beschaulichen 900-Seelen-Dorf und wird von einer deutschen Hotelkette betrieben. Das Ambiente der öffentlichen Räume präsentiert sich zwar modisch, kann aber mehrere atmosphärische Defizite nicht verbergen, hinzu kommen Konzeptfehler (zu kleines Restaurant, kein Hallenbad, Zielkonflikt Kinder – knapp die Hälfte des Hauses besteht aus Familienzimmern – versus Ruhesuchende im Spa (u. a.), seltsam, dass es eine große Kette schafft, derartig elementare Bereiche so zu vermurksen. Die Zimmer sind großzügig geschnitten und haben alle Balkon und Holzböden, wer zu den Apartments will, muss den Weg außen herum gehen – mit Kindern, Bademantel und nassen Haaren besonders spannend! Das Zimmer empfängt mit einer 0,5 l Plastikflasche Mineralwasser (Warenwert: im Centbereich) mit der großen Aufschrift „Ich bin ein Begrüßungsgeschenk", ähnlich würdelos kommt die gebetsmühlenartig wiederholte Affirmation „Sie haben es gut" rüber, die jegliche gedruckte Informationen titelt. Das Spa (mit Liegewiese) verfügt über einen Außenpool mit 20 m Länge, ist aber insgesamt für diese Hausgröße bescheiden geraten, dasselbe gilt auch für die Wohlfühldimension des gesamten Bereichs. Freundliche Mitarbeiter, nahezu gute Küche, beim Service gibt es aber noch etwas Spielraum nach oben, doch wie immer bei einem neuen Haus drücken wir beim ersten Mal noch ein Auge zu. Geworben wird übrigens mit einem „Green-Gusto-Genusskonzept" („mit besonderem Akzent auf regional und biologisch"), allein unser Frühstücksei stammte aus Bodenhaltung, demnach aus der billigsten Lade. Täglich Aktivprogramm, auch Pilates und Yoga. Raucherlounge. Eine Nachmittagsjause ist im Preis inkludiert, das Quasi-Parkplatzmonopol lässt man sich abgelten: Garage gegen 8 Euro pro Tag. 81 Liegen, 230 Betten plus 200 Betten in Apartments.
Freibecken, Außensauna, Sauna, Dampfbad, Massagen, Kosmetik, Fitnessgeräte. HP ab € 109,–.
- 5453 Werfenweng, Weng 195-198
  ☎ 06466-391-0

Wellness	11

Bischofsmütze ★★★★
Zentrale Ortslage in Filzmoos – Pongau
- 5532 Filzmoos, Nr. 30
  ☏ 06453-8224-0

Wellness	10

Hanneshof ★★★★
Zentrale Ortslage in Filzmoos – Pongau
- 5532 Filzmoos, Nr. 126
  ☏ 06453-8275

Wellness	12

Neubergerhof ★★★★
Absolute Grünruhelage mit Fernblick bei Filzmoos – Pongau
- 5532 Filzmoos, Neuberg 84, ☏ 06453-8381

Wellness	❀13

Alpenrose Zauchensee ★★★★
Grünruhelage in Zauchensee bei Altenmarkt – Pongau
Zwar nicht, wie der Name vermuten ließe, am See gelegen, dafür aber ganz, ganz nah am Schilift, auf 1.350 m Seehöhe: ein gut geführter Familienbetrieb mit angenehmer Größe und alpenländisch-traditionellem Erscheinungsbild. Nette, teilweise aber kleine Zimmer in sechs verschiedenen Varianten, stets sauber, mit Vollholzmöbeln, Teppichböden und Balkon. Das Spa ist auf vier Ebenen verteilt und bietet unter anderem einen kleinen Pool sowie eine große Liegeterrasse mit Whirlpool auf dem Dach – im Winter mit Ausblick auf die Schipiste. Freundliche, gutgelaunte Crew, ein Light Lunch ist im Preis inkludiert. Ungeeignet für Kinder. 45 Liegen, 100 Betten.
Hallenbad, Sauna, Dampfbad, Massagen, Kosmetik, Fitnessgeräte. HP ab € 85,–.
- 5541 Altenmarkt, Zauchensee-Palfen 69
  ☏ 06452-4027

Wellness	10

Brückenwirt ★★★s
Zentrale Ortslage in Altenmarkt – Pongau
- 5541 Altenmarkt, Oberndorfer Straße 179
  ☏ 06452-7603

Wellness	12

Salzburger Hof Zauchensee ★★★★s
Grünruhelage in Zauchensee bei Altenmarkt – Pongau
- 5541 Altenmarkt, Zauchensee 22, ☏ 06452-4015-0

Wellness	10

Scheffer's ★★★★
An der Durchzugsstraße in Altenmarkt – Pongau
- 5541 Altenmarkt, Zauchenseestraße 27
  ☏ 06452-5506

Wellness	10

Zauchenseehof ★★★★
Grünruhelage in Zauchensee bei Altenmarkt – Pongau
- 5541 Altenmarkt, Zauchensee-Palfen 12
  ☏ 06452-4012

Wellness	❀14

Alpenhof Flachau ★★★★s
Grünlage am Ortsrand in Flachau – Pongau
Familienfreundlich und familiengeführt: Das Haus liegt, wie die meisten Hotels in Flachau, an der Durchzugsstraße. Rein optisch entpuppt es sich sozusagen als Bobo im Rentnergewand, wartet doch hinter einer völlig unauffälligen Alpenlandfassade ein überwiegend geradliniges und reduziertes Ambiente und damit eine angenehme Modernität, die auch für das flächenmäßig eher bescheidene Spa (mit ebensolchem Innenpool) sowie für die meisten Zimmer gilt. Alles sehr sauber, sehr gute Küche, eine Nachmittagsjause ist im Preis inkludiert. Freundliches Team, guter Schlaf – nur bei den Massagen hat man deutlich an Terrain verloren. Gratisgarage für alle. 34 Liegen, 130 Betten.
Freibecken, Hallenbad, Sauna, Dampfbad, Massagen, Kosmetik, Fitnessgeräte. HP ab € 99,–.
- 5542 Flachau, Flachauer Straße 98
  ☏ 06457-2205

Wellness	10

Hartl ★★★★
Grünlage am Ortsrand in Flachau – Pongau
- 5542 Flachau, Unterberggasse 214, ☏ 06457-2716

Wellness	10

Lacknerhof ★★★★s
Grünlage am Ortsrand in Flachau – Pongau
- 5542 Flachau, Unterberggasse 172, ☏ 06457-2379-0

Wellness	10

Tauernhof Flachau ★★★★
Grünlage am Ortsrand in Flachau – Pongau
- 5542 Flachau, Flachauer Straße 163
  ☏ 06457-2311

Wellness	10

Felsenhof ★★★★
Grünlage am Ortsrand in Flachau – Pongau
- 5542 Flachau-Reitdorf, Kreuzmoosstraße 88
  ☏ 06457-22510

Wellness	12

Gründlers ★★★★
Grünruhelage am Ortsrand in Radstadt – Pongau
- 5550 Radstadt, Schlossstraße 45
  ☏ 06452-5590-0

Wellness
Gut Weissenhof ★★★★ˢ 🌼🌼🌼 17
Grünruhelage am Golfplatz in Radstadt – Pongau
Hunde-, kinder- und babyfreundliches Haus, es besteht aus drei miteinander verbundenen Logiergebäuden, liegt direkt am 18-Loch-Platz sowie im Winter an der Loipe sowie in 500 m Entfernung zur Talstation der Schischaukel Radstadt-Altenmarkt-Zauchensee. Unter anderem verfügt das Hotel über einen großen Reitstall mit Dressurplatz, über Fischwasser und einen eigenen Kräutergarten. Stets saubere, aber stark unterschiedliche Zimmer, jene vom Typ Standard sind klein und offerieren rustikale Anmutung, besonders edel glänzen dagegen jene im neuen Trakt („Residenz"): großzügig geschnitten, mit guten Matratzen und dunklen Holzböden, fast alle haben Balkon. Das Spa verfügt über einen großen Außenbereich mit Liegewiese und bietet kompetent durchgeführte Massagen. Gutes Service, ausnahmslos freundliche Mitarbeiter, sehr gute Küche, Light Lunch und Nachmittagsjause sind im Preis enthalten. Kinderbetreuung nahezu das ganze Jahr über mit bis zu 84 Wochenstunden, unter anderem gibt es Ponyreiten, Streichelzoo, Lagerfeuer am Fischteich und Picknick auf der Alm. Laufstrecken, Gratisgarage für (fast) alle. Viele, viele Stammgäste. 52 Liegen, 160 Betten. Freibecken, Hallenbad, Kinderbecken, Außensauna, Sauna, Dampfbad, Massagen, Kosmetik, Ayurveda, Fitnessstudio. Putting Green, Driving Range, 18-Loch-Parcours, bis zu 30 % Greenfee-Rabatt, Tennishalle, Tennisplätze. HP ab € 107,–.
- 5550 Radstadt, Weissenhof 6
  ☎ 06452-7001

Wellness 🌼 14
Seitenalm Familotel ★★★★
Grünruhelage mit Fernblick bei Radstadt – Pongau
Kinder- und babyfreundliches Hotel, wunderschön auf 1.150 m Seehöhe gelegen. Alles präsentiert sich sauber und sehr gemütlich, viele Zimmer und die öffentlichen Räume zeigen sich ansprechend renoviert. Das kleine Spa bietet unter anderem Liegewiese, zwei Außensaunen und gute Massagen, wesentlich größer sind dagegen die Spielbereiche innerhalb und außerhalb des Hauses. Dazu gehören Fischteich, Ponys, Indianerzelte, ein Hexenhaus sowie ein überdachter Sandspielplatz und ein Streichelzoo. Reichhaltiges Frühstücksbuffet, die schöne Terrasse wird leider nur für den Mittagstisch gedeckt. Das Abendessen gibt es auf Wunsch schon ab 17.30 Uhr, das kommt dem Sandmännchen sehr entgegen. Rund 70 Stunden Kinderbetreuung (für Babys 25 Stunden) pro Woche. Herzliche Gastgeber, freundliche, gute Crew, glückliche Gesichter – auch bei den Papas, gibt es doch eine kostenlose Autowaschbox! 42 Liegen, 150 Betten.

Hallenbad, Babybecken, Außensauna, Sauna, Dampfbad, Massagen, Kosmetik, Ayurveda, Fitnessgeräte. 18-Loch-Parcours in 4 km, 10 % Greenfee-Rabatt. Tennisplatz.
VP (inkl. alkoholfreier Getränke) ab € 102,–.
- 5550 Radstadt, Forstauerstraße 17
  ☎ 06452-6789-0

Wellness 12
Zum Jungen Römer ★★★★
Grünruhelage am Ortsrand in Radstadt – Pongau
- 5550 Radstadt, Römerstraße 18
  ☎ 06452-6712

Wellness ♨♨15
Lürzerhof ★★★★s
Grünlage am Ortsrand in Untertauern – 80 km von Salzburg
Familienfreundliches, auf 1.000 m Seehöhe, 20 km von Obertauern und unweit der Katschbergbundesstraße gelegenes Haus mit traditionellem ländlichen Erscheinungsbild, was auch für die Zimmer gilt. Diese gibt es in sechs verschiedenen Varianten, alle haben Vollholzmöbel, Teppichböden und Balkon. Der Innenpool ist zwar klein geraten, doch der Außenbereich mit Sauna, Tauchbecken, Bächlein und Liegewiese macht das – zusammen mit den guten Massagen (obwohl: die Qualität hat etwas nachgelassen) – wieder wett. Alles sehr sauber, freundliche Crew. Große Auswahl beim Frühstücksbuffet, die Küche verwendet Zutaten aus der eigenen Landwirtschaft, eine Nachmittagsjause ist im Preis inkludiert. Gratisgarage für alle. 45 Liegen, 82 Betten. Freibecken, Hallenbad, Außensauna, Sauna, Dampfbad, Massagen, Kosmetik, Fitnessgeräte.
18-Loch-Parcours in 10 km. HP ab € 101,–.
- 5561 Untertauern, Dorfstraße 23
  ☎ 06455-251

Wellness 10
Cinderella ★★★★
Ortsrandlage in Obertauern – 100 km von Salzburg
- 5562 Obertauern, Mozartgasse 1
  ☎ 06456-7800

Wellness 12
Edelweiss Obertauern ★★★★
Zentrumslage in Obertauern – 100 km von Salzburg
- 5562 Obertauern, Römerstraße 75
  ☎ 06456-7245

Wellness 12
Enzian ★★★★s
Ortsrandlage in Obertauern – 100 km von Salzburg
- 5562 Obertauern, Gamsleitenstraße 7
  ☎ 06456-7207-0

Wellness 10
Frau Holle garni ★★★★
Zentrumslage in Obertauern – 100 km von Salzburg
- 5562 Obertauern, Ringstraße 53, ☎ 06456-7662

Wellness 11
Haus Barbara ★★★★
Ortsrandlage in Obertauern – 100 km von Salzburg
- 5562 Obertauern, Sonnhofweg 1, ☎ 06456-7275

Wellness 12
Kesselspitze ★★★★s
Grünruhelage am Ortsrand – 100 km von Salzburg
- 5562 Obertauern, Alpenstraße 1, ☎ 06456-7400

Wellness 11
Kohlmayr ★★★★
Zentrale Ortslage in Obertauern – 100 km von Salzburg
- 5562 Obertauern, Ringstraße 5, ☎ 06456-7272

Wellness 12
Manggei garni ★★★★
Ortslage in Obertauern – 100 km von Salzburg
- 5562 Obertauern, Seekarstraße 8
  ☎ 06456-20040

Wellness ♨13
Panorama Landhaus ★★★★
Ortsrandlage in Obertauern – 100 km von Salzburg
Inhabergeführtes Wintersporthotel in angenehmer Größe, es liegt praktisch direkt am Gamsleiten-Sessellift. Das Haus wurde gegen Ende des Vorjahr erweitert und teilmodernisiert, die Zimmer (fünf Kategorien, alle mit Teppichböden) sind stark unterschiedlich. Neu ist ein zusätzlicher Nacktbereich (mit Saunen, nur für Erwachsene) im vierten Obergeschoß – schöner Ausblick in die Bergwelt inklusive. Freundliche Crew, reichhaltiges Frühstücksbuffet, eine Nachmittagsjause ist im Preis inkludiert. Gratisgarage für alle. 34 Liegen, 85 Betten. Hallenbad, Sauna, Dampfbad, Massagen, Kosmetik. HP ab € 70,–.
- 5562 Obertauern, Brettsteinstraße 1
  ☎ 06456-7432

Wellness 12
Perner ★★★★
Ortslage in Obertauern – 100 km von Salzburg
- 5562 Obertauern, Römerstraße 61, ☎ 06456-7236

Wellness 10
Römerhof Alpenhotel ★★★★s
Ortsrandlage in Obertauern – 100 km von Salzburg
- 5562 Obertauern, Römerstraße 41
  ☎ 06456-72380

Wellness 13
Schneider ★★★★s
Ortsrandlage in Obertauern – 100 km von Salzburg
Familienfreundliches, optimal gelegenes Wintersporthotel: direkt am Gamsleiten-Schilift, damit ist man auch mit der G2-Sesselbahn verbunden. Viele neue, großzügig geschnittene und schön gestaltete Zimmer – teilweise mit Holzböden und Zirbenholzvertäfelungen. Kleines Spa, alles bestens sauber. Feines Frühstücksbuffet, sehr gute Küche, freundliche und sehr aufmerksame Mitarbeiter. Gratisgarage für alle. 43 Liegen, 140 Betten. Hallenbad, Sauna, Dampfbad, Massagen, Kosmetik, Fitnessgeräte.
HP ab € 118,–.
- 5562 Obertauern, Brettsteinstraße 2
  ☎ 06456-7314-0

Wellness 14
Seekarhaus ★★★★s
Grünruhelage mit Fernblick bei Obertauern
Hunde- und kinderfreundliches Wintersporthotel, auf „Schneekettenniveau" gelegen, nämlich außerhalb des Ortes, am Berg und direkt am Schilift. Es besteht aus Altbau und Neubau und bietet stark unterschiedliche Zimmer, mehr als zwei Dutzend Kategorien stehen zur Auswahl. Das Spa ist zweigeteilt, zusätzlich zum alten, aber ruhigen Saunadorf gibt es einen modernen Badebereich, in dem sowohl Liegezonen als auch eine Sauna etwas unglücklich eingefügt sind und zudem auch Kinder vergnügt verweilen, was die Ruheliegen quasi zu „Lärmliegen" transformiert. Heimeliges Berghüttenflair, reichhaltiges Frühstücksbuffet, herrliche Sonnenterrasse, eine Nachmittagsjause ist im Preis enthalten. Täglich Betreuung für Kinder ab drei Jahren von 9 bis 18 Uhr. Gratisgarage für alle. 80 Liegen, 160 Betten.
Hallenbad, Kinderbecken, Sauna, Dampfbad, Massagen, Kosmetik, Ayurveda, Fitnessgeräte. HP ab € 110,–.
- 5562 Obertauern, Seekarstraße 32
  ☎ 06456-20010

Wellness 13
Steiner ★★★★
Ortslage in Obertauern – 100 km von Salzburg
Familienfreundliches Haus, ganz nah an der Schipiste gelegen und „auf dem Weg zum besten Wintersporthotel des Ortes" (werbliche Selbstdarstellung). Die Zimmer sind traditionell arrangiert und in 17 verschiedenen Varianten (20 bis 67 m²) zu haben, alle haben Teppichböden, nur wenige Balkon, unseres hatte unmittelbar vor dem Fenster eine weiße Wand – es war komplett zugeschneit, und das bei einem Zimmerpreis von rund 380 Euro! Das Spa ist laut Prospekt eine „Wellness- und Vitalwelt, die ihresgleichen sucht" – das können wir

nicht bestätigen, und dabei reden wir gar nicht von den Massagen. Gediegen gestaltetes Restaurant, gute Küche (am Abend), ein Light Lunch ist im Zimmerpreis enthalten. Garage gegen 10 Euro pro Tag. 65 Liegen, 210 Betten.
Hallenbad, Sauna, Dampfbad, Massagen, Kosmetik, Ayurveda, Fitnessgeräte. HP ab € 87,–.
- 5562 Obertauern, Römerstraße 45
  ☎ 06456-7306

Wellness   10
Karla ****
Grünlage am Ortsrand in Mauterndorf – Lungau
- 5570 Mauterndorf, Markt 274
  ☎ 06472-7365

Wellness   9
Neuwirt ***
Ortslage in Mauterndorf – Lungau
- 5570 Mauterndorf, Nr. 39
  ☎ 06472-7268

Wellness   11
Alm Gut ****
Grünruhelage am Ortsrand in St. Margarethen – Lungau
- 5581 St. Margarethen, Almweg 166
  ☎ 06476-4290

Wellness 18
Eggerwirt ****s
Zentrale Ortslage in St. Michael – Lungau

Hunde- und kinderfreundlich, mitten im Ort gelegen, dennoch erstaunlich ruhig: ein umsichtig geführter und blitzsauberer Familienbetrieb, der in den vergangenen Jahren schrittweise modernisiert und erweitert wurde, was zu einem labyrinthischen Grundriss geführt hat, aber auch dazu, dass man nun in vielen Bereichen auf dem letzten Stand ist. Die Zimmer sind ansprechend und stets großzügig geschnitten, es gibt 31 verschiedene Varianten, viele haben Balkon und feine Holzböden. Das Spa (aus 2002 und 2009) ist weitläufig, hervorzuheben sind der feine Solepool, das großartige Fitnessstudio (mit Ausblick über den Ort) sowie der große Außenbereich in einem wunderschönen Garten. Hier unter anderem zu finden: ein sehr großer, solargeheizter Badeteich, eine fabelhafte Außensauna und nette Ruheplätze neben Bächlein und Beerenbeeten. Allerdings: Die Massage war zwar wesentlich besser als in den vier zuvor kommentierten Hotels, jedoch auch nicht berühmt. Gutes Frühstücksbuffet (ausgezeichnetes Müsli, bester Kaffee), sehr gute Küche, sie ist biologisch ausgerichtet und kann auch beim Light Lunch, also dort, wo die Qualität oft stark unter dem Niveau des Abendessens liegt, punkten. Aufmerksame, stets präsente Gastgeber, ausgesprochen freundliche Mitarbeiter (viele kommen

Berghof Verwöhnhotel (Seite 92)

aus Deutschland), familiäre Atmosphäre. 48 Wochenstunden Kinderbetreuung (Mo bis Fr, sehr nett). Das Spa kann an Anreise- und Abreisetag genutzt werden. Gratisgarage für alle. 100 Liegen, 150 Betten. Naturbadeteich, Freibecken, Hallenbad, Kinderbecken, Außensauna, Sauna, Dampfbad, Massagen, Kosmetik, Ayurveda, Fitnessstudio, Personal Trainer. 9- und 18-Loch-Parcours in 10 km, 25 % Greenfee-Rabatt. HP ab € 155,–.
- 5582 St. Michael, Kaltbachstraße 5
  ☎ 06477-8224-0

Wellness 10
Stofflerwirt Landhotel ***
An der B96 bei St. Michael – Lungau
- 5582 St. Michael, Hutterstraße 11, ☎ 06477-8293

Wellness 10
Wastlwirt ****
Zentrale Ortslage in St. Michael – Lungau
- 5582 St. Michael, Poststraße 13
  ☎ 06477-7155-0

Wellness 11
Alpendorf ****
Grünlage mit Fernblick bei St. Johann – Pongau
- 5600 St. Johann, Alpendorf 9, ☎ 06412-6259

Wellness 11
Alpenschlössl ****
Grünruhelage mit Fernblick bei St. Johann – Pongau
- 5600 St. Johann, Alpendorf 3a
  ☎ 06412-40600

Wellness 12
Alpina Wellness & Sport ****s
Grünlage bei St. Johann – Pongau
- 5600 St. Johann, Alpendorf 8, ☎ 06412-8282

Wellness 14
Berghof Verwöhnhotel ****s
Grünlage bei St. Johann – Pongau

Kinderfreundlich und ganz nah an der Gondelbahn, ebenso aber auch an der Straße: familiengeführtes Haus mit dem Namenszusatz „Verwöhnhotel", was natürlich große Erwartungen weckt. Die Zimmer (10 Varianten) sind traditionell-ländlich gestaltet, alle haben Balkon, Terrasse oder Loggia sowie diese typischen roten oder grünen Teppichböden. Zum Spa gehört im Sommer ein Garten mit Pool, Wasserrutsche, Liegewiese und Hängematten – schönes Panorama inklusive. Nette Restaurantterrasse, gute bis sehr gute Küche, eine Nachmittagsjause ist im Preis inkludiert. Freundliche Crew, täglich Betreuung für Kinder ab drei Jahren (mit saisonalen Einschränkungen). 38 Liegen, 90 Betten (Foto Seite 91).

Freibecken (Sommer), Kinderfreibecken (Sommer), Hallenbad, Sauna, Dampfbad, Massagen, Kosmetik, Ayurveda, Fitnessgeräte. 18-Loch-Parcours in 12 km. HP ab € 96,50.
- 5600 St. Johann, Alpendorf 1
  ☏ 06412-6181

Wellness 11
Brückenwirt ★★★★
Zentrale Ortslage in St. Johann – Pongau
- 5600 St. Johann, Hauptstraße 78
  ☏ 06412-4259

Wellness ⚜13
Oberforsthof
Grünruhelage mit Fernblick bei St. Johann – Pongau
Hunde- und familienfreundliches Haus in wunderschöner Lage – wahrscheinlich der besten im Alpendorf –, schade nur, dass dieser traumhafte Ausblick nur aus wenigen Zimmern zu haben ist. Die Zimmer (in neun Varianten, mit winzigen vom Typ Standard) haben Holzböden und meistens Marmorbäder, das Spa (mit vier Überwachungskameras) ist nicht mehr ganz zeitgemäß und zu klein, richtig schön dagegen ist der Außenbereich im Sommer, natürlich auch wegen des dargebotenen Panoramas. Die Küche hat sich verbessert, beim Service gibt es noch Spielraum nach oben. Eine Nachmittagsjause ist im Preis inkludiert. Nervige Parkverhältnisse. 48 Liegen, 190 Betten.
Naturbadeteich, Freibecken, Hallenbad, Sauna, Dampfbad, Massagen, Kosmetik, Fitnessgeräte. 18-Loch-Parcours in 12 km. Tennisplatz. HP ab € 78,–.
- 5600 St. Johann, Alpendorf 11
  ☏ 06412-6171

Wellness ⚜14
Sonnhof ★★★★s
Grünruhelage mit Fernblick bei St. Johann – Pongau
Kinderfreundliches, sehr persönlich geführtes Haus in angenehmer Größe. Es liegt direkt an der Schipiste und bietet ein traumhaftes Panorama. Zimmer in 12 Varianten, fast alle haben Balkon, einige offenen Kamin. Spa mit Liegewiese und guten Massagen (man hört dabei allerdings die Kinder aus dem Hallenbad), auch Yoga. Fabelhafte Restaurantterrasse, ein Light Lunch ist im Preis inkludiert. Bis zu 55 Wochenstunden Betreuung von Kindern ab drei Jahren (So bis Fr; mit saisonalen Einschränkungen). Für Ruhesuchende nur bedingt geeignet. 36 Liegen, 75 Betten.
Freibecken, Hallenbad, Sauna, Dampfbad, Massagen, Kosmetik, Fitnessgeräte. 18-Loch-Parcours in 12 km. HP ab € 83,–.
- 5600 St. Johann, Alpendorf 16
  ☏ 06412-7271

Edelweiß Wagrain (Seite 95)

Traumurlaub im Spitzenhotel in Serfaus

Wellness-Residenz Schalber · Familie Alois Schalber
A-6534 Serfaus · Tirol · Tel. +43 / 54 76 / 67 70 · Fax +43 / 54 76 / 67 70 35
E-Mail: info@schalber.com · www.schalber.com

 Einfach mit Ihrem Smartphone und dem Barcode-Reader den QR-Code scannen, um unser Hotelvideo anzusehen.

Info und Buchen für alle Hotels: www.relax-guide.com SALZBURG 95

Wellness 11
Tannenhof ****s
Grünlage bei St. Johann – Pongau
- 5600 St. Johann, Alpendorf 3, ☎ 06412-5231-0

Wellness 12
Zinnkrügl ****s
Grünruhelage mit Fernblick bei St. Johann – Pongau
- 5600 St. Johann, Alpendorf 7, ☎ 06412-6179

Wellness 11
Alpina ****
Ortslage in Wagrain – Pongau
- 5602 Wagrain, Kirchboden 97, ☎ 06413-8337

Wellness 🌿🌿 15
Edelweiß Wagrain ****
Grünruhelage mit herrlichem Panorama – Pongau
Familienfreundliches Haus mit traditioneller Alpenlandfassade, auf 1.200 m sozusagen mitten auf der Schipiste (etwas unterhalb der Mittelstation der Roten-Achter-Gondelbahn) und jedenfalls absolut schön gelegen. Sehr saubere Zimmer mit Vollholzmöbeln, die meisten klein, aber mit Balkon, manche doch ziemlich hellhörig. Modernes Spa (mit Liegewiese), das zur Gänze mit Erdwärme und daher zukunftsweisend umweltfreundlich betrieben wird. Ausgezeichnete Massagen, auch Qi Gong. Ausgesprochen freundliche Mitarbeiter, fabelhafte Restaurantterrasse, sehr gute Küche mit biologischer Ausrichtung, eine Nachmittagsjause ist im Preis enthalten. Wanderwege ohne Zahl. 40 Liegen, 80 Betten (Foto Seite 93). Naturbadeteich, Hallenbad, Kinderbecken, Sauna, Dampfbad, Massagen, Kosmetik, Ayurveda, Fitnessgeräte. 18-Loch-Parcours in 19 km. Tennisplatz. HP ab € 69,–.
- 5602 Wagrain, Weberlandl 65
  ☎ 06413-8447

Wellness 10
Wagrain Sporthotel ****
Ortsrandlage an der Straße in Wagrain – Pongau
- 5602 Wagrain, Hofmark 9, ☎ 06413-7333

Wellness 12
Guggenberger ****
Zentrale Ortslage in Kleinarl – Pongau
- 5603 Kleinarl, Dorf 45
  ☎ 06418-222

Wellness 12
Robinson Club Amadé ****
Grünlage am Ortsrand in Kleinarl – Pongau
- 5603 Kleinarl, Dorf 16
  ☎ 06418-2111-0

Wellness 11
Tauernhof Kleinarl ****
Grünlage am Ortsrand in Kleinarl – Pongau
- 5603 Kleinarl, Jägerseestraße 5, ☎ 06418-247

Wellness 11
Alpenklang ****
Grünruhelage mit Fernblick bei St. Johann – Pongau
- 5611 Großarl, Schied 21
  ☎ 06414-575

Wellness 11
Edelweiss ****s
Grünlage in Großarl bei St. Johann – Pongau
- 5611 Großarl, Unterberg 83
  ☎ 06414-300-0

Wellness 11
Großarler Hof ****s
Ortslage in Großarl bei St. Johann – Pongau
- 5611 Großarl, Unterberg 122
  ☎ 06414-8384

Wellness 11
Holzlebn Feriendorf
Grünlage am Ortsrand in Großarl bei St. Johann – Pongau
- 5611 Großarl, Unterberg 8
  ☎ 06414-213-0

Wellness 10
Hubertushof ****
Ruhige Ortslage in Großarl bei St. Johann – Pongau
- 5611 Großarl, Markt 158
  ☎ 06414-227

Wellness 12
Moar-Gut Kinderhotel ****s
Grünruhelage am Ortsrand bei Großarl – Pongau
- 5611 Großarl, Bach 19
  ☎ 06414-318

Wellness 🌿🌿 16
Nesslerhof ****s
Grünruhelage am Ortsrand bei Großarl – Pongau
Familienfreundliches Haus, es handelt sich – endlich wieder einmal – um einen kompletten Neubau (also nicht um ein Zubautenlabyrinth), er wurde vor zwei Jahren eröffnet und liegt direkt an der Talstation der Kabinenbahn Hochbrand. Ansprechend gestaltete und stets großzügig geschnittene Zimmer, die meisten haben Holzböden, alle Balkon. Das Spa bietet einen netten Außenbereich mit relativ großem Badeteich sowie gute Massagen. Ausgesprochen reichhaltiges Frühstücksbuffet in guter Qualität, ausgezeichnete Küche (den

Nesslerhof

Thunfisch mit Shiitakepilzen und Koriander werden wir nicht so schnell vergessen) – sie bevorzugt heimische Produkte aus der Region und versteht sich auch auf die Präsentation der Speisen. Feine Restaurantterrasse, junge, engagierte Gastgeber, freundliches Umfeld. Streichelzoo, Kinderbetreuung während der Ferienzeiten. Ein Light Lunch ist im Preis enthalten. 38 Liegen, 100 Betten.
Naturbadeteich, Hallenbad, Außensauna, Sauna, Dampfbad, Massagen, Kosmetik, Fitnessgeräte. HP ab € 90,–.
- 5611 Großarl, Unterberg 1
  ☎ 06414-81200

Wellness   12
Tauernhof Vitalhotel ★★★★
Ortslage in Großarl bei St. Johann – Pongau
- 5611 Großarl, Unterberg 85, ☎ 06414-264

Wellness   12
Waldhof ★★★★
Ortsrandlage in Großarl bei St. Johann – Pongau
- 5611 Großarl, Nr. 272, ☎ 06414-8866

Wellness   11
Sonnhof ★★★★
Grünlage am Ortsrand in St. Veit – Pongau
- 5621 St. Veit, Kirchweg 2, ☎ 06415-4323

Wellness   10
Zur Post ★★★★
Grünlage in Goldegg – Pongau
- 5622 Goldegg, Hofmark 9, ☎ 06415-8103

Kur   9
Alpina Kur- & Sporthotel ★★★★
Ortsrandlage in Bad Hofgastein
- 5630 Bad Hofgastein, Parkstr. 5, ☎ 06432-3475

Wellness   10
Alte Post ★★★★
Ruhige Zentrumslage in Bad Hofgastein
- 5630 Bad Hofgastein, Kirchenplatz 4
  ☎ 06432-6260

Wellness | Kur   12
Astoria ★★★★
Grünruhelage in Zentrumsnähe in Bad Hofgastein
- 5630 Bad Hofgastein, Salzburger Straße 24
  ☎ 06432-6277

Wellness | Kur   ❀ ❀ 16
Bismarck ★★★★s
Grünruhelage in Zentrumsnähe in Bad Hofgastein
Familienfreundliches und familiengeführtes Haus mit dem Namenszusatz „Verwöhnhotel", der naturgemäß

große Erwartungen weckt, die man hier aber auch einzulösen versteht. Besondere Kennzeichen sind ansprechend gestaltete öffentliche Bereiche, große bis sehr große Zimmer in 12 Varianten, darunter viele neue und angenehm wohnlich arrangierte, alle haben Balkon oder Terrasse, einen feinen Ausblick gibt's jedoch nur von jenen, die nach Süden ausgerichtet sind. Das Spa bietet unter anderem vier Thermalpools – Außen- und Innenpool sind gleich doppelt vorhanden, nämlich einmal für Ruhesuchende und einmal für Familien mit Kindern –, weiters Damensauna, Arztpraxis und ausgezeichnete Massagen. Wintergarten mit Bergpanorama, großer Garten mit Liegewiese. Zuvorkommende, ausgesprochen freundliche Mitarbeiter, gute Küche, ein Light Lunch ist im Preis enthalten. Gemütliches Umfeld, viele alte Stammgäste. 48 Liegen, 132 Betten.
Thermalfreibecken, Thermalhallenbad, Sauna, Dampfbad, Radonbäder, Massagen, Ayurveda, Fitnessgeräte. 18-Loch-Parcours in 6 km. HP ab € 91,–.
• 5630 Bad Hofgastein, Alpenstraße 6
  ☎ 06432-6681

Wellness   ❦ ❦ 15
Das Goldberg ★★★★s
Grünruhelage mit Fernblick in Bad Hofgastein
Brandneu: Wenige Wochen vor dem Erscheinen dieser Ausgabe eröffneter Logenplatz mit traumhaftem Ausblick über dem Ort. Er besteht aus einem kleinen Altbaurest des ehemaligen Dreisternhotels Pyrkerhof und einem großen Neubau, Letzterer verfügt über wunderschöne und sehr gemütlich gestaltete Zimmer (acht Kategorien, alle mit Balkon oder Terrasse) und liegt im Winter praktisch direkt an der Schipiste. Zur Gänze neu geschaffen wurde der inwendig kleine, aber doch sehr angenehme Wellnessbereich (mit viel Zirbenholz), er bietet unter anderem Schwimmteich, Liegewiese und Außensauna, allerdings indoor nur wenige Ruheliegen. Fabelhafte Restaurantterrasse, ein Light Lunch ist im Preis inkludiert. Die Beurteilung von Küche, Massagen und Servicequalität ist naturgemäß erst in der nächsten Ausgabe möglich, die Bewertung demnach vielleicht etwas unscharf – ausnahmsweise! Ungeeignet für Kinder. 34 Liegen, 160 Betten.
Naturbadeteich, Freibecken, Außensauna, Sauna, Dampfbad, Massagen, Kosmetik, Fitnessgeräte. 18-Loch-Parcours in 8 km. HP ab € 100,–.
• 5630 Bad Hofgastein, Haltestellenweg 23
  ☎ 06432-6444

Wellness | Kur   10
Germania ★★★★
Ruhige Ortslage in Bad Hofgastein
• 5630 Bad Hofgastein, Kurpromenade 14
  ☎ 06432-6232-0

Bismarck

HOTEL KAISERHOF ***
Familie Lampert, Harmstätt 8, A-6352 Ellmau, Wilder Kaiser/Tirol
Tel.: +43(0)5358-2022, Fax.: +43(0)5358-2022-600
info@kaiserhof-ellmau.at, www.kaiserhof-ellmau.at

AUSGEZEICHNET!

- Tirols kleinstes 5* Sterne Hotel (36 Zimmer & Suiten)
- 3 Relax Lilien 2013
- Österreichs Koch des Jahres 2011
- 2 Hauben Gault Millau 2013
- Österreichs Hotel des Jahres 2009
- Österreichs Restaurant des Jahres 2003

Info und Buchen für alle Hotels: www.relax-guide.com   SALZBURG

Wellness | Kur 🕭🕭15
Grand Park *****
Grünruhelage in Zentrumsnähe in Bad Hofgastein
Altehrwürdiges Fünfsternhotel mit erfrischend zeitlosem Styling, überwiegend großzügig geschnittenen und klassisch-elegant arrangierten Zimmern. Das Spa verfügt über zahlreiche Saunen, hat aber keinen Außenbereich. Laufstrecken, täglich bescheidenes Aktivprogramm, auch Pilates, Yoga und Qi Gong. Feine Frühstücksterrasse, sehr gute Küche, verbesserungsfähiges Service. Ein Light Lunch ist im Preis inbegriffen. Ungeeignet für Kinder. 45 Liegen, 166 Betten. Thermalhallenbad, Sauna, Dampfbad, Radonbäder, Massagen, Kosmetik, Fitnessgeräte, Personal Trainer. 18-Loch-Parcours in 6 km, 25 % Greenfee-Rabatt. HP ab € 132,–.
- 5630 Bad Hofgastein, Kurgartenstraße 26
  ☏ 06432-6356-0

Kur | Wellness 9
Haus Friedrichsburg garni ***
Zentrumslage in Bad Hofgastein
- 5630 Bad Hofgastein, Pyrkerstraße 8
  ☏ 06432-6290

Wellness 10
Heubad Grabnerhof
Ruhige Berglage mit Fernblick bei Bad Hofgastein
- 5630 Bad Hofgastein, Breitenberg 12, ☏ 06432-8365

Kur | Wellness 12
Impuls Tirol ****
Am Ortsrand in Bad Hofgastein
- 5630 Bad Hofgastein, Grünlandstraße 5
  ☏ 06432-6394-0

Wellness | Kur 🕭14
Klammer's Kärnten ****
Ruhige Zentrumslage in Bad Hofgastein
Gemütliches, 1962 eröffnetes Traditionshaus an der Gasteiner Ache, es bietet Zimmer in 12 unterschiedlichen Varianten, von denen die meisten ländlicher Klassik zuordenbar sind. Fast alle haben Balkon, einige einen offenen Kamin oder Holzböden. Alles sehr sauber, kleines Spa mit ebensolcher Liegewiese, kleine Frühstücksterrasse, gute Küche, feiner Weinkeller. Ein Light Lunch ist im Preis enthalten. Viele alte Stammgäste. Ungeeignet für Kinder. 26 Liegen, 120 Betten.
Thermalfreibecken, Hallenbad, Sauna, Dampfbad, Radonbäder, Massagen, Kosmetik, Ayurveda, Fitnessgeräte. 18-Loch-Parcours in 6 km, 20 % Greenfee-Rabatt. Tennishalle. HP ab € 73,–.
- 5630 Bad Hofgastein, Dr.-Zimmermann-Straße 9
  ☏ 06432-6711-0

Wellness | Kur 10
Moser ****
In der Fußgängerzone von Bad Hofgastein
- 5630 Bad Hofgastein, Kaiser-Franz-Platz 2
  ☏ 06432-6209

Wellness 10
Norica ****s
Zentrumslage in Bad Hofgastein
- 5630 Bad Hofgastein, Kaiser-Franz-Platz 3
  ☏ 06432-8391-0

Wellness | Kur 10
Österreichischer Hof ****
Zentrumslage in Bad Hofgastein
- 5630 Bad Hofgastein, Kurgartenstraße 9
  ☏ 06432-6216-0

Wellness | Kur 10
Palace Kur- & Sporthotel ****
Grünruhelage in Bad Hofgastein
- 5630 Bad Hofgastein, Alexander-Moser-Allee 13
  ☏ 06432-6715-0

Wellness | Kur 11
Sendlhof Thermenhotel ****
Grünruhelage am Ortsrand in Bad Hofgastein
- 5630 Bad Hofgastein, Pyrkerstraße 34
  ☏ 06432-3838-0

Kur | Wellness 11
St. Georg ****
Ruhelage in Zentrumsnähe in Bad Hofgastein
- 5630 Bad Hofgastein, Dr.-Zimmermann-Straße 7
  ☏ 06432-6100

Wellness | Kur 10
Völserhof Wasserhotel ****
Ruhige Zentrumslage in Bad Hofgastein
- 5630 Bad Hofgastein, Pyrkerstraße 28
  ☏ 06432-8288

Wellness 🕭13
Zum Stern ****s
Grünlage in Bad Hofgastein
Hundefreundlich: von allen Hotels in Bad Hofgastein wahrscheinlich jenes mit dem schönsten Ausblick (abgesehen vom brandneuen Goldberg) – ein gepflegtes, grundsolides Haus von angenehmer Größe. Mit gediegenen, stets blitzsauberen Zimmern, alle haben Teppichböden, fast alle sind äußerst großzügig geschnitten. Kleines Spa mit mehreren Saunen und hochwertigen Liegen, mit Liegewiese und herrlichem Ausblick auf die Berge. Echt schade ist, dass die gute Bürstenmassage nicht

mehr angeboten wird. Fabelhafte Sonnenterrasse, gute Küche. Eher ungeeignet für Kinder. 32 Liegen, 84 Betten. Hallenbad, Sauna, Dampfbad, Massagen, Kosmetik, Fitnessgeräte. 18-Loch-Parcours in 5 km, 25 % Greenfee-Rabatt. HP ab € 80,–.
- 5630 Bad Hofgastein, Weitmoserstraße 33
  ☎ 06432-8450

Wellness 11
Römerhof ****
Zentrumslage in Dorfgastein
- 5632 Dorfgastein, Nr. 22, ☎ 06433-7777

Kur 12
Badehospiz Kurtherme
Ruhelage am Ortsrand in Bad Gastein
- 5640 Bad Gastein, Badbergstr. 1, ☎ 06434-20060

Kur 11
Bärenhof Gesundheitszentrum
Ruhige Zentrumslage in Bad Gastein
- 5640 Bad Gastein, Pyrkershöhenstraße 11
  ☎ 06434-3366

Kur 9
Echo ***
Grünlage am Ortsrand in Bad Gastein
- 5640 Bad Gastein, Karl-Heinrich-Waggerl-Straße 21
  ☎ 06434-2104

Wellness 10
Elisabethpark ****
Casinonähe in Bad Gastein
- 5640 Bad Gastein, Kaiser-Franz-Josef-Straße 5
  ☎ 06434-2551-0

Wellness | Kur 12
Europäischer Hof *****
Grünruhelage am Golfplatz unterhalb von Bad Gastein
- 5640 Bad Gastein, Miesbichlstr. 20, ☎ 06434-25260

Wellness | Kur ♣13
Grüner Baum ****
Absolute Grünruhelage bei Bad Gastein

Hunde- und familienfreundliches Hoteldörflein in schöner Alleinlage, die hier auch punkten muss. Es besteht aus sechs mehr oder weniger entfernt voneinander stehenden Gebäuden, was bei Kälte und schlechtem Wetter unangenehm werden kann. Die Zimmer sind zumeist klein und gut gepflegt, das Ambiente dürfte vor etwa 35 Jahren als schnuckelig bezeichnet worden sein, vielleicht hat man gerade deswegen seit damals nichts mehr daran verändert. Auch das Spa stammt sozusagen aus der Neandertalperiode des Wellnesstourismus, verfügt aber immerhin über eine eigene Thermalquelle und bietet gute Massagen. Seltsam: Das Viersternhaus ist neuerdings Mitglied des Marketingverbundes Small Luxury Hotels, doch es ist gar nicht small. Und alles hier ist etwa genauso luxury, wie das Zielpublikum homogen ist: Man bietet Hochzeiten, Events und Tagungen und möchte Hundebesitzer, chronisch Kranke und Familien ebenso ansprechen wie werdende Mütter und Paare, die für Wellness kommen. Übrigens: Im Hundeferien-Angebot stehen beispielsweise auch „Gewichtsmanagement und Ernährungsberatung" sowie „Fitness für ältere Hunde". Das Haus wurde zum Zeitpunkt unseres Besuches auf Bewertungsplattformer als absolutes Spitzenhotel ausgewiesen. 27 Liegen, 150 Betten.
Thermalfreibecken (Sommer), Thermalhallenbad, Sauna, Dampfbad, Radonbäder, Massagen, Kosmetik, Fitnessgeräte.
18-Loch-Parcours in 6 km. Tennisplatz. HP ab € 110,–.
- 5640 Bad Gastein, Kötschachtal 25
  ☎ 06434-2516-0

Wellness ♣♣15
Haus Hirt Alpine Spa ****
Grünruhelage mit Fernblick am Ortsrand – Bad Gastein

Familienfreundliches Kleinhotel, und was für eines! „Einst Salon für Thomas Mann, Stefan Zweig, Somerset Maugham und Lady Churchill. Heute urbanes Privathaus für Zeit- und Freigeister, für Menschen, die auf der Suche nach Balance, Genuss und Gleichgesinnten sind. Mit dem Stilmix aus den 1930er-Jahren und dem Morgen geschaffen. Das Projekt ist noch lange nicht abgeschlossen." So steht es im Prospekt, und treffender könnten auch wir es nicht formulieren. Unterschiedliche, stets stilvolle Zimmer, manche bieten einen geradezu überwältigenden Ausblick auf die Berge und über das Gasteinertal. Das Spa ist höchst bescheiden ausgestattet, eine Wohltat sind jedoch die Radonbäder in der Wanne sowie die Massagen – ausgezeichnet. Täglich gibt es Yoga und Pilates. Niveauvolles Publikum, viele junge Paare und noch mehr Familien, die vielen Kinder empfindet man hier seltsamerweise nicht als unangenehm. Junge, nicht immer professionelle, dafür aber herzerfrischende Crew – besonders Severine aus Frankreich ist uns noch bestens in Erinnerung –, nicht zuletzt auch deshalb konkurrenzlos großartige Stimmung über allem. Fabelhafte Terrassen – auch mit Abendsonne –, super Kaffee, sehr gute Küche mit biologischer Orientierung, ein Light Lunch ist im Preis enthalten. Feine Laufstrecken. Kinderbetreuung zu Ferienzeiten. 21 Liegen, 58 Betten. Hallenbad, Sauna, Dampfbad, Radonbäder, Massagen, Kosmetik, Ayurveda, Personal Trainer.
18-Loch-Parcours in 2 km. HP ab € 77,–.
- 5640 Bad Gastein, Kaiserhofstraße 14
  ☎ 06434-2797-0

Info und Buchen für alle Hotels: www.relax-guide.com SALZBURG

Wellness 13
Miramonte ★★★★
Grünruhelage am Ortsrand in Bad Gastein

Hundefreundliches Haus (und wie: Vierbeiner dürfen sogar ins Restaurant!): eine charaktervolle Mischung aus 1960er-Heimatfilm, etwas Hipster- und viel Bobo-Flair. Helle Zimmer mit Holzböden, manche mit grandiosem Ausblick. Mini-Spa mit Thermalwannen für Radonbäder, Yoga gibt es täglich, auch Akupunktur ist zu haben. Niveauvolles urbanes Publikum überwiegt, unter dem Motto Artists in Residence gibt es übrigens sehr preiswerte Langzeitaufenthalte für Mitglieder der schreibenden Zunft. Unperfekte, aber gut gelaunte und herzliche junge Crew. Herrliche Sonnenterrasse, sehr gute Küche, eine Nachmittagsjause ist im Preis enthalten. Coole Musik, fabelhafte Stimmung. Ungeeignet für Kinder. 12 Liegen, 72 Betten.
Sauna, Dampfbad, Radonbäder, Massagen, Kosmetik. HP ab € 69,–.
- 5640 Bad Gastein, Reitlpromenade 3
 ☎ 06434-2577

Wellness 9
Mondi-Holiday Bellevue ★★★★
Casinonähe in Bad Gastein
- 5640 Bad Gastein, Karl-Heinrich-Waggerl-Straße 9
 ☎ 06434-6006

Wellness 10
Salzburger Hof ★★★★
Ruhige Zentrumslage in Bad Gastein
- 5640 Bad Gastein, Grillparzerstraße 1
 ☎ 06434-2037-0

Wellness 11
Sonngastein ★★★★
Grünruhelage unterhalb von Bad Gastein
- 5640 Bad Gastein, Sonnleitenstr. 6, ☎ 06434-3326-0

Wellness 9
Weismayr
Zentrumslage in Bad Gastein
- 5640 Bad Gastein, Kaiser-Franz-Josef-Straße 6
 ☎ 06434-2594

Wellness 11
Mitterwirt ★★★★
Ortslage in Dienten am Hochkönig – Pinzgau
- 5652 Dienten am Hochkönig, Dorf 23
 ☎ 06461-204

Wellness 17
Übergossene Alm ★★★★s
Grünlage bei Dienten am Hochkönig – Pinzgau

Hunde- und kinderfreundlicher Landhotelklassiker, er

Miramonte

liegt auf 1.240 m Seehöhe sowie im Winter praktisch direkt an der Piste. Das Ambiente ist uneinheitlich, verstrahlt aber stets große Gemütlichkeit, auch die Zimmer (11 Kategorien) sind stark unterschiedlich (Alter, Größe), anzuraten sind jedenfalls die Gartenzimmer im Neubau, sie liegen nicht an der Straßenseite (Morgenverkehr) und haben Holzböden sowie einen angenehmen Grundriss. Das streckenweise sehr ansprechend gestaltete Spa bietet unter anderem zwei ziemlich kleine Pools (innen und außen), eine fabelhafte Saunazone (geöffnet ab 10 Uhr) sowie einen weitläufigen Außenbereich mit Liegewiese und Badeteich. Täglich gibt es ein Aktivprogramm; unsere Ayurvedabehandlung wurde mit einer Rosskastaniencreme abgeschlossen – na ja. Reichhaltig sortiertes Frühstücksbuffet, gute bis sehr gute Küche, ausgesprochen freundliche und aufmerksame Mitarbeiter. Ein Light Lunch („Almjause") ist im Preis inbegriffen. Sympathisch: keine Busse, keine Tagungen. Für Kinder ab vier Jahren gibt es 44 Wochenstunden Betreuung (Mo bis Fr), weitläufige Indoor- und Outdoor-Spielzonen wurden vor kurzem eröffnet. Man wirbt übrigens mit „Das ideale Hideaway für Ihr romantisches Wochenende zu zweit" – ob das angesichts der Größe des Hauses und der vielen Kinder auch eingelöst werden kann, das sei dahingestellt. Gratisgarage für (fast) alle. 62 Liegen, 170 Betten.
Naturbadeteich, Freibecken, Hallenbad, Außensauna, Sauna, Dampfbad, Massagen, Kosmetik, Ayurveda, Fitnessgeräte. Sechs 18-Loch-Parcours im Umkreis von 60 km, bis zu 30 % Greenfee-Rabatt. Tennishalle, Tennisplätze.
HP ab € 119,–.
- 5652 Dienten am Hochkönig, Sonnberg 54
  ☎ 06461-230-0

Wellness 🌿🌿15
Grandhotel Zell am See ****
Grünlage am Seeufer in Zell am See – Pinzgau
Kinderfreundliches Grandhotel mit Belle-Époque-Fassade und konkurrenzlos genialer Lage auf einer privaten „Halbinsel" im Zeller See. Es besteht aus zwei Gebäuden mit Zimmern in 13 Varianten, aus manchen ist die nahe Eisenbahn nächtens gut zu hören. Im Neubau befinden sich die sogenannten Wellnesszimmer mit Sauna oder Dampfbad. Im Dachgeschoß dieses Hauses befindet sich auch der luxuriöse Teil des Wellnessbereichs, der nicht nur wunderschön gestaltet ist, sondern darüber hinaus auch noch ein überwältigendes Panorama sowie sehr gute Massagen bietet. Herrliche Liegeterrasse, fabelhafte Restaurantterrasse. Gut geschulte, ausgesprochen freundliche Crew, gute Küche, eine Nachmittagsjause ist im Preis enthalten. Internationale Gästeschar (viele Gäste aus dem arabischen Raum), privater Badestrand mit Liegewiese und der Möglichkeit, aus (dort kleinen) Sauna fast direkt in den See zu springen. Bis zu 44 Wochenstunden Betreuung für Kinder ab drei Jahren (Mo bis Fr; mit saisonalen Einschränkungen). 40 Liegen, 230 Betten.
Seebadestrand, Hallenbad, Kinderbecken, Sauna, Dampfbad, Massagen, Kosmetik, Fitnessgeräte. 36-Loch-Parcours in 5 km, 25 % Greenfee-Rabatt, acht weitere Plätze im Umkreis einer Autostunde.
HP ab € 85,–.
- 5700 Zell am See, Esplanade 4-6
  ☎ 06542-788-0

Wellness 10
Living Max ****
Ortslage in Zell am See – Pinzgau
- 5700 Zell am See, Hafnergasse 4
  ☎ 06542-72303

Wellness 12
Romantikhotel Zell am See ****
Ortslage in Zell am See – Pinzgau
- 5700 Zell am See, Sebastian-Hörl-Straße 11
  ☎ 06542-72520

Wellness 🌿🌿🌿🌿20
Salzburgerhof *****
Grünruhelage in Seenähe in Zell am See – Pinzgau
Inhabergeführtes Haus von sympathischen Dimensionen: nicht groß, gerade noch überschaubar. Es liegt nur ein paar Schritte vom Ufer des Zeller Sees entfernt und besticht durch ein Ambiente von stilsicher arrangierter Wärme und atmosphärischer Behaglichkeit, das nie démodé wirken kann, weil es niemals modisch war. Zimmer gibt es in acht verschiedenen Varianten, sie sind auch mit offenem Kamin und Dampfbad sowie in einer Größe von bis zu 170 m² zu haben, unsere Empfehlung gilt für jene mit Ausblick in den Garten. Denn einerseits ist hier keine Gefahr, die Eisenbahn zu hören, und andererseits ist dieser Garten liebevoll und virtuos gepflegt und so unvergleichlich schön, dass einem das Herz aufgeht: mehr als 100 verschiedene Blumenarten, Bäume und Sträucher, darunter Bougainvilleen, Jasmin und Zitronen. Abends sitzt man dann am festlich gedeckten Tisch auf der Restaurantterrasse, der Pianist spielt dezent im Hintergrund, die ganze Pracht ist stilvoll beleuchtet – das sind wirklich Momente, an die man sich gerne erinnert. Und die man so in keinem anderen Hotel des Landes erleben kann. Das Spa wurde vor zwei Jahren substanziell erweitert, es bietet nun vor allem mehr Ruheliegen, ein 20 m langes Außenbecken sowie, auch weiterhin, sehr gute Massagen. Frühstücksbuffet in guter Qualität (im Sommer natürlich im Garten), am Nachmittag gibt es Light Lunch und feine Mehlspeisen (leider sehr viele verschiedene, das ist gemein), freitagabends stets einen Dessertklassiker des Hauses: die

altösterreichischen Süßspeisen. Hervorragende Küche, ausgezeichneter Weinkeller mit ebensolcher Beratung – was für eine Wohltat angesichts der andernorts immer weiter um sich greifenden Inkompetenz in Sachen alter Handwerkstugenden. Niveauvolles – auch jüngeres – Publikum, beinahe ausnahmslos österreichische Mitarbeiter. Liegewiese, zum hoteleigenen Badestrand ist es eine gute Gehminute. Valet Parking, Gratisgarage für alle. Ungeeignet für Kinder. 55 Liegen, 130 Betten. Seebadestrand, Naturbadeteich, Freibecken, Hallenbad, Außensauna, Dampfbad, Massagen, Kosmetik, Ayurveda, Fitnessgeräte, Personal Trainer. 36-Loch-Parcours in 5 km, 25 % Greenfee-Rabatt, acht weitere Plätze im Umkreis einer Autostunde. HP ab € 130,–.
- 5700 Zell am See, Auerspergstraße 11
  ☎ 06542-765-0

Wellness 11
Tirolerhof ****s
Zentrumslage in Zell am See – Pinzgau
- 5700 Zell am See, Auerspergstr. 5, ☎ 06542-772

Wellness 12
Alpenblick ****
An der Durchzugsstraße bei Zell am See – Pinzgau
- 5700 Zell am See-Schüttdorf, Alte Landstraße 6
  ☎ 06542-5433

Wellness 13
Amiamo Familotel ****
Grünlage am Ortsrand bei Zell am See – Pinzgau
Kinder- und Babyhotel in sehr angenehmer Größe. Es liegt auf einem Hang erhöht über dem Ort und bietet stark unterschiedliche Zimmer in 11 Varianten, auch neuere mit Holzböden finden sich darunter. Alles ist sauber und gepflegt, das kleine Spa punktet mit guten Massagen. Am See – 10 Autominuten entfernt – gibt's einen hauseigenen Badestrand. Light Lunch und Nachmittagsjause sind im Preis enthalten. Liebevolle Betreuung für Babys von 9 bis 13 Uhr (Mo bis Fr), für Kinder ab drei Jahren täglich bzw. 72 Stunden pro Woche. 25 Liegen, 80 Betten. Freibecken, Hallenbad, Babybecken, Sauna, Massagen, Kosmetik, Ayurveda, Fitnessgeräte. VP ab € 83,–.
- 5700 Zell am See, Am Schüttgut, ☎ 06542-55355-0

Wellness 11
Glocknerhof Vital ****
An der B168 bei Zell am See – Pinzgau
- 5700 Zell am See-Schüttdorf
  Brucker Bundesstraße 49, ☎ 06542-57314-0

Wellness 12
Hagleitner Family ****s
Grünlage am Ortsrand bei Zell am See – Pinzgau
- 5700 Zell am See, Kirchenweg 11, ☎ 06542-5410

Wellness 11
Latini ****
Ortslage bei Zell am See – Pinzgau
- 5700 Zell am See-Schüttdorf, Kitzsteinhornstraße 4
  ☎ 06542-5425

Wellness 11
Active by Leitner's ****
Grünruhelage am Ortsrand in Kaprun – Pinzgau
- 5710 Kaprun, Kitzsteinhornstraße 10a
  ☎ 06547-8782

Wellness 11
Barbarahof ****s
Ortslage in Kaprun bei Zell am See – Pinzgau
- 5710 Kaprun, Nikolaus-Gassner-Straße 1
  ☎ 06547-7248-0

Wellness 12
Rudolfshof Vitality ****
Ruhige Ortslage in Kaprun bei Zell am See – Pinzgau
- 5710 Kaprun, Imbachstraße 5, ☎ 06547-7183

Wellness 12
Alpenhaus Kaprun ****
Zentrale Ortslage in Kaprun bei Zell am See – Pinzgau
- 5710 Kaprun, Schlossstraße 2, ☎ 06547-7467

Wellness ⚜14
Tauern Spa ****
Grünruhelage am Ortsrand in Kaprun – Pinzgau
Familienfreundliches Großhotel im Gebäudeverbund mit der öffentlichen Therme. Die Zimmer zeigen sich ansprechend modern und ausnahmslos großzügig geschnitten, alle haben dunkle Holzböden und Balkon mit Aussicht ins Grüne oder auf das Kitzsteinhorn. Die Minibar ist im Preis inkludiert, und der USB-Stick mit der eigenen Musik lässt sich einfach am TV-Gerät anschließen. Das hoteleigene Spa (ab 15 Jahren) bietet unter anderem einen Außenpool mit grandiosem Panorama, allerdings viel zu wenige Liegen, und für Gesichts- und Körperbehandlungen muss man in die öffentliche Therme gehen. Dort gibt es vier große Pools sowie einen Kinderbereich mit Wasserrutschen und weiteren vier Becken – hier darf man übrigens auch einen Kinderwagen mitnehmen. Kinderbetreuung täglich von 12 bis 20 Uhr (nur in der Therme). Ein andernorts zumeist üblicher Light Lunch ist hier leider nicht inkludiert – trotz vergleichsweise stolzen Preisen. Wer mittags hungrig ist, muss ebenfalls wieder in die Therme, dort kommt man aber nur in Badebekleidung hinein. Freundliche Crew, verbesserungsfähiges Service. Viele Gäste aus Osteuropa. Gratisgarage für alle. 85 Liegen, 320 Betten.
Freibecken, Hallenbad, Sauna, Dampfbad. In der öffentlichen Therme: Solefreibecken, Freibecken, Kinderfreibecken, Hallenbad, Kinderbecken, Außensauna, Sauna, Dampfbad, Massagen, Kosmetik, Ayurveda, Fitnessgeräte. 36-Loch-Parcours in 4 km, 25 % Greenfee-Rabatt. HP ab € 142,–.
- 5710 Kaprun, Tauern-Spa-Platz 1
  ☎ 06547-2040-0

Wellness 11
Tauernhof Kaprun ****
Zentrale Ortslage in Kaprun – Pinzgau
- 5710 Kaprun, Nikolaus-Gassner-Straße 9
  ☎ 06547-8235-0

Wellness 11
Vier Jahreszeiten ****
Grünruhelage am Ortsrand in Kaprun – Pinzgau
- 5710 Kaprun, Schlossstraße 38, ☎ 06547-8316

Wellness 11
Salzburger Nationalparkhotel ****
Zentrumslage in Uttendorf bei Mittersill – Pinzgau
- 5723 Uttendorf, Dorfplatz 1, ☎ 06563-8218

Wellness 12
Felben Kinderhotel ****
Grünruhelage am Ortsrand in Mittersill – Pinzgau
- 5730 Mittersill, Felberstraße 51, ☎ 06562-4407

Wellness ⚜13
Sonnberghof Landhotel-Gut ****
Grünruhelage mit Fernblick Nähe Mittersill – Pinzgau
Ein liebenswertes Kleinhotel, es liegt abgeschieden auf einem Sonnenplatzerl über dem Tal und lässt sich treffend als rustikaler „Seelenöffner" mit herrlichem Panorama einstufen. Stark unterschiedliche, aber stets saubere und gemütliche Zimmer, Mini-Spa, das ausgezeichnete Massagen bietet. Dazu gehört ein Bauernhof; Joghurt, Butter, Marmeladen, Säfte, Honig und Hirschschinken werden selbst gemacht, im Sommer kommen die Kräuter aus dem eigenen Garten. Sehr gute Küche mit biologischer Ausrichtung, ein Light Lunch ist im Preis inbegriffen. Wanderwege ohne Zahl, bester Schlaf. 13 Liegen, 65 Betten.
Naturbadeteich, Sauna, Dampfbad, Massagen, Kosmetik. 18-Loch-Parcours in 9 km. HP ab € 76,–.
- 5730 Mittersill, Lämmerbichl 8
  ☎ 06562-8311

Wellness 12
Habachklause Kinderhotel ****
Absolute Grünruhelage Nähe Mittersill – Pinzgau
- 5733 Bramberg am Wildkogel, Habach 17
  ☎ 06566-7390-0

Wellness	12
Buasen garni ****	
Grünruhelage mit Fernblick Nähe Mittersill – Pinzgau	
• 5741 Neukirchen, Rossberg 122, ☎ 06565-6265	

Wellness	11
Gassner ****	
Grünruhelage am Ortsrand Nähe Mittersill – Pinzgau	
• 5741 Neukirchen, Hadergasse 167 ☎ 06565-6232	

Wellness	10
Castello Königsleiten ****	
Ruhige Ortslage Nähe Mittersill – Pinzgau	
• 5742 Wald, Königsleiten 24, ☎ 06564-20272	

Wellness	10
Königsleiten ****	
Ruhige Ortslage Nähe Mittersill – Pinzgau	
• 5742 Wald, Königsleiten 61 ☎ 06564-8216-0	

Wellness	10
Ronach Mountainclub ****	
Grünlage mit Fernblick Nähe Mittersill – Pinzgau	
• 5742 Wald, Hinterwaldberg 35 ☎ 06564-8388	

Wellness	12
Schloss Kammer Landgasthof ****	
Grünruhelage Nähe Zell am See – Pinzgau	
• 5751 Maishofen, Kammererstraße 22 ☎ 06542-68202	

Wellness	12
Alpinresort ****	
Zentrale Ortslage in Saalbach – Pinzgau	
• 5753 Saalbach, Schischulstr. 277, ☎ 06541-6682	

Wellness	10
Eva Village ****	
Zentrumslage in Saalbach – Pinzgau	
• 5753 Saalbach, Oberdorf 218, ☎ 06541-6262	

Wellness	10
Hinterhag Art & Ski-In ****	
Grünruhelage am Ortsrand in Saalbach – Pinzgau	
• 5753 Saalbach, Hinterhagweg 43 ☎ 06541-6291	

Wellness	11
Kendler ****	
Zentrale Ortslage in Saalbach – Pinzgau	
• 5753 Saalbach, Dorfstraße 39 ☎ 06541-6225	

Wellness	12

Neuhaus Sport & Spa ****s
Zentrale Ortslage in Saalbach – Pinzgau
- 5753 Saalbach, Oberdorf 38, ☏ 06541-7151-0

Wellness	11

Saalbacher Hof ****
Zentrale Ortslage in Saalbach – Pinzgau
- 5753 Saalbach, Dorfplatz 27, ☏ 06541-7111-0

Wellness	11

Sonne ****
Grünlage am Ortsrand in Saalbach – Pinzgau
- 5753 Saalbach, Altachweg 334, ☏ 06541-7202

Wellness	❦❦15

Alpen-Karawanserai ****
Ruhige Zentrumslage in Hinterglemm – Pinzgau
Mitten im Ort gelegen und keine 250 m von der Talstation der Reiterkogelgondelbahn, dem Einstieg in die Schischaukel, gelegen. Ein geschmackvoll-wohnliches Ambiente kennzeichnet sowohl die öffentlichen Räume als auch die Zimmer, die allerdings nicht selten Ausblick auf Hausfassaden bieten und mitunter auch etwas klein geraten sind. Das Spa verfügt über kleine Pools und wurde nach unserem Redaktionsschluss substanziell erweitert, neue Highlights sind ein Badeteich sowie ein vergrößerter Saunabereich auf dem Dach – feiner Ausblick inklusive. Aktivprogramm, auch Yoga, Pilates und Qi Gong. Light Lunch und Nachmittagsjause sind im Preis enthalten. Gratisgarage für (fast) alle. Ungeeignet für Kinder. 97 Liegen, 150 Betten.
Naturbadeteich, Freibecken, Hallenbad, Außensauna, Sauna, Dampfbad, Massagen, Kosmetik, Fitnessgeräte, Personal Trainer. 36-Loch-Parcours in 20 km, 30 % Greenfee-Rabatt. HP ab € 97,–.
- 5754 Saalbach-Hinterglemm, Dorfstraße 222
  ☏ 06541-6497

Wellness	12

Alpin Juwel ****s
Ortsrandlage in Hinterglemm – Pinzgau
- 5754 Saalbach, Haidweg 357, ☏ 06541-7226

Wellness	12

Alpine Palace *****
Zentrale Ortslage in Hinterglemm – Pinzgau
- 5754 Saalbach, Reiterkogelweg 169
  ☏ 06541-6346

Wellness	10

Dorfschmiede ****
Zentrale Ortslage in Hinterglemm – Pinzgau
- 5754 Saalbach, Dorfstraße 129, ☏ 06541-7408

Wellness	11

Egger ****
Ortslage in Hinterglemm – Pinzgau
- 5754 Saalbach, Haidweg 170, ☏ 06541-6322-0

Wellness	❦13

Ellmauhof Kinderhotel ****s
Grünruhelage am Ortsrand in Hinterglemm – Pinzgau
Kinder- und Babyhotel, es liegt etwas erhöht über dem Ort am Ende einer Sackgasse. Viele Zimmer (16 Varianten, von 25 bis 126 m² groß) sind ansprechend gestaltet und haben Holzböden, alle Balkon oder Terrasse – nicht selten Ausblick über das Dorf inklusive. Das Spa wird der Größe des Hauses nicht ganz gerecht, groß ist dagegen das Angebot für Kinder, darunter eine 52 m lange Wasserrutsche, Forellenteich, Entenweiher, Pferdestall und Streichelzoo mit vielen Tieren. Light Lunch und Nachmittagsjause sind im Preis enthalten. Kinderbetreuung rund 75 Stunden pro Woche. 42 Liegen, 240 Betten. Freibecken (Sommer), Kinderfreibecken (Sommer), Hallenbad, Kinderbecken, Sauna, Dampfbad, Massagen, Kosmetik, Fitnessgeräte. HP ab € 89,–.
- 5754 Saalbach-Hinterglemm, Ellmauweg 35
  ☏ 06541-6432-0

Wellness	10

Lengauer Hof Familotel ****
Grünruhelage am Ortsrand in Hinterglemm – Pinzgau
- 5754 Saalbach, Lengauerweg 1, ☏ 06541-7255-0

Wellness	10

Marten ****
Grünruhelage am Ortsrand in Hinterglemm – Pinzgau
- 5754 Saalbach, Martenweg 9, ☏ 06541-6493

Wellness	❦13

Theresia Gartenhotel ****s
Grünlage am Ortsrand in Hinterglemm – Pinzgau
Kinderfreundliches Haus an der Hauptstraße. Das Innenleben präsentiert sich streckenweise mit harmonisch-moderner Anmutung, die Zimmer sind mehrheitlich großzügig geschnitten (wir hatten jedoch ein mikroskopisch kleines), aber stark unterschiedlich eingerichtet. Kleines Spa, unter anderem mit Außenwhirlpool und chronischem Liegenmangel. Aktivprogramm, auch Qi Gong, Tiefenmuskelentspannung nach Jacobson und autogenes Training. Grottenschlechte Massage (in krassem Gegensatz dazu das werbliche Versprechen „… nicht nur ein paar Streicheleinheiten, sondern geprüfte Behandlungsqualität und Erholung mit Langzeiteffekt"), schade auch, dass Spezialmassagen wie Shiatsu und Dorn neuerdings nicht mehr angeboten werden. Garten mit Liegewiese (etwas eng das alles), gute Küche mit biologischer Ausrichtung, ein Light Lunch ist im Preis enthalten. Freundliche Crew (Gepäckhilfe hätten

wir uns allerdings schon gewünscht) mit homöopathisch dosiertem Einheimischenanteil, wöchentlich bis zu 55 Stunden Betreuung (Mo bis Fr; mit saisonalen Einschränkungen) für Kinder ab zwei Jahren. Geführte Wanderungen. 24 Liegen, 240 Betten (inklusive Dependance). Freibecken (Sommer), Hallenbad, Sauna, Dampfbad, Massagen, Kosmetik, Fitnessgeräte, Personal Trainer. 36-Loch-Parcours in 20 km, 25 % Greenfee-Rabatt. HP ab € 92,–.
- 5754 Saalbach-Hinterglemm Glemmtaler Landesstraße 208, ☎ 06541-7414-0

Wellness 14
Unterschwarzachhof ****s
Grünruhelage am Ortsrand in Hinterglemm – Pinzgau
Familienfreundliches Haus in angenehmer Größe, etwas abseits und erhöht über dem Ort gelegen. Stimmungsvoll arrangierte Gemütlichkeit in den öffentlichen Räumen, stark unterschiedliche Zimmer in 12 Kategorien, sie sind zumeist sehr wohnlich eingerichtet und großzügig geschnitten, manche verfügen auch über Holzböden, der Ausblick jedoch geht nicht selten auf Hausfassaden. Kleines, zeitgemäß gestaltetes Spa mit Whirlpool im Außenbereich, mit guten Massagen und täglichem Aktivprogramm. Für Kinder gibt's unter anderem Spielbauernhof und Reitstall. Feiner Weinkeller, Restaurantterrasse, gute, biologisch orientierte Küche, die so manches vom eigenen Biobauernhof verwendet, eine Nachmittagsjause ist inkludiert. Liegewiese, auch Yoga und Pilates (täglich). 24 Liegen, 97 Betten. Freibecken, Hallenbad, Außensauna, Sauna, Dampfbad, Massagen, Kosmetik, Ayurveda. HP ab € 116,–.
- 5754 Saalbach-Hinterglemm, Schwarzacherweg 40 ☎ 06541-6633

Wellness 17
Wiesergut
Grünlage am Ortsrand in Hinterglemm – Pinzgau
Hideaway – und was für eines: Österreichs interessanteste Neueröffnung der letzten 12 Monate liegt unweit des Talschlusses an der Landstraße und im Winter direkt an der Piste (Zwölferkogelbahn, größtes geschlossenes Schigebiet Österreichs). Das Ambiente präsentiert sich in allen Bereichen großzügig und geradezu unvergleichlich hochwertig anmutend gestaltet, es zeigt eine Weltläufigkeit und Detailverliebtheit, die man eher in Kitzbühel oder Lech vermuten würde. Zimmer gibt es in drei Kategorien (35 bis 55 m²), unbehandeltes Eichenholz, grobe Naturstoffe und große – teilweise sogar riesige – Glasflächen herrschen vor. Das Spa verfügt über einen 18 m langen Innenpool (rund um die Uhr zugänglich), die sehr guten Massagen kann man auch am Zimmer genießen. Täglich Aktivprogramm, auch Yoga, Meditation und Pilates. Freundliches und aufmerksames Umfeld, ausgezeichnete Küche, Fleisch kommt zumeist aus eige-

ner Landwirtschaft. Direkte Konkurrenten (ohne Rücksicht auf Wintersporteignung): Aurelio Lech, Tannenhof St. Anton, Aenea, Geinberg⁵ Private Spa Villas. Garage? Leider nein. Ungeeignet für Kinder. 22 Liegen, 48 Betten. Hallenbad, Sauna, Dampfbad, Massagen, Kosmetik, Personal Trainer. NF ab 160,–.

- 5754 Saalbach-Hinterglemm, Wiesern 48
  ☎ 06541-6308

Wellness 12
Brandlhof ★★★★s
Grünlage an der B311 bei Saalfelden – Pinzgau
- 5760 Saalfelden, Hohlwegen 4, ☎ 06582-78000

Wellness 12
Ritzenhof ★★★★s
Grünruhelage am Ortsrand in Saalfelden – Pinzgau
- 5760 Saalfelden, Ritzenseestraße 33
  ☎ 06582-73806

Wellness 11
Saliter Hof ★★★★s
Grünlage an der B164 bei Saalfelden – Pinzgau
- 5760 Saalfelden, Uttenhofen 5, ☎ 06582-73381

Wellness 10
Schörhof ★★★★
Grünlage an der B311 bei Saalfelden – Pinzgau
- 5760 Saalfelden, Marzon 10, ☎ 06582-792

Wellness 11
Alpenparks Resort ★★★★
Zentrale Ortslage in Maria Alm – Pinzgau
- 5761 Maria Alm, Gemeindepl. 2, ☎ 06584-2100

Wellness 12
Urslauerhof ★★★★
Ortslage an der B164 Nähe Saalfelden – Pinzgau
- 5761 Maria Alm, Urslaustraße 2, ☎ 06584-8164

Wellness 10
Schafhuber Landhotel ★★★★
Grünlage in Maria Alm – Pinzgau
- 5761 Maria Alm, Urslaustraße 4, ☎ 06584-8147

Wellness 12
Wachtelhof Jagdgut
Ruhige Ortslage Nähe Saalfelden – Pinzgau
- 5761 Maria Alm, Urslaustr. 7, ☎ 06584-23888

Wellness 10
Bacher ★★★
Grünlage bei Leogang Nähe Saalfelden – Pinzgau
- 5771 Leogang, Hütten 33, ☎ 06583-8556

Wellness 🌼🌼15
Forsthofalm ★★★★
Absolute Naturlage mit Fernblick Nähe Saalfelden – Pinzgau
Ein „Holzhotel", es liegt auf 1.050 m Seehöhe mitten auf der Alm – im Winter direkt an der Schipiste – und ist nur über eine kurvenreiche Schotterstraße zu erreichen. Es besteht aus einem kleinen Stammhaus und zwei Neubauten, von denen einer erst wenige Wochen vor Drucklegung fertiggestellt wurde. In diesem – ohne Verwendung von Metall oder Leim – komplett aus bei abnehmendem Mond geschlagenem Holz errichteten Haus befindet sich auch ein zusätzlicher Wellnessbereich, und zwar wiederum auf dem Dach, was einen belebenden Ausblick in die Naturringsum gibt. Zu den Highlights zählen nun erstmals ein kleines Außenbecken sowie ein Fitnessraum mit Rundumverglasung. Die Zimmer sind stets großzügig geschnitten (35 bis 70 m²) und ausgesprochen wohnlich gestaltet, Holzböden, Leinen und Vollholzmöbel verströmen einen ganz besonderen Reiz – und einen guten Geruch. Freundliche Crew, gute Stimmung, bester Schlaf. Die Fertigstellung des Hauses erfolgte nach unserem Redaktionsschluss, die Bewertung ist deshalb möglicherweise etwas unscharf, in der nächsten Ausgabe können wir jedenfalls genau berichten. Eine Nachmittagsjause ist inkludiert. Eher ungeeignet für Kinder. 41 Liegen, 130 Betten.
Naturbadeteich, Freibecken, Außensauna, Sauna, Dampfbad, Massagen, Kosmetik, Fitnessgeräte.
HP ab € 129,–.
- 5771 Leogang, Hütten 37
  ☎ 06583-8545

Wellness 🌼🌼🌼17
Forsthofgut ★★★★s
Grünlage bei Leogang Nähe Saalfelden – Pinzgau
Hunde- und kinderfreundliches Haus, es liegt am Waldrand, im Winter direkt an der Schipiste (200 km Abfahrten), aber auch nicht weit von der B164, was man ab und an gut hören kann. Das Ambiente gibt sich ländlich, geschmackvoll und naturverbunden, alles wirkt wunderbar stimmig. Die Zimmer sind bestens sauber und mehrheitlich sehr wohnlich gestaltet, modisch-alpin arrangiert zeigen sich die Suiten des neuen Traktes („Bergbalance", „Lebensquell"), sie bieten zudem Ausblick auf die Berge, was hier nicht die Regel ist. Stolz ist man auf ein Wald-Spa (man schreibt es aber falsch und aufdringlich „waldSPA" – das nennt sich Marketing), welches jedoch letztlich nicht mehr als nur ein Wellnessbereich mit vielen Naturholzelementen und großflächigen Waldbildern ist – zudem etwas klein geraten; eine zum Thema passende Außensauna gibt es aber beispielsweise nicht. Dafür vier mit viel Aufwand atmosphärisch eingerichtete Ruheräume und einen großen Badeteich mit Liegewiese. Und man kann seine Massage auf einer Waldlichtung genießen, allein die Temperaturen scheinen nicht zu jeder Zeit so richtig

dafür geeignet. Zumindest bei den 22 Grad während unseres Besuches wurde uns gesagt, es sei zu kalt. Für Kinder ab zwei Jahren gibt es unter anderem einen großen Spielplatz, einen Streichelzoo und pro Woche 64 Stunden Betreuung (So bis Fr; mit saisonalen Einschränkungen). Netter Garten, ausgesprochen herzliche Mitarbeiter, viele kommen aus der Region bzw. aus Österreich – das wird ja leider auch immer seltener. Reichhaltiges Frühstücksbuffet in feiner Qualität, sehr gute bis ausgezeichnete Küche mit biologischer Ausrichtung, ein Light Lunch ist im Preis enthalten. Sympathisch: die ausgezeichnete Auswahl beim Käse und die gemütliche Hotelbar. Netter Garten, Laufstrecken. 60 Liegen, 210 Betten.
Naturbadeteich, Freibecken, Hallenbad, Sauna, Dampfbad, Massagen, Kosmetik, Fitnessgeräte. HP ab € 127,–.
- 5771 Leogang, Hütten 2
  ☏ 06583-8561

Wellness ♥♥♥ 17
Krallerhof ****s
Grünruhelage bei Leogang Nähe Saalfelden – Pinzgau
Hunde- und familienfreundliches Haus, es liegt auf einem sonnigen Plateau, erhöht und wunderschön über dem Ort, und ist neben Wellness sichtlich auch auf Seminartourismus ausgerichtet. In den öffentlichen Räumen herrscht Landhausambiente in unterschiedlichen Reifestadien, Zimmer gibt es in 12 stark unterschiedlichen Varianten, sie sind nahezu ausnahmslos großzügig geschnitten, mit feinen Holzböden ausgestattet und nicht selten aufreizend modisch arrangiert, eine durchgängige Linie fehlt (dem ganzen Haus), und als Betthupferl gibt es – Überraschung – Mini Twix! Das auch für externe Gäste offene Spa wirkt weitläufig, bietet aber weniger, als man zunächst vermuten würde, unter anderem lärmende Kinder im Hallenbad, und auch die Massage erlebten wir bestenfalls als durchschnittlich. Nett ist der Außenbereich: mit Beeren- und Kräutergarten in der Liegewiese. Täglich gibt es ein Aktivprogramm, unter anderem auch Yoga. Hunde dürfen auf die Liegewiese sowie in einen separierten Speiseraum. Für Kinder ab drei Jahren gibt es im Sommer täglich bis zu 10 Stunden Betreuung, unter anderem mit Abenteuerwanderungen, Sommerrodeln und Streichelzoo. Gutes Frühstücksbuffet (mit phantastischem Hirsebrei), im Preis ist auch ein Light Lunch enthalten. Die Küche hat jedoch etwas nachgelassen, das Service ebenfalls, und manche Mitarbeiter reagieren weniger erfreulich. Unterm Strich erscheint uns das Haus irgendwie, als befände es sich in einer Sinnkrise – oder zumindest in einer Nachdenkpause. Laufstrecken, im Winter direkte Anbindung an 60 Lifte und insgesamt rund 200 km Pisten. 95 Liegen, 250 Betten (Foto Seite 111).
Freibecken, Freibecken (Sommer), Hallenbad, Sauna, Dampfbad, Massagen, Kosmetik, Ayurveda, Fitnessstudio,

SCHWARZBRUNN
**** SUP
www.schwarzbrunn.at

SPA-ERLEBNIS auf 3.000 m²

Aus den Tiefen des Erdreichs, direkt oberhalb von Stans in Tirol entspringt sie, die Schwarzbrunnquelle. Dunkles, nasses Erdreich und Kalkstein umhüllen die Quelle aus der reines Wasser sprudelt. Es ist diese Besonderheit, die dem Hotel seinen Namen verleiht. Wasser, die Grundlage allen Lebens, ist das zentrale Thema im neuen Schwarzbrunn SPA, mit dem ein Quell der Erholung verwirklicht wurde.

SAUNAWELTEN
Finnische Sauna
Biosaunen
Dampfbäder
Infrarotkabinen
Peeling-Station
Eisbrunnen

WASSERWELTEN
Bergsee (80 m², beheizt)
Felsenbecken (160 m²)
Gletscherwasser
Whirlpool
Kids-Action-Spa

BEAUTYQUELLE
SPA-Behandlungen mit exklusiven Produkten von Clarins und Pure Altitude

RELAXWELTEN
Mondruheraum
Dunkelruheraum
Lichtruheraum
Sonnenruheraum für Familien
Flammenmeer
Vitaminbar

Hotel Schwarzbrunn****sup
Vogelsang 208 | A-6135 Stans, Tirol | +43 5242 690
info@schwarzbrunn.at | www.schwarzbrunn.at

Personal Trainer. 18-Loch-Parcours in 14 und 15 km, bis 30 % Greenfee-Rabatt. HP ab € 130,–.
- 5771 Leogang, Rain 6
  ☎ 06583-8246-0

Wellness 11
Leonhard ★★★★
Ortsrandlage an der B164 in Leogang – Pinzgau
- 5771 Leogang, Sonnberg 140, ☎ 06583-8542

Wellness 10
Löwenhof ★★★★
Zentrale Ortslage an der B164 in Leogang – Pinzgau
- 5771 Leogang, Nr. 119, ☎ 06583-7428

Wellness ❀ ❀ 15
Priesteregg Bergdorf
Grünruhelage mit Fernblick bei Leogang – Pinzgau
Hideaway mit Berghüttenromantik: wunderschön auf 1.100 m am Waldrand gelegenes Neo-Dörflein aus 16 urigen Holzhütten („Chalets"), die bis zu sechs Personen Platz bieten und ausgesprochen gemütlich eingerichtet sind. Ganz neu ist ein „Willy Bogner"-Chalet, das als einziges über einen (ganzjährig nutzbaren) Außenpool (14 m lang) verfügt, der den Gästen dieses Häuschens exklusiv zur Verfügung steht. Ein Spa im herkömmlichen Sinn gibt es nicht, dafür hat jedes Chalet eine Außen- sauna plus dampfenden Badezuber (ganzjährig) dabei, und die Masseurin kommt auf Wunsch ins Häuschen. Dank komplett eingerichteter Küche kann man sich hier selbst versorgen oder aber im urigen Gasthof nebenan essen, alle Mahlzeiten werden, so bestellt, auch in der Hütte serviert. Die Küche verwendet viele Produkte aus der Region, ist zünftig und sehr gut. Junge, herzliche Crew, traumhafter Ausblick, luxuriöse Ruhe, guter Schlaf. Teuer, aber good value for money. 77 Betten. Außensauna, Dampfbad, Massagen, Kosmetik. NF ab € 200,–.
- 5771 Leogang, Sonnberg 22, ☎ 06583-825520

Wellness 12
Riederalm ★★★★
Grünlage bei Leogang Nähe Saalfelden – Pinzgau
- 5771 Leogang, Rain 100, ☎ 06583-7342

Wellness 12
Rupertus Landhotel ★★★★
Grünlage bei Leogang Nähe Saalfelden – Pinzgau
- 5771 Leogang, Hütten 40, ☎ 06583-8466

Wellness 11
Salzburger Hof Leogang ★★★★
Ortsrandlage an der B164 in Leogang – Pinzgau
- 5771 Leogang, Sonnberg 170, ☎ 06583-7310-0

ALLE LILIEN-HOTELS
IN **TIROL**

28 **A-Rosa Kitzbühel** *****	28 **Bichlhof** ****s
10 **Achensee Sporthotel** ****	40 **Castello Falkner** ****s
50 **Almhof Kinderhotel** ****	33 **Cervosa** *****
19 **Alpbacherhof** ****	42 **Crystal** ****s
46 **Alpenhof** ****s	10 **Das Kronthaler** ****s
12 **Alpenrose** ****s	43 **Edelweiß Vitalhotel** ****
4 **Alpenrose Family Resort** ****s	2 **Engel** ****s
15 **Alpinahotel** ****s	43 **Forster** ****
35 **Andy** ****s	51 **Gradonna Mountain Resort** ****s
39 **Aqua Dome** ****s	14 **Grafenast Naturhotel** ***
9 **Astoria** *****	28 **Grand Tirolia**
33 **Bär Family Kinderhotel** ****s	53 **Grandhotel Lienz** *****
46 **Berghof Hintertux** ****	15 **Held** ****s
40 **Bergland Sölden** ****s	1 **Hohenfels Landhotel** ****

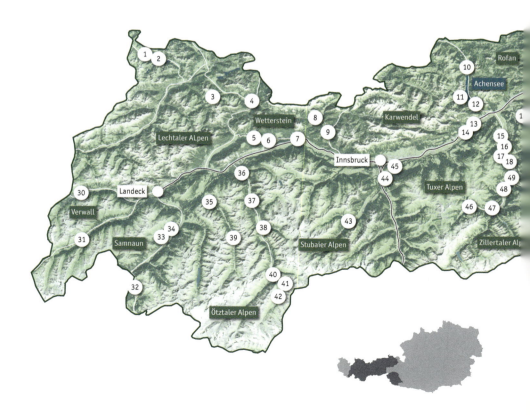

- 5 **Holzleiten** ★★★★
- 7 **Interalpen-Hotel Tyrol** ★★★★★s
- 43 **Jagdhof** ★★★★★
- 35 **Jerzner Hof** ★★★★
- 21 **Juffing** ★★★★s
- 1 **Jungbrunn**
- 23 **Kaiserhof Ellmau** ★★★★★
- 11 **Karwendel** ★★★★s
- 24 **Kempinski Das Tirol** ★★★★★
- 46 **Klausnerhof** ★★★★
- 9 **Klosterbräu** ★★★★★
- 11 **Kristall Verwöhnhotel** ★★★★
- 20 **Kurzentrum Bad Häring** ★★★★
- 37 **Kurzentrum Umhausen** ★★★★

- 45 **Lanserhof** ★★★★
- 2 **Lärchenhof** ★★★★★
- 25 **Liebes Rot-Flüh** ★★★★★
- 16 **Linde Gartenhotel** ★★★★
- 27 **Maierl Alm & Chalets**
- 32 **Mein Almhof** ★★★★s
- 4 **Mohr Life Resort** ★★★★s
- 44 **Parkhotel Igls** ★★★★
- 53 **Parkhotel Tristachersee** ★★★★
- 22 **Peternhof** ★★★★s
- 4 **Post** ★★★★s
- 10 **Posthotel Achenkirch** ★★★★★
- 8 **Quellenhof** ★★★★s
- 10 **Reiterhof Bio-Landhotel** ★★★★
- 11 **Rieser Aktiv & Spa** ★★★★s
- 37 **Ritzlerhof** ★★★★s
- 33 **Schalber Wellness-Residenz** ★★★★★s
- 26 **Schermer Vital Landhotel** ★★★★s
- 28 **Schloss Lebenberg** ★★★★★
- 34 **Schlosshotel Alpenresort** ★★★★s
- 6 **Schwarz Alpenresort** ★★★★★
- 13 **Schwarzbrunn** ★★★★s
- 18 **Seetal Familienhotel** ★★★★
- 52 **Sillian Sporthotel** ★★★★
- 3 **Singer Sporthotel & Spa** ★★★★s
- 21 **Sonnhof Ayurveda Resort** ★★★★
- 24 **Stanglwirt Bio-Hotel** ★★★★★
- 48 **Stefanie Life & Spa** ★★★★
- 47 **Stock Resort** ★★★★★
- 30 **Tannenhof St. Anton** ★★★★★s
- 51 **Taurerwirt Vitalhotel** ★★★★
- 49 **Theresa Genießer-Hotel** ★★★★s
- 41 **Top Hochgurgl** ★★★★★
- 11 **Travel Charme Fürstenhaus** ★★★★s
- 31 **Trofana Royal** ★★★★★s
- 44 **Tuxerhof Alpin Spa** ★★★★s
- 2 **Tyrol Grän** ★★★★
- 39 **Vier Jahreszeiten** ★★★★s
- 38 **Waldklause Naturhotel** ★★★★s
- 11 **Wiesenhof** ★★★★s
- 16 **Wöscherhof Aktivhotel** ★★★★

| Wellness | 11 |

Innsbruck ★★★★
Zentrumslage in Innsbruck
- 6020 Innsbruck, Innrain 3, ☎ 0512-59868-0

| Wellness | 11 |

Schwarzer Adler ★★★★s
Zentrumslage in Innsbruck
- 6020 Innsbr., Kaiserjägerstr. 2, ☎ 0512-587109

| Business | Wellness | 11 |

Parkhotel Hall ★★★★
Ortslage am Kurpark in Hall bei Innsbruck
- 6060 Hall, Thurnfeldgasse 1, ☎ 05223-53769

| Wellness | 11 |

Speckbacherhof ★★★★
Grünlage am Ortsrand Nähe Innsbruck – Inntal
- 6069 Gnadenwald, St. Martin 2, ☎ 05223-52511

| Gesundheit | ❀❀❀ 17 |

Lanserhof ★★★★
Grünruhelage am Ortsrand in Lans – Nähe Innsbruck
Renommiertes Mayrkurhotel, es liegt schön und ruhig am Waldrand. Die öffentlichen Räume verströmen stilvolle Modernität, die Zimmer – wir raten zu jenen mit dem fabelhaften Ausblick auf die Nordkette – sind bestens gepflegt, entsprechen allerdings in Größe und Ausstattung weder ganz dem hohen Anspruch des Hauses noch den Preisen, auch der Wellnessbereich ist zwar angenehm gestaltet, für heutige Begriffe dennoch bescheiden. Außergewöhnlich präsentiert sich dagegen der Treatment-Bereich, hier ist alles geradezu strahlend hell, und dank riesiger Glasflächen sind die Berge der Tiroler Nordkette scheinbar zum Greifen nah – grandios! Avancierte der Lanserhof im vergangenen Jahrzehnt schlechthin zur europäischen Luxusmarke in Sachen Entgiftung und Entschlackung, so setzt der Anfang 2014 eröffnende Lanserhof Tegernsee noch ein Quäntchen drauf: mit einer fabelhaften Lage im Grünen, mit riesigen Zimmern und ganz generell einem Premiumambiente, das auf Schritt und Tritt Staunen macht – in der nächsten Ausgabe (Deutschland) werden wir darüber berichten. Aufmerksame Mitarbeiter, sehr gute Treatments (bei sportlichem Preisniveau). Auch Pilates, Yoga und Meditation (gegen Aufpreis). Ungeeignet für Kinder. 15 Liegen, 90 Betten. Hallenbad, Sauna, Massagen, Kosmetik, Fitnessgeräte, Personal Trainer.
9- und 18-Loch-Parcours in 1 und 7 km, 5 Euro Greenfee-Rabatt. Pauschalen, etwa „Detox Special"-Woche inkl. Diät, Arzt und Therapien ab € 3.264,–. Nächtigung ab € 185,– inkl. Mayr-Diät.
- 6072 Lans, Kochholzweg 153
  ☎ 0512-38666-0

Wellness 12
Igls Sporthotel ★★★★
Zentrumslage in Igls – Nähe Innsbruck
- 6080 Igls, Hilberstraße 17, ☎ 0512-377241

Gesundheit ♨ ♨ 16
Parkhotel Igls ★★★★
Grünlage am Ortsrand in Igls – Nähe Innsbruck
Gemütliches Mayrkurhaus, das gerade sein 20-jähriges Bestehen feiert. Es liegt in einem kleinen Park mit Kieswegen und alten Bäumen, gleichzeitig aber auch an der Durchzugsstraße, was in manchen Zimmern auch nicht zu überhören ist. Das Ambiente präsentiert sich deutlich bodenständiger als im Lanserhof, großzügige Raumverhältnisse und ein Mix aus Alt und Modern herrschen vor. Die Zimmer sind stark unterschiedlich gestaltet, manche verströmen kontemporäre Gemütlichkeit, viele sind mit feinen Holzböden zu haben, alle mit Balkon. Kleines, auf drei Ebenen aufgeteiltes Spa (mit sehr kleinem Pool), ein Highlight ist das Fitnessstudio mit grandiosem Ausblick. Täglich Aktivprogramm, auch Yoga, Jacobson-Entspannung und Pilates. Breites diagnostisches Spektrum, darunter Dunkelfeldanalyse, EKG und Ultraschall sowie auch medizinische Check-ups. Sehr gute Diätküche, freundliches Team. Garage gegen 12 Euro Aufpreis pro Tag. Ungeeignet für Kinder. 12 Liegen, 78 Betten.
Hallenbad, Sauna, Dampfbad, Massagen, Kosmetik, Fitnessstudio, Personal Trainer. 9- und 18-Loch-Parcours in 2 und 9 km. Pauschalen, etwa „Mayr-Intensiv"-Woche inkl. Diät, Arzt und Therapien ab € 2.358,–.
- 6080 Igls, Iglerstraße 51-53
  ☎ 0512-377305

Wellness 10
A-Vita Viktoria Residenzen garni ★★★★
Grünruhelage in Seefeld
- 6100 Seefeld, Hohe Munde Straße 589
  ☎ 05212-4441

Wellness 10
Alpenhotel … fall in Love ★★★★
Ruhige Zentrumslage in Seefeld
- 6100 Seefeld, Dorfplatz 28, ☎ 05212-2191

Wellness 12
Alpenpark Kinderhotel ★★★★s
Grünruhelage in Seefeld
- 6100 Seefeld, Speckbacherstr. 182, ☎ 05212-2951

Wellness 10
Alte Schmiede ★★★★
Zentrale Ortslage in Seefeld
- 6100 Seefeld, Innsbrucker Straße 18, ☎ 05212-2253

Wellness ♨ ♨ ♨ 17
Astoria ★★★★★
Grünruhelage am Ortsrand in Seefeld
Alter Hoteladel in wunderschöner Lage über dem Ort: ein angenehm überschaubares Haus mit gemütlichem Ambiente. An der Beseitigung von allerlei optischen Altlasten wurde im Vorjahr eifrig gearbeitet, das Ergebnis sind Zimmer, die refurbished wurden, sowie solche, die komplett neu – in zeitgemäßer Alpenländlichkeit – gestaltet wurden und neuerdings feine Holzböden bieten. Das Prunkstück ist die 90 m² große Suite: mit fabelhafter Aussicht und mit einer Terrasse, auf der sich auch eine kleine Tapirherde unterbringen ließe. Das Spa ist großzügig gestaltet, bietet nette Ruhezonen und Liegewiese. Täglich Aktivprogramm, auch Qi Gong, Yoga und Pilates. Zumeist gut geschulte, freundliche Mitarbeiter, niveauvolles Publikum, herrliche Sonnenterrasse, sehr gute Küche. Light Lunch und Nachmittagsjause sind im Preis enthalten. Ungeeignet für Kinder. 55 Liegen, 120 Betten. Freibecken, Hallenbad, Sauna, Dampfbad, Massagen, Kosmetik, Ayurveda, Fitnesgeräte, Personal Trainer. 18-Loch-Parcours in 7 km, Putting Green. HP ab € 174,–.
- 6100 Seefeld, Geigenbühelstraße 185
  ☎ 05212-2272-0

Wellness 10
Bergland ★★★★
Ortsrandlage an der Durchzugsstraße in Seefeld
- 6100 Seefeld, Innsbrucker Straße 3
  ☎ 05212-2293

Wellness 12
Bergresort Seefeld ★★★★s
Grünruhelage am Ortsrand in Seefeld
- 6100 Seefeld, Münchner Straße 215
  ☎ 05212-2571

Wellness 10
Central ★★★★
Zentrale Ortslage in Seefeld
- 6100 Seefeld, Münchner Straße 41
  ☎ 05212-2688

Wellness 12
Charlotte ★★★s
Ruhige Zentrumslage in Seefeld
- 6100 Seefeld, Haspingerstraße 475
  ☎ 05212-2652

Wellness 11
Dorint Alpin Resort ★★★★
Grünlage außerhalb von Seefeld
- 6100 Seefeld, Krinz 32
  ☎ 05212-4431-0

Wellness	12

Eden ★★★★ˢ
Zentrale Ortslage in Seefeld
- 6100 Seefeld, Münchner Straße 136
  ☎ 05212-50495

Wellness	10

Elite garni ★★★★
Zentrale Ortslage in Seefeld
- 6100 Seefeld, Andreas-Hofer-Straße 39
  ☎ 05212-2901

Wellness	12

Inntaler Hof ★★★★
Grünlage am Ortsrand bei Seefeld
- 6100 Seefeld, Möserer Straße 2, ☎ 05212-4747

Wellness	11

Kaiserhof ★★★★
Grünruhelage am Ortsrand bei Seefeld
- 6100 Seefeld, Albrecht-Dürer-Weg 9
  ☎ 05212-52509

Wellness	10

Kaltschmid Ferienhotel ★★★★
Zentrale Ortslage in Seefeld
- 6100 Seefeld, Olympiastraße 101, ☎ 05212-2191

Wellness	9

Karwendelhof ★★★★
Zentrale Ortslage in Seefeld
- 6100 Seefeld, Bahnhofstraße 124
  ☎ 05212-2655

Wellness	♣ ♣ 16

Klosterbräu ★★★★★
Ruhige Zentrumslage in Seefeld

Hunde- und familienfreundlich: Traditionshotel mit fünf Sternen, es wirbt mit dem Slogan „500 Jahre – aber kein bisschen verstaubt", was nicht vollinhaltlich stimmt. Denn einerseits ist das Hotel erst knapp 120 Jahre alt, andererseits ist es zwar überall sehr sauber, jedoch gibt es doch so manches Zimmer, auf dessen Interieur dieses Attribut doch irgendwie passen könnte. Doch man kann aus 11 verschiedenen Kategorien wählen, alle haben Teppichböden, viele Balkon – mit grünem Filzbelag. Der Wellnessbereich (mit Außenareal und großer Liegewiese) heißt Spiritual Spa und ist in seiner Weise so beispiellos wie einzigartig – sehr aufwendig und atmosphärisch auf sakral gestylt: geheimnisvolle Gewölbe, Heiligenbilder, leise Choräle aus dem Hintergrund und der Duft von Weihrauch – fehlt eigentlich nur noch die Kinderbetreuung, pardon, die Ölmassage vom Herrn Pfarrer. Die Schokoladenbehandlung und die „Augustiner Mönchsmassage" sind therapeutischer

Sündenfall, eine besondere Gnade ist dagegen das „Seefelder Bierwunder", es offenbart sich sogar dem Gottlosen in der Sauna – direkt vom Fass. Besonderes, romantisches Flair, sehr gute Küche, freundliches, aber verbesserungsfähiges Service. Internationales Publikum, viele Gäste aus Italien, Valet Parking. Auch Yoga und Meditation. 65 Liegen, 180 Betten. Freibecken, Hallenbad, Außensauna, Sauna, Massagen, Kosmetik, Fitnessgeräte. 18-Loch-Parcours in 6 km. HP ab € 119,–.
- 6100 Seefeld
  Klosterstraße 30
  ☎ 05212-2621-0

Wellness 12
Krumers Post ★★★★
Ruhige Zentrumslage in Seefeld
- 6100 Seefeld, Dorfplatz 25
  ☎ 05212-2201

Wellness 12
Lärchenhof ★★★★
Grünruhelage am Ortsrand in Seefeld
- 6100 Seefeld, Geigenbühelstraße 203
  ☎ 05212-2383

Wellness 11
Parkhotel ★★★★
Grünlage in Seefeld
- 6100 Seefeld, Riehlweg 404, ☎ 05212-2484-0

Wellness 10
Princess Bergfrieden garni
Grünruhelage in Seefeld
- 6100 Seefeld, Milsersraße 274
  ☎ 05212-2557

Wellness 12
Schönruh ★★★★
Grünruhelage an der Golfschule in Seefeld
- 6100 Seefeld, Reitherspitzstraße 356
  ☎ 05212-2447

Wellness 12
Seespitz ★★★★
Grünlage am Ortsrand in Seefeld
- 6100 Seefeld, Innsbrucker Straße 1
  ☎ 05212-2217

Wellness 11
Solstein ★★★★
Ruhige Ortslage in Seefeld
- 6100 Seefeld, Hermannstalstraße 558
  ☎ 05212-2741

Wellness 10
St. Peter ★★★★
Ortsrandlage an der Hauptstraße in Seefeld
- 6100 Seefeld, Mösererstraße 53
  ☎ 05212-4555-0

Wellness 11
Veronika ★★★★
Zentrumsnahe Grünlage in Seefeld
- 6100 Seefeld, Riehlweg 161
  ☎ 05212-2105

Wellness 12
Zum Gourmet ★★★★
Grünlage im Ortszentrum von Seefeld
- 6100 Seefeld, Geigenbühelstraße 158
  ☎ 05212-2101

Wellness 10
Kristall ★★★★
Grünruhelage in Leutasch – Nähe Seefeld
- 6105 Leutasch, Weidach 300
  ☎ 05214-6319

Wellness 10
Leutascherhof Biohotel ★★★★
Ruhige Ortslage in Leutasch – Nähe Seefeld
- 6105 Leutasch, Weidach 305
  ☎ 05214-6208

Wellness ✿✿✿18
Quellenhof ★★★★s
Grünruhelage in Leutasch – Nähe Seefeld
Hundefreundlicher Familienbetrieb, er liegt am Ortsrand und wurde in den letzten Jahren substanziell modernisiert und erweitert. Die öffentlichen Räume zeigen sich wunderbar gemütlich gestaltet, immer wieder erfreuen Harmonie und stilistische Unaufgeregtheit das Auge. Stark unterschiedliche Zimmer in 18 Varianten, sie sind fast ausnahmslos großzügig geschnitten (bis zu 80 m² groß), hell und bestens sauber, am feinsten sind wahrscheinlich die neuen, sie sind deutlich wohnlicher arrangiert und glänzen mit Zirben- oder Altholzambiente. Das Spa ist – wie das Restaurant – nur für Hotelgäste zugänglich, das ist sehr einnehmend, wird aber, nebenbei bemerkt, gerade in Tirol immer seltener. Geboten wird ein wunderschöner Außenbereich mit berauschender Bergkulisse, dazu gehören unter anderem ein 25 m langes Freibecken und ein großer Solewhirlpool, beide Pools sind während der kalten Jahreszeit durch einen unterirdischen Gang zu erreichen. Arztpraxis für Sportmedizin und Check-ups, unbedingt auch erwähnenswert erscheinen uns das TCM-Spezialistenehepaar aus China sowie Nayana, die Ayurvedatherapeutin aus Indien.

Die Behandlungen sind ausgezeichnet, auch Yoga, Fünf Tibeter und Qi Gong und Meditation werden im Rahmen des Aktivprogramms angeboten. Sympathisch: keine Busgruppen, keine Tagungen und Events. Zumeist freundlich-aufmerksame Mitarbeiter, ausgezeichnete Küche mit biologischer Orientierung, gute österreichische Weine zu vernünftigen Preisen. Light Lunch und Nachmittagsjause sind im Preis enthalten. Ungeeignet für Kinder. 110 Liegen, 175 Betten.
Freibecken, Hallenbad, Außensauna, Sauna, Dampfbad, Massagen, Kosmetik, Ayurveda, Fitnessgeräte. 18-Loch-Parcours in 13 km. HP ab € 128,–.
- 6105 Leutasch, Weidach 288
  ☎ 05214-67820

Wellness 10
Xander Sporthotel ****
Grünruhelage am Ortsrand in Leutasch – Nähe Seefeld
- 6105 Leutasch, Kirchplatzl 147, ☎ 05214-6581

Wellness ♃14
Grafenast Naturhotel ***
Absolute Grünruhelage mit Fernblick bei Schwaz – Inntal
Uriges, mit einer gehörigen Portion Eigensinn geführtes Kleinhotel mit alternativem Touch, es liegt wunderschön auf 1.330 m Seehöhe und bietet einen grandiosen Ausblick. Zimmer gibt es in 10 verschiedenen Katego-rien, manche haben Glasfenster bis zum Boden, wer gehobene Ausstattung, TV-Geräte oder W-Lan sucht, wird nicht fündig. Dafür gibt es eine heimelige Bergbauernstube mit feiner Terrasse, viel Gegenwartskunst an den Wänden und einen kleinen Wellnessbereich, dessen Highlight eine buchstäblich in die Baumwipfel hineingebaute „Waldsauna" ist – wunderbar. Aber warum sind die guten Massagen (Shiatsu und Dorn) nicht mehr zu haben? Frühstück mit regionalen Spezialitäten, gute Küche mit biologischer Ausrichtung. Wanderwege ohne Zahl, vielstimmiger Vogelgesang, bester Schlaf. 12 Liegen, 44 Betten.
Freibecken (Sommer), Außensauna, Sauna, Dampfbad, Massagen, Kosmetik. HP ab € 115,–.
- 6130 Schwaz, Pillbergstraße 205
  ☎ 05242-63209

Wellness 12
Friedheim Sonnenresidenz ****s
Grünruhelage oberhalb von Weerberg bei Schwaz – Inntal
- 6133 Weerberg, Högweg 3, ☎ 05224-68590

Wellness 10
Brandstetterhof ****
Ortslage in Stans bei Schwaz – Inntal
- 6135 Stans, Oberdorf 74
  ☎ 05242-63582

Wellness ꕤ13
Schwarzbrunn ****s
Ruhige Ortslage in Stans – Inntal

Hunde- und familienfreundlicher „Allrounder" (Busgruppen, Tagungen, Hochzeiten, Kinder …), er besteht aus insgesamt vier miteinander verbundenen Gebäuden und bietet stark unterschiedliche Zimmer in 13 Varianten (alle mit Teppichböden), auch so manches nur bedingt erfreuliche findet sich darunter. Das auch öffentlich zugängliche Spa wurde vor wenigen Monaten komplett erneuert und auf deutlich mehr als die doppelte Größe erweitert, es ist optisch ansprechend gestaltet und bietet unter anderem Liegewiese, einen spannenden Wasserspielraum für Kinder sowie feine Ruheräume. Bei Service und Küche gibt es noch etwas Luft nach oben, Light Lunch und Nachmittagsjause sind im Preis enthalten. W-Lan und Garage gegen Aufpreis, Kinderbetreuung zu Ferienzeiten. 70 Liegen, 238 Betten. Freibecken, Hallenbad, Kinderhallenbad, Sauna, Dampfbad, Massagen, Kosmetik, Fitnessstudio, Personal Trainer. All-inclusive-VP ab € 93,–.
- 6135 Stans, Vogelsang 208
  ☎ 05242-6909

Wellness 10
Seppl ****
Grünruhelage am Ortsrand in Mutters – Nähe Innsbruck
- 6162 Mutters, Natterer Straße 8, ☎ 0512-548455

Wellness 11
Oberhofer ****
Grünruhelage am Ortsrand mit Fernblick – Stubaital
- 6165 Telfes, Kapfers 23, ☎ 05225-62672

Wellness 11
Alte Post ****
Zentrale Ortslage in Fulpmes – Stubaital
- 6166 Fulpmes, Herrengasse 7, ☎ 05225-62358

Wellness 10
Donnerhof Aktivhotel ****
Zentrale Ortslage in Fulpmes – Stubaital
- 6166 Fulpmes, Waldrasterstraße 8
  ☎ 05225-62743

Wellness 12
Stubaier Hof ****
Zentrale Ortslage in Fulpmes – Stubaital
- 6166 Fulpmes, Herrengasse 9, ☎ 05225-62266-0

Wellness 11
Bergcristall ****
Grünruhelage am Ortsrand in Neustift – Stubaital
- 6167 Neustift, Volderau 5, ☎ 05226-30099

Wellness 10
Bergkönig Activehotel ****
Zentrale Ortslage in Neustift – Stubaital
- 6167 Neustift, Schulweg 9, ☎ 05226-2558

Wellness ꕤ13
Edelweiß Vitalhotel ****
Grünlage außerhalb von Neustift – Stubaital

Familienfreundliches Haus in angenehmer Größe und schöner Lage. Gemütliche Zimmer im Tiroler Landhausstil in neun verschiedenen Varianten, einige mit Holzböden, alle mit Balkon und gut gepflegt. Elegant gestaltetes Spa mit sehr kleinem Hallenbad und großer Liegewiese, schade nur, dass die Akupunktmassage neuerdings nicht mehr angeboten wird. Nette Caféterrasse, freundliche, nicht immer ganz kompetente Crew (viele Mitarbeiter aus Osteuropa). Eher gute Küche. Eine Nachmittagsjause ist im Preis inkludiert. 29 Liegen, 80 Betten.
Hallenbad, Sauna, Dampfbad, Massagen, Kosmetik, Ayurveda, Fitnessgeräte, Personal Trainer. Tennisplatz. HP ab € 79,–.
- 6167 Neustift, Krößbach 1
  ☎ 05226-2280

Wellness ꕤ13
Forster ****
Grünlage am Ortsrand in Neustift – Stubaital

Kinderfreundlicher Familienbetrieb, er liegt praktisch direkt an der Hauptstraße und bietet Zimmer in typischem Fichtenholz-Landhausstil (11 Kategorien), die meisten haben Teppichboden, alle Balkon, manche sind wohl ein bisschen hellhörig, alles ist bestens sauber. Das kleine Spa – mit ebensolchen Pools – verfügt über einen sehr netten Außenbereich mit Liegewiese. Freundliche Crew, eher gute Küche, eine Nachmittagsjause ist im Preis enthalten. Betreuung für Kinder ab drei Jahren an mindestens vier Wochentagen für mindestens drei Stunden. 29 Liegen, 90 Betten.
Naturbadeteich, Freibecken, Hallenbad, Außensauna, Sauna, Dampfbad, Massagen, Kosmetik, Fitnessgeräte. HP ab € 95,–.
- 6167 Neustift, Pinnisweg 2
  ☎ 05226-2600

Wellness ꕤꕤꕤ17
Jagdhof *****
Grünruhelage mit Fernblick in Neustift – Stubaital

Kinderfreundlicher Familienbetrieb unweit des Ortszentrums, er ist eine Art Sechzehnender der Tiroler Luxushotellerie, was durch üppigste weidmännische Edelrustikalität bis in den letzten Winkel auch optisch ausgedrückt wird, allerdings ohne jemals ins Kitschige abzugleiten – mit Ausnahme des Wellnessbereichs: Dieser trieft geradezu vor romantisierender Alpinholzfällerlederhosenidylle.

Endlich allein zu zweit. In Ihrer eigenen Private SPA Suite direkt am Wasser.

Mit privatem Wellnessbereich. À la carte Kulinarik. Private Butler Service. Massagen und Beauty-Treatments in der Suite. Exklusiv SPA und Orientalische Erlebniswelt mit Hamam. Und gleich nebenan: die ganze wunderbare World of Wellness des SPA Resorts Therme Geinberg.

GEINBERG5 Private SPA Villas • Thermenstraße 13 • A-4943 Geinberg • Tel. +43 (0) 7723/8501-5755 • office@geinberg5.com • **www.geinberg5.com**

Dieses Projekt wurde im Rahmen des Programms Regionale Wettbewerbsfähigkeit OÖ 2007-2013 aus Mitteln des Europäischen Fonds für Regionale Entwicklung sowie aus Mitteln des Landes OÖ gefördert.

Bei den Zimmern kann man unter 14 Kategorien wählen, edler, manchmal schwerer, aber immer heimeliger Landhausstil herrscht vor, auch wenn so manches schon etwas Patina angesetzt hat. Das Spa leidet unter der bemerkenswerten Absenz eines echten Ruheraumes, schade auch, dass die guten Thaimassagen aus dem Programm genommen wurden. Fein dagegen der wirklich weitläufige Garten mit seiner Bergkulisse und den bequemen Liegen, dasselbe gilt für das (großartig reichhaltige) Frühstück auf der Sonnenterrasse. Gut geschultes, unaufdringlichfreundliches Team, hervorragende Küche, großartiger Weinkeller. Geführte Gebirgswanderungen; vornehmlich internationaler Gästeschar, der im Juni alljährlich weit über 100 Harley-Davidson-Fahrer angehören. Betreuung für Kinder ab vier Jahren in den Ferien täglich 11 Stunden, in der restlichen Zeit acht Stunden (So bis Fr). 32 Liegen, 180 Betten.
Freibecken, Hallenbad, Sauna, Dampfbad, Massagen, Kosmetik, Ayurveda, Fitnessstudio, Personal Trainer. 18-Loch-Parcours in 27 km. Tennishalle, Tennisplätze. HP ab € 165,–.
• 6167 Neustift, Scheibe 44
  ☎ 05226-2666

Wellness 12
Milderer Hof ★★★★s
Grünlage am Ortsrand in Neustift – Stubaital
• 6167 Neustift, Franz-Senn-Str. 166, ☎ 05226-2219

Wellness 9
Mutterberg Alpensporthotel ★★★★
Grünruhelage am Ortsrand Nähe Neustift – Stubaital
• 6167 Neustift, Mutterberg 1, ☎ 05226-8116

Wellness 12
Neustift Sporthotel ★★★★s
Grünruhelage am Ortsrand in Neustift – Stubaital
• 6167 Neustift, Moos 7, ☎ 05226-2510

Wellness 11
Rastbichlhof ★★★★
Grünruhelage am Ortsrand in Neustift – Stubaital
• 6167 Neustift-Kampl, Rastbichl 1, ☎ 05226-2373

Wellness 10
Kindl Alpenhotel ★★★★
Grünlage am Ortsrand in Neustift – Stubaital
• 6167 Neustift-Milders, Franz-Senn-Straße 66
  ☎ 05226-2241

Wellness 11
Alpenrose Kühtai ★★★★
Grünruhelage in Kühtai – 45 km westlich von Innsbruck
• 6183 Kühtai, Nr. 303, ☎ 05239-5205

Wellness 9
Kühtai Sporthotel ★★★★
Grünruhelage in Kühtai – 45 km westlich von Innsbruck
• 6183 Kühtai, Nr. 9, ☎ 05239-5217

Wellness 10
Mooshaus ★★★★
Grünruhelage in Kühtai – 45 km westlich von Innsbruck
• 6183 Kühtai, Nr. 40, ☎ 05239-5207

Wellness ✿✿ 16
Alpenrose ★★★★s
Grünruhelage in Maurach – Achensee
Kinderfreundliches Großhotel, es erinnert rein äußerlich an den Wolpertinger – ein bayerisches Fabelwesen, das aus vielen verschiedenen Tierarten zusammengewürfelt ist –, jedenfalls treffen hier völlig unterschiedliche Stile und Formen aufeinander. Inwendig herrschen labyrinthische Züge und zumindest streckenweise aufdringliche Dekorationen. Zimmer gibt es in 14 Varianten, alle sind bestens gepflegt, und es gibt eine genügend große Anzahl sehr feiner – Holzböden inklusive. Auch das Spa ist labyrinthisch angelegt, es bietet vieles, aber leider nur kleine Pools, und es punktet besonders mit einem wunderschönen Garten mit großem Badeteich und dazugehörigen Liegedecks. Sehr gute Massagen, täglich Aktivprogramm, auch Yoga, Pilates, Fünf Tibeter und Qi Gong. Restaurantbereiche teilweise ohne Tageslicht, gute bis sehr gute Küche, beim Service hat man etwas an Terrain verloren. Light Lunch und Nachmittagsjause sind, ebenso wie Alkoholfreies aus der Minibar, im Zimmerpreis inkludiert. Regelmäßig Tanzabende, Modeschauen und Alleinunterhalter – dafür sind wir aber noch zu jung. Viele Gäste aus der Schweiz und aus Deutschland. Mehrere Spielareale für Kids, täglich 12,5 Stunden Betreuung für Kinder ab drei Jahren (sehr nett). Valet Parking und Gratisgarage für alle. 88 Liegen, 220 Betten.
Naturbadeteich, Freibecken, Hallenbad, Außensauna, Sauna, Dampfbad, Massagen, Kosmetik, Ayurveda, Fitnessstudio, Personal Trainer. 18-Loch-Parcours in 5 km, Greenfee ab 33 Euro. HP ab € 151,–.
• 6212 Maurach, Mühltalweg 10
  ☎ 05243-5293-0

Wellness 12
Rieser's Kinderhotel ★★★★
An der B181 bei Maurach – Achensee
• 6212 Maurach, Buchauer Str. 3, ☎ 05243-5210

Wellness 10
Rotspitz ★★★
Grünlage am Ortsrand in Maurach – Achensee
• 6212 Maurach, Eggweg 5, ☎ 05243-5391

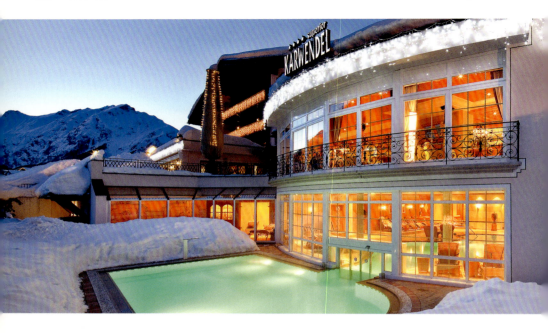

Wellness 10
Sonnalp Aktiv- & Erlebnishotel ★★★★
Zentrale Ortslage in Maurach – Achensee
- 6212 Maurach, Dorfstraße 104
  ☎ 05243-5440

Wellness 10
Vier Jahreszeiten ★★★★
Ortslage in Maurach – Achensee
- 6212 Maurach, Eggweg 2-3
  ☎ 05243-5375

Wellness 11
Entner Strandhotel ★★★★
An der Uferstraße in Pertisau – Achensee
- 6213 Pertisau, Nr. 70-72
  ☎ 05243-5559-0

Wellness 14
Karwendel ★★★★s
Grünlage in Pertisau – Achensee
Familienfreundlich und familiengeführt: Ein Haus in angenehmer Größe, es liegt beinahe zentral und bietet Zimmer in 11 Varianten. Sie sind bis zu 65 m² groß und zumeist ländlich-nett arrangiert, manche haben Kachelöfen oder feine Holzböden sowie offenen Kamin. Alles ist gepflegt und sehr sauber, das Spa bietet kleine Pools, hochwertige Ruheliegen und eine Liegewiese, erwähnenswert sind die guten Massagen. Aktivprogramm, auch Yoga und Qi Gong. Gemütliche Stuben, sehr gute Küche (am Abend) – solides Handwerk! –, ordentliche Weinauswahl mit fairen Preisen. Ein Light Lunch ist im Preis inkludiert, viermal pro Woche gibt's Tanzabend, Modeschauen oder Musikspaß mit Alleinunterhalter Egon oder „Stimmungskanone Pepi in gepflegter Atmosphäre". Ausgesprochen nette und zuvorkommende Mitarbeiter, Kinderbetreuung zu Ferienzeiten. 36 Liegen, 120 Betten.
Freibecken, Hallenbad, Sauna, Dampfbad, Massagen, Kosmetik, Ayurveda, Fitnessgeräte. 18-Loch-Parcours in 0,6 km. HP ab € 118,–.
- 6213 Pertisau, Nr. 54a-54b
  ☎ 05243-5284

Wellness 14
Kristall Verwöhnhotel ★★★★
Grünruhelage am Ortsrand in Pertisau – Achensee
Inhabergeführtes Haus in angenehmer Größe, es liegt am Waldrand, zeigt sich nicht überall ganz taufrisch, bietet traditionelles ländliches Flair in den öffentlichen Räumen und Zimmer in sechs Varianten – alle mit hellen Vollholzmöbeln und Teppichböden, jene vom Typ Standard sind sehr klein, die meisten Bäder ebenso. Das Spa wurde vor kurzem substanziell vergrößert, unter

anderem verfügt es über einen netten Außenbereich mit Liegewiese; die Massagen sind sehr gut. Freundliches und hilfsbereites Team, eine Nachmittagsjause ist im Preis enthalten. Geführte Wanderungen. Ungeeignet für Kinder. 59 Liegen, 100 Betten.
Naturbadeteich, Freibecken (Sommer), Hallenbad, Außensauna, Sauna, Dampfbad, Massagen, Kosmetik, Ayurveda, Fitnessgeräte. 18-Loch-Parcours in 1,5 km, 20 % Greenfee-Rabatt. HP ab € 97,–.
- 6213 Pertisau, Nr. 51
  ☎ 05243-5490

Wellness 11
Pfandler ****
Grünruhelage in Pertisau – Achensee
- 6213 Pertisau, Nr. 12, ☎ 05243-5223

Wellness 12
Post am See ****
An der Uferstraße in Pertisau – Achensee
- 6213 Pertisau, Nr. 82
  ☎ 05243-5207

Wellness 🌱🌱 16
Rieser Aktiv & Spa ****s
Grünruhelage in Pertisau – Achensee
Hunde- und familienfreundliches Haus, es liegt nur wenige Gehminuten vom Achensee entfernt und gleichzeitig unweit vom Zentrum, aber auch direkt an Straße und Bushaltestelle, was man in den südseitigen Zimmern auch zu hören bekommt. Nicht alles zeigt sich ganz taufrisch, bei den Zimmern (neun Kategorien) gibt es starke Unterschiede, auch wunderbare neue finden sich darunter. Das Spa hat eine neue große Panoramasauna (ohne Panorama), sommerliches Highlight ist ein großer Badeteich mit Liegewiese, insgesamt sind die Öffnungszeiten aber zu kurz (z. B. Sauna: 15 bis 19 Uhr). Zumeist gute Massagen (nur: warum kein Shiatsu mehr?), Aktivprogramm, auch Yoga, und Meditation. Rastlos engagierte Gastgeberin, die für jedes Problem eine elegante Lösung findet, ausgesprochen freundliche Crew. Dagegen erinnert die Küche mit ihren großen Gesten entfernt an einen Ami-Schlitten, dessen Motorleistung in der Klimaanlage versickert. Unterm Strich ein gemütliches Haus, alles sehr sauber, auch das Preis-Leistungs-Verhältnis, ein Light Lunch ist im Zimmerpreis enthalten. Kinderbetreuung in den Sommerferien. Gratisgarage für alle. 94 Liegen, 180 Betten.
Naturbadeteich, Freibecken, Hallenbad, Sauna, Dampfbad, Massagen, Kosmetik, Ayurveda, Fitnessstudio, Personal Trainer. 18-Loch-Parcours in 1 km, 20 % Greenfee-Rabatt. Tennishalle, Tennisplätze. HP ab € 114,–.
- 6213 Pertisau, Nr. 52
  ☎ 05243-5251

Wellness 🌱🌱 15
Travel Charme Fürstenhaus ****s
Seeuferlage in Pertisau – Achensee
Das schönste Haus der deutschen Mittelklassehotelkette Travel Charme liegt nicht in Mecklenburg-Vorpommern, sondern am Achensee in Tirol – ganz nah an der Ausflugsdampferanlegestelle, und das ist aus manchen Zimmern auch gut zu hören. Unaufdringliche Modernität mit viel Licht und klaren Linien charakterisiert das Ambiente, die Zimmer im Neubau sind großzügig geschnitten, fast alle haben Balkon, viele bieten Ausblick auf den See. Das Spa ist weitläufig, bietet unter anderem Liegewiese und Außenwhirlpool sowie sehr gute Massagen (aber warum gibt es neuerdings keine Thaimassage und keine cranio-sacrale Therapie mehr?), das Poolwasser empfanden wir aber als deutlich zu kalt. Aktivprogramme, auch Yoga, Pilates und Fünf Tibeter. Fein ist das Sitzen beim Frühstück auf der Terrasse, deutlich verbesserungsfähig dagegen die Küche, das Service überrascht nicht selten mit bemerkenswerter Unbedarftheit. Tiroler im Service haben wir übrigens keine gesehen, die Mitarbeiter kommen, ebenso wie die meisten Gäste, aus Deutschland, das ist sozusagen Tirols Beitrag zur Wiedervereinigung: ostdeutsche Gastarbeiter bedienen westdeutsche Urlauber – in Österreich. Eine (schwache) Nachmittagsjause ist im Preis inkludiert, ein kostenloser Parkplatz jedoch nicht – so ist Letzteres nun mal in Deutschland. Eher ungeeignet für Kinder. 84 Liegen, 240 Betten.
Freibecken, Hallenbad, Sauna, Dampfbad, Massagen, Kosmetik, Ayurveda, Fitnessgeräte, Personal Trainer. 18-Loch-Parcours in 1 km, 20 % Greenfee-Rabatt. HP ab € 119,–.
- 6213 Pertisau, Nr. 63
  ☎ 05243-5442-0

Wellness 🌱 13
Wiesenhof ****s
Grünruhelage am Ortsrand in Pertisau – Achensee
Hunde- und familienfreundliches Haus in netter Lage, die unter allen hier beschriebenen Hotels des Ortes wohl die ruhigste ist, allerdings ist das Hotel auch ein Motorradfahrertreff, was naturgemäß immer wieder hörbar sein kann. Das Ambiente ist größtenteils sehr ansprechend gestaltet, was für viele Zimmer ebenso gilt, die in insgesamt neun Kategorien und bis zu 60 m² Größe zu haben sind. Das kleine Spa (mit kleinem Pool) bietet gute Massagen, auch die Küche ist zumeist gut. Herzliche, ausgesprochen familiäre Atmosphäre, Frühstück bis 12 Uhr, Light Lunch und Nachmittagsjause sind im Preis inkludiert – und Segways gibt es zum Ausleihen. 33 Liegen, 135 Betten.
Hallenbad, Außensauna, Dampfbad, Massagen, Kosmetik, Fitnessgeräte. 18-Loch-Parcours in 0,5 km. HP ab € 118,–.
- 6213 Pertisau, Nr. 9, ☎ 05243-5246-0

Wellness 13

Achensee Sporthotel ★★★★
Grünlage am Ortsrand in Achenkirch – Achensee
Kinder- und Babyhotel, es liegt etwa drei Kilometer vom Achensee entfernt, direkt an der Talstation (mit riesigem Parkplatz) der Christlum-Gondelbahn (Familienschigebiet), und besteht aus mehreren Gebäuden unterschiedlichen Alters. Stark unterschiedliche, aber stets saubere Zimmer in zumeist ansprechenden Ausmaßen und in sieben verschiedenartigen Varianten, alle mit Teppichböden. Kleines Spa mit ebensolchem Pool und separatem Kinderwellnessbereich, während der Sommermonate gibt es auch Yoga, Pilates und Qi Gong. Für Babys ist alles Nötige vorhanden, für größere Kinder stehen hier unter anderem Abenteuerspielplatz, eine kleine Wasserrutsche, Islandpferde, ein Streichelzoo sowie ein Indoor-Spielareal zur Verfügung. Sehr freundliche Mitarbeiter, Light Lunch und Nachmittagsjause sind im Preis inkludiert. Täglich nette Kinderbetreuung (80 Stunden pro Woche). 22 Liegen, 200 Betten.
Naturbadeteich, Hallenbad, Kinderbecken, Babybecken, Sauna, Dampfbad, Massagen, Kosmetik, Ayurveda, Fitnessgeräte. 18-Loch-Parcours in 3 km.
VP (inkl. alkoholfreier Getränke) ab € 88,–.
- 6215 Achenkirch, Nr. 114
  ☎ 05246-6561

Wellness 9

Cordial Hoteldorf Achenkirch
An der B181 in Achenkirch – Achensee
- 6215 Achenkirch, Nr. 173, ☎ 05246-6644

Wellness 15

Das Kronthaler ★★★★s
Grünruhelage mit Fernblick in Achenkirch – Achensee
Modernes Haus, es nennt sich im Namenszusatz Alpine Lifestyle Hotel und liegt erhöht an einem Hang am Waldrand, praktisch direkt an der Piste und etwa 400 m von der Talstation der Christlum-Gondelbahn (Familienschigebiet) entfernt. Das Ambiente zeigt sich geradlinig und reduziert, vor allem im Spa geradezu nüchtern. Gefällige Zimmer in neun Varianten (bis zu 130 m² groß), jene vom Standardtyp sind aber klein. Fast alle haben feine Holzböden, manche offene Bäder. Das Spa bietet gute Massagen (bei entsprechendem Wetter auch im Freien erhältlich), kommt aber für ein neues Haus streckenweise etwas bescheiden daher und ist zudem öffentlich zugänglich. Feine Bar mit Lounge-Charakter auf der Dachterrasse, ebendort gibt es auch ein fabelhaftes Sonnendeck. Sehr freundliche, aber nicht immer ganz kompetente Crew, viele Mitarbeiter kommen aus dem Ausland. Light Lunch, Nachmittagsjause und Mitternachtssnack sind im Preis inkludiert. Unterm Strich dennoch stolze Preise, die Zielgruppe sind Singles, Paare

und Familien mit Teenagern, für Kinder unter 12 Jahren ist das Haus ungeeignet. 45 Liegen, 200 Betten. Freibecken, Hallenbad, Sauna, Dampfbad, Massagen, Kosmetik, Fitnessgeräte. HP ab € 155,–.
- 6215 Achenkirch, Am Waldweg 105a
  ☎ 05246-6389

Wellness 🌸🌸🌸 18
Posthotel Achenkirch *****
Grünruhelage in Achenkirch – Achensee

Beherbergungsmäßiges Urgestein der Tiroler Wellnesshotellerie, es liegt neben der Kirche mitten im Ort (dennoch ruhig) und wurde seit seiner Eröffnung immer wieder erweitert und modernisiert, was zu einer weitläufigen – und etwas verwinkelten – Anlage geführt hat, deren Angebotsvielfalt schlechthin beeindruckend ist. Die Zimmer sind sehr gut ausgestattet, großzügig geschnitten, sie stehen in sechs verschiedenen Hauptvarianten (mit zahlreichen Abweichungen) zur Auswahl, bieten feine Holzböden, der Ausblick geht jedoch nicht selten auf das Innenareal mit seinen Garten- und Poolanlagen. Das Spa ist für Tiroler Verhältnisse spitzenmäßig weitläufig, neben sieben verschiedenartigen Wasserbecken, zwei fabelhaften Fitnesszonen und einem Ladys-Spa gibt es etwa ein Zentrum für Traditionelle Chinesische Medizin sowie ein konkurrenzlos breites Angebot an Entspannungs- und Aktivprogrammen, auch Meditation, Qi Gong, Tai Chi, Pilates und Yoga – mehr bietet kein Hotel in Westösterreich. Shiatsu und Reiki werden neuerdings nicht mehr angeboten, das ist leider ein allgemeiner Trend: In vielen Hotels gibt es von Jahr zu Jahr immer weniger Spezialmassagen. Große Freude macht dafür die Crew: Ausgesprochen freundlich und professionell agierend, viele Mitarbeiter stammen allerdings aus Deutschland. Grandioses Frühstücksbuffet, sehr gute bis ausgezeichnete Küche mit biologischer Ausrichtung, vieles stammt aus dem eigenen Kräutergarten oder aus der eigenen Landwirtschaft. Brot und Marmeladen werden selbst gemacht – und das Wasser kommt aus der Quelle des Hauses. Großartiger Weinkeller, Zigarren-Lounge. Sehr sauberes Preis-Leistungs-Verhältnis, Light Lunch und Nachmittagsjause sind im Preis inkludiert. Gratisgarage (mit kostenloser Autowaschanlage) für alle. Das Haus akzeptiert keine Kinder (bis 12 Jahre) und ist auch gegenüber Hunden eher restriktiv: Aufpreis für Vierbeiner ab 85 Euro – das wird einige verärgern, aber auch viele freuen. 150 Liegen, 300 Betten.
Freibecken, Hallenbad, Außensauna, Sauna, Dampfbad, Massagen, Kosmetik, Ayurveda, Fitnessstudio, Personal Trainer. 18-Loch-Parcours in 0,7 km, bis zu 25 % Greenfee-Rabatt. Tennisplätze, Reitstall, Lipizzanergestüt. HP ab € 132,–.
- 6215 Achenkirch, Nr. 382
  ☎ 05246-6522

Wellness 🌸 14
Reiterhof Bio-Landhotel ****
Grünlage am Ortsrand in Achenkirch – Achensee

Sehr netter Familienbetrieb in angenehmer Größe, er liegt aber nicht, wie die Werbung vermuten ließe, am Achensee, sondern etwa vier Kilometer davon entfernt – und Pferde gibt es auch keine. Das Hotel besteht aus Stammhaus und neuem Zubau, äußerlich wie inwendig vermittelt es ein gemütliches Landhausflair. Saubere, überwiegend nette Zimmer mit Teppichböden und Vollholzmöbeln, die schöneren befinden sich im Neubautrakt. Kleines, romantisierend-rustikal gestaltetes Spa (mit Liegewiese), ausgezeichnete Massagen, auch Yoga, Fünf Tibeter und medizinische Check-ups. Feine Terrasse, sehr gute Küche, außergewöhnlich herzliches Umfeld, viele Stammgäste. Light Lunch und Nachmittagsjause sind im Preis inkludiert. Ungeeignet für Kinder. 37 Liegen, 82 Betten.
Naturbadeteich, Hallenbad, Außensauna, Sauna, Dampfbad, Massagen, Kosmetik, Fitnessgeräte, Personal Trainer. 18-Loch-Parcours in 2 km, 20 % Greenfee-Rabatt. HP ab € 105,–.
- 6215 Achenkirch, Nr. 380
  ☎ 05246-6600

Wellness 12
Pirchner Hof ****
Grünruhelage am Ortsrand in Reith – Alpbachtal
- 6235 Reith im Alpbachtal, Neudorf 42
  ☎ 05337-62749

Wellness 🌸 13
Alpbacherhof ****
Grünruhelage in Alpbach – Alpbachtal

Familienfreundliches Haus, liebevoll geführt und laut Namenszusatz „mit Klasse", was wir gerne so stehenlassen wollen, allerdings, angesichts des Zustandes so mancher Räumlichkeit, nicht ohne „und etwas Patina" hinzuzufügen. Das Spa ist sehr modern und durchwegs angenehm gestaltet, zudem gibt es einen schönen Garten mit Liegewiese. Sehr gute Massagen, auch Yoga und Fünf Tibeter. Sehr gute Küche, eine Nachmittagsjause ist im Preis enthalten. Ausgesprochen freundliche Mitarbeiter. 40 Liegen, 105 Betten.
Freibecken, Hallenbad, Außensauna, Sauna, Dampfbad, Massagen, Kosmetik, Fitnessgeräte. HP ab € 80,–.
- 6236 Alpbach, Nr. 279
  ☎ 05336-5237

Wellness 12
Böglerhof ****s
Zentrumslage in Alpbach – Alpbachtal
- 6236 Alpbach, Nr. 166
  ☎ 05336-5227-0

| Wellness | 12 |

Galtenberg Kinderhotel ★★★★
Grünruhelage am Ortsrand in Alpbach – Alpbachtal
- 6236 Alpbach, Inneralpbach 40, ☎ 05336-5610

| Wellness | 🌸13 |

Alpinahotel ★★★★s
Grünruhelage am Ortsrand in Fügen – Zillertal
Kinderfreundlicher Familienbetrieb in netter Lage, er besteht aus Stammhaus und Neubau, die durch eine schmale Straße getrennt und mit einem unterirdischen Gang verbunden sind. Alle Zimmer sind modern gestaltet und sehr gepflegt, alle haben Teppichböden. Ein kleines, feines Spa befindet sich auf der Dachterrasse im fünften Stock und bietet einen herrlichen Ausblick in die Bergwelt. Eine Nachmittagsjause ist im Preis enthalten. Freundliche Mitarbeiter, gutes Preis-Leistungs-Verhältnis. Betreuung für Kinder ab drei Jahren von 9 bis 21 Uhr (So bis Fr). 22 Liegen, 110 Betten. Freibecken, Sauna, Dampfbad, Massagen, Kosmetik. HP ab € 89,–.
- 6263 Fügen, Pankrazbergstraße 32
  ☎ 05288-62030

| Wellness | 12 |

Crystal Gartenhotel ★★★★
Grünlage Fügen – Zillertal
- 6263 Fügen, Hochfügener Str. 63, ☎ 05288-62425

| Wellness | 12 |

Haidachhof Aktiv & Wellness ★★★★
Ortslage in Fügen – Zillertal
- 6263 Fügen, Hochfügener Straße 280
  ☎ 05288-62380

| Wellness | 🌸14 |

Held ★★★★s
Grünlage am Ortsrand in Fügen – Zillertal
Familienfreundliches Haus, es besteht aus Stammhaus und Neubau, ist von Wiesen umgeben und liegt am Ortsrand – auch die Bundesstraße ist nicht weit. Zimmer in 19 verschiedenen Varianten, die meisten sind großzügig geschnitten, fast alle haben Teppichböden, alle Balkon oder Terrasse sowie Bergpanorama. neu sind wunderschöne Familiensuiten mit Zirbenholzinterieur und Böden aus naturbelassener Eiche. Das Spa bietet unter anderem einen Ruheraum mit herrlichem Bergpanorama sowie einen Außenbereich mit Liegewiese und südseitiger Sonnenterrasse, Massagen gibt's auch unter freiem Himmel. Die Mitarbeiter sind freundlich, aber nicht immer ganz kompetent, einmal pro Woche gibt's abends einen Alleinunterhalter auf Musikantenstadlniveau. Light Lunch und Nachmittagsjause sind im Preis inkludiert. Spielplatz, Kinderbetreuung an sechs Tagen der Woche (Dezember bis April, Ende Mai bis Oktober). 48 Liegen, 220 Betten.

Info und Buchen für alle Hotels: www.relax-guide.com TIROL 127

Naturbadeteich, Freibecken, Hallenbad, Sauna, Dampfbad, Massagen, Kosmetik, Fitnessgeräte. HP ab € 98,–.
- 6263 Fügen, Kleinbodenerstraße 6
  ☏ 05288-62386

Wellness 12
Kohlerhof ★★★★
Zentrale Ortslage in Fügen – Zillertal
- 6263 Fügen, Hochfügener Straße 84
  ☏ 05288-62962

Wellness 10
Hoppet ★★★★
Ruhige Ortslage in Hart – Zillertal
- 6263 Hart, Nr. 25, ☏ 05288-62220-0

Wellness 12
Schiestl ★★★★
Grünlage am Ortsrand in Fügen – Zillertal
- 6264 Fügenberg, Hochfügener Straße 107
  ☏ 05288-62326-0

Wellness 9
Erzherzog Johann ★★★
Zentrale Ortslage in Uderns – Zillertal
- 6271 Uderns, Dorfstraße 32
  ☏ 05288-62590

Wellness ♣ ♣ 15
Wöscherhof Aktivhotel ★★★★
Grünlage am Ortsrand in Uderns – Zillertal
Ein sauber geführter Familienbetrieb: vor kurzem noch eine kleine Pension, nun ein richtiges Hotel in angenehmer Größe. Traditionelles Erscheinungsbild unter Verwendung von heimischen Hölzern, nette Zimmer, ebensolcher Wellnessbereich. Restaurantterrasse, eher gute Küche, freundliches Team. Ein Light Lunch ist im Preis enthalten. Eher ungeeignet für Kinder. 39 Liegen, 95 Betten.
Freibecken, Hallenbad, Sauna, Dampfbad, Massagen, Kosmetik, Fitnessgeräte.
HP ab € 74,–.
- 6271 Uderns, Kirchweg 26
  ☏ 05288-63054

Wellness ♣ 14
Seetal Familienhotel ★★★★
Grünruhelage am Ortsrand in Kaltenbach – Zillertal
Kinderfreundlicher Familienbetrieb in schöner Lage, nämlich am Hang über dem Ort gelegen, im Winter außerdem fast direkt an der Schiabfahrt sowie ganz in der Nähe der Gondelbahn. Stark unterschiedliche Zimmer, viele mit schönem Ausblick über das Tal, der übrigens auch aus den neuen und sehr schönen Ruheräumen des Wellnessbereichs zu haben ist. Netter Außenbereich

Seetal Familienhotel

mit Liegewiese und Kletterturm. Kinderbetreuung bis zu neun Stunden täglich (So bis Fr; mit saisonalen Einschränkungen). Light Lunch und Nachmittagsjause sind im Preis enthalten. 35 Liegen, 120 Betten. Naturbadeteich, Freibecken, Hallenbad, Kinderbecken, Außensauna, Sauna, Dampfbad, Massagen, Kosmetik, Ayurveda, Fitnessgeräte. VP ab € 90,–.
- 6272 Kaltenbach, Nr. 138
  ☎ 05283-2713

Wellness 9
Zillertaler Grillhof ★★★
Zentrale Ortslage – Zillertal
- 6272 Ried, Nr. 80b
  ☎ 05283-2250

Wellness 9
Pinzger ★★★
Zentrale Ortslage in Stumm – Zillertal
- 6275 Stumm, Nr. 18
  ☎ 05283-2265

Wellness 11
Riedls Genießerschlössl ★★★★
Grünlage am Ortsrand in Stumm – Zillertal
- 6275 Stumm, Dorfstraße 9
  ☎ 05283-2227

Wellness ❀❀❀ 17
Theresa Genießer-Hotel ★★★★s
Grünruhelage im Zentrum von Zell am Ziller – Zillertal
Kinderfreundlicher Familienbetrieb, er liegt direkt an der Station der Zillertalbahn, was aus den straßenseitigen Zimmern frühmorgens auch gut zu hören ist. Das Haus besteht aus drei Gebäuden unterschiedlichen Alters und ist dementsprechend verwinkelt angelegt, bietet ein gehoben-gemütliches Ambiente sowie Zimmer in 16 Kategorien (27 bis 80 m²), die meisten sind großzügig geschnitten und stets erfrischend konservativ – von wohnlich bis wunderschön – gestaltet, alle haben Balkon oder Terrasse, die vor kurzem renovierten (sechs Kategorien) auch fabelhafte Holzböden. Das Spa verfügt unter anderem über einen feinen Außenbereich mit Solewhirlpool und Liegewiese, bietet sehr gute Massagen – bei entsprechender Witterung auch unter freiem Himmel – und ein breites Aktiv- und Entspannungsprogramm, etwa auch Pilates, Fünf Tibeter, Jacobson-Tiefenmuskelentspannung, Qi Gong und sogar Kundalinimeditation. Reichhaltiges Frühstücksbuffet in ausgezeichneter Qualität, sehr gute bis ausgezeichnete Küche mit biologischer Ausrichtung, gute gestaltete Weinkarte mit fairen Preisen. Light Lunch und Nachmittagsjause sind im Preis inkludiert, das abendliche Turn-down-Service ebenso. Ganztägige Kinderbetreuung an sechs Tagen der Woche. Laufstrecken, viele, viele Stammgäste, Gratisgarage für alle. 60 Liegen, 160 Betten.

Freibecken, Hallenbad, Außensauna, Sauna, Dampfbad, Massagen, Kosmetik, Ayurveda, Fitnessstudio, Personal Trainer. 18-Loch-Parcours in 8 km (ab Sommer 2014), 20 % Greenfee-Rabatt. Tennisplätze. HP ab € 135,–.
- 6280 Zell am Ziller, Bahnhofstraße 15
  ☎ 05282-2286-0

Wellness 10
Zapfenhof Landgut ****
Grünlage am Ortsrand in Zell am Ziller – Zillertal
- 6280 Zell am Ziller, Zellbergeben 64, ☎ 05282-2349

Wellness ♆ ♆ 16
Almhof Kinderhotel ****
Grünlage am Ortsrand in Gerlos – Zillertal
Kinder- und Babyhotel, und was für eines! Es liegt etwa 100 m oberhalb der Bundesstraße an einem Südhang und im Winter direkt am Schlepplift. Hinter einer typischen Tiroler Hotelfassade offenbart sich ein durchgängig modernes und sehr gefälliges Ambiente, was auch für die Zimmer (18 Kategorien, von 30 bis 95 m²) gilt, die hier ausnahmslos auf dem gleichen Stand sind, alle feine Holzböden sowie zumeist auch Balkon oder Terrasse haben. Optisch ebenso erfreulich präsentiert sich das etwas unterdimensionierte – aber für ein Kinderhotel flächenmäßig immer noch sehr passable – Spa. Dazu gehören beispielsweise die südseitige Liegeterrasse mit Ausblick auf die Berge sowie die geniale Indoor-Sandkiste mit dem nebenan liegenden gemütlichen Bereich, in dem die Eltern lesen und plaudern können, während sie die Kleinen im Blickfeld haben. Weiters große Spielareale und ein Füllhorn an Möglichkeiten, darunter eine 110 m lange Wasserrutsche, Ponyreiten, Kasperlbühne, Bauernhof, Pizzabacken, Streichelzoo und Lagerfeuer – bis hin zu Go-kart-Parcours und Übernachtung in der Almhütte neben dem Spielplatz. Atmosphärische Whisky- und Zigarren-Lounge, eine gute Küche, sehr freundliche und hilfsbereite Mitarbeiter, liebevolle und kompetente Kinderbetreuung. Laufstrecken, geführte Wanderungen, auch Yoga und Qi Gong. Light Lunch und Nachmittagsjause sind im Preis enthalten, durch viele weitere Inklusivleistungen unterm Strich ein gutes Preis-Leistungs-Verhältnis. Täglich Kinderbetreuung (in vier Altersgruppen, 80 Stunden pro Woche), 64 Liegen, 220 Betten.
Freibecken, Hallenbad, Babybecken, Außensauna, Sauna, Dampfbad, Massagen, Kosmetik, Fitnessgeräte, Personal Trainer. VP (inkl. alkoholfreier Getränke) ab € 108,–.
- 6281 Gerlos, Gmünd 45
  ☎ 05284-5323

Wellness 10
Alpenhof Gerlos ****
Grünlage am Ortsrand in Gerlos – Zillertal
- 6281 Gerlos, Nr. 125, ☎ 05284-5374

Wellness 12
Alpina Traumhotel ****s
Ortsrandlage an der Straße in Gerlos – Zillertal
- 6281 Gerlos, Nr. 298
  ☎ 05284-5305

Wellness 10
Central ****
Ortslage in Gerlos – Zillertal
- 6281 Gerlos, Nr. 179, ☎ 05284-5300

Wellness 11
Gaspingerhof ****
Ortslage an der B165 in Gerlos – Zillertal
- 6281 Gerlos, Nr. 153, ☎ 05284-5216-0

Wellness 10
Gerloserhof ***s
Ortslage in Gerlos – Zillertal
- 6281 Gerlos, Nr. 226
  ☎ 05284-5224

Wellness 10
Glockenstuhl ****
Ortslage in Gerlos – Zillertal
- 6281 Gerlos, Oberhof 250
  ☎ 05284-5217

Wellness 10
Jägerhof ****
Ortslage an der B165 in Gerlos – Zillertal
- 6281 Gerlos, Nr. 163
  ☎ 05284-5203

Wellness 10
Kristall ****
Grünlage am Ortsrand in Gerlos – Zillertal
- 6281 Gerlos, Nr. 124, ☎ 05284-5248

Wellness 11
Kröller Kinderhotel ****
Grünlage am Ortsrand in Gerlos – Zillertal
- 6281 Gerlos, Gmünd 21, ☎ 05284-5202

Wellness 12
Platzer ****
Ortslage in Gerlos – Zillertal
- 6281 Gerlos, Nr. 198, ☎ 05284-5204

Wellness 11
Neue Post ****
Zentrale Ortslage in Hippach – Zillertal
- 6283 Hippach, Johann-Sponring-Straße 81
  ☎ 05282-2968

Das Alpine Wellness Refugium „Fuschlsee"

4.000 m² Spa & Wellness

Ihr Wohlbefinden ist unsere Leidenschaft!

Begleiten Sie uns auf eine Reise in eine neue Dimension des Wohlfühlens. In unserem Waldhof Spa werden Sie von unserem hochqualifizierten Behandlungsteam, das von Professor Mazzocco (Universität Padua) permanent weitergebildet wird, nach allen Regeln der Kunst, betreut.

In der großzügigen Wasserwelt gibt es Wasser in seinen schönsten Formen: die großen **Indoor-Erlebnis-Pools** mit 30°–35°, den 200m² großen, **ganzjährig auf 32° beheizten** Außenbecken und dem **Sole-Freibecken**, mit Unterwassermusik lassen keinen Wunsch offen. Holen Sie sich ihren Gesundheitskick in unserem Refugium für den Saunagast. Es umfasst einen **„Quellgarten"**, Wärmekabinen unterschiedlicher Arten von Saunen, einer Sole-Gradier Grotte und viele weitere Highlights.

Mehr Wellness-Infos finden Sie auf **www.ebners-waldhof.a**

Neu renoviertes Stammhaus mit 11 exklusiven Singlesuiten und Wellnessduschen.

Alpines Verwöhnen • Alpine Fitness • Alpiner Charakter • Alpine Gesundhe

Fuschl am See • Tel. +43-6226-8264 • www.ebners-waldhof.at

In der Salzkammergut Golfregion! www.golfclub-waldhof.at

Wellness ♁13
Stefanie Life & Spa ****
Grünruhelage in Hippach – Zillertal
Liebevoll geführtes Gerade-noch-Kleinhotel, es liegt fast am Ortsrand und bietet stark unterschiedliche Zimmer in 10 verschiedenen Kategorien, auch recht feine finden sich darunter, einige wurden vor kurzem renoviert. Sehr kleines Spa mit Außenbereich und Liegewiese, gute Massagen, auch Meditation, Fünf Tibeter und Yoga. Herrliche Terrasse mit Blick auf die Bergwelt, gute Küche, sehr freundliche Crew. Eine Nachmittagsjause ist im Preis inkludiert. Ungeeignet für Kinder. 25 Liegen, 70 Betten. Hallenbad, Außensauna, Sauna, Dampfbad, Massagen, Kosmetik, Fitnessgeräte. Tennisplatz. HP ab € 80,–.
- 6283 Hippach, Johann-Sponring-Straße 90
  ☏ 05282-3634

Wellness 11
Zenzerwirt Landhotel ****
Zentrale Ortslage in Hippach – Zillertal
- 6283 Hippach, Dorfstraße 14, ☏ 05282-3622

Wellness 9
Denggerhof Landhotel ****
Grünlage am Ortsrand in Mayrhofen – Zillertal
- 6290 Mayrhofen, Laubichl 127, ☏ 05285-62580-52

Wellness 12
Edenlehen ****
An der B169 am Ortsrand in Mayrhofen – Zillertal
- 6290 Mayrhofen, Edenlehen 676, ☏ 05285-62300

Wellness 12
Elisabeth *****
Ortsrandlage in Mayrhofen – Zillertal
- 6290 Mayrhofen, Einfahrt Mitte 432
  ☏ 05285-6767

Wellness 9
Glockenstuhl garni ***
Grünlage am Ortsrand in Mayrhofen – Zillertal
- 6290 Mayrhofen, Einfahrt Mitte 431, ☏ 05285-63128

Wellness 10
Huber's Boutiquehotel ****
Grünlage am Ortsrand in Mayrhofen – Zillertal
- 6290 Mayrhofen, Dornaustraße 612
  ☏ 05285-62569

Wellness 9
Kramerwirt ****
Zentrumslage in Mayrhofen – Zillertal
- 6290 Mayrhofen, Am Marienbrunnen 346
  ☏ 05285-6700

Wellness 10
Manni ****
In der Fußgängerzone von Mayrhofen – Zillertal
- 6290 Mayrhofen, Hauptstraße 439
  ☏ 05285-63301-0

Wellness 11
Neuhaus ****
Zentrale Ortslage in Mayrhofen – Zillertal
- 6290 Mayrhofen, Am Marktplatz 202
  ☏ 05285-6703

Wellness 10
Oblasser Ferienhof garni ****
Grünlage am Ortsrand von Mayrhofen – Zillertal
- 6290 Mayrhofen, Hochstegen 835
  ☏ 05285-64666

Wellness 10
Kristall ****
Zentrale Ortslage in Finkenberg – Zillertal
- 6292 Finkenberg, Dorf 143, ☏ 05285-62840

Wellness 11
Olympia-Relax ****
Grünruhelage am Ortsrand in Finkenberg – Zillertal
- 6292 Finkenberg, Dorf 151, ☏ 05285-62688

Wellness ♁♁♁♁19
Stock Resort *****
Grünlage mit Fernblick in Finkenberg – Zillertal
Hunde- und kinderfreundlicher Familienbetrieb, der in den 30 Jahren seines Bestehens auf die dreifache Größe angewachsen ist und sich neuerdings „Resort" nennt, obwohl er das genau nicht ist. Die Lage hoch über dem Tal bürgt für einen traumhaften Ausblick aus vielen Räumen, schade nur, dass das Haus so knapp an der vor allem frühmorgens und abends stark befahrenen Durchzugsstraße in das Tuxertal liegt. Das Ambiente zeigt sich gehoben alpenländisch, streckenweise stilistisch etwas gewöhnungsbedürftig, unterm Strich jedoch recht gemütlich. Ähnliches gilt für die Zimmer, die hier in sage und schreibe 32 verschiedenen Kategorien zur Auswahl stehen, sie sind überwiegend großzügig geschnitten, viele haben Balkon, alle eine Nespressomaschine. Ganz neu sind 12 luxuriöse Familienzimmer (70 bis 90 m² groß, großartiges Panorama, schick-alpin möbliert, ab und zu ein paar Geschmacksausrutscher à la Alpin-Versace), hier ging man übrigens von der bisher vehement vertretenen Teppichboden-only-Strategie ab und bietet – zumindest streckenweise – feine Eichendielenböden. Das Spa ist ein gut gepflegter Genuss, neu ist ein Kinderbadebereich mit 70 m langer Reifenrutsche sowie ein 25 m langes Freibecken. Täglich breites Aktivprogramm,

auch Yoga, Pilates, Jacobson-Tiefenmuskelentspannung und Qi Gong. Liegewiese, sehr gute Massagen. Fabelhafte Terrasse, ausgezeichnetes Frühstücksbuffet (bis 13 Uhr), sehr gute bis ausgezeichnete Küche. Light Lunch und Nachmittagsjause sind, wie zahlreiche andere Dinge, im Preis inkludiert. Ausgesprochen freundliche, aber nicht immer ganz professionelle Mitarbeiter, großer Weinkeller. Omnipräsentes Alles-Stock-Merchandising: Stock Diamond „by Stock" – die Kosmetiklinie, Mount Stock – die Weinmarke, dazu Stock Team, Stock Wear, Eat Stock sowie einiges mehr. Und im TV am Zimmer läuft das „Komm mit ins Stock, Stock Wellnesshotel, denn hier im Stock, Stock, erholst du dich schnell"-Lied in Endlosschleife – beinahe stockt einem der Atem! Täglich mindestens 12 Stunden Betreuung für Kinder ab drei Jahren. Gratisgarage für alle. 88 Liegen, 325 Betten. Freibecken, Hallenbad, Kinderbecken, Außensauna, Sauna, Massagen, Kosmetik, Ayurveda, Fitnessstudio, Personal Trainer.
HP (inkl. alkoholfreier Getränke) ab € 162,–.
- 6292 Finkenberg, Nr. 142
  ☎ 05285-6775

Wellness 10
Alpenjuwel Jäger ★★★★
Ortslage in Lanersbach – Zillertal
- 6293 Tux, Vorderlanersbach 282, ☎ 05287-87217

Wellness 12
Central ★★★★
Zentrale Ortslage in Lanersbach – Zillertal
- 6293 Tux, Lanersbach 433
  ☎ 05287-8504-0

Wellness 11
Lanersbacher Hof ★★★★
Ortslage in Lanersbach – Zillertal
- 6293 Tux, Lanersbach 388
  ☎ 05287-87256

Wellness ❀14
Tuxerhof Alpin Spa ★★★★s
Zentrale Ortslage in Vorderlanersbach – Zillertal

Kinderfreundlicher Familienbetrieb mit regionaltypischer Alpenlandfassade, er liegt fast direkt an der Durchzugsstraße (mit Schibushaltestelle zum Hintertuxer Gletscher und Talstation der Rastkogelbahn vor dem Haus) Zimmer in 14 Varianten und stets traditionell, sie haben durchwegs helle Vollholzmöbel, häufig Balkon und überwiegend Teppichböden. Das Spa im zweiten Untergeschoß ist behaglich-romantisierend gestaltet, jedoch klein, der Pool ist für einige größere Zierfische durchaus geeignet – die werblich angeführten 2.000 m² können wir jedenfalls selbst unter Einbeziehung der Außenflächen nicht nachvollziehen. Dennoch ist das Haus laut einem Bewer-

tungsportal das „beliebteste Wellnesshotel in Österreich" (und zudem eines der „99 beliebtesten Hotels weltweit"), da müssen wir wirklich staunen – und schmunzeln. Bescheidene Liegewiese mit Whirlpool, sehr gute Massagen, Aktivprogramm, auch Qi Gong. Gemütliches Ambiente, sehr gute Küche mit biologischer Orientierung, eine Nachmittagsjause ist im Preis inkludiert. Feiner Weinkeller, herzliches Umfeld. Betreuung für Kinder ab zwei Jahren bis zu 10 Stunden täglich (So bis Fr; mit saisonalen Einschränkungen). 42 Liegen, 150 Betten. Hallenbad, Außensauna, Sauna, Dampfbad, Massagen, Kosmetik, Ayurveda, Fitnessgeräte, Personal Trainer. HP ab € 122,–.
- 6293 Tux, Vorderlanersbach 80
  ☎ 05287-8511

Wellness 12
Tuxertal ★★★★
Ortslage in Lanersbach – Zillertal
- 6293 Tux, Lanersbach 338, ☎ 05287-8577

Wellness ♥14
Alpenhof ★★★★s
Grünlage am Ortsrand in Hintertux – Zillertal
Hunde- und familienfreundliches Haus, inhabergeführt und mit unscheinbarer Fassade, es liegt fast schon am Talende und jedenfalls nur 900 m von der Gletscherbahn entfernt. Das Hotel wurde vor sieben Jahren errichtet, bietet inwendig ein zeitgemäßes und sehr ansprechendes Erscheinungsbild, ausnahmslos große Zimmer (mindestens 36 m², modern-schlichter Landhausstil, von stilsicherer Hand arrangiert), manche haben feine Holzböden und offenen Kamin. Alles ist sehr sauber, auch das Spa, das auf zwei Ebenen untergebracht ist und mit feiner, höchst angenehmer Optik aufwarten kann. Netter Garten mit Liegewiese, aufmerksames und zuvorkommendes Service, gute Küche, eine Nachmittagsjause ist im Preis enthalten. Zigarren-Lounge mit großer Auswahl an Puros, Gratisgarage für alle. 42 Liegen, 120 Betten.
Hallenbad, Kinderbecken, Sauna, Dampfbad, Massagen, Kosmetik, Fitnessgeräte. HP ab € 117,–.
- 6294 Tux, Hintertux 750
  ☎ 05287-8550

Wellness ♥14
Berghof Hintertux ★★★★
Ortslage in Hintertux – Zillertal
Hunde- und familienfreundliches Haus, es liegt, ebenso wie der Alpenhof, knapp 900 m von der Gletscherbahn entfernt. Verwinkelter Grundriss, stark unterschiedliche Zimmer, viele wurden in den letzten Jahren renoviert, auch sehr schöne finden sich darunter, alle haben Teppichboden, manche Kachelöfen, jene im neuen Zubau

sind mindestens 52 m² groß. Das Spa ist auf vier Ebenen aufgeteilt (Wasser, Sauna, Fitness,Treatments) und streckenweise sehr atmosphärisch gestaltet, dazu gehören ein Pool mit 25 m Länge sowie ein kleiner Außenwhirlpool – alles im neunten Stock auf der Dachterrasse, mit herrlichem Ausblick in die Bergwelt, was wunderbar ist und natürlich auch punkten muss. Freundliche Mitarbeiter, gute Küche, eine Nachmittagsjause ist im Preis inkludiert. Gratisgarage für alle. 45 Liegen, 135 Betten. Freibecken, Hallenbad, Sauna, Dampfbad, Massagen, Kosmetik, Fitnessgeräte. HP ab € 87,–.
- 6294 Tux, Hintertux 754
  ☎ 05287-8585

Wellness 12
Bergland ★★★★
Ortslage in Madseit – Zillertal
- 6294 Tux, Madseit 690, ☎ 05287-8500

Wellness 10
Hohenhaus Alpenbad ★★★★
Ortsrandlage in Hintertux – Zillertal
- 6294 Tux, Hintertux 774, ☎ 05287-8501

Wellness 10
Kirchler Thermal Badhotel ★★★★
Zentrale Ortslage in Hintertux – Zillertal
- 6294 Tux, Hintertux 765, ☎ 05287-8570

Wellness ♥13
Klausnerhof ★★★★
Grünlage am Ortsrand in Hintertux – Zillertal
Hunde- und familienfreundliches Haus, etwa 900 m von der Gletscherbahn entfernt gelegen. Stark unterschiedliche Zimmer, kleines Spa, netter Saunabereich mit Liegewiese und Mini-Außenwhirlpool auf der Dachterrasse – Ausblick auf den Gletscher inklusive. Gute Massagen, gemütliches Restaurant, eine Nachmittagsjause ist im Preis inkludiert. Kinderbetreuung zu Sommerferienzeiten, Gratisgarage für alle. 30 Liegen, 130 Betten. Freibecken, Hallenbad, Sauna, Dampfbad, Massagen, Kosmetik, Ayurveda, Fitnessgeräte. HP ab € 92,–.
- 6294 Tux, Hintertux 770
  ☎ 05287-8588

Wellness 11
Neuhintertux ★★★★
An der Gletscherbahn-Talstation Hintertux – Zillertal
- 6294 Tux, Hintertux 783, ☎ 05287-8580

Wellness 9
Alpenschlössl ★★★★
Grünruhelage mit Fernblick in Söll – Nähe Inntal
- 6306 Söll, Reit 15, ☎ 05333-640-0

Wellness	12

Greil ★★★★
Grünruhelage mit Fernblick am Ortsrand – Nähe Inntal
- 6306 Söll, Pirchmoos 26, ☎ 05333-5289

Wellness	11

Strasser Landhaus garni
Grünruhelage mit Fernblick in Söll – Nähe Inntal
- 6306 Söll, Pirchmoos 15
  ☎ 05333-5459

Wellness	10

Tyrol Söll ★★★★
Ortsrandlage in Söll – Nähe Inntal
- 6306 Söll, Wies 10, ☎ 05333-5273

Wellness	10

Silberberger ★★★★
Grünruhelage am Ortsrand mit Fernblick – Wildschönau
- 6311 Wildschönau-Oberau, Roggenboden 216
  ☎ 05339-8407

Wellness	10

Tirolerhof ★★★
Ortslage in Wildschönau
- 6311 Wildschönau-Oberau, Kirchen 275
  ☎ 05339-8118-0

Wellness	10

Sonnschein ★★★★
Grünruhelage am Ortsrand – Wildschönau
- 6314 Wildschönau-Niederau, Sonnhangweg 5
  ☎ 05339-8353

Wellness	12

Wastlhof ★★★★
Grünruhelage am Ortsrand – Wildschönau
- 6314 Wildschönau-Niederau
  Wildschönauer Straße 206, ☎ 05339-8247

Kur	15

Kurzentrum Bad Häring ★★★★
Grünruhelage am Ortsrand in Bad Häring – Inntal
Ruhig gelegenes Großhotel, das vor allem auf Kuren für den Stütz- und Bewegungsapparat spezialisiert ist. Geboten werden aber auch Mayrkuren sowie rund 100 verschiedene Therapieverfahren, darunter die Ganzkörperkryotherapie und Akupunktur. Kein Luxus, aber passable Zimmer und gute Preise. Weniger erfreulich: die Küche. Sozialversicherungsgäste überwiegen. Gratisgarage für alle. Ungeeignet für Kinder. 80 Liegen, 384 Betten. Freibecken, Hallenbad, Sauna, Dampfbad, Massagen, Kosmetik, Fitnessgeräte. HP ab € 76,–.
- 6323 Bad Häring, Kurstraße 1
  ☎ 05332-90500

Info und Buchen für alle Hotels: www.relax-guide.com   TIROL   135

Wellness   12
Panorama Royal ★★★★s
Grünruhelage mit Fernblick in Bad Häring – Inntal
- 6323 Bad Häring, Panoramastraße 2
  ☎ 05332-77117

Wellness   🌿🌿🌿17
Juffing ★★★★s
Grünruhelage am Ortsrand bei Thiersee – Nähe Kufstein
Liebevoll geführtes Haus in sehr angenehmer Größe, das in einem Dörflein gelegen ist. Es besteht aus Altbau und Neubau, in Letzterem findet man das Spa und die schöneren Zimmer. Diese sind großzügig geschnitten und edel arrangiert, stets nach Süden ausgerichtet, bieten Balkon, viel Ausblick und zumeist Teppichböden. Das Spa ist gut angelegt und sehr angenehm gestaltet, dazu gehören hochwertige Liegen, sehr gute Treatments und ein Außenbereich mit großer Liegewiese. Bescheiden allerdings die Saunaöffnungszeiten: 14 bis 19.30 Uhr. Freundliche und manchmal überforderte Crew, nette Terrasse, gemütliches Restaurant (nein, hier sind die Tische nicht zu eng gestellt wie andernorts so häufig), sehr gute Küche, eine Nachmittagsjause ist im Preis inkludiert. Niveauvolle Tageszeitungen, ausgezeichnetes Preis-Leistungs-Verhältnis. Gratisgarage für (fast) alle – mit Stromtankstelle! Ungeeignet für Kinder. 39 Liegen, 90 Betten.
Freibecken, Hallenbad, Sauna, Dampfbad, Massagen, Kosmetik, Fitnessgeräte.
HP ab € 100,–.
- 6335 Thiersee
  Hinterthiersee 79
  ☎ 05376-5585-0

Wellness   10
Seethaler Bio-Hotel ★★★
Grünruhelage bei Thiersee – Nähe Kufstein
- 6335 Thiersee, Kirchdorf 77, ☎ 05376-5400

Gesundheit | Wellness   🌿🌿16
Sonnhof Ayurveda Resort ★★★★
Grünlage bei Thiersee – Nähe Kufstein
Familiengeführtes Kleinhotel (nennt sich Resort, ist aber genau das nicht), das schon seit mehreren Jahren auf Ayurveda spezialisiert ist, der Fokus liegt dabei auf den entgiftenden Panchakarmakuren. Das Ambiente verströmt geschmackvoll arrangierte Geborgenheit, die Zimmer sind unterschiedlich gestaltet, aber stets gepflegt, haben häufig Holzböden, teilweise aber eine zu schwache Beleuchtung (Leselicht, Bad). Die größeren befinden sich im Neubau, in dem auch die Therapiezone und das Spa untergebracht sind. Ärztlicher Leiter ist Dr. Gaurav Sharma, ein sympathischer junger Arzt aus Indien. Gute Therapien, auch Yoga, Qi Gong und Meditation. Sehr freundliche Crew, gute Ayurvedaküche (der Küchenchef kommt aus Indien) – auch beim Frühstück. Sieben-, 10-, 14- und 21-tägige Panchakarmakuren. Schöner Garten, Gratisgarage für alle. Ungeeignet für Kinder. 21 Liegen, 63 Betten.
Hallenbad, Sauna, Dampfbad, Massagen, Kosmetik, Ayurveda, Fitnessgeräte. HP ab € 110,–.
- 6335 Thiersee, Hinterthiersee 16, ☎ 05376-5502

Wellness   9
Bellevue Ferienclub ★★★★
Grünlage am Seeufer in Walchsee – Nähe Kufstein
- 6344 Walchsee, Johannesstr. 20, ☎ 05374-5731-0

Wellness   12
Panorama ★★★★s
Grünlage mit Fernblick bei Walchsee – Nähe Kufstein
- 6344 Walchsee, Josefstal 18, ☎ 05374-5661

Gesundheit | Wellness   11
Schick life ★★★★
Zentrumslage an der B172 in Walchsee – Nähe Kufstein
- 6344 Walchsee, Johannesstraße 1
  ☎ 05374-5331-0

Wellness   11
Seehof-Seeresidenz ★★★★s
Ortslage an der B172 in Walchsee – Nähe Kufstein
- 6344 Walchsee, Kranzach 20, ☎ 05374-5661

Wellness   12
Alpina Wellness & Spa ★★★★s
An der B172 in Kössen – Nähe Kufstein
- 6345 Kössen, Außerkapelle 2a, ☎ 05375-2146

Wellness   🌿13
Peternhof ★★★★s
Grünruhelage außerhalb von Kössen – Nähe Kufstein
Kinderfreundliches Großhotel in schöner Alleinlage, es wurde vor mehr als 30 Jahren als kleine Hotelpension eröffnet und hat heute durch zahlreiche Anbauten fast schon Dorfgröße erreicht. Das führt zu zahlreichen Gebäudeteilen in unterschiedlichsten Reifestadien sowie zu langen Verbindungsgängen. Dazu gehören Golfplatz, Reitstall und verschiedene Kinderareale. Es gibt 21 stark differierende Zimmertypen, die meisten sind sehr großzügig geschnitten, aber längst nicht alle werden auch höheren Ansprüchen gerecht. Das Spa ist verwinkelt, stilistisch ohne jeglichen Kontext sowie schwülstig romantisierend gestaltet, ein Wermutstropfen aber, nämlich die zu kleinen Innenpools, soll nach Erscheinen dieser Ausgabe beseitigt werden. Dann wird es ein Hallenbad mit halbwegs schwimmbarem Grundriss geben. Weiters zu haben: Liegewiese, drei Freibecken

(davon nur das kleinste ganzjährig nutzbar), sehr gute Massagen sowie auch Yoga und Jacobson-Tiefenmuskelentspannung. Sehr günstige Zimmerpreise, üppige Buffets, aber bei Küche und Service gibt es noch deutlich Luft nach oben. Viele, viele alte Stammgäste, fast alle kommen aus Deutschland – nicht selten schon seit Jahrzehnten. Wie das mit der formulierten Kinderorientierung zusammengeht, das sei dahingestellt. Täglich zehn Stunden Betreuung für Kinder ab drei Jahren (Mo bis Sa). Gratisgarage für alle. 75 Liegen, 350 Betten. Freibecken, Freibecken (Sommer), Hallenbad, Kinderbecken, Außensauna, Sauna, Dampfbad, Massagen, Kosmetik, Ayurveda, Fitnessstudio, Personal Trainer. 18-Loch-Platz mit Driving Range und Schule, 50 % Greenfee-Rabatt, Tennishalle, Tennisplätze. HP ab € 95,–.
- 6345 Kössen, Moserbergweg 30
  ☎ 05375-6285

Wellness 10
Riedl **
Grünruhelage am Ortsrand in Kössen – Nähe Kufstein
- 6345 Kössen, Bichlach 10, ☎ 05375-6268

Wellness 10
Sonneck **
Ortsrandlage an der B172 in Kössen – Nähe Kufstein
- 6345 Kössen, Außerkapelle 2, ☎ 05375-6453

Wellness 11
Kaiser in Tirol **
Grünlage am Ortsrand in Scheffau – Nähe Kufstein
- 6351 Scheffau, Nr. 11, ☎ 05358-8000-0

Wellness 11
Der Bär
Grünruhelage am Ortsrand in Ellmau – Nähe Kitzbühel
- 6352 Ellmau, Kirchbichl 9, ☎ 05358-2395

Wellness 10
Hochfilzer **
Zentrale Ortslage in Ellmau – Nähe Kitzbühel
- 6352 Ellmau, Dorfstraße 33, ☎ 05358-2501

Wellness 18
Kaiserhof Ellmau ***
Grünruhelage mit Fernblick bei Ellmau – Nähe Kitzbühel
Familienfreundliches, inhabergeführtes Kleinhotel in traumhafter Lage – hoch oben über allem und im Winter direkt an der Schipiste. Es verfügt nur über 36 Zimmer, die allerdings in 18 Kategorien, die meisten präsentieren sich mit feinem Parkett, manche mit Marmorböden und nur wenige mit Spannteppich und einem Hauch von Patina. Wohnliche Highlights sind jedenfalls die neuen Suiten, deren stilvolle Eleganz begeistert. Das nicht unbedingt weitläufige Spa verfügt über einen sehr netten

Außenbereich, hier gerät das privilegierte Panorama zu einem ganz besonderen Genuss, selbiges gilt auch für die große Restaurantterrasse, wo man bei gutem Wetter Frühstück und Abendessen einnehmen kann. Herzliche, gut geschulte Crew, ausgezeichnetes Frühstücksbuffet, ausgezeichnete Küche, ein Light Lunch ist im Zimmerpreis enthalten. Feine Weinkarte mit kompetenter Beratung, Zigarren-Lounge, gemütliche Bar. Stundenweise Kinderbetreuung zu Ferienzeiten. Wermutstropfen: Internetzugang gegen Aufpreis, Garage gegen 12 Euro pro Tag. 43 Liegen, 70 Betten.
Naturbadeteich, Hallenbad, Sauna, Dampfbad, Massagen, Kosmetik, Ayurveda, Fitnessgeräte, Personal Trainer. 27-Loch-Parcours in 3 km, 30 % Greenfee-Rabatt. HP ab € 115,–.

- 6352 Ellmau, Harmstätt 8
  ☎ 05358-2022

Wellness 11
Seiwald ★★★★
Grünruhelage am Ortsrand in Going – Nähe Kitzbühel
- 6353 Going, Kapellenweg 22, ☎ 05358-2485

Wellness 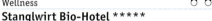16
Stanglwirt Bio-Hotel ★★★★★
Grünlage an der B178 in Going – Nähe Kitzbühel
Hunde- und kinderfreundlicher Big Name, er wurde vor mehr als einem Jahrzehnt einmal mit vier Lilien prämiert. In der Zwischenzeit ist er jedoch um etwa das Dreifache „gewachsen" und hat in Sachen Wohlfühlatmosphäre deutlich an Terrain verloren. Charakteristisch sind ein labyrinthischer Grundriss (alleine schon die richtige Zufahrt zu finden ist eine Herausforderung), ein etwas kulissenhaft arrangiertes Ambiente (etwas Hahnenkamm-Hüttengaudifeeling hier, etwas Jagdschlossflair da, das Publikum fügt sich trefflich ein) und ein deutlich in die Jahre gekommenes, vergleichsweise winziges Spa, das aber dennoch ausreichte, um einen „Leading Spa Award" (freilich von einer Marketingorganisation) einzuheimsen. Offensichtlich hat man aber den Abgrund erkannt: An der Modernisierung des Wellnessbereichs wird gearbeitet, ein Teil ist bereits fertig, und wenn alles gut geht, dann sollen die Arbeiten etwa zwei Monate nach Erscheinen dieser Ausgabe abgeschlossen sein (die Bewertung kommt natürlich erst im nächsten Jahr). Stark unterschiedliche Zimmer in 24 Kategorien, gute Massagen – und der Bademantelgürtel ist schon eingefädelt! Täglich Aktivprogramm, auch Yoga, Pilates und Qi Gong. Ausgezeichnete Küche, beim Service (im Restaurant) gibt es noch ein wenig Luft nach oben. Eine Nachmittagsjause ist im Preis inbegriffen. Spielbauernhof, täglich Kinderbetreuung von 9.30 bis 17 Uhr. 153 Liegen, 425 Betten.
Solefreibecken, Freibecken, Solehallenbad, Hallenbad, Sauna, Dampfbad, Massagen, Kosmetik, Ayurveda, Fit-

Stanglwirt Bio-Hotel

nessstudio, Personal Trainer. 27-Loch-Parcours in 4 km, 30 % Greenfee-Rabatt. Reithalle mit Schule, Tennisplätze, Tennishalle. HP ab € 147,–.
- 6353 Going, Sonnseite 50
  ☎ 05358-2000

Wellness 12
Hopfgarten Familotel ****
Grünlage am Ortsrand – 20 km westlich von Kitzbühel
- 6361 Hopfgarten, Brixentaler Str. 39, ☎ 05335-392-0

Wellness 13
Schermer Vital Landhotel ****s
Grünruhelage am Ortsrand – Nähe Kitzbühel
Kinderfreundlicher Familienbetrieb, er liegt etwa 400 m von der Choralm-Gondelbahn entfernt und bietet ein konsistentes Erscheinungsbild sowie Zimmer in vier Kategorien (17 bis 50 m² groß), alle zeigen sich nett und sauber (wenn auch nicht gerade rasend schick), und alle haben Balkon. Kleines Spa mit Außensauna und schönem Garten mit Liegewiese, Zierteich, Barfußweg und Kinderspielplatz. Aktivprogramm, geführte Wanderungen, auch Yoga, Qi Gong, Pilates, Fünf Tibeter und Tai Chi. Freundlich und engagiert, eine Nachmittagsjause ist im Preis inbegriffen. Täglich 11 Stunden Betreuung für Kinder ab drei Jahren (So bis Fr; sehr nett). Gratisgarage für alle. 30 Liegen, 150 Betten.

Freibecken, Hallenbad, Außensauna, Sauna, Dampfbad, Massagen, Kosmetik, Fitnessgeräte.
18-Loch-Parcours in 15 km. HP ab € 90,–.
- 6363 Westendorf
  Dorfstraße 106
  ☎ 05334-6268

Wellness 10
Brixen Vital & Sport ****
Grünlage an der B170 – Nähe Kitzbühel
- 6364 Brixen im Thale, Dorfstraße 13, ☎ 05334-8191

Wellness 11
Adler Alpenresidenz ****
Grünlage in Kirchberg – Nähe Kitzbühel
- 6365 Kirchb., Kitzbüheler Str. 64, ☎ 05357-2327

Wellness 9
Alexander ****
Ortslage in Kirchberg – Nähe Kitzbühel
- 6365 Kirchberg, Lendstraße 4, ☎ 05357-2222

Wellness 12
Elisabeth ****s
An der Hauptstraße in Kirchberg – Nähe Kitzbühel
- 6365 Kirchberg, Aschauer Straße 75
  ☎ 05357-2277

Wellness 10
Kirchberger Hof Alpenglück ★★★★
Zentrale Ortslage in Kirchberg – Nähe Kitzbühel
- 6365 Kirchberg, Seestraße 3, ☎ 05357-2397

Wellness 🌷14
Maierl Alm & Chalets
Absolute Grünruhelage bei Kirchberg – Nähe Kitzbühel
Hundefreundlich: Ein Berggasthof in Edelversion, er liegt auf 1.225 m Seehöhe, im Winter direkt an der Schipiste. Das Haupthaus (mit 10 kleinen, atmosphärisch-rustikal arrangierten Zimmern und bescheidenem Spa) ist über Gänge mit insgesamt fünf Chalets von etwa 200 m² Größe verbunden, diese verfügen über Holzböden, Terrasse, Sauna, Außenwhirlpool sowie über eine gut ausgestattete Küche. Die Chalets sind wunderschön, für maximal 10 Personen ausgelegt (Mindestbelegung vier Pax) und während der Wintermonate ausschließlich wochenweise buchbar. Man isst im öffentlichen Bergrestaurant oder kocht selbst, Letzteres ist wohl die bessere Wahl. Freundlich-lockeres Umfeld, großartiges Panorama – von allen Konkurrenten (Seinerzeit, Priesteregg, Almwelt Austria, Inns Holz) wohl das eindrucksvollste. Vom Ortszentrum sind's acht Kilometer, für die letzten vier Kilometer kann man manchmal Schneeketten gut gebrauchen. Gratisgarage für alle. Ungeeignet für Kinder. 10 Liegen, 70 Betten. Hallenbad, Sauna, Dampfbad, Massagen. HP ab € 99,–.
- 6365 Kirchberg, Krinberg 14
  ☎ 05357-2109, 0699-17551717

Wellness 11
Rosengarten ★★★★
Grünlage am Ortsrand in Kirchberg – Nähe Kitzbühel
- 6365 Kirchberg, Aschauerstraße 46
  ☎ 05357-4201

Wellness 9
Sonne Activ Sunny ★★★★
Zentrale Ortslage in Kirchberg – Nähe Kitzbühel
- 6365 Kirchberg, Seestraße 15, ☎ 05357-2402-0

Wellness 🌷13
A-Rosa Kitzbühel ★★★★★
Grünruhelage am Ortsrand in Kitzbühel
Hunde- und kinderfreundliches Großhotel, es liegt direkt am Golfplatz und etwa 10 Gehminuten vom Zentrum entfernt. Es wurde vor acht Jahren eröffnet, bietet ein modernes Ambiente, das aber stellenweise nicht mehr ganz taufrisch erscheint, was auch für die Zimmer (11 Kategorien) gilt. Das schön gestaltete „Grand Spa" (so nannte sich das Haus bis vor kurzem im Namenszusatz) verfügt auch über eine Liegewiese, ist aber gar nicht „grand", sondern streckenweise richtig klein geraten (und zu allem Überfluss noch öffentlich zugänglich). Bei Service und Küche gibt es noch Spielraum nach oben – und immer wieder ertappt man sich dabei, kopfschüttelnd nach dem Grund für fünf Sterne zu suchen. Parken kann man nur in der Garage (15 Euro pro Tag), das Preis-Leistungs-Verhältnis erscheint uns wenig erfreulich. Täglich 8,5 Stunden Betreuung für Kinder ab drei Jahren. 82 Liegen, 430 Betten. Freibecken, Hallenbad, Außensauna, Sauna, Dampfbad, Massagen, Kosmetik, Ayurveda, Fitnessstudio, Personal Trainer. 9-Loch-Parcours, 18-Loch-Parcours in 4 und 6 km. HP ab € 158,–.
- 6370 Kitzbühel, Ried Kaps 7
  ☎ 05356-65660

Wellness 9
Alpenhotel Kitzbühel ★★★
Grünruhelage am Schwarzsee – Nähe Kitzbühel
- 6370 Kitzbühel, Schwarzsee 37a
  ☎ 05356-64254-0

Wellness 🌷13
Bichlhof ★★★★s
Grünruhelage mit Fernblick bei Kitzbühel
Hundefreundliches Haus in schöner Lage, etwa 45 Gehminuten vom Zentrum entfernt. „Innen Charme, außen Sonne" heißt der werbliche Claim – das mit der Sonne kann stimmen! Zimmer in 15 Kategorien, kleines Spa mit Liegewiese, große Weinauswahl (bei stolzen Preisen). Eine Nachmittagsjause ist im Preis inkludiert. Ungeeignet für Kinder. 18 Liegen, 116 Betten. Freibecken, Hallenbad, Sauna, Dampfbad, Massagen, Kosmetik, Fitnessgeräte. 18-Loch-Parcours in 4 und 8 km, bis zu 30 % Greenfee-Rabatt. Tennisplätze. HP ab € 108,–.
- 6370 Kitzbühel, Bichlnweg 153
  ☎ 05356-64022

Wellness 12
Erika Garden-Spa ★★★★
Ortslage an der B161 in Kitzbühel
- 6370 Kitzbühel, Josef-Pirchl-Straße 21
  ☎ 05356-64885

Wellness 🌷14
Grand Tirolia
Grünruhelage am Golfplatz bei Kitzbühel
Hundefreundlich, direkt am Golfplatz und etwa zwei Kilometer außerhalb von Kitzbühel: ein vor vier Jahren als (mit drei Lilien prämiertes) Fünfsternhotel eröffnetes Haus, das neuerdings an Terrain verloren hat und ohne fünf Sterne auszukommen glaubt. Geschmackvoll arrangierte Zimmer in sieben Kategorien (28 und 300 m²), alle haben feine Holzböden und fabelhafte Betten,

DAS SCHÖNE LEBEN

★★★★★

DER STEIRERHOF
BAD WALTERSDORF

A-8271 Bad Waltersdorf · Tel. (0043) 33 33/32 11-0 · www.dersteirerhof.at

die meisten Balkon, ein schöner Ausblick – sozusagen das Grundkapital bei dieser Lage über dem Tal – ist allerdings längst nicht immer zu haben – auch bei Restaurant und dazugehöriger Terrasse nicht (diese Architekten!). Das Spa bietet unter anderem einen großen Außenpool, luxuriöse Saunaöffnungszeiten (11 Stunden täglich, das ist in Tirol höchst selten) sowie auch Yoga und Qi Gong. Service und Küche haben noch deutlich Spielraum nach oben. Wenig erfreuliches Preis-Leistungs-Verhältnis, der hier angegebene Zimmerpreis kann zudem saisonabhängig auf mehr als das Dreifache steigen. Ungeeignet für Kinder. 50 Liegen, 150 Betten. Freibecken, Hallenbad, Sauna, Dampfbad, Massagen, Kosmetik, Fitnessgeräte, Personal Trainer. 18-Loch-Parcours, 45 % Greenfee-Rabatt. HP ab € 122,–.
- 6370 Kitzbühel, Eichenheim 8-9
  ☎ 05356-66615

Wellness 9
Jägerwirt **
Ortslage in Kitzbühel
- 6370 Kitzbühel, Jochberger Straße 12
  ☎ 05356-6981

Wellness 11
Kitzhof **
Grünlage am Ortsrand in Kitzbühel
- 6370 Kitzbühel, Schwarzseestraße 8-10
  ☎ 05356-63211-0

Wellness 11
Q! Resort Kitzbühel **
Am Bahnhofsplatz in Kitzbühel
- 6370 Kitzbühel, Bahnhofsplatz 1
  ☎ 05356-62136

Wellness 12
Rasmushof **
Grünlage am Ortsrand in Kitzbühel
- 6370 Kitzbühel, Hermann-Reisch-Weg 15
  ☎ 05356-65252

Wellness ⚜13
Schloss Lebenberg ***
Grünruhelage am Ortsrand in Kitzbühel
Hundefreundlich: Einst ein Big Name, vor fünf Jahren durch eine Modernisierung mit Kettenhotellieblosflair „verschönert" – sogar die fabelhafte Hier-trifft-man-Gott-und-die-Welt-Terrasse von ehedem wurde dabei geopfert. Kein Wunder, dass sich die Begeisterung in Grenzen hält, und es passt ins Bild, dass die Zimmer über einen Lebensmitteldiskonter schon um weniger als 80 Euro (inkl. HP) zu haben waren. Darüber mag ein gewisses Publikum frohlocken, mit Fünfsternqualitäten ist

dies jedoch nicht einmal bedingt vereinbar. Jedenfalls gibt es allerlei Wohlfühlhindernisse (etwa im Restaurant: So mancher Mitarbeiter müsste zuerst einmal die deutsche Sprache erlernen und dann eine fachliche Ausbildung erhalten) und Premiumdefizite, weshalb wir mit 11 Punkten bewerten würden. Wenn da nicht das Spa wäre, das zwar zu klein dimensioniert ist, aber immerhin einen 45 m langen Pool bietet – grandioser Ausblick inklusive. Hart an der Null-Lilien-Grenze. Ungeeignet für Kinder. 44 Liegen, 300 Betten.
Hallenbad, Außensauna, Dampfbad, Massagen, Kosmetik, Ayurveda, Fitnessgeräte. 18-Loch-Parcours in 3 und 7 km. HP ab € 101,–.
- 6370 Kitzbühel, Lebenbergstraße 17
  ☎ 05356-6901

Wellness 11
**Schwarzer Adler ****s
Zentrale Ortslage in Kitzbühel
- 6370 Kitzbühel, Florianigasse 15, ☎ 05356-6911

Wellness 11
Schweizerhof **
Ortsrandlage in Kitzbühel
- 6370 Kitzbühel, Hahnenkammstraße 4
  ☎ 05356-62735

Wellness 12
Tennerhof ***
Grünruhelage mit Fernblick am Ortsrand in Kitzbühel
- 6370 Kitzbühel, Griesenauweg 26
  ☎ 05356-63181

Wellness 12
Weisses Rössl ***
Zentrumslage in Kitzbühel
- 6370 Kitzbühel, Bichlstraße 5, ☎ 05356-71900

Wellness 11
Zur Tenne **
Zentrumslage in Kitzbühel
- 6370 Kitzbühel, Vorderstadt 8, ☎ 05356-64444-0

Wellness 11
Cordial Golf & Wellness **
Grünlage am Ortsrand in Reith bei Kitzbühel
- 6370 Reith bei Kitzbühel, Cordialplatz 1
  ☎ 05356-66477-0

Wellness 11
Penzinghof **
Grünlage am Ortsrand in Oberndorf – Nähe Kitzbühel
- 6372 Oberndorf, Penzingweg 14
  ☎ 05352-62905

Wellness 15
Kempinski Das Tirol *****
Grünlage an der B161 in Jochberg – Nähe Kitzbühel
Familienfreundlich und das erste Kempinski in Österreich: das ehemalige glücklose „Royal Spa Kitzbühel" der Vienna-International-Kette. Es bietet ein großartiges Ambiente in den öffentlichen Räumen sowie Zimmer in neun Varianten, die meisten haben blitzrote Teppiche und helle Vollholzinterieurs, alle sind großzügig geschnitten und haben Terrasse oder Balkon, Letzterer macht auf der Bundesstraßenseite jedoch nur für Taube Sinn. Das Spa ist weitläufig, die Massagen sind schwach, ungünstig ist die bemerkenswerte Absenz eines Kinderpools – bei klar formulierter Ausrichtung auf Familien –, was dazu führt, dass es im Hallenbad unangenehm laut werden kann. Das Haus liegt praktisch direkt am Schilift, was winters für einen Anschluss an superbe 170 Pistenkilometer steht. Freundliche, aber manchmal überforderte Crew, eher gute Küche. Während der Sommerferien täglich acht Stunden Betreuung für Kinder ab drei Jahren. Das Haus betont übrigens seinen Status als „Leading Hotel of the World", was jedoch nicht viel mehr bedeutet, als dass man ordentlich zahlendes Mitglied in diesem Marketingverbund ist – wir haben weltweit schon mehrere grottenschlechte Vertreter dieser Spezies erlebt! Valet Parking, Garage (unbedingt erforderlich) gegen 10 Euro pro Tag. 101 Liegen, 310 Betten. Freibecken, Solefreibecken, Hallenbad, Sauna, Dampfbad, Massagen, Kosmetik, Fitnessgeräte, Personal Trainer. 18-Loch-Parcours in 6 und 13 km. HP ab € 180,–.
- 6373 Jochberg, Kitzbühler Straße 48
  ☎ 05355-50100

Wellness 9
Alphof ***
Grünlage am Ortsrand in Kirchdorf – Nähe Kitzbühel
- 6382 Kirchdorf, Innsbrucker Straße 23
  ☎ 05352-63945

Wellness 12
Babymio ****
Grünlage am Ortsrand in Kirchdorf – Nähe Kitzbühel
- 6382 Kirchdorf, Habach 10, ☎ 05352-63165

Wellness 10
Furtherwirt Familotel ****
An der B178 in Kirchdorf – Nähe Kitzbühel
- 6382 Kirchdorf, Innsbrucker Straße 62
  ☎ 05352-63150

Wellness 10
Seiwald ****
Grünlage am Ortsrand in Kirchdorf – Nähe Kitzbühel
- 6382 Kirchdorf, Habach 8, ☎ 05352-63156-0

Wellness 11
Berghof Vitalhotel ****
Zentrale Ortslage in Erpfendorf – Nähe Kitzbühel
- 6383 Erpfendorf, Nr. 24, ☎ 05352-8221

Wellness 15
Lärchenhof *****
Grünruhelage am Ortsrand in Erpfendorf – Nähe Kitzbühel
Familienfreundliches Hoteldörfchen, es liegt ein paar Autominuten von Kitzbühel entfernt und besteht aus fünf unterirdisch miteinander verbundenen Häusern. Tischlerbarock und goldverbrämte Alpenrustikalelegan z der frühen 1990er Jahre kennzeichnen das Ambiente vieler öffentlicher Räume, unter den Zimmern finden sich auch nicht mehr ganz zeitgemäße, jedoch steher 17 Kategorien (24 bis 125 m² groß) zur Auswahl. Alles höchst sauber – auch die Treatments im Spa. Täglich Aktivprogramm, auch Pilates. Freundliche Mitarbeiter, reichhaltiges Frühstücksbuffet, gute bis sehr gute Küche. Liegewiese, Schischule, eigener Schilift, Kinderschiwiese. Viele, viele alte Stammgäste. 110 Liegen, 250 Betten. Freibecken (Sommer), Hallenbad, Solehallenbad, Außensauna, Sauna, Dampfbad, Massagen, Kosmetik, Fitnessgeräte, Personal Trainer. 9-Loch-Parcours, 30 % Greenfee-Rabatt. Tennishalle, Tennisplätze. HP ab € 109,–.
- 6383 Erpfendorf, Lärchenweg 11
  ☎ 05352-8138-0

Wellness 11
Rilano Resort Steinplatte ****
Grünlage am Ortsrand in Waidring – 25 km von Kitzbühel
- 6384 Waidring, Sonnwendstraße 13b
  ☎ 05353-20100

Wellness 12
Waidringer Hof Glückshotel ****
Zentrale Ortslage in Waidring – 25 km von Kitzbühel
- 6384 Waidring, Dorfstraße 16, ☎ 05353-5228

Wellness 11
Alpine Resort Fieberbrunn ****
Ortsrandlage in Fieberbrunn – 25 km östlich von Kitzbühel
- 6391 Fieberbrunn, Lindau 18, ☎ 05354-56086

Wellness 11
Alte Post Fieberbrunn ****
Zentrumslage in Fieberbrunn – 25 km östlich von Kitzbühel
- 6391 Fieberbrunn, Dorfstraße 21, ☎ 05354-56257

Wellness 10
Fontana Sporthotel ****
Ortsrandlage in Fieberbrunn – 25 km östlich von Kitzbühel
- 6391 Fieberbrunn, Lindau 15
  ☎ 05354-56453

Wellness 12
Unterlechner ****
Grünruhelage im Pillerseetal – 25 km östlich von Kitzbühel
- 6392 St. Jakob in Haus, Reith 23
  ☎ 05354-88291-0

Wellness 🌸 🌿16
Interalpen-Hotel Tyrol *****s
Absolute Grünruhelage mit Fernblick bei Seefeld
Hunde- und kinderfreundlich: Knapp 30-jähriger Beherbergungsgigant auf 1.300 m Seehöhe, mitten im Naturschutzgebiet (diese Lage punktet stark), er offeriert eine einnehmende räumliche Großzügigkeit in fast allen Bereichen. Auch die Zimmer sind riesig, alle zeigen sich renoviert und entweder in traditioneller oder moderner Ländlichkeit sehr wohnlich arrangiert. Das Spa ist weitläufig, angesichts der Hausgröße jedoch zumindest streckenweise deutlich zu klein dimensioniert, speziell in der Saunazone fühlt es sich manchmal unwürdig eng und haarsträubend schlecht gelüftet an. Fabelhaft dagegen ist die Sonnenterrasse – mit diesem Panorama –, die Küchenleistung schwankt gehörig, so mancher Restaurantmitarbeiter macht einen gänzlich unbedarften Eindruck. Bei fünfeinhalb Sternen und diesen Preisen sollte man eigentlich mehr erwarten dürfen. Täglich 10 Stunden Betreuung für Kinder ab drei Jahren. Gratisgarage für alle. 115 Liegen, 554 Betten.
Freibecken, Hallenbad, Kinderbecken, Sauna, Dampfbad, Massagen, Kosmetik, Fitnessstudio, Personal Trainer. 18-Loch-Parcours in 10 km, 15 % Greenfee-Rabatt. Tennisplätze. HP ab € 199,–.
- 6410 Telfs-Buchen, Dr.-Hans-Liebherr-Alpenstraße 1
  ☎ 05262-606

Wellness 11
Kaysers ****
Grünruhelage am Ortsrand in Mieming – Nähe Imst
- 6414 Mieming, Rollerweg 334, ☎ 05264-5667

Wellness 🌸 🌸 🌿17
Schwarz Alpenresort *****
Grünruhelage am Ortsrand in Mieming – Nähe Imst
Kinderfreundlich und schön gelegen: Sporthotel, Golfhotel, Wanderhotel und sogar Privatklinik für ästhetische Chirurgie. Das familiengeführte Multitalent besteht aus mehreren unterirdisch miteinander verbundenen Häusern, das führt zu labyrinthischen Grundrissen und endlos erscheinenden Wegstrecken – aber man ist ja schließlich auch ein Wanderhotel! Alles zeigt sich sehr sauber, allerdings stilistisch nicht überall konsistent und auch nicht rasend schick. Stark unterschiedliche Zimmer in 21 Varianten, mit Größen von 20 bis 220 m². Das Spa ist weitläufig, bietet einen schönen Außenbereich und wurde vor wenigen Monaten neuerlich substanziell erweitert. Neu sind nun unter anderem eine Familiensauna, ein Kinderbecken sowie eine 92 m lange Wasserrutsche (mit Zeitmessung). All das hat dem Haus sehr gut getan – im Hallenbadbereich, dort, wo die meisten Ruheliegen stehen, ist es nun deutlich ruhiger. Schier unerschöpflich ist das Spa-Angebot, neben medizinischen Check-ups kann man sich hier sogar Fett absaugen sowie etwa Nase, Ohren oder die Brust chirurgisch verändern lassen. Auch Golfer werden gleich neben dem Haus fündig. Präsente Gastgeber, durchwegs ausgesprochen freundliche und professionell agierende Mitarbeiter, gute Küche, Light Lunch und Nachmittagsjause sind im Preis enthalten. Sehr gute Treatments, auch Yoga, Meditation und Qi Gong, gute Laufstrecken in der Umgebung. Nur: Für „Tanz und Stimmung" mit dem Bio-Trio-Tirol am Abend sind wir nicht ganz die richtige Zielgruppe. Viele alte Stammgäste, sie kommen zahlreich aus der Schweiz. Täglich 11 Stunden Betreuung für Kinder ab drei Jahren. Valet Parking, Gratisgarage für alle. 129 Liegen, 280 Betten.
Naturbadeteich, Freibecken, Kinderfreibecken, Babyfreibecken, Hallenbad, Außensauna, Sauna, Dampfbad, Massagen, Ayurveda, Kosmetik, Fitnessstudio, Personal Trainer. 27-Loch-Parcours, Tennisplätze.
VP (inkl. alkoholfreier Getränke) ab € 158,–.
- 6414 Mieming, Obermieming 141
  ☎ 05264-5212-0

Wellness 11
Schweitzer Biohotel ***
Grünruhelage am Ortsrand in Mieming – Nähe Imst
- 6414 Mieming, Barwies 292
  ☎ 05264-5285

Wellness 🌸 🌿15
Holzleiten ****
Grünlage an der B189 bei Mieming – Nähe Imst
Angenehm überschaubares Haus, es heißt im Namenszusatz „Natur- und Spa-Resort" und bietet ein mit viel Holz naturnah und zumeist heimelig gestaltetes Umfeld. Alle Zimmer haben Holzböden und Balkon mit zumeist schönem Ausblick auf die Bergwelt, in jenen, die auf die Gartenseite hinausgehen, hört man die nahe Straße kaum. Zum Spa gehört ein feiner Außenbereich mit Liegewiese, es gibt ein wöchentliches Aktivprogramm sowie auch Yoga, Qi Gong, Pilates und Meditation. Gute Küche, Light Lunch und Nachmittagsjause sind im Preis enthalten. Ungeeignet für Kinder. 34 Liegen, 81 Betten.
Naturbadeteich, Freibecken, Außensauna, Dampfbad, Massagen, Kosmetik, Fitnessgeräte. 27-Loch-Parcours in 8 km, 20 % Greenfee-Rabatt. Tennisplatz, Leih-Mountainbikes gratis. HP ab € 98,–.
- 6416 Obsteig, Holzleiten 84
  ☎ 05264-8244

Wellness 10
Lärchenhof Kinderhotel ★★★★
Grünlage bei Mieming – Nähe Imst
- 6416 Obsteig, Holzleiten 86, ☎ 05264-8234

Wellness 13
Ritzlerhof ★★★★s
Grünruhelage mit Fernblick bei Sautens – Ötztal
Hundefreundlich: Ein reines „Erwachsenenhotel" (Kinder unter 12 Jahren werden als Gäste nicht akzeptiert), es nennt sich im Namenszusatz „Selfness- und Genusshotel", wurde vor wenigen Monaten (nach Eigentümerwechsel und Modernisierung) eröffnet und liegt sehr ruhig auf einem Sonnenplateau außerhalb des Ortes. Das Ambiente verströmt eine zeitgemäße und geschmackvolle Interpretation heimeliger Alpinromantik, das gilt auch für die Zimmer, deren einfachste Kategorien allerdings ziemlich klein geraten sind. Bescheidenes Spa. Regelmäßig im Angebot stehen Seminarpackages zu Themen wie Entschleunigung, „Lebensfeuer" und Bewusstsein. Freundliche Crew, die sich aber noch einspielen muss, gute Küche. Eine Nachmittagsjause ist im Preis enthalten. 35 Liegen, 96 Betten.
Freibecken (Sommer), Hallenbad, Außensauna, Sauna, Dampfbad, Massagen, Kosmetik, Fitnessgeräte. HP ab € 88,–.
- 6432 Sautens, Ritzlerhof 1
  ☎ 05252-6268-0

Wellness 10
Posthotel Kassl ★★★★
Ortslage an der Durchzugsstraße in Oetz – Ötztal
- 6433 Oetz, Hauptstraße 70
  ☎ 05252-6303

Wellness 9
Tauferberg ★★★
Grünruhelage am Ortsrand in Niederthai – Ötztal
- 6441 Niederthai, Nr. 12, ☎ 05255-5509

Kur 16
Kurzentrum Umhausen ★★★★
Grünruhelage am Ortsrand in Umhausen – Ötztal
Modernes Kurzentrum mit sehr passablen Zimmern, alle haben rote Teppichböden und Balkon. Spezialisiert ist man unter anderem auf Kuren gegen Erkrankungen des Stütz- und Bewegungsapparates sowie der Atemwege, geboten wird ein weites Spektrum an medizinischen Behandlungen, darunter solche mit dem örtlich vorkommenden Radonheilwasser und die sogenannte Kältekammer für die Ganzkörperkryotherapie bei minus 110 Grad. Sozialversicherungsgäste überwiegen, das Haus bietet auch einen Wellnessbereich, der so manchem Spa-Hotel zur Ehre gereichen würde, für Privatgäste gibt es auch einwöchige „Light-Kuren" sowie Fastenkuren, beides mit ausgezeichnetem Preis-Leistungs-Verhältnis, das hier natürlich auch punkten muss. Ringsum Wanderwege ohne Zahl, Gratisgarage für alle. Ungeeignet für Kinder. 62 Liegen, 200 Betten.
Freibecken, Hallenbad, Sauna, Dampfbad, Massagen, Kosmetik, Fitnessgeräte. HP ab € 76,–.
- 6441 Umhausen, Lehgasse 50
  ☎ 05255-50160

Wellness 14
Aqua Dome ★★★★s
Grünruhelage am Ortsrand in Längenfeld – Ötztal
Modernes Großhotel, es liegt direkt an der öffentlichen Therme gleichen Namens und dient nicht selten ganzen Fußballmannschaften als Herberge. Schön gestaltete und großzügig geschnittene Zimmer (alle mit Holzböden und Balkon), Ende des Vorjahres wurde ein zusätzlicher Bettentrakt eröffnet. Die weitläufige öffentliche Therme ist über einen endlos scheinenden Bademantelgang (plus Treppen) zu erreichen, ebendort finden Hotelgäste seit kurzem einen ihnen vorbehaltenen Saunabereich („Spa 3000") – Außenwhirlpools inklusive. Aktivprogramm, auch Fünf Tibeter, Pilates, Qi Gong und Yoga. Im Restaurant viele Mitarbeiter aus Deutschland, bisweilen agiert man etwas unbedarft. Und ein Frühstücksei aus Käfighaltung ist uns – außer in Kroatien – seit dem EU-weiten Verbot vor knapp zwei Jahren anderswo auch nicht mehr untergekommen. Enttäuschendes Preis-Leistungs-Verhältnis. Gratisgarage für alle. 56 Liegen, 412 Betten.
Sauna, Dampfbad. In der Therme: Thermalfreibecken, Thermalhallenbad, Kinderbecken, Sauna, Dampfbad, Massagen, Kosmetik, Fitnessstudio, Personal Trainer. HP ab € 163,–.
- 6444 Längenfeld, Oberlängenfeld 140
  ☎ 05253-6400

Wellness 17
Waldklause Naturhotel ★★★★s
Grünruhelage am Ortsrand in Längenfeld – Ötztal
Inhabergeführtes „Naturhotel", das seinem Namen alle Ehre macht, ist es doch nahezu ausnahmslos aus Holz gebaut. Lärchenholz, Lehm, Stein und Glas bestimmen das liebevoll gestaltete Ambiente, das trotz verwinkeltem Grundriss eine unvergleichlich wohnliche Atmosphäre verströmt. Wunderbar behaglich sind die Zimmer (13 Kategorien), alle sind großzügig geschnitten und haben gute Betten, Balkon oder Terrasse sowie einen Quellwasserbrunnen. Das Spa bietet unter anderem feine Ruheräume und fabelhafte Rückzugszonen im Außenbereich (während der kalten Jahreszeit wird es allerdings eng) sowie auch weiterhin ausgezeichnete Gesichts- und Körperbehandlungen (nur: warum gibt

es keine Shiatsumassagen mehr?). Restaurantterrasse, wunderbares Frühstücksbuffet, sehr gute Küche, freundliches Service mit kleinen Schwächen. Eine Nachmittagsjause (mit alkoholfreien Getränken) ist im Preis inkludiert. Einnehmend ruhiges Umfeld. Gratisgarage für alle. Ungeeignet für Kinder. 35 Liegen, 120 Betten. Freibecken, Außensauna, Sauna, Dampfbad, Massagen, Kosmetik, Fitnessgeräte. HP ab € 135,–.
- 6444 Längenfeld, Unterlängenfeld 190
  ☏ 05253-5455

Wellness 11
Alpenfriede ★★★★
Grünruhelage am Ortsrand in Hochsölden – Ötztal
- 6450 Sölden, Hochsölden 276, ☏ 05254-2227

Wellness ♣14
Bergland Sölden ★★★★s
Ortslage an der B186 in Sölden – Ötztal
Ein wunderschönes Haus, in dem es weder Alpenkitsch noch zimmermäßige optische Altlasten gibt: Holz, warme Farben, feine Holzböden und atmosphärisch platzierte Details schaffen ein Ambiente von zeitgemäßer, heimeliger Rustikalität, was auch für die Zimmer gilt, die ausnahmslos sehr gut ausgestattet und großzügig geschnitten sind, das größte hat sogar 213 m². Auch das Spa ist angenehm gestaltet, es bietet unter anderem einen Außenwhirlpool und einen Ruheraum mit Heubetten und befindet sich im obersten Stockwerk, was eine herrliche Aussicht garantiert. Freundliche, hilfsbereite Mitarbeiter; Zigarren-Lounge, Gratisgarage für alle. Ungeeignet für Kinder. 35 Liegen, 180 Betten. Hallenbad, Sauna, Dampfbad, Massagen, Kosmetik, Fitnessgeräte. HP ab € 149,–.
- 6450 Sölden, Dorfstraße 114
  ☏ 05254-2240-0

Wellness ♣13
Castello Falkner ★★★★s
Grünruhelage am Ortsrand in Sölden – Ötztal
Hunde- und familienfreundlich und nur zwei Gehminuten von der Gletscherbahn entfernt gelegenes Ensemble, es besteht aus 12 romantisierend stilisierten Häuschen, die um einen „Dorfplatz" angeordnet sind. Nicht überall ganz taufrisch (die 1980er Jahre lassen grüßen), Spa mit sehr kleinem Innenpool und Garten mit Liegewiese. Stark schwankende Küchenleistung, eine Nachmittagsjause ist im Preis enthalten. Während der Sommerferien täglich acht Stunden Betreuung für Kinder ab drei Jahren (Mo bis Fr). 30 Liegen, 130 Betten.
Freibecken, Hallenbad, Sauna, Dampfbad, Massagen, Kosmetik, Fitnessgeräte. HP ab € 100,–.
- 6450 Sölden, Oberwindaustraße 19
  ☏ 05254-2600

Wellness 12
Central Spa ★★★★★
Zentrale Ortslage in Sölden – Ötztal
- 6450 Sölden, Auweg 3, ☏ 05254-2260-0

Wellness 10
Elisabeth Sölden ★★★s
Grünlage am Ortsrand in Sölden – Ötztal
- 6450 Sölden, Adlerweg 2, ☏ 05254-2534

Wellness 12
Hochsölden Sonnenhotel ★★★★
Grünruhelage mit Fernblick in Hochsölden – Ötztal
- 6450 Sölden, Hochsöldenstraße 24
  ☏ 05254-2229

Wellness 11
Liebe Sonne ★★★★
Zentrale Ortslage in Sölden – Ötztal
- 6450 Sölden, Dorfstraße 58, ☏ 05254-2203

Wellness 11
Regina ★★★★s
Ortslage an der B186 in Sölden – Ötztal
- 6450 Sölden, Dorfstraße 101, ☏ 05254-2301

Wellness 11
Stefan ★★★★
Zentrale Ortslage an der B186 in Sölden – Ötztal
- 6450 Sölden, Dorfstraße 50, ☏ 05254-2237

Wellness 12
Angerer Alm ★★★★
Grünruhelage in Hochgurgl – Ötztal
- 6456 Hochgurgl, Hochgurgler Straße 3
  ☏ 05256-6241

Wellness 10
Ideal Sporthotel ★★★s
Grünruhelage in Hochgurgl – Ötztal
- 6456 Hochgurgl, Hochgurgler Straße 2
  ☏ 05256-6290

Wellness 11
Olymp ★★★★
Grünlage in Hochgurgl – Ötztal
- 6456 Hochgurgl, Hochgurgler Straße 1
  ☏ 05256-6491

Wellness 12
Riml ★★★★
Grünruhelage mit Fernblick in Hochgurgl – Ötztal
- 6456 Hochgurgl, Hochgurgler Straße 16
  ☏ 05256-6261

Wellness 🌸13
Top Hochgurgl *****
Grünruhelage in Hochgurgl – Ötztal

Wintersporthotel auf 2.150 m Seehöhe, es liegt direkt neben dem Sechserlift und bietet stark unterschiedliche Zimmer in 10 Kategorien (ab 22 m²), nicht alle begeistern. Das Ambiente changiert zwischen Jagdhausrustikalität, gehobenem Landhausstil und cooler Modernität, Letzteres gilt für das Spa (die Highlights ebendort: Außenwhirlpool mit feinem Panorama, großer Innenpool). Service und Küche haben noch deutlich Spielraum nach oben, das Preis-Leistungs-Verhältnis enttäuscht. Überwiegend internationales Publikum. 25 Liegen, 145 Betten. Hallenbad, Außensauna, Sauna, Dampfbad, Massagen, Kosmetik, Ayurveda, Fitnessstudio. HP ab € 175,–.
- 6456 Hochgurgl, Nr. 60
  ☎ 05256-6265

Wellness 12
Alpina ****s
In der Hotelzone in Obergurgl – Ötztal
- 6456 Obergurgl, Kressbrunnenweg 12
  ☎ 05256-600

Wellness 12
Bellevue ****
In der Hotelzone von Obergurgl – Ötztal
- 6456 Obergurgl, Kressbrunnenweg 3, ☎ 05256-6289

Wellness 12
Bergwelt ****s
In der Hotelzone von Obergurgl – Ötztal
- 6456 Obergurgl, Nr. 74, ☎ 05256-6274

Wellness 🌸14
Crystal ****s
Ortsrandlage in Obergurgl – Ötztal

Kinderfreundliches Wintersporthotel, es liegt direkt gegenüber der Talstation der Festkogelbahn und besteht aus dem renovierten Altbau („West") und dem neuen Trakt („East"), die mittels Brücke über die Hauptstraße verbunden sind. Mehrheitlich schöne Zimmer, 13 verschiedene Kategorien stehen zur Auswahl, fast alle haben Balkon, auch feine mit dunklen Eichenholzböden sind darunter. Das Spa ist ganz modern und für ein Wintersporthotel relativ groß, bescheiden sind jedoch die Ruhezonen. Feines Frühstücksbuffet, eine Nachmittagsjause ist im Preis enthalten. Täglich 11 Stunden Betreuung für Kinder ab drei Jahren (So bis Fr). Valet Parking, Gratisgarage für alle. 55 Liegen, 230 Betten. Freibecken, Hallenbad, Außensauna, Sauna, Dampfbad, Massagen, Kosmetik, Fitnessgeräte. HP ab € 114,–.
- 6456 Obergurgl, Gurglerstraße 90
  ☎ 05256-6454

Wellness 12
Edelweiß & Gurgl ****
In der Hotelzone von Obergurgl – Ötztal
- 6456 Obergurgl, Ramolweg 5
  ☎ 05256-6223

Wellness 12
Gotthard Zeit ****
In der Hotelzone von Obergurgl – Ötztal
- 6456 Obergurgl, Hohe Mutweg 4
  ☎ 05256-6292-0

Wellness 12
Hochfirst ****s
Ortsrandlage in Obergurgl – Ötztal
- 6456 Obergurgl, Gurgler Straße 123
  ☎ 05256-6325-0

Wellness 12
Josl Mountain Lounging ****
In der Hotelzone von Obergurgl – Ötztal
- 6456 Obergurgl, Ramolweg 18
  ☎ 05256-6205

Wellness 10
Mühle ****
An der Straße nach Hochgurgl – Ötztal
- 6456 Obergurgl, Gurgler Straße 87
  ☎ 05256-6767

Wellness 10
Lärchenwald Kinderhotel ****
Grünruhelage mit Fernblick bei Arzl Nähe Imst – Pitztal
- 6471 Arzl, Wald 70, ☎ 05412-64131

Wellness 10
Sailer Familotel ***
Grünlage am Ortsrand in Wenns – Pitztal
- 6473 Wenns, St. Margarethen 643
  ☎ 05414-87215

Wellness 🌸13
Andy ****s
Grünlage mit Fernblick in Jerzens – Pitztal

Familienfreundliches Haus, es liegt direkt am Riesenparkplatz der Seilbahn und bietet sehr saubere und durchwegs angenehm gestaltete Zimmer in sechs Varianten (25 bis 90 m² groß), alle haben Balkon und Teppichböden. Nettes Spa (mit Liegewiese und Außenwhirlpool), das auch Fünf Tibeter, Meditation und Muskelentspannung, aber ebenso Nonsens wie die „Behandlung mit Gold" anbietet. Freundliche Crew, eine Nachmittagsjause ist im Preis enthalten. Gratisgarage für alle. 35 Liegen, 130 Betten.

Hallenbad, Sauna, Dampfbad, Massagen, Kosmetik, Fitnessgeräte. HP ab € 100,–.
- 6474 Jerzens, Liss 244
  ☎ 05414-8610-0

Wellness ✿ ✿ 15
Jerzner Hof ★★★★
Grünlage mit Fernblick in Jerzens – Pitztal

Familienfreundliches Haus in angenehmer Größe, es liegt auf einem Sonnenhang hoch über dem Pitztal, was für eine wunderschöne Aussicht bürgt, die auch durch eine unter dem Haus vorbeigehende Durchzugsstraße zur Gondelbahn nicht beeinträchtigt wird. Zimmer in 12 verschiedenen Varianten, fast alle haben Balkon oder Terrasse, manche auch feine Holzböden und Kachelöfen. Das Spa bietet unter anderem feine Ruhezonen, ein Hallenbad mit – endlich wieder einmal – schwimmbarem Grundriss (18 m lang), einen Whirlpool im Freien sowie eine große Liegewiese mit Schwimmteich und dem – haustypischen – herrlichen Panorama. Aktivprogramm, auch Yoga und Pilates. Zumeist sehr gute Küche, Light Lunch und Nachmittagsjause sind im Preis enthalten. Ausgesprochen freundliches Umfeld, sauberes Preis-Leistungs-Verhältnis – auch bei den Getränken. 45 Liegen, 90 Betten.
Naturbadeteich, Hallenbad, Sauna, Dampfbad, Massagen, Kosmetik, Fitnessstudio, Personal Trainer. HP ab € 106,–.
- 6474 Jerzens, Hochzeigerstraße 170
  ☎ 05414-8510

Wellness 12
Panorama Natur & Spa ★★★★
An der Hauptstraße in Jerzens – Pitztal
- 6474 Jerzens, Kaitanger 173
  ☎ 05414-87352

Wellness 9
Andreas Hofer ★★★★
Zentrale Ortslage in St. Leonhard – Pitztal
- 6481 St. Leonhard, Mandarfen 23
  ☎ 05413-86214

Wellness 12
Seppl Sport & Vital ★★★★
Grünruhelage bei St. Leonhard – Pitztal
- 6481 St. Leonhard, Weißwald 41
  ☎ 05413-86220

Wellness 9
Sportalm ★★★★
Grünlage in Plangeroß – Pitztal
- 6481 St. Leonhard, Plangeroß 36
  ☎ 05413-86203

Wellness 10
Tieflehner Hof ★★★★
Grünlage an der Durchzugsstraße – Pitztal
- 6481 St. Leonhard, Tieflehn 20
  ☎ 05413-86209

Wellness ✿13
Vier Jahreszeiten ★★★★s
Grünruhelage bei St. Leonhard – Pitztal

Familienfreundliches, inhabergeführtes Haus, es liegt direkt am Parkplatz der Rifflsee-Gletscherbahn, auf 1.700 m Seehöhe, und besteht aus zwei miteinander verbundenen Gebäuden. Zimmer in 10 Varianten, auch ganz kleine finden sich darunter – unterm Strich verströmt das Hotel vielleicht nicht ganz das, was man sich unter einer Vierstern-superior-Anmutung vorstellt. Das kleine Spa ist zweigeteilt, allerdings ohne Verbindung, so sind Ruhesuchende und Familien mit Kindern voneinander getrennt. Gute Treatments – Shiatsu gibt es aber neuerdings nicht mehr, dafür therapeutischen Unfug wie die Schokomassage – sowie auch Yoga, Meditation, Pilates und Qi Gong (gegen Aufpreis). Guter Weinkeller, Light Lunch und Nachmittagsjause sind im Preis inkludiert. Gratisgarage für alle. 52 Liegen, 130 Betten. Hallenbad, Sauna, Dampfbad, Massagen, Kosmetik, Fitnessgeräte, Personal Trainer. HP ab € 85,–.
- 6481 St. Leonhard, Mandarfen 73
  ☎ 05413-86361

Wellness 12
Wildspitze ★★★★
Grünruhelage am Ortsrand – Pitztal
- 6481 St. Leonhard, Mandarfen 46
  ☎ 05413-86207

Wellness 10
Lärchenhof ★★★★
Ruhige Ortslage in Feichten – Kaunertal
- 6524 Feichten, Nr. 114
  ☎ 05475-240

Wellness 11
Laderhof Kinderhotel ★★★★
Ruhige Ortslage in Ladis – Nähe Serfaus
- 6531 Ladis, Greit 1
  ☎ 05472-6996

Wellness ✿13
Linde Gartenhotel ★★★★
Zentrale Ortslage in Ried – Oberinntal

Familienfreundliches, solides Haus mit regionaltypischem Erscheinungsbild, es besteht aus Stammhaus und Neubau, die miteinander baulich verbunden sind. Es bietet gemütliche öffentliche Räume und stark un-

terschiedliche Zimmer in 14 Kategorien, fast alle haben Balkon und Teppichböden. Das kleine Spa verfügt über nette Einrichtungen, darunter ein Außenbereich – also der namensgebende Garten – mit Liegewiese, alten Bäumen und Rückzugszonen. Freundliche Crew. 50 Liegen, 190 Betten.
Naturbadeteich, Freibecken, Hallenbad, Babyhallenbad, Außensauna, Sauna, Dampfbad, Massagen, Kosmetik, Fitnessgeräte. HP ab € 71,–.
- 6531 Ried, Nr. 80
  ☎ 05472-6270

| Wellness | 12 |

Mozart Vital ****
Grünlage am Ortsrand in Ried – Oberinntal
- 6531 Ried, Nr. 147, ☎ 05472-6937

| Wellness | 12 |

Riederhof ****
Grünlage am Ortsrand in Ried – Oberinntal
- 6531 Ried, Truyen 113, ☎ 05472-6214

| Wellness | 10 |

Truyenhof ****
Grünlage am Ortsrand in Ried – Oberinntal
- 6531 Ried, Truyen 168
  ☎ 05472-6513

| Wellness | 12 |

Alpen-Herz Romantik & Spa ****
Grünlage am Ortsrand in Ladis – Nähe Serfaus
- 6532 Ladis, Dorfstraße 40
  ☎ 05472-28065

| Wellness | 10 |

Panorama Ladis ****
Grünlage am Ortsrand in Ladis – Nähe Serfaus
- 6532 Ladis, Dorfstraße 56, ☎ 05472-2444

| Wellness | 12 |

Goies ****
Ruhige Ortslage in Ladis – Nähe Serfaus
- 6532 Ladis-Obladis, Grunesweg 2
  ☎ 05472-6133-0

| Wellness | 9 |

Bergfrieden ***
Grünruhelage am Ortsrand in Fiss – Nähe Serfaus
- 6533 Fiss, Laurschweg 5, ☎ 05476-6361

| Wellness | 12 |

Chesa Monte ****
Zentrale Ortslage in Fiss – Nähe Serfaus
- 6533 Fiss, Platzergasse 4
  ☎ 05476-6406

Wellness   12
Fisser Hof ★★★★
An der Dorfstraße in Fiss – Nähe Serfaus
- 6533 Fiss, Fisser Straße 94, ☎ 05476-6353

Wellness   11
Natürlich garni ★★★★
Grünruhelage oberhalb von Fiss – Nähe Serfaus
- 6533 Fiss, Laurschweg 33, ☎ 05476-60302

Wellness   ❦ ❦15
Schlosshotel Alpenresort ★★★★ˢ
Grünruhelage oberhalb von Fiss – Nähe Serfaus

Kinderfreundliches Großhotel, es liegt im Winter praktisch direkt an der Schipiste und bietet extrem unterschiedliche Zimmer (27 Varianten), längst nicht alle begeistern, jene im Ostflügel sind zeitgemäß gestaltet und mit feinen Holzböden ausgestattet. Das Spa verfügt über große Wasserflächen, ist streckenweise dennoch etwas klein geraten (Ruheräume). Erwähnenswert: das eigene Kinderbad mit einer 48 m langen Wasserrutsche, die Liegewiese mit netten Rückzugsmöglichkeiten sowie die sehr guten Massagen. Aktivprogramm, auch Fünf Tibeter, Qi Gong und Pilates. Sehr gute Küche, eine Nachmittagsjause ist im Preis inkludiert. Ausgesprochen freundliche, aber manchmal überforderte Crew. Täglich bis zu 14 Stunden Betreuung für Kinder ab drei Jahren (mit saisonalen Einschränkungen). Panorama-Sonnenterrasse, Valet Parking, Gratisgarage für alle. 130 Liegen, 420 Betten.
Freibecken, Hallenbad, Kinderbecken, Sauna, Dampfbad, Massagen, Kosmetik, Fitnessstudio, Personal Trainer.
HP ab € 160,–.
- 6533 Fiss, Laurschweg 28
  ☎ 05476-6397

Wellness   11
St. Laurentius Familienhotel ★★★★
Ortslage in Fiss – Nähe Serfaus
- 6533 Fiss, Laurschweg 23, ☎ 05476-6714

Wellness   9
Alte Schmiede ★★★★
Zentrale Ortslage in Serfaus
- 6534 Serfaus, Dorfbahnstraße 64, ☎ 05476-6492-0

Wellness   ❦14
Bär Family Kinderhotel ★★★★ˢ
Grünruhelage am Ortsrand in Serfaus

Kinder- und Babyhotel, und was für eines! Es liegt am Ortsrand und bietet Zimmer in 12 verschiedenen Varianten (32 bis 95 m² groß), diese zeigen sich zeitgemäß und sehr wohnlich arrangiert, alle haben Teppichböden, die meisten Balkon oder Loggia. Zum eher kleinen, aber

Cervosa (Seite 150)

sehr schön gestalteten Spa gehören Familiensauna sowie kinderfreie Zonen, aber auch eine 100 m lange Wasserrutsche. Hinzu kommen zahlreiche weitere Spielmöglichkeiten auch für größere Kids, darunter Lagerfeuer im Indianerdorf, Reiten, Goldsuche im Bergwerk, Zirkus, Theater und Zauberunterricht – um nur einiges zu nennen. Außergewöhnlich freundliche und hilfsbereite Crew, gute Küche, Light Lunch und Nachmittagsjause sind im Preis enthalten. Tägliche Betreuung für Kinder von null bis 13 Jahren (80 Wochenstunden, sehr nett). Gratisgarage für alle. 50 Liegen, 150 Betten. Freibecken, Babyfreibecken, Hallenbad, Babybecken, Sauna, Dampfbad, Massagen, Kosmetik, Fitnessgeräte. VP (inkl. alkoholfreier Getränke) ab € 117,–.
- 6534 Serfaus, Herrenanger 9
  ☎ 05476-6228

Wellness 🌿🌿🌿17
Cervosa ★★★★★
Grünruhelage mit Fernblick am Ortsrand in Serfaus
Hundefreundliches Fünfsternhaus, es liegt am oberen Ortsrand, was für ein fabelhaftes Panorama aus vielen Räumen steht. Die öffentlichen Räume präsentieren sich uneinheitlich und stilistisch etwas holprig, Ähnliches gilt teilweise auch für die Zimmer, die in 26 verschiedenen Varianten zur Auswahl stehen, die meisten haben Balkon und Teppichböden, kurz nach Redaktionsschluss wurden einige Suiten renoviert. Das Spa (mit Liegewiese) wurde vor kurzem substanziell erweitert, nun gibt es endlich mehrere, wenn auch kleine Ruheräume und einen kleinen Infinite-Edge-Pool, all das mit dem für das Haus so typischen wie berauschend privilegierten Ausblick auf die Berge – sogar aus der Sauna und dem Fitnessraum. Gute Massagen, täglich Aktivprogramm, auch Pilates und Yoga. Großartige Sonnenterrasse für Frühstück und Abendessen, freundliche und bemühte Mitarbeiter, sehr gute Küche, gute Weinkarte, eine Nachmittagsjause ist im Preis inkludiert. Externe ganztägige Kinderbetreuung (So bis Fr). 60 Liegen, 180 Betten (Foto Seite 149). Freibecken, Hallenbad, Außensauna, Sauna, Dampfbad, Massagen, Kosmetik, Ayurveda, Fitnessgeräte, Personal Trainer. HP ab € 128,–.
- 6534 Serfaus, Herrenanger 11
  ☎ 05476-6211-0

Wellness 12
Drei Sonnen ★★★★s
Zentrale Ortslage in Serfaus
- 6534 Serfaus, Untere Dorfstr. 17, ☎ 05476-6207

Wellness 11
Geigers Lifehotel ★★★★
Ortsrandlage mit Fernblick in Serfaus
- 6534 Serfaus, Untere Muiren 8, ☎ 05476-6209-0

Wellness 12
Geigers Posthotel ★★★★
Zentrale Ortslage in Serfaus
- 6534 Serfaus, Dorfbahnstraße 47, ☎ 05476-6261

Wellness 12
Jennys Schlössl ★★★★
Grünruhelage mit Fernblick am Ortsrand in Serfaus
- 6534 Serfaus, Plojenweg 9, ☎ 05476-6654

Wellness 12
Löwe Kinderhotel ★★★★
Zentrale Ortslage in Serfaus
- 6534 Serfaus, Untere Dorfstraße 5, ☎ 05476-6204

Wellness 12
Maximilian ★★★★
Grünruhelage mit Fernblick am Ortsrand in Serfaus
- 6534 Serfaus, Herrenanger 4, ☎ 05476-6520

Wellness 🌿🌿🌿🌿19
Schalber Wellness-Residenz ★★★★★s
Grünruhelage mit Fernblick am Ortsrand in Serfaus
Familienfreundliches Luxushaus, das schon beim Ankommen durch sein Äußeres signalisiert: Das sind fünf Sterne ohne Wenn und Aber. Es liegt auf einer Art Panoramaterrasse in 1.490 m Seehöhe, ist inwendig etwas verwinkelt, bietet gehobene Tiroler Ländlichkeit in den öffentlichen Räumen sowie wunderschöne, stets mit viel hellem Holz gestaltete Zimmer in 24 Kategorien. Alle sind blitzsauber, sehr großzügig geschnitten und bis zu einer Größe von 120 m² zu haben, viele verfügen über Teppichböden und gewähren einen absolut herrlichen Ausblick in die Bergwelt. Das durch seinen großen Außenbereich vor allem im Sommer weitläufige Spa bietet unter anderem eine riesige Sauna mit grandiosem Ausblick, ein kleines, elegantes Ladys-Spa sowie einen sehr gepflegten Garten mit Liegeterrassen, Teichen und Wasserfall, das Sportbecken (20 m lang) ist allerdings nur während der warmen Jahreszeit geöffnet. Ausgezeichnete Massagen, ebensolche Kosmetik, täglich Aktivprogramm, auch Yoga, Qi Gong, Pilates und Fünf Tibeter. Traumhafte Restaurantterrasse, sehr gutes Service, überwiegend junge aber dennoch gut geschulte und sehr zuvorkommende Crew. Ausgezeichnetes Frühstücksbuffet, sehr gute Küche, tolles Weinangebot. Light Lunch und Nachmittagsjause sind im Preis enthalten. Zigarrenlounge, Valet Parking. 90 Liegen, 270 Betten.
Freibecken, Solefreibecken, Freibecken (Sommer), Kinderfreibecken, Hallenbad, Sauna, Dampfbad, Massagen, Kosmetik, Ayurveda, Fitnessstudio, Personal Trainer. Tennishalle, Tennisplätze. HP ab € 155,–.
- 6534 Serfaus, Dorfbahnstraße 15
  ☎ 05476-6770

Wellness	11

St. Zeno Familotel ★★★★
Grünruhelage außerhalb des Ortes – Serfaus
- 6534 Serfaus, St. Zeno 3
  ☎ 05476-6328

Wellness	10

Lafairser Hof Vitalhotel ★★★★
Grünlage am Ortsrand in Pfunds – Oberinntal
- 6542 Pfunds, Nr. 373
  ☎ 05474-5757

Wellness	10

Traube ★★★★
Ortslage in Pfunds – Oberinntal
- 6542 Pfunds, Nr. 10, ☎ 05474-5210

Wellness	10

Tyrol Pfunds ★★★★
Ortslage in Pfunds – Oberinntal
- 6542 Pfunds, Stubenerstraße 296
  ☎ 05474-5247

Wellness	10

Berghof Nauders ★★★★
Grünruhelage am Ortsrand in Nauders – Oberinntal
- 6543 Nauders, Nr. 321, ☎ 05473-87365

Wellness	10

Central ★★★★
Zentrale Ortslage in Nauders – Oberinntal
- 6543 Nauders, Nr. 196
  ☎ 05473-87221

Wellness	13

Mein Almhof ★★★★s
Grünlage am Ortsrand in Nauders – Oberinntal
Hunde- und kinderfreundliches Hotel, es besteht aus drei Gebäuden und bietet stark unterschiedliche Zimmer (10 Kategorien) – auch weniger begeisternde finden sich darunter. Das puristisch gestaltete Spa verfügt über einen Außenbereich mit Whirlpool und Liegewiese, unsere Massagen waren hervorragend, schade nur, dass die gute Dorntherapie nicht mehr angeboten wird. Aktivprogramm, auch Fünf Tibeter. Freundliche Crew, eine Nachmittagsjause ist im Preis inkludiert. Täglich mindestens acht Stunden Kinderbetreuung (So bis Fr; mit saisonalen Einschränkungen). 38 Liegen, 220 Betten.
Hallenbad, Außensauna, Sauna, Dampfbad, Massagen, Kosmetik, Ayurveda, Fitnessgeräte. Tennisplatz.
HP ab € 98,–.
- 6543 Nauders
  Dr.-Tschiggfrey-Straße 314
  ☎ 05473-87313

ENERGIE FÜR DEN ALLTAG
SPA & VITALRESORT

Energie für den Alltag

- 3.500 m² Indoorwellness mit Ruheliegen für alle Gäste
- 7.000 m² Quellengarten der Sinne mit solarbeheiztem Schwimmteich (600 m²)
- Wander-, Golf- und Radparadies im Biosphärenpark Lungau
- Frisches Bergquellwasser aus der hauseigenen Quelle
- Höchster kulinarischer Genuss
- Wohlfühlzimmer und Luxussuiten

Wellnesshotel Eggerwirt
Familie Albert Moser
A-5582 St. Michael im Lungau
Tel. +43 (0) 6477 8224-0
office@eggerwirt.at

www.eggerwirt.at

Wellness	12

Nauderhof Alpin Art & Spa ★★★★
Zentrale Ortslage in Nauders – Oberinntal
- 6543 Nauders, Karl-Blaas-Gasse 160
  ☎ 05473-87704

Wellness	10

Tirolerhof ★★★★
Zentrale Ortslage in Nauders – Oberinntal
- 6543 Nauders, Dr.-Tschiggfrey-Straße 27
  ☎ 05473-86111

Wellness	9

Mallaun ★★★★
Zentrale Ortslage an der B188 – Paznauntal
- 6553 See, Au 89, ☎ 05441-8217

Wellness	11

Zhero
Grünlage an der B188 Nähe Ischgl – Paznauntal
- 6555 Kappl, Wiese 687, ☎ 05445-61200

Wellness	10

Angela garni ★★★★
Ortsrandlage an der B188 in Ischgl – Pazauntal
- 6561 Ischgl, Pasnatschweg 21, ☎ 05444-5170

Wellness	11

Brigitte ★★★★s
Zentrale Ortslage in Ischgl – Paznauntal
- 6561 Ischgl, Oberer Kirchenweg 3
  ☎ 05444-5646

Wellness	11

Elizabeth Arthotel ★★★★
Grünlage am Ortsrand in Ischgl – Paznauntal
- 6561 Ischgl, Fimbabahnweg 4, ☎ 05444-5411

Wellness	12

Fliana ★★★★s
Grünruhelage am Ortsrand in Ischgl – Paznauntal
- 6561 Ischgl, Fimbabahnweg 8
  ☎ 05444-5543

Wellness	11

Madlein ★★★★
Ortslage in Ischgl – Paznauntal
- 6561 Ischgl, Madleinweg 2
  ☎ 05444-5226

Wellness	12

Piz Tasna ★★★★
Grünruhelage am Ortsrand in Ischgl – Paznauntal
- 6561 Ischgl, Stöckwaldweg 5, ☎ 05444-5277

Wellness	11

Post ★★★★s
Zentrale Ortslage in Ischgl – Paznauntal
- 6561 Ischgl, Dorfstraße 67, ☎ 05444-5232

Wellness	11

Salnerhof ★★★★s
Zentrale Ortslage in Ischgl – Paznauntal
- 6561 Ischgl, Dorfstraße 98, ☎ 05444-5272-0

Wellness	10

Seiblishof Family Hotel ★★★★
Zentrale Ortslage in Ischgl – Paznauntal
- 6561 Ischgl, Pasnatschweg 1
  ☎ 05444-5425

Wellness	9

Tannenhof Ischgl ★★★s
Grünlage an der B188 bei Ischgl – Paznauntal
- 6561 Ischgl, Silvrettastraße 3, ☎ 05444-5472

Wellness	11

Tirol Ischgl ★★★★
Zentrale Ortslage in Ischgl – Paznauntal
- 6561 Ischgl, Dorfstraße 77, ☎ 05444-5216

Wellness	10

Trofana ★★★★
Zentrale Ortslage in Ischgl – Paznauntal
- 6561 Ischgl, Bachweg 14, ☎ 05444-601

Wellness	❦ 14

Trofana Royal ★★★★★s
Zentrale Ortslage in Ischgl – Paznauntal

Renommiertes Fünfstern-superior-Haus, das vor vielen Jahren einmal mit vier Lilien prämiert werden konnte, in der Zwischenzeit in Sachen Wellness aber stehengeblieben ist, während die Konkurrenz aufgerüstet hat. Auch weiterhin bietet das Haus jedoch luxuriöse und sehr große Zimmer – 15 Kategorien, die meisten bieten traditionell-ländliche Interieurs, nur die im Südflügel sind mit kontemporärem Chic gestaltet, alle haben Teppichböden, die meisten Balkon oder Terrasse – sowie ein Service ohne Wenn und Aber. Spa-Highlights: Liegewiese und ein Solewhirlpool im Freien. Gute Küche, fabelhafter Weinkeller. Im Winter beginnt die Schipiste gleich hinter dem Hotel, der abendliche Rummel, auch vom hauseigenen „Après-Schi-Ballermann", ist aus manchen Zimmern bestens zu hören. Gratisgarage für alle. Ungeeignet für Kinder. 58 Liegen, 210 Betten.
Hallenbad, Sauna, Dampfbad, Massagen, Kosmetik, Fitnessgeräte, Personal Trainer. HP ab € 130,–.
- 6561 Ischgl, Dorfstraße 95
  ☎ 05444-600

Superior

Herzlich Willkommen

Wollen Sie den Alltag hinter sich lassen, eine Auszeit nehmen und Stress abbauen, dann sind Sie bei uns im familiär geführten Gutshof der gehobenen ****Superior Kategorie genau richtig …

3 Lilien Wellness – Beauty – Fitness
Große Sonnen-Liegewiese, Innen- und Außenpool, NEU Poolbar, Saunen- und Dampfbäder, Whirlpool, Infrarotkabinen, Kneippbecken, Beauty und Kosmetikanwendungen, Massagen, Verwöhnbäder, Wohlfühlpakete, Fitnessraum

Kulinarische Köstlichkeiten
Gut Weissenhof Vollpension, ausgezeichnete Menüfolgen, erlesene Weine

Golfen
Direkt am 27-Loch Golfplatz,
30 % ermäßigte Greenfee, Golfakademie, eigene Caddies, Kindergolfkurse

Reiten
Hauseigene Reithalle mit Reitschule, täglich gratis Ponyreiten

Kinder und Jugendspass
Abenteuer und Actionprogramm, tägliche Betreuung, Babysitterservice

Winter
Ski & Boarderparadies, 860 km Pisten und 270 Lifte, mit den Schiern bis zum Haus, direkt an der 180 km gespurten Skating- und Langlaufloipe, beleuchtete Rodelbahn 6 km lang

Familie Habersatter – A-5550 Radstadt – Weissenhof (Straße) 6 – Tel. +43 (0) 6452 / 70 0
info@weissenhof.at • www.weissenhof.at

Wellness 10	Wellness 12
Almhof ****	**Arlmont** ****
Grünlage am Ortsrand in Galtür – Paznauntal	Grünruhelage am Ortsrand in St. Anton am Arlberg
• 6563 Galtür, Nr. 4, ☏ 05443-8253	• 6580 St. Anton, Am alten Hof 1, ☏ 05446-42525

Wellness 10
Almhof ****
Grünlage am Ortsrand in Galtür – Paznauntal
• 6563 Galtür, Nr. 4, ☏ 05443-8253

Wellness 12
Arlmont ****
Grünruhelage am Ortsrand in St. Anton am Arlberg
• 6580 St. Anton, Am alten Hof 1, ☏ 05446-42525

Wellness 9
Ballunspitze Kinderhotel ****
An der Ortsdurchfahrt in Galtür – Paznauntal
• 6563 Galtür, Nr. 20, ☏ 05443-8214

Wellness 11
Banyan garni ****
Zentrumslage in St. Anton am Arlberg
• 6580 St. Anton, Dorfstraße 55, ☏ 05446-30361

Wellness 10
Luggi ***
An der Ortsdurchfahrt in Galtür – Paznauntal
• 6563 Galtür, Nr. 23e, ☏ 05443-8386

Wellness 12
Best Western Alte Post ****
Zentrumslage in St. Anton am Arlberg
• 6580 St. Anton, Dorfstraße 11, ☏ 05446-2553-0

Wellness 9
Post ****
Ortslage in Galtür – Paznauntal
• 6563 Galtür, Platz 47b
  ☏ 05443-8422

Wellness 11
Galzig Skihotel garni ****
Ortslage in St. Anton am Arlberg
• 6580 St. Anton, Hannes-Schneider-Weg 5
  ☏ 05446-42770

Wellness 11
Wirlerhof ****
Grünlage am Ortsrand in Galtür – Paznauntal
• 6563 Galtür, Nr. 8, ☏ 05443-8231

Wellness 10
Grieshof ****
Ortslage in St. Anton am Arlberg
• 6580 St. Anton, Im Gries 20, ☏ 05446-2331

Wellness 12
Gridlon ****
Grünruhelage am Ortsrand in Pettneu am Arlberg
• 6574 Pettneu, Nr. 36, ☏ 05448-8208

Wellness 11
Lux Alpinae ****
Ortsrandlage an der B197 in St. Anton am Arlberg
• 6580 St. Anton, Arlbergstraße 41
  ☏ 05446-30108

Wellness 11
Alpenhotel St. Christoph ****
Grünruhelage mit Fernblick in St. Christoph am Arlberg
• 6580 St. Anton, St. Christoph 34
  ☏ 05446-3666

Wellness 11
Maiensee ****
Grünruhelage in St. Christoph am Arlberg
• 6580 St. Anton, St. Christoph 24, ☏ 05446-2804

Wellness 10
Anthony's Life & Style ****
Zentrumslage in St. Anton am Arlberg
• 6580 St. Anton, Dorfstraße 3
  ☏ 05446-42600

Wellness 11
Post ****
Zentrumslage in St. Anton am Arlberg
• 6580 St. Anton, Walter-Schuler-Weg 2
  ☏ 05446-2213-0

Wellness 11
Anton Aparthotel ****
Ortslage in St. Anton am Arlberg
• 6580 St. Anton, Kandaharweg 4
  ☏ 05446-2408

Wellness 11
Raffl's St. Antoner Hof *****
Zentrale Ortslage an der B197 in St. Anton am Arlberg
• 6580 St. Anton, Arlbergstraße 69
  ☏ 05446-2910

Wellness 12
Arlberg Hospiz *****
Grünlage in St. Christoph am Arlberg
• 6580 St. Anton, St. Christoph 1
  ☏ 05446-2611-0

Wellness 10
Rundeck garni ****
Zentrumslage an der B197 in St. Anton am Arlberg
• 6580 St. Anton, Arlbergstraße 59
  ☏ 05446-3133

Wellness	11

Schwarzer Adler ★★★★
Zentrumslage in St. Anton am Arlberg
- 6580 St. Anton, Dorfstraße 35
  ☏ 05446-2244-0

Wellness	🌸🌸🌸 17

Tannenhof St. Anton ★★★★★s
Grünruhelage am Ortsrand in St. Anton am Arlberg
Hundefreundliches Luxushotel im Kleinstformat, ein richtiges Hideaway: mit riesengroßen, aufwendig arrangierten Zimmern mit feinen Eichenholzböden, heimeligem Flair, wunderbarer Bettwäsche und schönem Ausblick auf den Ort. Edles Spa mit Liegewiese und kompetent durchgeführten Treatments. Fabelhaftes Wohngefühl, ebensolche Restaurantterrasse, großartiges Frühstück (wird serviert), ausgezeichnete Küche mit biologischer und regionaler Orientierung, freundliches Top-Service ohne Wenn und Aber. Direkte Konkurrenten (ohne Rücksicht auf Wintersporteignung): Aurelio Lech, Wiesergut, Aenea, Geinberg⁵ Private Spa Villas.
4 Liegen, 16 Betten.
Hallenbad, Außensauna, Sauna, Dampfbad, Massagen, Kosmetik, Fitnessgeräte, Personal Trainer. HP ab € 350,–.
- 6580 St. Anton, Nassereinerstraße 98
  ☏ 05446-30311

Wellness	12

Valluga ★★★★
Zentrale Ortslage an der B197 in St. Anton am Arlberg
- 6580 St. Anton, Arlbergstraße 79, ☏ 05446-3263

Wellness	10

Zum Mohren ★★★★
Zentrumslage in Reutte
- 6600 Reutte, Untermarkt 26, ☏ 05672-62345

Wellness	10

Moserhof ★★★★
Grünlage am Ortsrand in Reutte
- 6600 Reutte-Breitenwang, Planseestraße 44
  ☏ 05672-62020

Wellness	9

Maximilian ★★★
Grünlage am Ortsrand in Reutte
- 6600 Reutte-Ehenbichl, Reuttener Straße 1
  ☏ 05672-62585

Wellness	9

Fürstenhof ★★★★
Grünruhelage am Ortsrand in Wängle – Nähe Reutte
- 6610 Wängle, Holz 1
  ☏ 05672-64234

Wellness	9

Talhof ★★★★
Grünruhelage am Ortsrand in Wängle – Nähe Reutte
- 6610 Wängle, Holz 8
  ☏ 05672-62280-0

Wellness	11

Kaiserhof Familienhotel ★★★★
Grünruhelage am Ortsrand in Berwang – Nähe Reutte
- 6622 Berwang, Nr. 78
  ☏ 05674-8285

Wellness	🌸🌸 15

Singer Sporthotel & Spa ★★★★s
Grünlage an der Dorfstraße in Berwang – Nähe Reutte
Hundefreundlich: Charmantes, inhabergeführtes Haus, es bietet eine gute Portion von nostalgischem 1960er-Flair und stark unterschiedliche Zimmer in 13 Kategorien, auch so manches alte findet sich darunter. In starkem Kontrast dazu steht das wunderschöne und vergleichsweise große Spa in einem dreistöckigen Gebäude: mit hochwertigen Liegen, offenem Kamin und relativ großen Pools. Dazu ausgezeichnete Massagen, tägliches Aktivprogramm, auch Yoga und Meditation. Alles bestens sauber, feine Sonnenterrasse, weitläufiger Garten mit Kieswegen, Bächlein und Bergpanorama ringsum. Feine Frühstücksterrasse, ausgesprochen freundliche Mitarbeiter, gute bis sehr gute Küche, ebensolche Auswahl an – auch offenen – Weinen. Internationale Gästeschar. Ungeeignet für Kinder. 50 Liegen, 150 Betten.
Freibecken, Hallenbad, Sauna, Dampfbad, Massagen, Kosmetik, Fitnessgeräte, Personal Trainer. 9-Loch-Parcours in 15 km, 20 % Greenfee-Rabatt. HP ab € 113,–.
- 6622 Berwang, Nr. 51
  ☏ 05674-8181

Wellness	🌸 14

Alpenrose Family Resort ★★★★s
Zentrumsnähe in Lermoos – Nähe Ehrwald
Kinder- und Babyhotel, sogar eines der besten im deutschsprachigen Raum. Es besteht aus mehreren aneinandergereihten Gebäuden unterschiedlichen Bautums und bietet Zimmer in 35 Varianten, die schönsten befinden sich im jüngsten Zubau. Das Spa verfügt unter anderem über mehrere Pools und einen eigenen Bereich für Kinder, ist für die Größe des Hauses allerdings etwas knapp dimensioniert, die Stärke des Hauses liegt eindeutig in den weitläufigen Indoor- und Outdoor-Spielbereichen (insgesamt 7.000 m²), die für alle Altersgruppen perfekt Durchdachtes anbieten, darunter Gokartbahn, Ponys zum Reiten, Kino und Theatersaal. Geboten wird All Inclusive, was täglich vier Mahlzeiten und alle alkoholfreien Getränke miteinschließt. Freundliche Mitarbeiter, gute Küche, ebensolche Auswahl an

Weinen. Liegewiese, täglich (sehr gute) Kinderbetreuung (90 Wochenstunden, für Babys 80 Wochenstunden). Gratisgarage für alle. 25 Liegen, 360 Betten. Freibecken, Hallenbad, Kinderbecken, Sauna, Dampfbad, Massagen, Kosmetik, Ayurveda, Fitnessgeräte, Personal Trainer. 9-Loch-Parcours in 3 km, 20 % Greenfee-Rabatt. VP (inkl. alkoholfreier Getränke) ab € 125,–.
- 6631 Lermoos, Danielstraße 3
  ☎ 05673-2424

Wellness 12
Bellevue Family-Relax ****
Grünruhelage mit Fernblick in Lermoos – Nähe Ehrwald
- 6631 Lermoos, Mösle 7
  ☎ 05673-2151-0

Wellness 9
Bergland ****
Ortsrandlage in Lermoos – Nähe Ehrwald
- 6631 Lermoos, Reuttener Straße 1
  ☎ 05673-2913

Wellness 10
Edelweiss ****
Ortsrandlage in Lermoos – Nähe Ehrwald
- 6631 Lermoos, Danielstraße 7
  ☎ 05673-2214

Wellness 12
Klockerhof ****
Grünruhelage am Ortsrand in Lermoos – Nähe Ehrwald
- 6631 Lermoos, Widum 12
  ☎ 05673-2116

Wellness 9
Lärchenhof garni ****
An der Hauptstraße in Lermoos – Nähe Ehrwald
- 6631 Lermoos, Gries 16
  ☎ 05673-2197

Wellness 11
Loisach
Zentral an der Hauptstraße in Lermoos – Nähe Ehrwald
- 6631 Lermoos, Unterdorf 6
  ☎ 05673-2394

Wellness ❀ ❀ ❀ 17
Mohr Life Resort ****s
Grünlage mit Fernblick am Ortsrand – Nähe Ehrwald
Hundefreundliches Haus in feiner Lage, diese garantiert einen herrlichen Ausblick aus vielen Zimmern. Erfrischend junge Optik in den öffentlichen Räumen, zum alten Stammhaus (weniger empfehlenswert) und dem bisherigen Neubau ist vor kurzem ein zusätzlicher Trakt hinzugekommen (die Bauarbeiten erfolgten bei vollem

Mohr Life Resort

Betrieb!), die dort untergebrachten Zimmer sind sozusagen das bisherige Konzept zum Quadrat: stylish, noch wohnlicher und vor allem riesengroß (bis zu 100 m²); aus der sogenannten Lifestyle-Suite kann man durch eine Glaswand sein Auto betrachten – sogar vom Bett aus. Na ja! Jedenfalls haben diese Zimmer alle feine Holzböden – hier ging man vom bislang hochgehaltenen Teppichbodenstandard (mitunter ganz schön hochflorig) ab, was sicher kein Nachteil ist –, manche auch offenen Kamin oder sogar Außensauna. Auch das Spa ist wunderschön arrangiert und bietet unter anderem einen feinen Außenbereich mit Liegewiese, Garten und Bächlein sowie einen Innenpool mit schwimmbarem Grundriss (18 m lang). Weiters gute Massagen, ein Aktivprogramm sowie auch Yoga, Pilates und Qi Gong. Freundliche junge Crew, die ab und an gerne noch etwas professioneller auftreten dürfte. Fabelhafte Restaurantterrasse, bei der Küche gibt es noch etwas Luft nach oben, eine Nachmittagsjause ist im Preis enthalten. Eher ungeeignet für Kinder. 80 Liegen, 183 Betten.
Solefreibecken, Hallenbad, Kinderhallenbad, Außensauna, Sauna, Dampfbad, Massagen, Kosmetik, Ayurveda, Fitnessgeräte, Personal Trainer. 9-Loch-Parcours in 3 km. HP ab € 99,–.
- 6631 Lermoos, Innsbrucker Straße 40
  ☎ 05673-2362

Wellness	15

Post ★★★★s
Zentrumslage in Lermoos – Nähe Ehrwald
Neben der Dorfkirche: Sauber geführtes Traditionshaus, es besteht aus Hotel und zwei Dependancen, die einige Schritte entfernt liegen. Das Ambiente spielt irgendwie unentschlossen mit konservativer Tiroler Edelrustikalität, unterm Strich fühlt sich alles jedoch sehr gemütlich an, wozu auch die große Sauberkeit beiträgt. Alle Zimmer wurden vor kurzem überarbeitet, sie sind wunderbar groß (44 bis 127 m²), jene, die nicht an der Straßenseite liegen – das sind die meisten –, bieten zudem einen herrlichen Ausblick über das Tal und auf die Zugspitze in der Ferne. Auch das nicht allzu große Spa gibt sich in Sachen Erscheinungsbild alpenländisch-elegant, es bietet gute Treatments, ein tägliches Aktivprogramm sowie auch Yoga und Pilates, die grandiose Panorama gibt's übrigens auch von Liegewiese, Ruheraum und Pool. Freundliche Mitarbeiter, Tafelsilber, stimmungsvolles Restaurant, sehr gute Küche, ein Light Lunch ist im Preis inkludiert. Großartiger Weinkeller mit professioneller Beratung, fabelhafte Restaurantterrasse. 66 Liegen, 230 Betten.
Freibecken, Hallenbad, Sauna, Dampfbad, Massagen, Kosmetik, Ayurveda, Fitnessgeräte, Personal Trainer. 9-Loch-Parcours in 2 km, 30 % Greenfee-Rabatt. HP ab € 139,–.
- 6631 Lermoos, Kirchplatz 6
  ☎ 05673-2281-0

Wellness	12

Alpenhof ★★★★
Grünruhelage am Ortsrand in Ehrwald
- 6632 Ehrwald, Alpenhofstraße 13, ☎ 05673-2345

Wellness	9

Sonnenspitze ★★★★
Ruhige Zentrumslage in Ehrwald
- 6632 Ehrwald, Kirchplatz 14, ☎ 05673-2208-0

Wellness	11

Spielmann ★★★★
Grünruhelage am Ortsrand in Ehrwald
- 6632 Ehrwald, Wettersteinstr. 24, ☎ 05673-2225-0

Wellness	9

Stern Ehrwald ★★★
Zentrumslage in Ehrwald
- 6632 Ehrwald, Innsbrucker Straße 8
  ☎ 05673-2287-0

Wellness	10

Tirolerhof Kinderhotel ★★★★
Ruhelage am Ortsrand in Ehrwald
- 6632 Ehrwald, Reinhard-Spielmann-Straße 16
  ☎ 05673-2308

Wellness	11

Zugspitze Aktiv- & Familienresort ★★★★
Grünruhelage außerhalb von Ehrwald
- 6632 Ehrwald, Obermoos 1, ☎ 05673-2309

Wellness	10

Zum Grünen Baum ★★★★
Zentrale Ortslage in Ehrwald
- 6632 Ehrwald, Innsbrucker Straße 2
  ☎ 05673-2302

Wellness	11

McTirol
Grünlage am Ortsrand Nähe Lermoos
- 6633 Biberwier, Fernpassstraße 71-72
  ☎ 05673-22565

Wellness	12

Alpenrose ★★★★s
An der Dorfstraße in Elbigenalp – Lechtal
- 6652 Elbigenalp, Unterelbigen 21
  ☎ 05634-6651

Wellness	9

Stern Elbigenalp ★★★★
Ortsruhelage in Elbigenalp – Lechtal
- 6652 Elbigenalp, Nr. 7, ☎ 05634-6202

Wellness	9

Tannenhof ★★★
Grünlage an der B198 – Lechtal
• 6655 Steeg, Walchen 46, ☎ 05633-5290

Wellness	10

Laternd'l Hof ★★★★ˢ
Grünlage an der B199 – Tannheimer Tal
• 6672 Haller, Seestraße 16, ☎ 05675-8267

Wellness	11

Via Salina ★★★★
Grünlage am Haldensee – Tannheimer Tal
• 6672 Nesselwängle, Haller 11
  ☎ 05675-20104

Wellness	12

Bergblick ★★★★ˢ
Grünruhelage am Ortsrand in Grän – Tannheimer Tal
• 6673 Grän, Am Lumberg 20
  ☎ 05675-6396

Wellness	✿ ✿ 16

Engel ★★★★ˢ
Ruhige Ortslage in Grän – Tannheimer Tal
Familienfreundlich: inhabergeführtes Hotel neben der Dorfkirche, mit durch zahlreiche Ausbaustufen etwas verwinkeltem Grundriss (unter anderem führen drei Lifte in jeweils unterschiedliche Stockwerke) und stets ländlich nach traditioneller Tiroler Art gestaltetem, sehr gemütlichem Ambiente in den öffentlichen Räumen. Zimmer in 18 verschiedenen Varianten, sie sind sehr verschiedenartig gestaltet und mehrheitlich großzügig geschnitten, manche haben auch feine Holzböden und offenen Kamin. Das Spa ist inwendig (flächenmäßig wie stilistisch) eher bescheiden, verfügt aber über einen idyllischen Außenbereich mit Garten (Olivenbäumchen, viele Blumen), Liegewiese (140 Liegen) und schönem Bergpanorama. Weiters: gute Massagen, tägliches Aktivprogramm, auch Yoga, Jacobson-Tiefenmuskelentspannung, Pilates und Qi Gong. Präsente Gastgeber, ausgesprochen freundliches und aufmerksames Service, gute bis sehr gute Küche, Light Lunch und Nachmittagsjause sind im Preis enthalten. Fabelhafte Restaurantterrasse, kompetente Weinberatung, bester Schlaf. Viele, viele Stammgäste, die meisten kommen aus der Schweiz und aus Deutschland. Valet Parking, täglich geführte Wanderungen. Kinderbetreuung zu Ferienzeiten. 58 Liegen, 200 Betten.
Naturbadeteich, Freibecken, Hallenbad, Außensauna, Sauna, Dampfbad, Massagen, Kosmetik, Ayurveda, Fitnessstudio, Personal Trainer. HP ab € 128,–.
• 6673 Grän, Dorfstraße 35
  ☎ 05675-6423

Wellness 14
Liebes Rot-Flüh *****
Grünlage am Ortsrand in Grän – Tannheimer Tal
Kinderfreundliches „Traumhotel" (werbliche Selbstdarstellung) mit Viersternanmutung und der gleichzeitigen Ausrichtung auf Romantik für Paare, auf Hochzeiten, Tagungen, Events und Familien mit Kindern. Inwendig herrschen labyrinthische Strukturen mit stark unterschiedlichen Zimmern in 28 Kategorien, das Spektrum reicht von eher unerfreulich bis hin zum luxuriösen Wohntraum mit 150 m² Größe – was uns die Bewertung nicht gerade einfacher macht. Die öffentlichen Räume sind mit Verve überbordend dekoriert und etwas in die Jahre gekommen, verströmen aber dennoch zumindest streckenweise einen unvergleichlichen Charme. Seine stärkste Seite zeigt das Hotel in Sachen Wellness: Das Spa (mit Liegewiese) ist zwar buchstäblich weitläufig – weil dreigeteilt, man muss also weit laufen –, es bietet allerdings viel, unter anderem große Wasserflächen und passable Treatments – die guten Massagen (Tuina, Thai, Dorn) sind aber neuerdings nicht mehr zu haben. Täglich Aktivprogramm, auch Yoga, Pilates, Tai Chi und Qi Gong. Großteils freundliche Mitarbeiter, so mancher kommt allerdings recht unbedarft daher. Light Lunch und Nachmittagsjause sind im Preis enthalten. Betreuung für Kinder ab drei Jahren täglich von 10 bis 21 Uhr. 168 Liegen, 240 Betten.

Freibecken, Hallenbad, Sauna, Dampfbad, Massagen, Kosmetik, Ayurveda, Fitnessstudio, Personal Trainer. Tennisplätze. HP ab € 135,–.
- 6673 Grän, Seestraße 26
  ☎ 05675-6431

Wellness 12
Lumberger Hof ****
Ortslage in Grän am Haldensee – Tannheimer Tal
- 6673 Grän, Am Lumberg 1, ☎ 05675-6392

Wellness 10
Sonnenhof ****
Grünruhelage am Ortsrand in Grän – Tannheimer Tal
- 6673 Grän, Füssener Jöchlestraße 5, ☎ 05675-6375

Wellness 10
Told Almhotel ***s
Grünlage am Ortsrand in Grän – Tannheimer Tal
- 6673 Grän, Engetalstraße 1, ☎ 05675-6294

Wellness 13
Tyrol Grän ****
Ortslage in Grän am Haldensee – Tannheimer Tal
Familienfreundliches Haus direkt an der Bundesstraße, es nennt sich „Komforthotel" im Namenszusatz und bietet einen verwinkelten Grundriss, ein rustikales Erschei-

nungsbild mit stilistischen Unrundheiten sowie stark unterschiedliche Zimmer in 16 Kategorien – auch kleine mit DOS („Dark Oak Disease", auch: Dunkle-Eiche-Syndrom, Möbelvirus der frühen 1980er) finden sich darunter (die allerdings mit fairen Preisen). Spa mit Liegewiese, sehr freundliche Crew. Ein Light Lunch ist im Preis enthalten. Gratisgarage für alle. 92 Liegen, 200 Betten.
Freibecken (Sommer), Hallenbad, Kinderhallenbad, Sauna, Dampfbad, Massagen, Kosmetik, Ayurveda, Fitnessgeräte. HP ab € 77,–.

- 6673 Grän, Seestraße 24
  ☎ 05675-6245

Wellness 14
Hohenfels Landhotel ★★★★
Grünruhelage am Ortsrand – Tannheimer Tal
Inhabergeführtes Beinahe-Kleinhotel mit vielen netten Zimmern, hellen Vollholzinterieurs und kleinem Spa mit Fokus auf Wesentliches: Liegewiese, Außensauna, schwimmbarer Pool (hier: 17 m lang). Sehr gute Küche, freundliche Mitarbeiter. Light Lunch und Nachmittagsjause sind im Preis enthalten. Ungeeignet für Kinder. 24 Liegen, 86 Betten.
Freibecken, Außensauna, Sauna, Dampfbad, Massagen, Kosmetik. HP ab € 105,–.

- 6675 Tannheim, Oberhöfen 99
  ☎ 05675-6286

Wellness 17
Jungbrunn
Grünruhelage am Ortsrand in Tannheim – Tannheimer Tal
„Das alpine Lifestyle-Hotel" (werbliche Selbstbezeichnung) liegt ruhig und etwas erhöht über dem Ort und präsentiert sich inwendig optisch geradezu aufreizend aufdringlich. Extrem unterschiedliche Zimmer (12 Kategorien), nicht alle begeistern, jedoch findet man auch zahlreiche sehr schöne, viele sind mit kubischen Möbeln aus dickem, rohem Vollholz, mit groben Stoffen und alpinen Dekoelementen arrangiert. Das Spa (mit Liegewiese) wurde im Vorjahr substanziell erweitert, nun gibt es diverse gestylte Saunen, einen Solepool mit schwimmbarem Grundriss (20 m lang) und deutlich mehr Ruhezonen. Sehr gute Massagen, sehr gut ausgestattete Fitnesszone, täglich breites Aktivprogramm, auch Yoga, Qi Gong, autogenes Training und Pilates. Die jungen Mitarbeiter agieren zumeist professionell und motiviert, bisweilen geht freilich die Coolness mit dem einen oder anderen durch, nicht selten erscheint die Freundlichkeit maskenhaft aufgesetzt. Die Küche ist eher gut, erinnert mit ihren großen Gesten jedoch an einen Ami-Schlitten, dessen Motorleistung in der Klimaanlage versickert – also es ginge noch ein bisserl besser, bei Zimmerpreisen von bis zu 600 Euro pro Nacht! Eine Nachmittagsjause ist im Preis inbegriffen, die Garage nicht (8 Euro pro Tag). Eher ungeeignet für Kinder. 105 Liegen, 175 Betten.

Tyrol Grän

Naturbadeteich, Freibecken, Solefreibecken, Hallenbad, Außensauna, Dampfbad, Massagen, Kosmetik, Ayurveda, Fitnessstudio, Personal Trainer. Tennishalle, Tennisplatz. HP ab € 132,–.
- 6675 Tannheim, Oberhöfen 74
  ☎ 05675-6248

Wellness 12
Sägerhof ★★★★
Ortsruhelage in Tannheim – Tannheimer Tal
- 6675 Tannheim, Unterhöfen 35, ☎ 05675-6239-0

Wellness 11
Schwarzer Adler ★★★★
Ruhige Ortslage in Tannheim – Tannheimer Tal
- 6675 Tannheim, Oberhöfen 49, ☎ 05675-6204

Wellness 10
Zum Ritter ★★★★
Zentrale Ortslage in Tannheim – Tannheimer Tal
- 6675 Tannheim, Unterhöfen 44, ☎ 05675-6219-0

Wellness 12
Dolomitengolf ★★★★s
Grünruhelage am Ortsrand bei Lienz – Osttirol
- 9900 Lavant, Am Golfplatz 1
  ☎ 04852-61122

Wellness ❀❀❀ 17
Grandhotel Lienz ★★★★★
Zentrumsnahe Ruhelage in Lienz – Osttirol
In gewisser Weise das exakte Gegenteil vom Hotel Jungbrunn (siehe voriger Kommentar), nämlich stilistisch absolut konsistent, fein und leise, zudem einnehmend konservativ – wie erfrischend nach all dem aufgeregten Lifestyle-Getue andernorts! – und großzügig gestaltet: ein Neo-Grandhotel, dessen Klasse man schon von außen erkennt. Mit weitläufiger Lobby, englischen Ohrensesseln, Goldrahmen, opulenten Stoffen, breiten Gängen und mondäner Bar mit Terrasse. Alle Zimmer (sechs Varianten) sind erfreulich groß, haben Teppichböden, zumeist große Bäder und Balkon. Das Spa gibt sich nicht minder elegant und edel, es bietet vergleichsweise eher wenige Variationen des Themas Wasser und Wärme, aber sehr gute Treatments, weiters ein Medizinzentrum, verschiedenartige medizinische Check-ups mit dazugehörigen Package-Angeboten sowie Akupunktur und Homöopathie. Fabelhaft ist die große, dreistufige Terrasse am Fluss: mit herrlichem Ausblick auf die Lienzer Dolomiten. Wunderbare Tischkultur, sehr gute bis ausgezeichnete Küche, feiner Keller, kompetente Weinberatung. Freundliche und sehr aufmerksame Crew, präsenter Gastgeber. Ungeeignet für Kinder. 46 Liegen, 160 Betten.
Freibecken, Hallenbad, Sauna, Dampfbad, Massagen,

Kosmetik, Ayurveda, Fitnessgeräte, Personal Trainer. 27-Loch-Parcours in 7 km. HP ab € 144,–.
- 9900 Lienz, Fanny-Wibmer-Peditstraße 2
  ☏ 04852-64070

Wellness 🌿13
Parkhotel Tristachersee ★★★★
Grünruhelage am See bei Lienz – Osttirol
Romantik ohne oberflächlichen Schnickschnack: Inhabergeführtes Haus von angenehmer Größe, es liegt idyllisch am Ufer eines kühlen Alpensees, etwa fünf Kilometer südlich von Lienz. Einfache Zimmer, sehr bescheidenes Spa (mit Liegewiese) – dafür gäbe es niemals Lilien, wenn da nicht die beschauliche Lage und die sehr gute Küche wären. Feine Seeterrasse, gemütliches und familiäres Umfeld. Ungeeignet für Kinder. 25 Liegen, 110 Betten.
Seebadestrand, Hallenbad, Sauna, Dampfbad, Massagen, Ayurveda. 27-Loch-Parcours in 9 km. HP ab € 72,–.
- 9900 Lienz, Tristachersee 1
  ☏ 04852-676-66

Wellness 11
Traube Romantikhotel ★★★★
Zentrale Ortslage in Lienz – Osttirol
- 9900 Lienz, Hauptplatz 14
  ☏ 04852-64444

Wellness 10
Pfleger Landhotel ★★★★
Grünlage in Anras im Pustertal – Osttirol
- 9912 Anras, Dorf 15
  ☏ 04846-6244

Wellness 11
Strasserwirt Herrenansitz ★★★★
Grünruhelage in Strassen im Pustertal – Osttirol
- 9918 Strassen, Dorfstraße 28, ☏ 04846-6354

Wellness 🌿13
Sillian Sporthotel ★★★★
Ortslage an der B100 in Sillian im Pustertal – Osttirol
Kinderfreundliches Großhotel, es liegt direkt gegenüber der Talstation der Hochpustertaler Gondelbahn. Die Zimmer sind sauber und großzügig geschnitten, das Spa bietet auch Yoga, Qi Gong und Tiefenmuskelentspannung nach Jacobson. Betreuung für Kinder ab drei Jahren von 9 bis 21 Uhr (So bis Fr). Freundliche Mitarbeiter. Eine Nachmittagsjause ist im Preis enthalten. Nichts für Ruhesuchende. 65 Liegen, 250 Betten.
Naturbadeteich, Freibecken, Hallenbad, Kinderbecken mit Wasserrutsche, Außensauna, Sauna, Dampfbad, Massagen, Kosmetik, Fitnessgeräte. HP ab € 88,–.
- 9920 Sillian, Nr. 49d
  ☏ 04842-6011-0

Sillian Sporthotel

Wellness 10	Wellness 10
Weitlanbrunn ****	**Hinteregger** ***
Grünlage am Ortsrand in Sillian im Pustertal – Osttirol	Ruhige Zentrumslage in Matrei – Osttirol
• 9920 Sillian, Arnbach 31, ☎ 04842-6655	• 9971 Matrei, Hintermarkt 4
	☎ 04875-6587
Wellness 12	
Zedern Klang ****s	Wellness 12
Ortslage in Hopfgarten im Defereggental – Osttirol	**Outside** ****
• 9961 Hopfgarten, Nr. 64	Ortslage in Matrei – Osttirol
☎ 04872-52205	• 9971 Matrei, Virgenerstraße 3
	☎ 04875-5200
Wellness 12	
Defereggental ****s	Wellness 10
Grünruhelage bei St. Veit im Defereggental – Osttirol	**Rauter** ****
• 9962 St. Veit, Bruggen 84, ☎ 04879-6644-0	Zentrumslage in Matrei – Osttirol
	• 9971 Matrei, Rauterplatz 3
Wellness 12	☎ 04875-6611
Jesacherhof ****	
Grünlage in St. Jakob im Defereggental – Osttirol	Wellness 11
• 9963 St. Jakob, Außerrotte 37	**Replerhof Kinderhotel** ****
☎ 04873-5333	Grünruhelage am Ortsrand im Virgental – Osttirol
	• 9974 Prägraten, St. Andrä 73, ☎ 04877-5249
Wellness 12	
Tandler Naturhotel ****	Wellness ❀❀15
Grünlage in St. Jakob im Defereggental – Osttirol	**Gradonna Mountain Resort** ****s
• 9963 St. Jakob, Innerrotte 34	Grünruhelage in Kals am Großglockner – Osttirol
☎ 04873-6355	Hunde- und kinderfreundlicher Beherbergungsgigant

inmitten traumhafter Landschaft, er wurde im Dezember des Vorjahres eröffnet und liegt auf 1.350 m Seehöhe am Rand des beschaulichen Tausend-Seelen-Dorfes Kals – im Winter direkt an der Schipiste. Das Resort (diesmal ist es wirklich eines) besteht aus einem großen Hotel und einer ebensolchen Anlage von 41 Chalets, die auf rund 130 m² Platz für acht bis 10 Personen bieten. Inwendig dominieren Holz, Glas, Stahl und Sichtbeton, also Gestaltungselemente, die nur bedingt Wärme verströmen. Ganz anders ist das bei den durchwegs sehr großzügig geschnittenen Zimmern (drei Kategorien), sie haben feine Holzböden und fühlen sich wunderbar wohnlich an, Ähnliches gilt für die Chalets (sie kosten in der De-luxe-Version während der teuersten Saison immerhin rund 1.300 Euro pro Tag, zuzüglich Verpflegung und Endreinigung von 260 Euro). Das etwas klein geratene Spa bietet unter anderem gleich zwei Innenpools, einer davon hat einen wirklich schwimmbaren Grundriss. Täglich Aktivprogramm, auch Yoga, Pilates und Muskelentspannung nach Jacobson. Alles bestens sauber, durchwegs freundliche Crew, reichhaltiges Frühstücksbuffet (nur der frischgepresste Orangensaft fehlte uns), eine Nachmittagsjause ist im Zimmerpreis (Hotel) enthalten. Täglich 12 Stunden Betreuung für Kinder ab drei Jahren. Gratisgarage für alle. 122 Liegen, 500 Betten.
Naturbadeteich, Freibecken, Hallenbad, Kinderhallenbad, Sauna, Dampfbad, Massagen, Kosmetik, Fitnessgeräte.

HP ab € 95,– (Hotel), Chalet ab € 445,– (Preis pro Chalet zzgl. € 40 für HP pro Person).
- 9981 Kals am Großglockner
  Gradonna 1
  ☏ 04876-82000

Wellness 13

Taurerwirt Vitalhotel ★★★★
Absolute Grünruhelage in Kals am Großglockner – Osttirol
Familienfreundliches „Wanderhotel", es liegt auf 1.500 m Seehöhe im Talschluss und damit wunderschön und sehr ruhig. Kleine Zimmer mit Teppichböden und hellen Vollholzmöbeln überwiegen, alles ist bestens sauber. Bescheidenes Spa mit Liegewiese, sehr gute Treatments. Zum Frühstück gibt's unter anderem gutes Brot, Bauernbutter und selbstgemachte Marmeladen, zum Abendessen Bodenständiges in sehr guter Qualität. Wanderwege und Bergtouren ohne Zahl, für Naturliebhaber gibt es liebevoll aufbereitete Informationen über Fauna und Flora in der Umgebung. Sehr herzlich und familiär. 21 Liegen, 80 Betten.
Freibecken, Außensauna, Dampfbad, Massagen, Kosmetik, Fitnessgeräte. Tennisplatz, 27-Loch-Parcours in 39 km.
HP ab € 80,–.
- 9981 Kals am Großglockner
  Burg 12
  ☏ 04876-8226

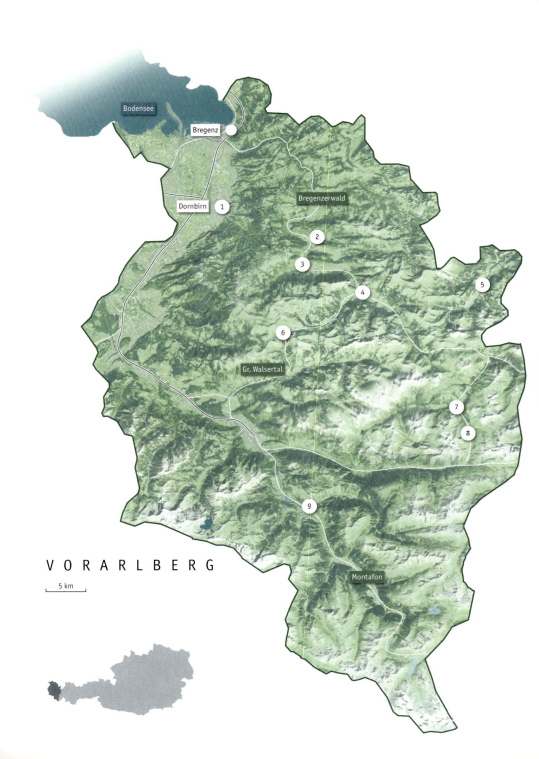

ALLE LILIEN-HOTELS
IN **VORARLBERG**

4 **Am Holand** ***
7 **Aurelio** *****s
5 **Birkenhöhe** ****
7 **Burg Vital** *****
5 **Chesa Valisa Naturhotel** ****
6 **Damülser Hof** ****
9 **Fernblick** ****
2 **Gams** ****s
4 **Krone Au** ****
9 **Löwen-Hotel** ****s
2 **Post Bezau** ****s
7 **Post Gasthof Lech** *****
1 **Rickatschwende Gesundheitszentrum** ****
3 **Sonne Lifestyle Resort** ****s
5 **Travel Charme Ifen-Hotel** *****
8 **Zürserhof** *****

Wellness	10

Val Blu Resort ★★★
Grünlage am Stadtrand in Bludenz
- 6700 Bludenz, Haldenweg 2a, ☎ 05552-63106

Wellness	12

Schillerkopf Alpinresort ★★★★s
Grünruhelage mit Fernsicht Nähe Bludenz – Brandnertal
- 6707 Bürserberg, Tschengla 1, ☎ 05552-63104

Wellness	11

Beck Sporthotel ★★★★
Grünruhelage am Ortsrand in Brand – Brandnertal
- 6708 Brand, Mühledörfle 91, ☎ 05559-306

Wellness	10

Scesaplana ★★★★
Zentrale Ortslage in Brand – Brandnertal
- 6708 Brand, Mühledörfle 158, ☎ 05559-221

Wellness	12

Valavier Aktivresort ★★★★
Zentrale Ortslage in Brand – Brandnertal
- 6708 Brand, Mühledörfle 25, ☎ 05559-217

Wellness	11

Walliserhof ★★★★
Zentrale Ortslage in Brand – Brandnertal
- 6708 Brand, Gufer 43, ☎ 05559-241

Wellness	11

Faschina ★★★★
Grünlage in Fontanella – Großes Walsertal
- 6733 Fontanella, Faschina 55, ☎ 05510-224

Wellness	10

Walserhof Vitalhotel ★★★★
Grünlage in Fontanella – Großes Walsertal
- 6733 Fontanella, Faschina 66, ☎ 05510-217

Wellness	12

Traube Braz ★★★★
Grünlage in Braz – Nähe Bludenz
- 6751 Braz, Klostertaler Straße 12, ☎ 05552-28103

Wellness	10

Edelweiß ★★★★
Grünlage am Ortsrand in Zürs – Arlberg
- 6763 Zürs, Nr. 79, ☎ 05583-2662

Wellness	11

Lorünser ★★★★★
Zentrumslage in Zürs – Arlberg
- 6763 Zürs, Nr. 112, ☎ 05583-2254-0

Wellness	10

Robinson Select Alpenrose ★★★★
Grünlage am Ortsrand in Zürs – Arlberg
- 6763 Zürs, Nr. 82, ☎ 05583-2271-0

Wellness	12

Thurnhers Alpenhof ★★★★★s
Zentrumslage in Zürs – Arlberg
- 6763 Zürs, Nr. 295, ☎ 05583-2191

Wellness	✿13

Zürserhof ★★★★★
Grünruhelage am Ortsrand in Zürs – Arlberg

Kinderfreundliches Traditionshaus (und was für eines, ein richtiger Big Name) mit 60-jähriger Geschichte, es liegt etwas erhöht über dem Ort und bietet zunächst einmal die vornehmste Hotelauffahrt der Region. Danach sozusagen atavistische, dennoch stets heimelige Eleganz in unterschiedlichen Reifestadien sowie gediegene, nie modische Zimmer in sieben Kategorien, mehrheitlich mit Teppichböden. Das bislang kleine Spa soll bis Dezember 2014 gewaltig vergrößert werden – 90 Ruheliegen inklusive. Sehr gute Küche, Service ohne Wenn und Aber. Fabelhafte Sonnenterrasse, Sakko und Krawatte fürs Abendessen erwünscht. Täglich neun Stunden Betreuung für Kinder ab drei Jahren. Gratisgarage für alle. 22 Liegen, 180 Betten. Hallenbad, Sauna, Dampfbad, Massagen, Kosmetik, Fitnessgeräte, Personal Trainer. Tennishalle. HP ab € 235,–.
- 6763 Zürs, Nr. 75, ☎ 05583-2513-0

Wellness	11

Acerina ★★★s
Grünruhelage am Ortsrand in Lech – Arlberg
- 6764 Lech, Anger 509, ☎ 05583-3320

Wellness	12

Almhof Schneider ★★★★★
Grünruhelage am Ortsrand in Lech – Arlberg
- 6764 Lech, Tannberg 59, ☎ 05583-3500-0

Wellness	11

Angela ★★★★s
Grünruhelage am Ortsrand in Lech – Arlberg
- 6764 Lech, Tannberg 62, ☎ 05583-2407

Wellness	12

Arlberg ★★★★★
Zentrale Ortslage an der B198 in Lech – Arlberg
- 6764 Lech, Nr. 187, ☎ 05583-2134-0

Wellness	✿✿✿17

Aurelio ★★★★★s
Grünruhelage mit Fernblick in Lech – Arlberg

Ohne Tradition, dennoch fast schon eine Legende:

Der jugendliche Herausforderer im erzkonservativen Luxushotelreigen am Arlberg liegt erhöht über dem Ort und im Winter direkt am Talende der berühmten Schlegelkopfpiste. Er überrascht mit einem traumhaften Ambiente, das von rauem, altem Holz, behauenem Fels, von Wollteppichen und dunklen Altholzvertäfelungen geprägt ist. Die Zimmer erfreuen das Auge, die Bettwäsche (von Schwob) streichelt die Haut, und das kompromisslos puristisch gestaltete Spa ist im Verhältnis zur Bettenzahl das größte, das uns bekannt ist – das könnte wahrscheinlich heißen: das größte der Welt. Fein: der schwimmbare Pool (23 m lang), die Saunaöffnungszeiten – 10 Stunden täglich, das ist heute vor allem in Tirol bereits eine Rarität – sowie die ausgezeichneten Treatments. Wermutstropfen: kein Außenbereich. Erfrischende, gut geschulte Crew, fabelhafte Restaurantterrasse, hervorragende Küche, große Weinkarte, auf der Österreich bestens und mit durchaus vernünftigen Preisen vertreten ist. Direkte Konkurrenten (ohne Rücksicht auf Wintersporteignung): Wiesergut, Tannenhof St. Anton, Aenea, Geinberg⁵ Private Spa Villas. Ungeeignet für Kinder. 13 Liegen, 38 Betten.
Hallenbad, Sauna, Dampfbad, Massagen, Kosmetik, Fitnessgeräte, Personal Trainer.
HP ab € 240,–.
- 6764 Lech, Tannberg 130
  ☎ 05583-2214

Wellness 12
Burg ****s
Grünruhelage in Oberlech – Arlberg
- 6764 Lech, Oberlech 266, ☎ 05583-2291-0

Wellness 16
Burg Vital *****
Grünruhelage mit Fernblick in Oberlech – Arlberg
Kinderfreundlich: Inhabergeführtes Premiumresort, es liegt auf einer Sonnenterrasse hoch über Lech (im Winter direkt an der Piste) und besteht aus fünf kleineren Häusern, die unterirdisch miteinander verbunden sind. Dezent gestaltetes alpenländisches Erscheinungsbild mit viel hellem Holz und hochwertiger Anmutung, große Zimmer, auch Luxussuiten mit Sauna (bis zu 76 m² und gar nicht teuer). Elegantes Spa mit Liegewiese. Fabelhafte Sonnenterrasse, ausgezeichnetes Frühstücksbuffet, sehr gute, biologisch orientierte Küche, die sich auf heimische Wurzeln besinnt und jedenfalls ohne alpenferne Verrenkungen auskommt. Großartige Weinkarte. Täglich bis zu 11 Stunden Kinderbetreuung (So bis Fr; mit saisonalen Einschränkungen). 30 Liegen, 107 Betten.
Hallenbad, Sauna, Dampfbad, Massagen, Kosmetik, Ayurveda, Fitnessstudio, Personal Trainer.
HP ab € 122,50.
- 6764 Lech, Oberlech 568
  ☎ 05583-3140

Aurelio

| Wellness | 11 |

Filomena Aparthotel garni ★★★★
Ruhige Ortslage in Lech – Arlberg
• 6764 Lech, Omesberg 211, ☏ 05583-2211

| Wellness | 12 |

Goldener Berg ★★★★s
Grünruhelage mit Fernblick in Oberlech – Arlberg
• 6764 Lech, Oberlech 117, ☏ 05583-2205-0

| Wellness | 12 |

Gotthard ★★★★s
Zentrale Ortslage an der B198 in Lech – Arlberg
• 6764 Lech, Omesberg 119
  ☏ 05583-3560

| Wellness | 11 |

Haldenhof ★★★★
Grünruhelage am Ortsrand in Lech – Arlberg
• 6764 Lech, Tannberg 347
  ☏ 05583-2444-0

| Wellness | 12 |

Krone ★★★★★
Zentrumslage an der B198 in Lech – Arlberg
• 6764 Lech, Nr. 13
  ☏ 05583-2551

| Wellness | 10 |

Plattenhof ★★★★s
Grünruhelage am Ortsrand in Lech – Arlberg
• 6764 Lech, Nr. 293, ☏ 05583-2522

| Wellness | 16 |

Post Gasthof Lech ★★★★★
Zentrale Ortslage an der B198 in Lech – Arlberg
Hunde- und familienfreundlich: ein „Gasthof", der jedoch gar keiner ist, handelt es sich doch um eine inhabergeführte Arlberglegende, die seit langen Jahren Wintersportherberge gekrönter Häupter ist, was sich naturgemäß auch in den Preisen bemerkbar macht. Jagdtrophäen, Antiquitäten, bemalte Bauernmöbel und heimelige Stuben charakterisieren das Ambiente, die Zimmer sind mehrheitlich großzügig geschnitten, keines gleicht dem anderen, die meisten zeigen sich in charmanter Edelrustikalität arrangiert. Das Spa bietet unter anderem einen schönen Außenbereich mit Liegewiese, einen Pool mit halbwegs schwimmbarem Grundriss
(15 m lang) und Yoga (gegen Aufpreis), schade nur, dass gute Massagen wie Thai und Dorn neuerdings nicht mehr zu haben sind. Nette Terrasse, herrlicher Garten. Freundliche Crew, die auch Ungekrönten charmant gegenübertritt. Feines Frühstück, sehr gute Küche. 26 Liegen, 100 Betten. Freibecken, Kinderhallenbad mit Rutsche, Babybecken, Sauna, Dampfbad, Massagen, Kosmetik, Fitnessgeräte,

Personal Trainer. 18-Loch-Parcours in 35 km, 25 %
Greenfee-Rabatt.
HP ab € 165,–.
- 6764 Lech, Nr. 11, ☏ 05583-2206-0

Wellness 12
Rote Wand Gasthof ****
Grünruhelage in Zug bei Lech – Arlberg
- 6764 Lech, Zug 5, ☏ 05583-3435-0

Wellness 11
Sonnenburg ****s
Grünruhelage mit Fernblick in Oberlech – Arlberg
- 6764 Lech, Oberlech 55, ☏ 05583-2147

Wellness 10
Tannbergerhof ****s
Zentrale Ortslage an der B198 in Lech – Arlberg
- 6764 Lech, Nr. 111, ☏ 05583-2202

Wellness 10
Adler ***
Grünruhelage außerhalb von Warth – Bregenzerwald
- 6767 Warth, Hochkrumbach 8, ☏ 05583-4264

Wellness 10
Jägeralpe ****
Grünruhelage außerhalb von Warth – Bregenzerwald
- 6767 Warth, Hochkrumbach 5, ☏ 05583-4250

Wellness 12
Steffisalp ****
Grünlage am Ortsrand in Warth – Bregenzerwald
- 6767 Warth, Bregenzerwaldstr. 36, ☏ 05583-3699

Wellness 12
Warther Hof ****s
Grünlage an der B200 in Warth – Bregenzerwald
- 6767 Warth, Bregenzerwaldstr. 53, ☏ 05583-3504

Wellness 11
Adler ****
Zentrale Ortslage an der B188 in St. Anton – Montafon
- 6771 St. Anton, Silvrettastr. 21, ☏ 05552-67118

Wellness 11
Montafoner Hof ****
Zentrale Ortslage in Tschagguns – Montafon
- 6774 Tschagguns, Kreuzgasse 9, ☏ 05556-7100-0

Wellness 11
Alpenrose Aktiv & Spa ****s
Ruhige Ortslage in Schruns – Montafon
- 6780 Schruns, Silvrettastraße 45, ☏ 05556-72655-0

Wellness 11
Gauenstein Vitalquelle ****s
Grünlage am Ortsrand in Schruns – Montafon
- 6780 Schruns, Außerlitzstr. 80, ☏ 05556-77049

Wellness 13
Löwen-Hotel ****s
Zentrale Ortslage in Schruns – Montafon
Hunde- und familienfreundlich: in die Jahre gekommenes, unweit von der Talstation der Hochjochbergbahn gelegenes Haus, das vor wenigen Jahren von einem Spa-Führer als „Bestes Wellnesshotel Österreichs" prämiert wurde. Den Führer gibt's – vielleicht gerade deshalb – längst nicht mehr, aber vom besten Hotel des Landes ist man immer noch meilenwert entfernt. Das könnte sich ändern: Bis nach Erscheinen dieser Ausgabe wird modernisiert – im nächsten RELAX Guide werden wir darüber berichten, bis dahin gilt die Bewertung des Vorjahres. 60 Liegen, 170 Betten.
Freibecken, Hallenbad, Sauna, Dampfbad, Massagen, Kosmetik, Ayurveda, Fitnessgeräte. 18-Loch-Parcours in 15 und 19 km. HP ab € 145,–.
- 6780 Schruns, Silvrettastraße 8, ☏ 05556-7141

Wellness 16
Fernblick ****
Grünruhelage mit Fernblick bei Schruns – Montafon
Inhabergeführtes Haus in wunderschöner Lage, nämlich auf einer Art Sonnenterrasse hoch über dem Tal. Es besteht aus Stammhaus und Neubau, in Letzterem befinden sich die deutlich größeren (und netteren) Zimmer, alle haben Teppichböden. Das Spa wurde nach Redaktionsschluss der vorigen Ausgabe großzügig erweitert und verfügt nun über zahlreiche Ruhezonen (teilweise outdoor) mit traumhaftem Ausblick, dasselbe gilt für den Whirlpool im Freien und den neuen 20 m langen Außenpool, in dem man förmlich in die Landschaft hinausschwimmt – fabelhaft! Keine externen Gäste im Spa, täglich Aktivprogramm, auch Yoga, Jacobson-Tiefenentspannung und Qi Gong. Freundliches Team, das allerdings noch etwas Feinschliff in Sachen Professionalität benötigt. Restaurantterrasse, bodenständige gute Küche, Light Lunch und Nachmittagsjause sind im Preis enthalten. Eher ungeeignet für Kinder. 75 Liegen, 125 Betten (Foto Seite 172).
Freibecken, Hallenbad, Außensauna, Sauna, Dampfbad, Massagen, Kosmetik, Fitnessgeräte. 18-Loch-Parcours in 17 und 25 km. HP ab € 107,–.
- 6780 Schruns-Bartholomäberg, Panoramastraße 32 ☏ 05556-73115-0

Wellness 12
Bergkristall ****
Grünruhelage im Silbertal – Montafon
- 6780 Silbertal, Nr. 328, ☏ 05556-74114

Wellness 10
Bachmann ★★★★
Ortsrandlage in Gargellen – Montafon
- 6787 Gargellen, Nr. 55, ☎ 05557-6316

Wellness 9
Silvretta ★★★★
Ortsrandlage an der B188 bei Gaschurn – Montafon
- 6791 St. Gallenkirch, Gortipohl 23b
  ☎ 05557-6120

Wellness 12
Zamangspitze ★★★★
Grünruhelage am Ortsrand in St. Gallenkirch – Montafon
- 6791 St. Gallenkirch, Ziggamweg 227
  ☎ 05557-6238

Gesundheit | Wellness 12
Felbermayer Vital-Zentrum ★★★★
Zentrale Ortslage in Gaschurn – Montafon
- 6793 Gaschurn, Dorfstraße 20a, ☎ 05558-8617

Wellness 9
First Mountain Montafon ★★★
Grünlage am Ortsrand in Gaschurn – Montafon
- 6793 Gaschurn, Dorfstraße 128a
  ☎ 05558-8224-0

Wellness 12
Silvretta Montafon ★★★★
Zentrale Ortslage in Gaschurn – Montafon
- 6793 Gaschurn, Silvrettastr. 11b, ☎ 05558-8888

Wellness 11
Verwall ★★★★
Ortsrandlage an der B188 in Gaschurn – Montafon
- 6793 Gaschurn, Silvrettastraße 129, ☎ 05558-8206-0

Kur 10
Adler Kurhaus ★★★
Ortsrandlage in Koblach im Rheintal – Nähe Feldkirch
- 6842 Koblach, Kumma 2, ☎ 05523-62825-0

Business | Wellness 11
Four Points by Sheraton ★★★★
Am Messezentrum in Dornbirn
- 6850 Dornbirn, Messestr. 1, ☎ 05572-3888-0

Gesundheit | Wellness ❀❀16
Rickatschwende Gesundheitszentrum ★★★★
Grünruhelage mit Fernblick oberhalb von Dornbirn
Hoch über dem Bodensee, mit herrlichem Ausblick auf das Rheintal und den See: Renommiertes Kurhotel für Regenerations- und Entgiftungskuren nach F. X. Mayr, es liegt vier Kilometer oberhalb von Dornbirn hörbar

nah an der Straße. Zimmer gibt es in vier Kategorien, alle haben Balkon und gute Betten, viele gibt es mit Holzböden, das optische Spektrum reicht von uncharmant-zweckmäßig bis minimalistisch-modern. Kleines Spa, das ausgezeichnete Treatments sowie eine Reihe medizinischer Zusatzleistungen bietet, darunter etwa Akupunktur, Homöopathie, Osteopathie, Neuraltherapie und medizinische Check-ups. Fabelhaftes Fitnessstudio im Dachgeschoß, auch Qi Gong, Pilates und Yoga. Sehr freundliche Crew, sehr gute Küche. Gratisgarage für alle. Ungeeignet für Kinder. 20 Liegen, 98 Betten.
Hallenbad, Sauna, Dampfbad, Massagen, Kosmetik, Fitnessstudio, Personal Trainer. 18-Loch-Parcours in 30 km. Tennisplatz. HP ab € 134,–.

- 6850 Dornbirn, Rickatschwende 1
  ☎ 05572-25350

Wellness 15

Gams ****s
Grünruhelage am Ortsrand in Bezau – Bregenzerwald
Laut Namenszusatz ein „Genießer- und Kuschelhotel", jedenfalls ist man auf Paare spezialisiert, denen auch ein ebenso aufreizend modisches wie verspielt romantisch arrangiertes Umfeld geboten wird: Farben wie Lila, Braun und Schwarz herrschen vor, genauso wie Himmelbetten, „offener Kamin" (Fake allerdings), Sternlein an der Decke und Whirlpools im Zimmer – gegen einen kleinen Aufpreis bekommt man alles mit Rosenblüten und Kerzen dekoriert. Auch das Spa ist ähnlich atmosphärisch gestaltet, flächenmäßig allerdings bescheiden. Dazu gehören jedenfalls ein Garten mit Liegewiese sowie ein kleiner Außenpool, der im Winter – auch weiterhin – zu kalt ist. Erwähnenswert erscheint uns der Umstand, dass die Saunen täglich 12 Stunden geöffnet sind – das ist heute schon höchst selten geworden. Eher gute Küche, feine Weinkarte, Frühstück bis 12 Uhr – mit ausgezeichnet schmeckenden Marmeladen. Chillige, dezente Hintergrundmusik. Als Abschiedsgeschenk gibt's Gummibärli. Na ja! Ungeeignet für Kinder. 57 Liegen, 140 Betten (Foto Seite 174).
Naturbadeteich, Freibecken, Außensauna, Sauna, Dampfbad, Massagen, Kosmetik, Fitnessgeräte. 18-Loch-Parcours in 28 km. HP ab € 145,–.

- 6870 Bezau, Platz 44
  ☎ 05514-2220-0

Wellness 14

Post Bezau ****s
Zentrale Ortslage in Bezau – Bregenzerwald
Familienfreundlicher Traditionsbetrieb: Kleine Zimmer überwiegen, doch alle sind ausnahmslos gefällig geradlinig und modern gestaltet. Auch das auf drei Stockwerke verteilte Spa zeigt sich in ästhetisch angenehmer Schlichtheit, ist eher klein, bietet jedoch einen Außenbe-

Rickatschwende Gesundheitszentrum

reich mit Liegewiese und Whirlpool sowie sehr gute Treatments. Weiters Arztpraxis für TCM, auch Yoga und Qi Gong, zudem darf man den Außenpool auch nachts benützen – das ist schon sehr fein. Frische Blumen, eher gute Küche, ausgesprochen freundliche Mitarbeiter. Eine Nachmittagsjause ist im Preis inkludiert. 22 Liegen, 110 Betten. Solefreibecken, Hallenbad, Außensauna, Sauna, Dampfbad, Massagen, Kosmetik, Fitnessgeräte, Personal Trainer. 18-Loch-Parcours in 28 und 39 km, bis 30 % Greenfee-Rabatt. Tennishalle, Tennisplätze. HP ab € 125,–.
- 6870 Bezau, Brugg 35, ☎ 05514-2207-0

Kur | Wellness 12
Bad Reuthe Gesundheitshotel ****
Grünruhelage am Ortsrand in Reuthe – Bregenzerwald
- 6870 Reuthe, Nr. 70, ☎ 05514-2265-0

Wellness 10
Kreuz ****
Zentrale Ortslage in Mellau – Bregenzerwald
- 6881 Mellau, Übermellen 17, ☎ 05518-2208

Wellness 14
Sonne Lifestyle Resort ****s
Zentrale Ortslage an der B200 in Mellau – Bregenzerwald
Feines Hotel in wenig feiner Lage. Das Ambiente gibt sich puristisch, Weißtanne, Eiche und warme Farbtöne dominieren. Die Zimmer sind ausnahmslos großzügig geschnitten, alle haben Balkon, hochwertige Holzböden und eine ebensolche Anmutung. Nüchternes Ambiente im Spa, kleine Pools, sehr gute Treatments, auch Yoga, autogenes Training und Pilates. Freundlich-bemühte Crew, gute Küche. Ungeeignet für Kinder. 32 Liegen, 92 Betten. Freibecken, Hallenbad, Außensauna, Sauna, Dampfbad, Massagen, Kosmetik, Ayurveda, Fitnessgeräte. HP ab € 165,–.
- 6881 Mellau, Übermellen 65
  ☎ 05518-20100-0

Wellness 11
Adler ****
Grünlage im Zentrum von Au – Bregenzerwald
- 6883 Au, Lisse 90, ☎ 05515-2264

Wellness 15
Am Holand ***
Grünruhelage mit Fernblick am Ortsrand – Bregenzerwald
In vielerlei Hinsicht das genaue Gegenteil des zuvor kommentierten Hauses, und jedenfalls ganz ohne aufgeregtes Lifestyle-Getue: Mit Leidenschaft geführter Familienbetrieb, ein Zwölf-Zimmer-Kleinod aus Holz, es liegt auf einem Sonnenplatzerl hoch über dem Ort und bietet eine grandiose Aussicht aus vielen Räumen. Im Inneren duftet es nach Zirbe, alles glänzt vor Sauberkeit, die Zimmer sind angenehm gestaltet, das Spa

ist mini, die Restaurantterrasse fabelhaft. Herzhaftes Frühstücksbuffet ohne Schnickschnack, aber in bester Qualität, die Küche ist ausgezeichnet – nämlich einfach, bodenständig, authentisch (Kloaken-Shrimps aus Vietnam oder Pangasius aus ähnlichen Verhältnissen wird man hier genauso wenig finden wie Billiglachs aus Aquakultur) – und kann auch Vegetarier entzücken. Herzliches Umfeld mit fairen Preisen, glückliche Gesichter, bester Schlaf. 14 Liegen, 28 Betten. Sauna, Dampfbad, Massagen. HP ab € 79,–.
- 6883 Au, Holand 24, ☏ 05515-2932

Wellness ♆13
Krone Au **
Grünlage an der B200 in Au – Bregenzerwald
Inhabergeführtes Haus mit funktionalen Zimmern, alle haben Teppichböden, acht bieten Ausblick auf den Friedhof. Das Spa ist dreigeteilt, in eine optisch feine Saunazone im Dachgeschoß sowie den Badebereich im Erdgeschoß, zusätzlich gibt es ein Außenareal mit Liegewiese und großem Badeteich. Aktivprogramm, auch Yoga. Freundliches Team. Eine Nachmittagsjause ist im Preis inkludiert. Eher ungeeignet für Kinder. 57 Liegen, 120 Betten. Naturbadeteich, Hallenbad, Sauna, Dampfbad, Massagen, Kosmetik. HP ab € 89,–.
- 6883 Au, Jaghausen 4, ☏ 05515-2201-0

Wellness 10
Rössle **
Grünlage am Ortsrand in Au – Bregenzerwald
- 6883 Au, Argenau 96, ☏ 05515-2216

Wellness ♆13
Damülser Hof **
Grünruhelage mit Fernblick in Damüls – Bregenzerwald
Freundlicher Familienbetrieb, er liegt auf 1.500 m Seehöhe und im Winter praktisch direkt an der Schipiste. Ländliches Erscheinungsbild mit stets sauberer Anmutung, was auch für die Zimmer gilt. Kleines Spa (mit Liegewiese), aus dem man ein wahrhaft herrliches Bergpanorama genießen kann – auch aus dem Fitnessraum. Ungeeignet für Kinder. 41 Liegen, 120 Betten. Hallenbad, Sauna, Dampfbad, Massagen, Kosmetik, Fitnessgeräte. HP ab € 86,–.
- 6884 Damüls, Furkastraße 147, ☏ 05510-210-0

Wellness 10
Mittagspitze **
Ortslage in Damüls – Bregenzerwald
- 6884 Damüls, Kirchdorf 131, ☏ 05510-211

Wellness 12
Hirschen **
Ortsrandlage an der B200 – Bregenzerwald
- 6886 Schoppernau, Oberdorf 46, ☏ 05515-2115-0

Wellness 10
Widderstein **
Grünlage an der Schröckenpassstraße – Bregenzerwald
- 6888 Schröcken, Nesslegg 38, ☏ 05519-400-0

Wellness 11
Schönblick **
Ortslage in Eichenberg – Nähe Bregenz
- 6911 Eichenberg, Nr. 6, ☏ 05574-45965

Wellness | Gesundheit 11
Linde **
Grünruhelage mit Fernblick – Bregenzerwald
- 6934 Sulzberg, Schönenbühl 191, ☏ 05516-2025-0

Kur | Wellness 12
Rossbad Kur- & Gesundheitshotel **
Grünruhelage bei Krumbach – Bregenzerwald
- 6942 Krumbach, Rain 81, ☏ 05513-5110

Wellness 12
Hochhäderich Almhotel **
Absolute Grünruhelage bei Hittisau – Bregenzerwald
- 6943 Riefensberg, Nr. 300, ☏ 05513-8254-0

Wellness 12
Quellengarten **
Ortsrandlage in Lingenau – Bregenzerwald
- 6951 Lingenau, Am Holz 93, ☏ 05513-6461-0

Gesundheit 11
Engel Fastenpension **
Grünlage außerhalb von Hittisau – Bregenzerwald
- 6952 Hittisau, Au 18, ☏ 05513-6231-0

Wellness 12
Schiff **
Grünlage am Ortsrand in Hittisau – Bregenzerwald
- 6952 Hittisau, Heideggen 311, ☏ 05513-6220-0

Wellness 12
Erlebach Verwöhnhotel **
Ortsrandlage in Riezlern – Kleinwalsertal
- 6991 Riezlern, Eggstraße 21, ☏ 05517-5169-0

Wellness 12
**Jäger Alpenhof ***s
Ortsruhelage in Riezlern – Kleinwalsertal
- 6991 Riezlern, Unterwestegg 17, ☏ 05517-5234

Wellness 10
Jagdhof **
Zentrale Ortslage in Riezlern – Kleinwalsertal
- 6991 Riezlern, Walserstraße 27, ☏ 05517-5603-0

Wellness 11
Oswalda-Hus ★★★★
Zentrale Ortslage in Riezlern – Kleinwalsertal
• 6991 Riezlern, Leo-Müller-Str. 11, ☎ 05517-5929

Wellness 10
Alphotel Kinderhotel ★★★
Grünlage am Ortsrand in Hirschegg – Kleinwalsertal
• 6992 Hirschegg, Schlößleweg 6, ☎ 05517-5449

Wellness 14
Birkenhöhe ★★★★
Grünruhelage am Ortsrand in Hirschegg – Kleinwalsertal
Liebevoll geführter Familienbetrieb mit blumengeschmückten Balkonen, er liegt auf einem Sonnenplatzerl leicht erhöht über dem Ort und im Winter direkt an der Piste. Alles zeigt sich ländlich, überall sehr sauber und ein bisserl bunt, was auch für die Zimmer gilt, die in 15 Größen, stets mit hellen Vollholzmöbeln und Teppichböden sowie fast immer mit Balkon zu haben sind. Das ansprechend gestaltete Spa bietet Liegewiese und Sonnenterrasse, die Massagen sind sehr gut. Freundliche, aufmerksame Mitarbeiter, familiäre Atmosphäre, sehr gute Küche mit regionaler und biologischer Ausrichtung, feine Weinauswahl. Wanderwege ohne Zahl. Light Lunch und Nachmittagsjause sind im Zimmerpreis enthalten. Eher ungeeignet für Kinder. 18 Liegen, 80 Betten.

Hallenbad, Sauna, Dampfbad, Massagen, Kosmetik, Ayurveda, Fitnessgeräte. HP ab € 100,–.
• 6992 Hirschegg, Oberseitenstr. 34, ☎ 05517-5587

Wellness 15
Chesa Valisa Naturhotel ★★★★
Grünruhelage am Ortsrand in Hirschegg – Kleinwalsertal
Familienfreundlich: Inhabergeführtes Bio-Hotel, es liegt etwas oberhalb des Ortszentrums, bietet einen schönen Ausblick auf die Berge und besteht aus drei Gebäuden, von denen jedoch nur zwei mit dem Spa verbunden sind. Die öffentlichen Räume verströmen Ruhe, Harmonie und Gemütlichkeit, Zimmer gibt es in 15 verschiedenen Kategorien, die schöneren befinden sich im Neubau, alle haben Holzböden, die meisten Balkon. Das Spa ist sehr ansprechend gestaltet, dazu gehört ein netter Garten mit Bächlein und Liegewiese. Kleiner Pool, gute Massagen, auch Yoga, Qi Gong und Tai Chi. Feine Restaurantterrasse, gute Küche mit biologischer und regionaler Ausrichtung, ausgezeichneter Weinkeller, freundlich-familiäre Atmosphäre. Wer mit der Bahn anreist oder zumindest während des Aufenthalts nicht mit dem Auto fährt, erhält ein Stück Bergkäse. Ein Light Lunch ist im Zimmerpreis enthalten. 25 Wochenstunden Betreuung für Kinder ab drei Jahren. 24 Liegen, 120 Betten. Freibecken, Sauna, Dampfbad, Massagen, Kosmetik, Ayurveda, Fitnessgeräte. HP ab € 93,–.

- 6992 Hirschegg, Gerbeweg 18
  ☎ 05517-5414-0

Wellness 13
Travel Charme Ifen-Hotel *****
Grünlage in Hirschegg – Kleinwalsertal

Deutsches Fünfsternkettenhotel mit Vierstern-superior-Anmutung, es präsentiert sich sehr modern und bisweilen auch etwas uncharmant (Restaurant). Die Zimmer sind großzügig geschnitten (35 bis 76 m²), haben Holzböden sowie Balkon oder Terrasse, aus einigen ist die nahe Bundesstraße deutlich zu hören. Das nicht allzu weitläufige „Premium"-Spa (werblicher O-Ton) bietet unter anderem ein Hallenbad mit schwimmbarem Grundriss, allerdings viel zu wenige Ruheliegen und im Freien nur eine Liegewiese mit Whirlpool – darüber frohlockt man vielleicht in Sachsen-Anhalt, für österreichische Verhältnisse ist das jedoch ein bisserl wenig. Aktivprogramm, auch Yoga und Qi Gong. Schwache Treatments, die Tische im Restaurant sind eng gestellt, frischgepressten Orangensaft darf man sich zum Frühstück nicht erwarten. Die Mitarbeiter sehr freundlich und bemüht – mit der Betonung auf Letzterem. Eine Nachmittagsjause ist im Preis enthalten, das Quasi-Parkmonopol lässt man sich aber ordentlich abgelten – Parkplatz und Garage gegen 10 Euro pro Tag. 68 Liegen, 260 Betten. Hallenbad, Außensauna, Sauna, Dampfbad, Massagen, Kosmetik, Fitnessgeräte, Personal Trainer.

HP ab € 132,–.
- 6992 Hirschegg, Oberseitestr. 6, ☎ 05517-608-0

Wellness 11
Walserhof ****
An der Hauptstraße in Hirschegg – Kleinwalsertal
- 6992 Hirschegg, Walserstraße 211, ☎ 05517-5684

Wellness 12
Haller's Genuss & Spa ****s
Grünlage am Ortsrand in Mittelberg – Kleinwalsertal
- 6993 Mittelberg, Von-Klenze-Weg 5, ☎ 05517-5551

Wellness | Gesundheit 12
IFA Alpenhof Wildental ****
Grünruhelage in Mittelberg – Kleinwalsertal
- 6993 Mittelberg, Höfle 8, ☎ 05517-6544-0

Wellness 10
Rosenhof ****
Grünruhelage am Ortsrand in Mittelberg – Kleinwalsertal
- 6993 Mittelberg, An der Halde 15, ☎ 05517-5194

Wellness 10
Steinbock ***
Ortslage in Mittelberg – Kleinwalsertal
- 6993 Mittelberg, Bödmerstraße 46, ☎ 05517-20311

Chesa Valisa Naturhotel

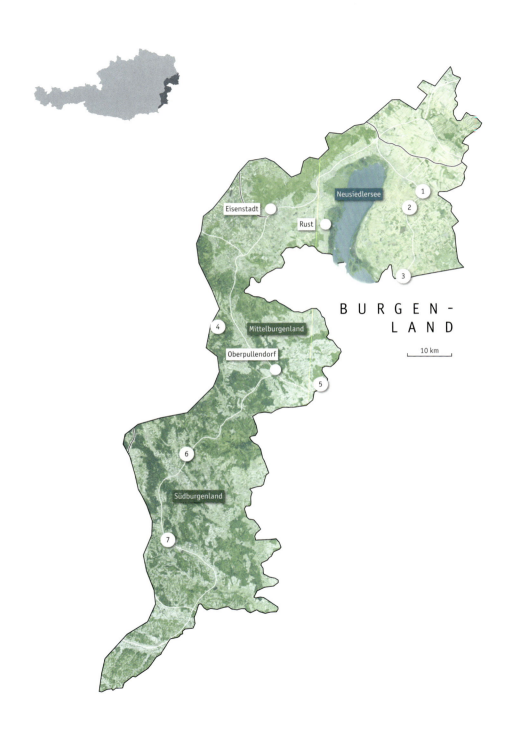

ALLE LILIEN-HOTELS
IN **BURGENLAND**

6 **Avita Resort** ★★★★s
7 **Falkensteiner Balance Resort** ★★★★★
4 **Haus Esterházy** ★★★★
6 **Kur- & Thermenhotel** ★★★★s
7 **Larimar** ★★★★s
1 **Marienkron Kurhaus** ★★★★
6 **Parkhotel** ★★★
7 **Reiters Allegria** ★★★★
6 **Reiters Finest Family** ★★★★s
6 **Reiters Supreme** ★★★★★
5 **Sonnenpark** ★★★★
2 **St. Martins Therme & Lodge** ★★★★s
6 **Thermen- & Vitalhotel** ★★★★s
5 **Vier Jahreszeiten** ★★★★
3 **Vila Vita Pannonia** ★★★★

| Wellness | 12 |

Seehotel Rust ★★★★
Grünlage am Ortsrand in Rust – Neusiedler See
- 7071 Rust, Am Seekanal 2-4, ☎ 02685-381-0

| Beauty | Wellness | 10 |

Beauty-Vital-Residenz Dolezal ★★★★
Grünlage am Ortsrand in Neusiedl am See
- 7100 Neusiedl, Seestr. 37, ☎ 02167-2439-0

| Wellness | 11 |

Wende ★★★★
Ortsrandlage in Neusiedl am See
- 7100 Neusiedl am See, Seestr. 40, ☎ 02167-8111

| Wellness | 10 |

Birkenhof ★★★★
Grünlage am Ortsrand in Gols – Neusiedler See
- 7122 Gols, Birkenplatz 1, ☎ 02173-2346

| Kur | Gesundheit | 13 |

Marienkron Kurhaus ★★★★
Grünruhelage am Ortsrand – Nähe Neusiedler See
„Kurhaus und Abtei": keine „Designerhütte", sondern vielmehr ein altmodischer, ruhiger Ort, an dem man unschwer Abstand vom Alltag gewinnen kann. Der Fokus liegt auf Kneippkuren, zusätzlich gibt's Yoga, Qi Gong und täglich Gottesdienst. Großer Park (15 Hektar) mit vielen alten Bäumen, museumsreifes Spa. Ein- bis dreiwöchige Pauschalen zu den Themen Kneippen, Fasten, Rückengesundheit sowie allgemeine Regeneration. Walking-Stöcke erhält man ebenso wie Rollatoren zur Gratisleihe, Badeslipper muss man dagegen mitbringen. Gute Küche. Ungeeignet für Kinder. 13 Liegen, 179 Betten. Hallenbad, Sauna, Dampfbad, Massagen, Kosmetik, Fitnessgeräte. HP ab € 74,–.
- 7123 Mönchhof, Klostergasse 3, ☎ 02173-80205-0

| Wellness | 16 |

St. Martins Therme & Lodge ★★★★s
Grünruhelage bei Frauenkirchen – 75 km südöstlich von Wien
Nennt sich Lodge, ist aber das genaue Gegenteil davon, nämlich ein Großhotel. Es liegt an einem Baggersee im Gebäudeverbund mit der öffentlichen Therme, deren Kinderbereich mit einer 90 m langen Wasserrutsche sowie mit Liegewiese und Kiesstrand aufwarten kann – der Eintritt ist im Zimmerpreis inkludiert, an Wochenenden jedoch nur bedingt erquickend. Deutlich ruhiger ist da das hoteleigene Spa, auch wenn dieses nicht gerade weitläufig ausgefallen ist. Zu den Highlights gehören ansprechend moderne Zimmer mit Holzböden, alle haben Balkon, die westseitigen bieten Ausblick auf den See sowie auf herrliche Sonnenuntergänge, die anderen pannonisches Parkplatzpanorama. Reichhaltiges Früh-

stücksbuffet mit regionalem Einschlag, gute Küche, fabelhafte Restaurantterrasse – Letzteres wissen auch die Gelsen. Bemühte Crew, außerordentlich selbstbewusste Preise, vergleichsweise günstig ist dagegen die kurze Anfahrt aus Wien (80 km). 124 Liegen, 300 Betten. Naturbadeteich, Thermalfreibecken, Thermalhallenbad, Sauna, Dampfbad, Massagen, Kosmetik, Fitnessgeräte. HP ab € 155,–.

- 7132 Frauenkirchen, Im Seewinkel 1
  ☎ 02172-20500

Wellness 11
Seewirt ★★★★
Strandlage in Podersdorf – Neusiedler See
- 7141 Podersdorf, Strandplatz 1, ☎ 02177-2415

Wellness ⚜⚜15
Vila Vita Pannonia ★★★★
Grünruhelage bei Pamhagen – Nähe Neusiedler See
Hunde- und familienfreundlich: ein Ferien-, Hochzeits- und Eventdorf mit 130 (sehr kleinen und nur teilweise modernisierten) Bungalows und einem Hotel als Hauptgebäude, in dem sich auch die schöneren Zimmer befinden. Alles gibt sich bestens gepflegt, charakteristisch sind die zahlreichen, zumeist ohne Aufpreis verfügbaren Sporteinrichtungen, darunter etwa Reitstall, Fußballplatz, Beachvolleyballplatz und Hochseilklettergarten.

Für Kids ab vier Jahren wird viel geboten (Ponys, Streichelzoo, weißer Esel), von Mitte April bis Ende September auch eine ganztägige Betreuung. Kleines Spa mit Liegewiese hinterm Schilf und urgemütlichem Saunabereich (mit Naturbadeteich), zudem gibt es auf dem rund 200 Hektar großen Anwesen noch einen richtigen Badesee mit Sandstrand, Kanus und Tretbooten. Bemühtes Service, gute Küche, gute Treatments. Ausgedehnte Jogging-Strecken, Leihfahrräder gratis. 51 Liegen, 600 Betten.
Naturbadeteich, Freibecken, Hallenbad, Außensauna, Sauna, Dampfbad, Massagen, Kosmetik, Ayurveda, Fitnessstudio. Tennishalle, Tennisplätze. HP ab € 109,50.
- 7152 Pamhagen, Storcheng. 1, ☎ 02175-2180-0

Kur ⚜⚜16
Haus Esterházy ★★★★
Grünruhelage in Bad Sauerbrunn – 75 km südlich von Wien
Modernes Kur- und Seminarhotel im Gebäudeverbund mit dem Sonnberghof (Spezialist für onkologische Rehabilitation), in dem auch Rezeption und Restaurant untergebracht sind. Der Schwerpunkt liegt sowohl auf medizinischen Check-ups als auch auf Kuren für den Stütz- und Bewegungsapparat sowie für Nieren und Harnwege. Gleich drei natürliche Heilvorkommen sind vorhanden: Thermalwasser, Kohlensäuregas und der magnesiumreiche „Säuerling" (fabelhafte Wirkung!). Im

Haus Esterházy

Angebot stehen unter anderem dreiwöchige Privatkuren sowie drei- bis siebentägige Wohlfühlaufenthalte (ohne medizinische Leistungen). Freundliche Mitarbeiter, breites Therapieangebot, auch Akupunktur, autogenes Training, Muskelentspannung nach Jacobson und Qi Gong. Ungeeignet für Kinder. 111 Liegen, 132 Betten. Thermalfreibecken, Thermalhallenbad, Sauna, Dampfbad, Massagen, Kosmetik. HP ab € 95,–.
- 7202 Bad Sauerbrunn, Hartiggasse 4
  ☏ 02625-300-0

Wellness   10
Schreiner ***s
Ortslage in Deutschkreuz – Nähe Lutzmannsburg
- 7301 Deutschkreuz, Girmer Str. 45, ☏ 02613-80322

Wellness   10
Kurz Sport-Hotel ****
Ortsrandlage in Oberpullendorf – Nähe Lutzmannsburg
- 7350 Oberpullendorf, Stadiong. 16, ☏ 02612-43233

Wellness   10
All in Red ****
Grünlage in Lutzmannsburg – 100 km südlich von Wien
- 7361 Lutzmannsb., Thermenpl. 7, ☏ 02615-81313

Wellness   9
Derdak Thermenhof ***
Grünlage in Lutzmannsburg – 100 km südlich von Wien
- 7361 Lutzmannsburg, Thermenstr. 1, ☏ 02615-87711

Wellness   10
Kurz Thermenhotel ****
Ruhelage in Lutzmannsburg – 100 km südlich von Wien
- 7361 Lutzmannsburg, Therme 6, ☏ 02615-81244

Wellness   12
Semi Kinderhotel ****s
Ruhelage in Lutzmannsburg – 100 km südlich von Wien
- 7361 Lutzmannsburg, Thermenpl. 3, ☏ 02615-81300

Wellness   ❀ ❀ 16
Sonnenpark ****
An der Therme Lutzmannsburg – 100 km südlich von Wien
Baby- und Kinderhotel direkt an der öffentlichen Therme (superlange Wasserrutschen, Wellenbecken, Wildwasserkanal, die über einen kurzen Bademantelgang zu erreichen ist und nach Redaktionsschluss der letzten Ausgabe substanziell erweitert wurde. Ebendort befindet sich ein neuerdings abgetrennter Bereich (Pools, Liegenzone), der nur Hotelgästen zugänglich ist. Auf Schritt und Tritt stößt man auf einen sehr professionellen Umgang mit dem Thema Babys als Gäste, was einen unkomplizierten Aufenthalt garantiert. So gibt es beispielsweise Krab- belzonen, gutes Spielzeug, Waschmaschine, Fläschchenküche und Babyschwimmkurse, alle Zimmer verfügen zudem über entsprechende Ausstattung (Babybadewanne, Wickeltische u. a.). Was wir besonders mögen: die große Sauberkeit (auch in der Therme), das viele Gemüse am Kinderbuffet und den frühen Start des Abendessens (17.30 Uhr), das kommt dem Sandmännchen sehr entgegen! Weniger erfreulich: die Spielkonsolen vor dem Eingang in die Therme – die Kids sind hier kaum vorbeizubewegen! Täglich rund sieben Stunden Baby- und Kinderbetreuung (leider nicht durchgängig, sondern mit Unterbrechungen), sehr freundliche und hilfsbereite Crew, eher gute Küche – auch für die Kids. Light Lunch und Nachmittagsjause sind, ebenso wie Leihfahrräder, im Preis inkludiert. In den Wintermonaten gibt's auch einen Eislaufplatz vor dem Haus, die (sommerlichen) Outdoor-Möglichkeiten im Reiters Finest Family (Bad Tatzmannsdorf) sind wesentlich vielfältiger. Viele Gäste aus Ungarn. 210 Liegen, 310 Betten.
Thermalfreibecken, Thermalhallenbad, Babybecken. In der öffentlichen Therme: Thermalfreibecken, Thermalhallenbad, Außensauna, Sauna, Dampfbad, Massagen, Kosmetik, Ayurveda, Fitnessgeräte. 18-Loch-Parcours in 0,5 und 21 km, bis 15 % Greenfee-Rabatt. HP ab € 130,–.
- 7361 Lutzmannsburg, Thermengelände 2
  ☏ 02615-87171-1000

Wellness   ❀13
Vier Jahreszeiten ****
Grünruhelage in Lutzmannsburg – 100 km südlich von Wien
Baby- und kinderfreundlicher Familienbetrieb, der über einen langen unterirdischen Gang mit der öffentlichen Therme verbunden ist, aber auch selbst über ein bescheidenes Spa verfügt, das sogar mit netter Außenanlage und Badeteich aufwarten kann (kein Eintritt für Kinder unter 15 Jahren). Einige Nonsens-Behandlungen („Rotweinmassage", „Bierbad", Vanillemassage" …), Vinothek mit rund 200 Weinen der Region, die Öffnungszeiten decken sich praktischerweise mit jenen der Kinderbetreuung: täglich von 15.30 bis 19.30 Uhr. Ein Light Lunch ist inkludiert. 30 Liegen, 140 Betten.
Naturbadeteich, Außensauna, Sauna, Dampfbad, Massagen, Kosmetik, Fitnessgeräte. 18-Loch-Parcours in 0,5 und 21 km, bis zu 20 % Greenfee-Rabatt. HP ab € 85,–.
- 7361 L., Thermengelände 4, ☏ 02615-81222

Wellness   ❀14
Avita Resort ****s
Grünruhelage in Bad Tatzmannsdorf – 120 km von Wien
Hundefreundlich: Mittelklasse-Thermenhotel, das über einen kurzen Bademantelgang mit der öffentlichen Therme gleichen Namens verbunden ist, neuerdings aber auch einen hauseigenen Wellnessbereich besitzt. Stark unterschiedliche Zimmer in neun Varianten, stets

großzügig, auch solche mit Holzböden sind zu haben. Enttäuschende Massage, umfangreiches Aktivprogramm. Gutes Frühstücksbuffet, bei Küche und Service gibt es aber noch etwas Luft nach oben. Häufig unter den Gästen anzutreffen: Fußballmannschaften und Tagungsteilnehmer. Die (bescheiden bestückte) Bar ist ab 20 Uhr Raucherzone. Ein Light Lunch ist im Preis enthalten. Ungeeignet für Kinder. 106 Liegen, 236 Betten. Thermalfreibecken, Thermalhallenbad, Sauna, Dampfbad. In der öffentlichen Therme: Naturbadeteich, Thermalfreibecken, Thermalhallenbad, Außensauna, Sauna, Dampfbad, Massagen, Kosmetik, Fitnessstudio. An der Lauf- und Walking-Arena.
HP ab € 122,–.

- 7431 Bad Tatzmannsdorf, Am Thermenplatz 2
☎ 03353-8990-0

Kur   17
Kur- & Thermenhotel ****s
Grünruhelage am Ortsrand – 120 km südlich von Wien
Hundefreundlich: Wahrscheinlich eines der angenehmsten Kurhotels des Landes, es wird wohl speziell wegen seiner ruhevollen Ausstrahlung immer wieder auch von jüngerem Wellnesspublikum gebucht. Und das, obwohl es im Burgenland um diesen Preis größere und bessere Wellnessbereiche – und modernere Zimmer – gibt. Das Haus ist zwar bestens gepflegt und blitzsauber, allerdings nicht mehr ganz zeitgemäß und streckenweise nicht einmal besonders charmant gestaltet. Dennoch fühlt es sich hier sehr gemütlich an, und Ruhe wie Überschaubarkeit haben ihren ganz besonderen Reiz. Hervorragende Treatments, Liegewiese, auch Pilates und Zumba. Gutes Frühstücksbuffet ohne Schnickschnack, die Discorhythmen während des Abendessens waren hoffentlich nur ein Ausrutscher. Freundliche Crew, Gratisgarage für alle. Viele alte Stammgäste, ungeeignet für Kinder. 95 Liegen, 123 Betten.
Thermalfreibecken, Thermalhallenbad, Sauna, Dampfbad, Massagen, Kosmetik, Fitnessgeräte, Personal Trainer. 27-Loch-Parcours in 3 km. An der Lauf- und Walking-Arena. HP ab € 121,–.

- 7431 Bad Tatzmannsdorf, Elisabeth-Allee 1
☎ 03353-8940-7160

Wellness | Kur   13
Parkhotel ***
Grünruhelage in Bad Tatzmannsdorf – 120 km von Wien
Mit kleinen Zimmern, deren hohe Preise sich schnell relativieren, da man sowohl das Restaurant als auch das weitläufige Spa mit dem Vierstern-superior-Nachbarn Thermen- & Vitalhotel teilt. Freundliche Mitarbeiter, Gratisgarage für alle. Ungeeignet für Kinder. 66 Betten.
Thermalfreibecken, Thermalhallenbad, Außensauna, Sauna, Dampfbad, Massagen, Kosmetik, Fitnessstudio,

Personal Trainer. 27-Loch-Parcours in 3 km. An der Lauf- und Walking-Arena. HP ab € 88,–.
- 7431 Bad Tatzmannsdorf, Elisabeth-Allee 3
  ☎ 03353-8200-7202

Wellness ❦❦❦18
Reiters Finest Family ★★★★s
Grünruhelage bei Bad Tatzmannsdorf – 120 km von Wien
Hundefreundliches Baby- und Kinderhotel, und was für eines! Es hieß noch bis vor kurzem Reiters Avance, aber macht dem neuen Namen alle Ehre: feinstes Familienhotel. Das kann man ruhig so stehenlassen, denn es zeigt sich als blitzsauberes, mit Herz, Hirn und Leidenschaft gestaltetes Schlaraffenland, das derartig viele unterschiedliche Einrichtungen bietet, dass alleine schon das pure Aufzählen hier mehrere Seiten in Anspruch nehmen würde. Dazu zählen etwa die riesigen Spielflächen, die vielen spannenden Outdoor-Bereiche, Wasserrutschen, die eigene weitläufige Badelandschaft für Kids und viele Tiere, darunter etwa Isländerponys, Minipferde, Hochlandrinder, Wasserbüffel oder Wollschweine. Alles ist inklusive, auch alle Speisen und Getränke, wo und wann auch immer sie eingenommen werden – Ausnahmen gibt es nur für Champagner und Flaschenweine sowie an der Bar, da jedoch erst ab 24 Uhr. Liebevoll und kompetent zeigt sich die Betreuung der Kinder (von sechs Monaten bis 12 Jahren in altersgerechten Gruppen) – täglich 12 Stunden. Für die Eltern steht ein passables Thermal-Spa mit entsprechenden Ruheräumen und dem Highlight eines feinen FKK-Gartens zur Verfügung. Dazu ein 27-Loch-Golfplatz mit Schule vor dem Haus, ein Lipizzanerreitstall sowie endlose Radwege, Laufstrecken und Spazierwege, ein breites Aktivprogramm wird zudem täglich geboten. Wunderbares Frühstücksbuffet, sehr gute Küche (mit vielen Zutaten aus der eigenen Landwirtschaft), feine Restaurantterrasse. Ausgesprochen freundliche und hilfsbereite Mitarbeiter, ausgezeichnete Massagen. Die Zimmer wirken ein klein wenig démodé, was das außerordentliche Preis-Leistungs-Verhältnis jedoch in keiner Weise trübt. Für kinderlose Pärchen und Ruhesuchende nicht geeignet. 248 Liegen, 340 Betten (Foto Seite 186). Thermalfreibecken, Freibecken, Babyfreibecken, Thermalhallenbad, Hallenbad, Babybecken, Außensauna, Dampfbad, Kosmetik, Massagen, Fitnessstudio, Personal Trainer. 27-Loch-Parcours, Greenfee-Rabatt bis 70 %. Tennishalle, Tennisplätze. All-inclusive-VP ab € 139,–.
- 7431 Bad Tatzmannsdorf, Am Golfplatz 4
  ☎ 03353-8855

Wellness ❦❦❦❦20
Reiters Supreme ★★★★★
Grünruhelage bei Bad Tatzmannsdorf – 120 km von Wien
Ein ganz besonderes Haus, dessen Vorzüge sich nicht gleich auf den ersten Blick offenbaren, gilt dieser doch

Kur- & Thermenhotel

einer nur mäßig beschaulichen Fassade. Und auch das Thema Lobby wurde anderswo schon mal gemütlicher und charmanter gelöst. Doch auf den entscheidenden Ebenen erlebt man dieses Hotel als wahre Wohltat. Zum einen diese Lage – mit endlosen Lauf- und Spazierwegen – in einem 120 ha großen Grünareal am Waldrand, direkt am 27-Loch-Parcours. Zum anderen dieses weitläufige Spa (einige Leser melden, dass sie mit dem Saunaangebot und mit dem Ruhebereich mit Ausblick auf die FKK-Zone nicht wirklich zufrieden sind: Das können wir nachvollziehen, aber es bleibt dennoch das größte Hotel-Spa Europas, und es ist ausschließlich Hausgästen vorbehalten) mit seinen feinen Rückzugsoasen und den ausgezeichneten Treatments. Oder die ansprechenden Zimmer (31 bis 68 m² groß), fast alle haben Holzböden, alle gute Betten sowie Balkon oder Terrasse. Dann das Frühstücksbuffet mit seiner grandiosen Auswahl, diese ausgezeichnete Küche, die größtes Augenmerk auf die Qualität der Zutaten legt und vieles – von Himbeeren über Wild bis hin zu handgemachten Nudeln – von rund 200 regionalen Kleinbetrieben bezieht. Dies ist für ein Hotel genauso unüblich wie die in diesem Haus praktizierte Beschaffung von Fleisch: von den eigenen Weiden nämlich. Mangalitzaschweine, Schafe, Galloway- und Angusrinder werden selbst gezüchtet. Was wir zudem mögen: die zuvorkommenden Mitarbeiter, die fabelhaften Café- und Restaurantterrassen, den preiswerten und ganz wunderbaren Hauswein

(faire Getränkepreise sind andernorts selten, im Fünfsternbereich kaum existent, hier jedoch die Regel sowie die gute Musik an der Bar. Was wir auch noch erlebten: ein fehlendes Turn-down-Service und ein Fleischmesser zum Fisch – in Folge. Aber das ist, angesichts der Fülle des Gebotenen, eigentlich gar nicht erwähnenswert. Liegewiese, Arztpraxis, auch medizinische Check-ups. Ungeeignet für Kinder, die sind allerdings im Nachbarhotel Finest Family geradezu unschlagbar gut aufgehoben. 240 Liegen, 356 Betten (Foto Seite 185).
Thermalfreibecken, Solefreibecken, Thermalhallenbad, Außensauna, Sauna, Dampfbad, Massagen, Kosmetik, Fitnessstudio, Personal Trainer. 27-Loch-Parcours, Greenfee-Rabatt bis 70 %. Tennishalle, Tennisplätze. An der Lauf- und Walking-Arena. HP ab € 149,–.

- 7431 Bad Tatzmannsdorf, Am Golfplatz 1
  ☎ 03353-8841-607

Wellness | Kur 12
Simon **
Grünlage in Bad Tatzmannsdorf – 120 km von Wien
- 7431 Bad T., Am Kurpark 3, ☎ 03353-7017-0

Wellness | Kur ⚜⚜ 15
**Thermen- & Vitalhotel ****s
Grünruhelage am Ortsrand – 120 km südlich von Wien
Hundefreundlich: ein höchst solides Thermenhotel in an-

genehm überschaubarer Größe. Mit modern-großen Zimmern (alle mit Balkon und Holzböden) und – von ganz wenigen Ausnahmen abgesehen – sehr freundlichen Mitarbeitern. Der Wellnessbereich verfügt über Thermalwasser und ein sehr bescheidenes Damen-Spa (eine Liege), fein ist jedenfalls der FKK-Außenbereich mit Biotop, Außensauna, Tauchbecken und Liegewiese. Zahlreiche Gesundheitsangebote, darunter Ausdauertraining, Pilates, Gewichtsreduktion und Koordinationstraining. Wunderbar kompetent durchgeführte Massagen, Gratisgarage für alle. Viele alte Stammgäste, ungeeignet für Kinder. 120 Liegen, 105 Betten (Foto Seite 188). Thermalfreibecken, Thermalhallenbad, Außensauna, Sauna, Dampfbad, Massagen, Kosmetik, Fitnessstudio, Personal Trainer. 27-Loch-Parcours in 3 km. HP ab € 121,–.
- 7431 Bad Tatzmannsdorf, Elisabeth-Allee 2 ☎ 03353-8200-7201

Wellness 10
Kohlstätterhof ★★★
Ortslage Nähe Bad Tatzmannsdorf – 115 km von Wien
- 7435 Oberkohlstätten, Nr. 7, ☎ 03354-8292

Wellness 11
Krutzler ★★★★
Ruhige Ortslage bei Güssing – 175 km von Wien
- 7522 Heiligenbrunn, Nr. 16, ☎ 03324-7240

Wellness 10
Strobl Vital ★★★★
Ortslage an der B57 bei Oberwart – 140 km von Wien
- 7533 Ollersdorf, Hauptstr. 64, ☎ 03326-52615

Wellness 11
Lagler ★★★★
Grünruhelage bei Güssing – 160 km südlich von Wien
- 7543 Kukmirn, Hotelgasse 1, ☎ 03328-32003

Wellness ✿ ✿16
Falkensteiner Balance Resort ★★★★★
Grünruhelage am Golfplatz von Stegersbach

Hundefreundliches Wellness- und Tagungshotel mit fabelhafter Architektur, es liegt fast direkt am 50-Loch-Golfplatz. Charakteristisch ist eine schneckenhausähnliche Gebäudeform, aus der für die meisten Räume ein Maximum an Tageslicht resultiert. Glas, Edelstahl und Holz sind herrschende Gestaltungselemente, zusammen mit dem lichtdurchfluteten Ambiente und einer genialen Linienführung ergibt das eine angenehme Raummutung in den öffentlichen Bereichen – das punktet natürlich. Die Zimmer sind durchwegs großzügig geschnitten (36 bis 104 m^2), viele haben Holzböden, alle Balkon oder Terrasse. Das Spa (unter anderem mit sehr kleiner Damensauna, FKK-Zone, Außenwhirlpool und entgegenkommenden Öffnungszeiten) ist nicht allzu

Reiters Supreme (Seite 185)

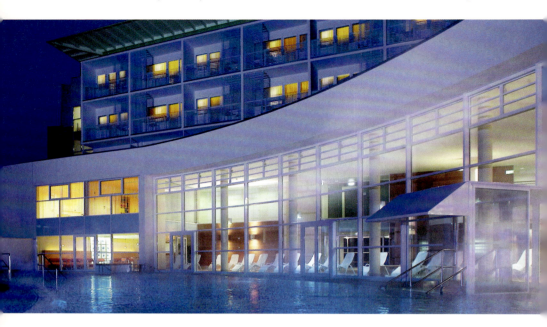

weitläufig, über einen Bademantelgang gelangt man in die öffentliche Familientherme, die ein wahres Füllhorn an Attraktionen für Kids bietet. Gute Massagen, Liegewiese, feine Restaurantterrasse, wunderbar freundliche Crew (allerdings waren bei unserem letzten Besuch nur wenige Gäste im Haus, und das am Wochenende!), reichhaltiges Frühstücksbuffet, gute Küche. Netter Garten mit Liegeterrassen, gute Jogging-Strecken. Garage? Leider nein. 147 Liegen, 315 Betten.
Freibecken, Hallenbad, Außensauna, Sauna, Dampfbad, Massagen, Kosmetik, Ayurveda, Fitnessgeräte. 50-Loch-Parcours in 0,3 km, 20 % Greenfee-Rabatt. HP ab € 143,–.
- 7551 Stegersbach, Panoramaweg 1
  ☎ 03326-55155

Wellness ❦❦ 16
Larimar ****s
Grünruhelage am Golfplatz von Stegersbach
Hundefreundlich (sogar sehr: es gibt Duschen, Badeteich und Zutrittserlaubnis in die Bar): mit ovalem Grundriss, der stets für kurze Wege in das Spa sorgt, welches uns allerdings in Sachen Wasserfläche und Ruheräume etwas unterdimensioniert erscheint. Familien mit Kindern gelangen mit wenigen Schritten (Bademantelgang) in die benachbarte öffentliche Therme, die alles bietet, was Kids cool finden. Das Hotel bietet nicht zuletzt aufgrund seiner besonderen Bauweise ein höchst angenehmes Raumklima, die Zimmer sind von ansprechender Größe, unaufgeregt modern gestaltet und stets außerordentlich sauber. Alle haben gute Betten, Eichenböden sowie Balkon oder Terrasse, allerdings muss man nicht selten mit einem Ausblick auf Parkplatz, Zufahrtsstraße oder das Thermendach Vorlieb nehmen. Der Platz auf der Restaurantterrasse ist beschränkt, wer al fresco dinieren möchte, sollte das daher möglichst früh kundtun. Feines Frühstücksbuffet, die Küche verwendet hochwertige Zutaten und punktet mit „Gut", ein Light Lunch ist im Preis inkludiert. Freundliche, sehr zuvorkommende Mitarbeiter. Liegewiese, ausgezeichnete Massagen, Arztpraxis, auch Traditionelle Chinesische Medizin sowie Qi Gong, Yoga, Meditation und Pilates. Auch Sozialversicherungsgäste, ungeeignet für Kinder. 173 Liegen, 200 Betten.
Thermalfreibecken, Thermalhallenbad, Sauna, Dampfbad, Massagen, Kosmetik, Ayurveda, Fitnessgeräte Personal Trainer. 50-Loch-Parcours in 0,3 km, 20 % Greenfee-Rabatt.
HP ab € 106,–.
- 7551 Stegersbach, Panoramaweg 2
  ☎ 03326-55100

Wellness 11
Puchas Plus garni ****
Grünruhelage am Golfplatz von Stegersbach
- 7551 Stegersbach, Thermenstr. 16, ☎ 03326-55310

Wellness 17
Reiters Allegria ****
Grünruhelage am Golfplatz von Stegersbach

Hunde- und familienfreundlich: trotz seiner Größe und anfänglichen Unübersichtlichkeit ein außerordentlich sympathisches Hotel. Es besitzt sowohl innen als auch außen weitläufige Spielbereiche für Kids und steht im Gebäudeverbund mit der öffentlichen Familientherme (14 Pools, 1.500 m² Wasserfläche, zahlreiche Attraktionen), weshalb man eigentlich erwartet, dass es für Alleinreisende oder Paare weniger geeignet sein könnte. Umso überraschender fanden wir die Tatsache, dass man auch genügend Ruhe finden kann, gibt es doch ein angenehmes hoteleigenes Spa mit Liegewiese, feinen Ruheräumen und einer ebensolchen FKK- und Saunazone – auch die Treatments sind ausgezeichnet. Die Zimmer liegen in drei Flügeln unterschiedlichen Alters, die jüngsten sind fast neu und wunderschön gelungen. Sie haben eine absolut fabelhafte Klimaanlage – ohne Gebläse –, was die Atemwege (besonders der Kinder!) danken. Das ganze Haus blitzt geradezu vor Sauberkeit und lacht vor Freundlichkeit, das Frühstück bietet große Auswahl in guter Qualität, auch die Vollpension macht Freude: Gute bis sehr gute Küche (im Residenz-Restaurant; das „Bademantel"-Family-Restaurant – hier kann man auch frühstücken – sowie das Thermenrestaurant sind schwächer), wer will, kann praktisch den ganzen Tag essen, drei Restaurants machen es möglich. Und während der warmen Jahreszeit geht es auch im Freien. Hervorragendes Preis-Leistungs-Verhältnis, geradezu sensationell bei längeren Aufenthalten. Gratisgarage für alle. Kinderbetreuung ist nur gegen Aufpreis erhältlich. 180 Liegen (im Hotel-Spa), 800 Liegen (in der Therme), 520 Betten.
Thermalfreibecken, Thermalhallenbad, Außensauna, Sauna, Dampfbad, Massagen, Kosmetik, Fitnessgeräte. 50-Loch-Parcours in 0,1 km, bis zu 50 % Greenfee-Rabatt. VP ab € 89,–.
- 7551 Stegersbach, Golfstraße 1
  ☎ 03326-500-0

Wellness 11
Maiers Elisabeth garni ****
Grünruhelage am Ortsrand – Therme Loipersdorf
- 8380 Jennersdorf, Grieselstein 117, ☎ 03329-43043

Wellness 12
Maiers Wellnesshotel ****
Grünruhelage – Nähe Therme Loipersdorf
- 8380 Jennersdorf, Grieselstein 99, ☎ 03329-452880

Wellness 11
Eisenberg ****
Grünlage – Nähe Jennersdorf/Therme Loipersdorf
- 8383 Eisenberg, Mitterberg 32, ☎ 03329-48833-0

Reiters Allegria

ALLE LILIEN-HOTELS
IN DER **STEIERMARK**

- 5 **Almwelt Austria** ****
- 5 **Berghof** ****
- 12 **Der Steirerhof** *****
- 2 **Erzherzog Johann** ****
- 12 **Falkensteiner Bad Waltersdorf** ****
- 6 **Falkensteiner Schladming** ****s
- 10 **Fasching Dorfhotel** ****
- 20 **Fontana Thermalhotel** ****
- 19 **Gleichenberger Hof** ****
- 14 **G'Schlössl Murtal**
- 16 **Heilmoorbad Schwanberg**
- 20 **Hotel im Park** ****s
- 8 **Höflehner Naturhotel** ****s
- 18 **Loisium Wine & Spa Südsteiermark** ****
- 11 **Pierer Almwellness** ****s
- 12 **Quellenhotel** ****
- 13 **Rogner Bad Blumau** ****
- 13 **Römerstein Landhaus** ****
- 3 **Schloss Pichlarn Spa & Golf Resort** *****
- 7 **Schwaigerhof** ****
- 1 **Seevilla** ****s
- 4 **Spanberger** ****
- 19 **Stenitzer** ****
- 13 **Stoiser Thermenhotel** ****s
- 12 **Thermenhof Paierl** ****s
- 15 **Tonnerhütte** ***
- 2 **Wasnerin G'sund & Natur** ****
- 17 **Weinhof Kappel** ****

NEU
LAN SER HOF
TEGERNSEE

AB JANUAR 2014 – RESERVIEREN SIE JETZT.

Das seit 30 Jahren erfolgreiche **LANS Med Concept** hat eine neue spektakuläre Heimat: den Lanserhof Tegernsee – in einer der schönsten Naturregionen Deutschlands. Gesundheit, Genuss und Regeneration verbinden sich hier zu einem einzigartigen neuen Erlebnis. Wir freuen uns auf Sie. Sieben Übernachtungen im Doppelzimmer inklusive medizinischen Basispakets ab 2.985 EUR p. P.

Weitere Informationen erhalten Sie kostenlos unter **00800 8000 06 06** sowie unter info.tegernsee@lanserhof.com oder **www.lanserhof.com**

HAMBURG   LANS   TEGERNSEE

| Wellness | 9 |

Stoiser's garni ★★★★
Stadtrandlage in Graz
- 8044 Graz, Mariatroster Straße 174
  ☎ 0316-392055

| Wellness | 11 |

Novapark ★★★s
Grünlage am Stadtrand in Graz
- 8051 Graz, Fischeraustr. 22, ☎ 0316-682010-0

| Wellness | 11 |

Grabenjoglhof
Grünruhelage am Ortsrand – 35 km südöstlich von Graz
- 8083 St. Stefan im Rosental, Krottendorf 9
  ☎ 03116-8929

| Wellness | ♁ ♁ 15 |

Pierer Almwellness ★★★★s
Grünruhelage auf der Teichalm – 50 km nördlich von Graz
Hunde- und familienfreundlich, mit herrlichem Panorama: Auf 1.250 m Seehöhe mitten auf der Alm gelegenes Haus, das vor wenigen Monaten nochmals ausgebaut und gewaltig vergrößert sowie zwischenzeitlich auch als Vierstern-superior-Hotel kategorisiert wurde. Stark unterschiedliche Zimmer in 12 Kategorien, die meisten haben Teppichböden, empfohlen sei jedenfalls eines der zahlreichen neuen. Auch das Spa (mit Liegewiese) wurde wiederum modernisiert, unter anderem bietet es einen (im Sommer) beheizten Schwimmteich und einen sehr großen Außenwhirlpool. Sehr gute Kosmetik, enttäuschende Massage, Aktivprogramm, auch Yoga und Pilates, mehrmals pro Woche gibt es Aufgusszeremonien mit dem Alm-Urgestein Bertl (in Lederhose). Neu ist ein Panoramarestaurant mit wunderschönem Ambiente, in Sachen Freundlichkeit, Service und Küche hat man etwas an Terrain verloren. Weiterhin fair sind die Getränkepreise, zudem ist der rote Hauswein („Hokus Pokus") großartig und sind die hauseigenen Schnäpse sogar großartig zum Quadrat (gilt für Nuss, Lärche, Enzian und Heidelbeere). Ringsum Wandermöglichkeiten ohne Zahl. Stimmiges Preis-Leistungs-Verhältnis, ein Light Lunch ist inkludiert. 122 Liegen, 160 Betten. Naturbadeteich, Hallenbad, Außensauna, Sauna, Dampfbad, Massagen, Kosmetik, Fitnessgeräte. 18-Loch-Parcours in 6 km, 20 % Greenfee-Rabatt. HP ab € 85,–.
- 8163 Fladnitz, Teichalm 77
  ☎ 03179-7172

| Wellness | 11 |

Styria Vitalhotel ★★★★
Grünlage am Ortsrand – 40 km nördlich von Graz
- 8163 Fladnitz, Nr. 45, ☎ 03179-23314-0

Pierer Almwellness

STEIERMARK

Wellness	11

Teichwirt ****
Grünruhelage auf der Teichalm – 50 km nördlich von Graz
- 8163 Fladnitz, Teichalm 41, ☎ 03179-7169

Wellness	12

Eder Wohlfühlhotel ****
Ortslage in St. Kathrein – 40 km nordöstlich von Graz
- 8171 St. Kathrein am Offenegg, Erstes Viertel 3
  ☎ 03179-8235-0

Wellness	10

Zum Steinhauser ****
Ortslage in St. Kathrein – 40 km nordöstlich von Graz
- 8171 St. Kathrein am Offenegg, Nr. 10
  ☎ 03179-8236-0

Wellness	12

Ochensberger Gartenhotel ****
Ortslage in St. Ruprecht – 33 km nordöstlich von Graz
- 8181 St. Ruprecht an der Raab
  Untere Hauptstraße 181, ☎ 03178-5132-0

Wellness	11

Angerer Hof ***
Grünlage am Ortsrand in Anger – 55 km nordöstlich von Graz
- 8184 Anger, Bahnhofstraße 16, ☎ 03175-2279

Wellness	10

Thaller Posthotel ****
Zentrale Ortslage in Anger – 55 km nordöstlich von Graz
- 8184 Anger, Hauptplatz 3, ☎ 03175-2206-0

Wellness	12

Fastenhaus Dunst
Grünruhelage Nähe Birkfeld – 75 km nordöstlich von Graz
- 8190 Miesenbach, Bergviertel 64
  ☎ 03174-8368

Wellness	11

Ballonhotel Kinderhotel ****
Grünruhelage bei Kaindorf – 115 km südlich von Wien
- 8224 Kaindorf, Hofkirchen 51, ☎ 03334-2262

Wellness	12

Zur Grünen Au ****
Grünruhelage bei Hartberg – 110 km südlich von Wien
- 8225 Pöllau, Winzendorf 45, ☎ 03332-63727

Wellness	12

Retter ****
Grünruhelage Nähe Hartberg – 145 km südlich von Wien
- 8225 Pöllauberg, Nr. 88
  ☎ 03335-2690

Gesundheit	Beauty	11

Ring Bio-Hotel ****
An der B54 bei Hartberg – 105 km von Wien
- 8230 Hartberg, Schildbach 51
  ☎ 03332-608-0

Wellness	10

Schwengerer Berggasthof ***
Absolute Naturlage bei Mönichwald – Wechsel
- 8252 Mönichwald, Schmiedviertel 57
  ☎ 03336-4211

Wellness	11

Berger Landhotel ***
Grünruhelage mit Fernblick – Nähe Mürzzuschlag
- 8255 St. Jakob im Walde, Kirchenviertel 34
  ☎ 03336-8259

Gesundheit	11

Bio-Thermen-Hotel ****
Südhanglage am Ortsrand in Bad Waltersdorf
- 8271 Bad Waltersdorf, Wagerberg 119
  ☎ 03333-2981-0

Wellness	❀❀❀❀20

Der Steirerhof *****
Grünruhelage am Ortsrand in Bad Waltersdorf
Hundefreundlich: Zum zwölften Mal in Folge mit vier Lilien bedachtes Haus, es steht für höchste Qualität und bodenständige Exklusivität. Mit gemütlicher Premiumanmutung in den öffentlichen Bereichen, mit Zimmern, die vor kurzem allesamt refurbished, also überarbeitet wurden. Sie bieten gediegene Interieurs und Größen in sechs Varianten (27 bis 126 m²), fast alle haben Teppichböden, alle Klimaanlage, Balkon und erwähnenswert gute Betten. Das Spa bietet eine weitläufige Thermalwasserlandschaft, neuerdings auch zwei zusätzliche Außensaunen und einen Badeteich. Fein sind die großzügig angelegten Ruhebereiche, der große Garten mit Liegewiese sowie ein sorgsam abgeschottetes Ladys-Spa. Auch Traditionelle Chinesische Medizin, Arztpraxis mit Check-ups, sehr gute Massagen. Breites Aktivprogramm, auch Yoga, Pilates, Fünf Tibeter, Tai Chi und Qi Gong. Herrliche Restaurantterrasse (mit Abendsonne), grandioses Frühstücksbuffet, in einem „Obstraum" stehen ganztägig frische Früchte bereit. Sehr gute Küche mit biologischer Ausrichtung, so manches kommt aus dem eigenen Kräutergarten, der hier nach dem bekannten Lungauer Landwirtschaftsrebellen Sepp Holzer als Permakultur angelegt ist. Übrigens erwähnenswert: die hauseigenen Chutneys – großartig! Die Mitarbeiter zeigen sich sehr flink und zumeist ebenso freundlich. Ein Light Lunch ist im Preis inbegriffen, das Spa kann man am Abreisetag auch nach dem Check-out ohne Aufpreis

nutzen. Garage gegen 8 Euro pro Tag. Ungeeignet für Kinder. 264 Liegen, 280 Betten.
Naturbadeteich, Thermalfreibecken, Solefreibecken, Freibecken, Thermalhallenbad, Sauna, Außensauna, Dampfbad, Massagen, Kosmetik, Personal Trainer, Fitnessstudio. 18-Loch-Parcours in 2 km, vier weitere im Umkreis von 30 Autominuten, bis zu 25 % Greenfee-Rabatt. Tennisplatz. HP ab € 157,–.
- 8271 Bad Waltersdorf, Wagerberg 125
  ☎ 03333-3211-0, 08000-311412

Wellness 15
Falkensteiner Bad Waltersdorf ****
Grünruhelage am Ortsrand in Bad Waltersdorf
Hundefreundliches Großhotel am Golfplatz: sozusagen der jugendliche Herausforderer, der seinen wesentlich älteren Konkurrenten am Platz aber bislang nicht einmal im Ansatz nahekommen konnte. Es handelt sich um einen Neubau, der zwar geradlinig gestaltet ist, aber dennoch über einen umständlich verschachtelten Grundriss verfügt – diese Architekten! Moderne Zimmer in sechs Kategorien (30 bis 80 m²), alle haben Teppichböden sowie ein TV-Gerät am Fußende des Bettes. Das etwas zu klein dimensionierte Spa (etwa: Liegen stehen dicht an dicht) verfügt unter anderem über einen Außenbereich mit Sauna und Liegewiese. Zwar gibt es eine Restaurantterrasse, doch nicht selten dürfte das Aufdecken für das Abendessen als zu beschwerlich empfunden werden. Ob sich das bei den auch im Freien angebotenen Massagen ähnlich verhält, konnten wir nicht feststellen: Es war zwei Tage lang kein einziges Treatment erhältlich. Stark schwankende Küchenleistung, verbesserungsfähiges Service. Je nach Windverhältnissen ist die A2 (300 m Luftlinie) nächtens bei offenem Fenster zu hören. Garage? Leider nein! Ungeeignet für Kinder. 130 Liegen, 256 Betten.
Thermalfreibecken, Freibecken, Thermalhallenbad, Außensauna, Sauna, Dampfbad, Massagen, Kosmetik, Fitnessgeräte, Personal Trainer. 18-Loch-Parcours, 25 % Greenfee-Rabatt. HP ab € 109,–.
- 8271 Bad Waltersdorf, Nr. 351
  ☎ 03333-31065

Wellness 9
H₂O-Therme
An der A2 bei Bad Waltersdorf
- 8271 Bad Waltersdorf, Sebersdorf 300
  ☎ 03333-22144

Wellness | Kur 16
Quellenhotel ****
Grünlage an der Heiltherme in Bad Waltersdorf
Großes Haus an der ergrauten öffentlichen Heiltherme (sieben Thermalwasserbecken, 12 Saunen), es verfügt jedoch auch über ein sehr schönes Hotel-Spa, das, dank

eines feinen Außenbereiches, vor allem im Sommer richtig Freude macht. Zu den Highlights zählen ein Naturbadeteich mit integriertem Thermalpool sowie ein Damen-Spa. Die Treatments sind gut – teilweise sogar sensationell –, weiters gibt es eine Arztpraxis sowie ein tägliches Aktivprogramm, auch Yoga, Qi Gong und Meditation sind zu haben. Die Zimmer (drei Kategorien) sind zwar nicht rasend groß, doch alle wurden vor kurzem rundum erneuert und bieten nun Holzböden und passable Bäder, die meisten zudem Balkon oder Terrasse. Das Restaurant mit Bahnhofskantinenflair ist Geschichte, es wurde kurz vor Drucklegung komplett erneuert – Schauküche inklusive. Ebenso brandneu ist eine hauseigene Bäckerei, deren Erzeugnisse allerdings noch nicht ausprobiert werden konnten. Reichhaltiges Frühstücksbuffet, Tanzabende, viele Alleinreisende, viele alte Stammgäste. Im Preis inkludiert ist der ganztägige Thermeneintritt an An- und Abreisetag. Durchgängig rollstuhlgerecht, ungeeignet für Kinder. 205 Liegen, 354 Betten.
Naturbadeteich, Thermalfreibecken, Außensauna, Sauna, Dampfbad, Fitnessgeräte. In der Therme: Thermalfreibecken, Thermalhallenbad, Sauna, Dampfbad, Massagen, Kosmetik, Ayurveda. 18-Loch-Parcours in 2 km, 25 % Greenfee-Rabatt, 45-Loch-Parcours in 15 km.
HP ab € 112,–.
- 8271 Bad Waltersdorf, Thermenstraße 111
  ☎ 03333-500-0

Wellness 11
Thermal Biodorf ****
Südhanglage am Ortsrand in Bad Waltersdorf
- 8271 Bad Waltersdorf, Wagerberg 126
  ☎ 03333-3281-0

Wellness ♨♨16
Thermenhof Paierl ****s
Grünlage am Ortsrand in Bad Waltersdorf
Am Hang oberhalb der öffentlichen Therme gelegenes Traditionshaus in angenehm überschaubarer Größe. Mit eher nicht rasend großen, aber freundlich-hellen Zimmern in sieben Kategorien, viele haben Balkon oder Terrasse, alle Holzböden. Das Spa bietet unter anderem Thermalwasser, eine größere FKK-Zone mit Sauna im Garten sowie einen bunten Strauß an guten Behandlungen, die auch kompetent durchgeführt werden. Täglich Aktivprogramm, auch Tai Chi, Qi Gong, Pilates und Yoga. Zu enge Tische im Restaurant, sehr freundliche Crew, nette Restaurantterrasse für Frühstück und Abendessen, gute Küche, auch ayurvedische Gerichte. Feine Weinkarte und ebensolche Beratung. Buchbar mit wirklich umfangreicher VP oder mit NF. Ungeeignet für Kinder. 110 Liegen, 132 Betten.
Freibecken, Thermalhallenbad, Außensauna, Sauna, Dampfbad, Massagen, Kosmetik, Ayurveda, Fitnessgeräte, Personal Trainer. 18-Loch-Parcours in 2 km,

Quellenhotel

vier weitere im Umkreis von 30 Autominuten, bis 25 % Greenfee-Rabatt.
VP ab € 124,–.
- 8271 Bad Waltersdorf
Wagerberg 120
☎ 03333-2801-0

Wellness 10
Ziegler Panoramahof garni ★★★★
Grünlage am Ortsrand in Bad Waltersdorf
- 8271 Bad Waltersdorf, Am Sonntagsberg 93
☎ 03333-2480

Wellness 11
Gerngross ★★★
Grünlage Nähe Bad Waltersdorf
- 8274 St. Magdalena, Nr. 17, ☎ 03332-8114

Wellness 12
Kowald Thermenhotel ★★★★
An der Therme Loipersdorf – 165 km südlich von Wien
- 8282 Loipersdorf, Nr. 215, ☎ 03382-8282

Wellness 10
Krainz Vitalhotel garni ★★★★
Grünlage Nähe Therme Loipersdorf
- 8282 L., Henndorf Therme 1, ☎ 03329-46611

Wellness 12
Leitner Thermalhotel ★★★★
An der Therme Loipersdorf – 165 km südlich von Wien
- 8282 Loipersdorf, Nr. 218, ☎ 03382-8616

Wellness 12
Loipersdorf Spa & Conference ★★★★s
An der Therme Loipersdorf – 165 km südlich von Wien
- 8282 Loipersdorf Therme, Schaffelbadstraße 219
☎ 03382-20000

Wellness 10
Maiers Kuschelhotel deluxe ★★★★s
Grünruhelage Nähe Therme Loipersdorf
- 8282 L., Henndorf Therme 7, ☎ 03382-8636-0

Wellness 14
Römerstein Landhaus ★★★★
Grünruhelage Nähe Therme Loipersdorf
Wunderschön gelegenes Kleinsthotel weitab vom großen Thermentrubel: mit der Anmutung eines charmanten Privathauses, mit Garten und Liegewiese, mit schlichten, aber sehr geräumigen Zimmern mit Parkettböden und bescheidenem Spa, das sehr gute Massagen bietet. Es wird erfreulich liebevoll gekocht, die Küche ist sehr gut, sie ist biologisch ausgerichtet und verwendet stets frische Zutaten, so manches stammt aus dem eigenen Kräuter-

und Gemüsegarten. Fürsorgliches Gastgeberehepaar, das mit seinem Wissen über regionale Weine glänzt. Außerordentlich sauberes Preis-Leistungs-Verhältnis. Auch Yoga und Tai Chi. Ungeeignet für Kinder. 15 Liegen, 25 Betten. Hallenbad, Sauna, Dampfbad, Massagen. 27-Loch-Parcours in 4 km, 20 % Greenfee-Rabatt. HP ab € 75,–.
- 8282 Loipersdorf Therme, Henndorf Therme 18
  ☎ 03329-46777

Wellness 15

Stoiser Thermenhotel ****s
Grünlage an der Therme Loipersdorf

Hundefreundliches Großhotel, es wurde in den vergangenen Jahren teilmodernisiert und verfügt über den ortsüblichen direkten Verbindungsgang in die öffentliche Therme, deren frühmorgendlicher Eintritt (bis 8.45 Uhr) auch im Zimmerpreis enthalten ist. Zusätzlich gibt es ein Hotel-Spa von passabler Größe, es wurde streckenweise modernisiert. Das Gleiche gilt auch für die Zimmer (sieben Kategorien), diese gibt es in einer überarbeiteten Version („Classic", mit Fliesenböden) sowie in einer komplett neu gestalteten („Design"), wobei Letzteres freilich nur bedeutet, dass man in Sachen Interieur endlich in der Gegenwart angekommen ist. Das Haus wirbt etwas unglücklich mit All Inclusive, tatsächlich handelt es sich um eine typische Halbpension, die nicht einmal, wie andernorts längst üblich, einen Light Lunch beinhaltet. Aktivprogramm (Mo bis Fr), auch Yoga und Pilates. Liegewiese, gute Treatments, freundliche Mitarbeiter, viele Stammgäste, alles rollstuhlgerecht. Laufstrecken. Gratisgarage für alle. Eher ungeeignet für Kinder. 175 Liegen, 247 Betten. Freibecken (Sommer), Hallenbad, Außensauna, Sauna, Dampfbad, Massagen, Kosmetik, Ayurveda, Fitnessgeräte, Personal Trainer. 27-Loch-Parcours in 4 km, 20 % Greenfee-Rabatt. HP ab € 119,–.
- 8282 Loipersdorf Therme, Nr. 153
  ☎ 03382-8212-0

Wellness 12

Vier Jahreszeiten ****
An der Therme Loipersdorf – 165 km südlich von Wien
- 8282 Loipersdorf Therme, Nr. 216, ☎ 03382-8385

Wellness 17

Rogner Bad Blumau ****
Grünruhelage am Ortsrand – 135 km südlich von Wien

Großhotel mit weitläufiger öffentlicher Therme, die Anlage wurde einst von dem Wiener Exzentriker Friedensreich Hundertwasser entworfen und trägt unverkennbar seine Handschrift: von unebenen Böden über 350 naivbunte Keramiksäulen bis hin zum Fokus auf ökologisch verträgliches Wirtschaften. Alles präsentiert sich höchst sauber und bestens gepflegt, wer jedoch postmodernen Chic oder gar designmäßige Avantgarde sucht, wird hier enttäuscht. Doch er wird Trost finden. Einerseits durch eine Atmosphäre des Besonderen, andererseits durch den Umstand, dass Avantgarde ein Begriff aus der napoleonischen Kriegsführung ist – so nannte man die erste Soldatenreihe, die in jedem Fall liegen blieb. Die Zimmer sind manchmal hellhörig (und mit zu schwachen Leselampen ausgerüstet), häufig schlicht (aber nicht unangenehm), haben Vollholzmöbel und Parkettböden, jene der Kategorien „Studio", „Waldhofhaus" und „Suite" wurden vor kurzem komplett neu gestaltet und präsentieren sich ähnlich wie die Vorgänger: angenehm unaufgeregt, zeitgemäß einfach. Mit Ausnahme der Saunazone ist der von 7 bis 23 Uhr nutzbare Thermenbereich außerordentlich weitläufig: 11 Pools mit verschiedenen Temperaturen, außen gibt es auf den Liegewiesen um die Pools Feuerstellen, die nach Einbruch der Dunkelheit angezündet werden und für ein konkurrenzlos stimmungsvolles Badeerlebnis sorgen. Gute Massagen mit hervorragenden Ölen (das darf natürlich seinen Preis haben), täglich sehr breites Aktivprogramm, auch Yoga, Pilates und Muskelentspannung nach Jacobson. Das Frühstück im Bademantel ist hier in einem eigenen Restaurant möglich, das Buffet (bis 12 Uhr) ist reichhaltig und bietet viel Regionales in sehr guter Qualität. Restaurantterrassen, die Küche legt großes Augenmerk auf biologische Zutaten und auf kleine Lieferanten aus der Umgebung. Ausgesprochen freundliche und hilfsbereite Mitarbeiter, als netter Willkommensgruß erweist sich das Waschungsritual beim Einchecken. Ganz neu (und sehr einnehmend): gute Matratzen (aus Naturkautschuk) im ganzen Haus, ein Hofnarr zur Begrüßung der Gäste sowie der Umstand, dass ein Hoteltag nun nicht mehr 20 Stunden (etwa: Check-in 15 Uhr, Check-out 11 Uhr) dauert, sondern 38, die Anreise ist nämlich schon ab 9 Uhr möglich, und abends kann man die Therme bis 23 Uhr nutzen. Gratisgarage für alle. Eher ungeeignet für Kinder. 570 Liegen, 670 Betten. Thermalfreibecken, Thermalhallenbad, Außensauna, Sauna, Dampfbad, Massagen, Kosmetik, Ayurveda, Fitnessgeräte, Personal Trainer. 18-Loch-Parcours in 7 km, 45-Loch-Parcours in 12 km, bis zu 30 % Greenfee-Rabatt. HP ab € 99,50.
- 8283 Bad Blumau, Nr. 100
  ☎ 03383-5100-0

Wellness 10

Thermenoase garni ****
Zentrale Ortslage in Blumau – 135 km südlich von Wien
- 8283 Bad Blumau, Hauptstraße 6, ☎ 03383-2660

Wellness 11

Genusshotel Riegersburg ****
Grünruhelage mit Fernblick – 165 km südlich von Wien
- 8333 Riegersburg, Nr. 144, ☎ 03153-20020-0

| Wellness | 10 |

Allmer ★★★★
Zentrumslage in Bad Gleichenberg
- 8344 Bad Gleichenberg, Kaiser-Franz-Josef-Straße 12
  ☎ 03159-2367

| Wellness | Kur | 10 |

Emmaquelle ★★★
Grünlage in Bad Gleichenberg
- 8344 Bad Gleichenberg, Brunnenstr. 36, ☎ 03159-2241

| Wellness | ⚜⚜16 |

Gleichenberger Hof ★★★★
Grünruhelage beim Kurzentrum Bad Gleichenberg

So etwas Nettes! Ein liebevoll geführtes Kleinhotel mit schönem Garten, es besteht aus dem Stammhaus und einem Jugendstil-Schmuckkästchen, in dem sich auch das Spa befindet, beide Gebäude sind über eine geschlossene Brücke miteinander verbunden. Dazu gehören unter anderem Liegewiese, Hängematten unter alten Bäumen, wunderbare Massagen, eine fabelhafte Restaurantterrasse sowie ein fürsorgliches Gastgeberehepaar, dem das Bieten eines blitzsauberen Umfeldes und einer ausgezeichneten Küche (ehrlich, echtes Handwerk, frische Zutaten) sichtlich Freude bereitet. Obstteller am Zimmer, keine Busse, keine Tagungen – nur Ruhe ringsum. Bester Schlaf. Ungeeignet für Kinder. 15 Liegen, 45 Betten.

Freibecken, Sauna, Dampfbad, Massagen, Fitnessgeräte. HP ab € 88,–.
- 8344 Bad Gleichenberg, Bergstraße 2-4
  ☎ 03159-2424

| Wellness | 12 |

Kindl Schlössl ★★★★
Grünruhelage am Ortsrand in Bad Gleichenberg
- 8344 Bad Gleichenberg, Bernreitherstraße 34
  ☎ 03159-2332

| Wellness | 12 |

Legenstein ★★★★
Ruhige Ortslage Nähe Bad Gleichenberg
- 8344 Bad Gleichenberg, Bairisch Kölldorf 14
  ☎ 03159-2220-0

| Kur | Wellness | 12 |

Life Medicine Resort Kurhaus ★★★★
Grünruhelage in Bad Gleichenberg
- 8344 Bad Gleichenberg, Untere Brunnenstraße 40
  ☎ 03159-2294-4001

| Kur | Wellness | 9 |

Pfeilerhof Gasthof ★★★
Grünlage am Ortsrand in Bad Gleichenberg
- 8344 Bad Gleichenberg, Grazer Str. 81, ☎ 03159-2284

| Wellness | 10 |

Scheer Gasthof ★★★
An der B66 bei Bad Gleichenberg
- 8344 Bad Gleichenberg, Haag 15
  ☎ 03159-2310

| Wellness | 13 |

Stenitzer ★★★★
Grünlage am Ortsrand in Bad Gleichenberg

Hundefreundlich: inwendig eine charmante alte Villa mit einem Hauch von Gardasee-Palazzo-Anmutung und Ausblick in die Hügellandschaft. Überwiegend nette Zimmer – auch solche mit Parkettböden –, keines mit Balkon. Kleines Spa, gute Massagen, schöner Garten mit Liegewiese. Freundliche Crew. Ungeeignet für Kinder. 44 Liegen, 53 Betten.
Hallenbad, Sauna, Dampfbad, Massagen, Fitnessgeräte. HP ab € 86,–.
- 8344 Bad Gleichenberg
  Schulstraße 19
  ☎ 03159-2250

| Wellness | 10 |

Maiers Oststeirischer Hof ★★★★
Ortslage in Söchau – 60 km östlich von Graz
- 8362 Söchau, Nr. 3
  ☎ 03387-2232-0

| Wellness | 9 |

Zur Alten Post ★★★★
Zentrumslage in Leibnitz – 40 km südlich von Graz
- 8430 Leibnitz, Grazer Gasse 7, ☎ 03452-82373-0

| Wellness | 10 |

Staribacher ★★★★
Grünlage am Ortsrand – 40 km südlich von Graz
- 8430 Leibnitz-Kaindorf, Grottenhof 5
  ☎ 03452-82550

| Wellness | 14 |

Weinhof Kappel ★★★★
Grünruhelage in Kitzeck – 50 km südlich von Graz

Gemütlicher Winzergasthof (fünf Hektar Weingarten) mit mehrheitlich großen Zimmern mit Balkon. Das flächenmäßig bescheidene Spa bietet unter anderem einen netten Außenbereich mit Liegewiese sowie auch eine besondere Stärke des familiengeführten Hauses: den herrlichen Ausblick in die südsteirische Weinhügelidylle. Fabelhafte Restaurantterrasse, feines Frühstück, bodenständige, gute Küche. Ringsum Buschenschanken ohne Zahl. Ungeeignet für Kinder. 20 Liegen, 42 Betten. Solefreibecken (Sommer), Hallenbad, Außensauna, Dampfbad, Massagen, Kosmetik, Fitnessgeräte. HP ab € 101,–.
- 8442 Kitzeck, Steinriegel 25
  ☎ 03456-2347

Stenitzer

Wellness 🌼13
Loisium Wine & Spa Südsteiermark ★★★★
Grünruhelage am Ortsrand – 50 km südlich von Graz
Hundefreundlich, auf einer Anhöhe gelegen: im Sommer des Vorjahres eröffnetes Haus mit modisch gestyltem, aber nur bedingt gemütlichem Innenleben. Die Zimmer sind kühl und nüchtern arrangiert, haben Bäder mit Glaswänden, Holzböden, Balkon sowie gute Betten, die Paaren jedoch nächtens Kurzweil bescheren, da sie leicht auseinanderrutschen. Das in den ersten Betriebsmonaten unfasslich holprige Service hat sich mittlerweile eingespielt (wir drücken ja ganz am Anfang immer noch ein Auge zu), geblieben sind jedoch die Mängel im Spa, darunter: kein echter Ruheraum, Zugluft, fehlendes Wohlfühlambiente, völlig unterdimensionierte Saunazone. Das ist insofern bemerkenswert, als es sich hier um die „jüngere Schwester" des bereits acht Jahre alten Loisium-Hotels in Langenlois handelt, bei dem der Wellnessbereich in ähnlicher Weise vermurkst wurde. Nachdem ein Miteigentümer beider Hotels ein (renommierter) Hotellerieberater ist, müssen wir unsere bislang vorgefasste Meinung („Berater sind Eunuchen – sie wissen, wie es geht") wohl überdenken. Liegewiese, sehr gute Massagen. Restaurantterrasse, Vinothek mit Ab-Hof-Preisen. Ungeeignet für Kinder. 85 Liegen, 210 Betten. Freibecken, Sauna, Dampfbad, Massagen, Kosmetik, Fitnessgeräte. HP ab € 122,–.

- 8461 Ehrenhausen, Am Schlossberg 1a
  ☎ 03453-28800

Kur | Wellness 🌼14
Fontana Thermalhotel ★★★★
Grünruhelage am Ortsrand in Bad Radkersburg
Modernes Kurhotel, neben passablen Zimmern steht auch ein ebensolcher Wellnessbereich zur Verfügung, sogar mit feinem Außenbereich (mit Liegewiese) und FKK-Terrasse. Wer für einen Wellnessurlaub kommt, befindet sich gegenüber den Sozialversicherungsgästen in der Minderheit und könnte etwas enttäuscht sein. Kurarztpraxis, auch Akupunktur und Fastenkuren. Durchwegs freundliche Crew, nächtens Froschkonzerte, Gratisgarage für Privatzahler. Ungeeignet für Kinder. 100 Liegen, 230 Betten.
Thermalfreibecken, Thermalhallenbad, Außensauna, Sauna, Dampfbad, Massagen, Kosmetik, Fitnessgeräte. HP ab € 86,–.

- 8490 Bad Radkersburg, Alfred-Merlini-Allee 6
  ☎ 03476-41550

Wellness | Kur 🌼🌼🌼17
Hotel im Park ★★★★s
Grünruhelage am Ortsrand in Bad Radkersburg
Hundefreundliches Traditionshaus, es ist eines der ältesten Hotels in der gesamten Thermenregion und

gleichzeitig seit langem das beste am Platz. Das Ambiente verströmt Ruhe und Gemütlichkeit, die Zimmer (11 Kategorien) sind stets klassisch-gediegen gestaltet, manchmal eher klein und häufig mit Balkon nach Süden. Das Spa bietet unter anderem Thermalwasser, eine feine Erdsauna (geöffnet schon vor dem Frühstück, das ist nirgendwo anders zu haben) sowie einen weitläufigen, parkähnlichen Garten mit Bächlein, „Lesestube" in der Baumkrone und einem luftigen Therapiepavillon, in dem man sich bei guter Witterung wunderbar massieren lassen kann. Die Massagen sind sehr gut, täglich (Mo bis Fr) gibt es ein Aktivprogramm, darunter auch Yoga, Pilates und Meditation. Ärztliche Betreuung, auch Privatkuren und Heilfasten nach Buchinger stehen im Angebot. Reichhaltiges Frühstücksbuffet in sehr guter Qualität, solide, sehr gute Küche ohne Ausrutscher, sie setzt auf die Vorzüge regionaler Lieferanten. Man speist entweder im Wintergarten mit Ausblick auf den Park oder, im Sommer, auf der Terrasse, ein Light Lunch ist im Preis inkludiert. Freundliche Mitarbeiter, keine externen Gäste im Spa, keine Tagungen und Events. Und mehr Liegen indoor (im Verhältnis zur Bettenanzahl) hat kein anderes Hotel in Österreich (auch wenn sie teilweise dicht an dicht stehen). Ausgezeichnetes Preis-Leistungs-Verhältnis. Viele alte Stammgäste, ungeeignet für Kinder. 143 Liegen, 150 Betten.
Thermalfreibecken, Thermalhallenbad, Außensauna, Sauna, Dampfbad, Massagen, Kosmetik, Fitnessgeräte, Personal Trainer. 18-Loch-Parcours in 10 und 22 km. HP ab € 104,50.
- 8490 Bad Radkersburg, Kurhausstraße 5
  ☎ 03476-2085-0

Kur | Wellness 11
Radkersburger Hof ****
Grünlage am Ortsrand in Bad Radkersburg
- 8490 Bad Radkersburg, Thermenstraße 22
  ☎ 03476-3560

Kur | Wellness 11
Triest ****
Grünruhelage am Ortsrand in Bad Radkersburg
- 8490 Bad Radkersburg, Alfred-Merlini-Allee 5
  ☎ 03476-41040

Wellness | Kur 12
Vier Jahreszeiten Landhaus ****
Grünlage am Ortsrand in Bad Radkersburg
- 8490 Bad Radkersburg, Thermenstr. 11, ☎ 03476-3666

Wellness | Kur 10
Vitalhotel ****
Grünruhelage an der Therme in Bad Radkersburg
- 8490 Bad Radkersb., Thermenst. 21, ☎ 03476-41500

Hotel im Park

Kur	10

Dr. Kipper Gesundheits- & Kneipphotel
Grünruhelage am Ortsrand – 30 km südlich von Graz
• 8524 Bad Gams, Nr. 85, ☎ 03463-2266

Kur	Wellness	✿13

Heilmoorbad Schwanberg
Grünruhelage am Ortsrand – 45 km südlich von Graz
Das ehrwürdige Moorkurhotel mit im Vorjahr eröffnetem Zubau, in dem sich auch die Zimmer (großzügig geschnitten, mit Stabparkettböden, die meisten DZ mit Balkon) für Privatgäste befinden, während die winzigen alten den Sozialversicherungsgästen vorbehalten bleiben. Ebenfalls im Neubau: ein kleines Spa. Liegewiese, gute Massagen, die Spezialität sind Anwendungen mit Moor aus einem 6.000 Jahre alten Hochmoor in der Region, auch Heilfasten gibt es. Freundliche, teilweise unbeholfene Crew, über allem ein Hauch von Kurheimflair. Preisgünstig. Ungeeignet für Kinder. 40 Liegen, 144 Betten. Hallenbad, Sauna, Dampfbad, Massagen, Kosmetik, Fitnessgeräte. Tennishalle, Tennisplatz. HP ab € 73,50.
• 8541 Schwanberg, Hauptplatz 1, ☎ 03467-8217

Wellness	12

Iwein ★★★★
Grünruhelage am Ortsrand – 65 km südlich von Graz
• 8552 Eibiswald, Nr. 120, ☎ 03466-43221

Wellness	10

Enzianhof Naturhotel ★★★
Grünlage bei Ligist – 25 km westlich von Graz
• 8563 Ligist, Oberwald 49, ☎ 03143-2106

Wellness	10

Glockenhof Sporthotel ★★★
Grünruhelage am Ortsrand – 30 km westlich von Graz
• 8572 Bärnbach, Hochtregister Straße 25
  ☎ 03142-62334

Kur	Wellness	11

Nova Hotel & Therme ★★★★
Grünruhelage am Ortsrand – 35 km westlich von Graz
• 8580 Köflach, An der Quelle 1
  ☎ 03144-70100-0

Wellness	9

Post Karlon ★★★★
Zentrale Ortslage in Aflenz – 75 km nördlich von Graz
• 8623 Aflenz-Kurort, Mariazeller Straße 10
  ☎ 03861-2203

Wellness	✿✿✿17

Fasching Dorfhotel ★★★★
Grünruhelage in Fischbach – Nähe Mürzzuschlag
Hundefreundlich, auf 1.050 m Seehöhe: Gut geführ-

ter Familienbetrieb mit gemütlichem Ambiente, er verfügt über mehrheitlich außerordentlich großzügig geschnittene Zimmer (acht Kategorien), manche haben Zirbenholzmöbel, andere Holzböden, alle Balkon oder Terrasse. Das Spa wurde vor wenigen Monaten substanziell vergrößert und bietet nun vor allem einen (kleinen) Außenpool, eine feine Saunazone sowie einen netten Außenbereich mit Liegewiese und Sonnendeck. Sehr gute Massagen, ebensolche Kosmetik. Wochentags kleines Aktivprogramm, auch Yoga, Pilates und Qi Gong. Frische Blumen auf allen Tischen, freundliche, sehr bemühte Mitarbeiter (sieben sind Familienmitglieder, zusätzlich packt auch der kleine Nachwuchs eifrig mit an), reichhaltiges Frühstücksbuffet, gute bis sehr gute Küche, die den Wert regionaler Lieferanten zu schätzen weiß. Im Preis ist ein (üppiger) Light Lunch inbegriffen, VP ist für einen geringen Preisaufschlag zu haben. Ringsum Wanderwege ohne Zahl – ein Leihrucksack liegt am Zimmer. Viele alte Stammgäste, einnehmend sauberes Preis-Leistungs-Verhältnis (auch bei den Getränken, extra Punkt dafür), Gratisgarage für alle. Ungeeignet für Kinder. 72 Liegen, 92 Betten.
Freibecken, Hallenbad, Außensauna, Sauna, Dampfbad, Kosmetik, Massagen, Fitnessgeräte. HP ab € 83,–.
- 8654 Fischbach, Nr. 3c
  ☎ 03170-262

Wellness 11
Waldheimathof ★★★★
Grünlage in Alpl – Nähe Mürzzuschlag
- 8671 Alpl bei Krieglach, Alpe 4, ☎ 03855-8251

Wellness 10
Ponyhof ★★★
Grünruhelage bei Ratten – Nähe Mürzzuschlag
- 8673 Ratten, Kirchenviertel 38, ☎ 03173-2300

Wellness 11
Falkensteiner Asia Leoben ★★★★
Grünlage am Stadtrand in Leoben – Murtal
- 8700 Leoben, In der Au 1-3, ☎ 03842-4050

Wellness 9
Brücklwirt ★★★★
An der B116 bei Leoben – Murtal
- 8712 Niklasdorf, Leobener Str. 90, ☎ 03842-81727

Wellness ❀❀15
G'Schlössl Murtal
Grünruhelage am Ortsrand Nähe Knittelfeld – Murtal
Denkmalgeschütztes Kleinhotel in idyllischer, ruhevoller Lage, inmitten eines 18 Hektar großen Parks. Es gehört zum Spielberg-Reich des Multiunternehmers Dietrich Mateschitz und verfügt über nur 27 Zimmer (sehr schön),

G'Schlössl Murtal

viele sind außerordentlich großzügig geschnitten, alle haben Eichenböden. Stimmig arrangiertes Spa mit guten Treatments, großer Schwimmteich. Restaurantterrasse, freundliche junge Crew, gute Küche. Murauer Bier – und Red Bull Cola gibt's in der Glasflasche! Garage? Leider nein. Ungeeignet für Kinder. 15 Liegen, 52 Betten. Naturbadeteich, Hallenbad, Sauna, Dampfbad, Massagen, Kosmetik, Ayurveda, Fitnessgeräte. 18-Loch-Parcours in 6 km. Tennisplatz, Reithalle. NF ab € 75,–.
- 8734 Großlobming, Murhof 1
  ☎ 03512-46904-0

Kur	11

Oberzeiring Kurhotel ★★★★
Ruhige Ortslage in Oberzeiring – Nähe Murtal
- 8762 Oberzeiring, Hauptstraße 22, ☎ 03571-2811-0

Gesundheit	Wellness	11

Pichlschloss ★★★
Grünruhelage außerhalb von Neumarkt
- 8812 Mariahof, Stadlob 125, ☎ 03584-2426

Wellness	11

Lambrechterhof ★★★★
Ruhige Ortslage in St. Lambrecht – Murtal
- 8813 St. Lambrecht, Hauptstraße 38-40
  ☎ 03585-27555-0

Wellness	⚜13

Tonnerhütte ★★★
Absolute Grünruhelage mit Fernblick – Nähe Neumarkt
Familienfreundlicher, urig-einfacher Almgasthof mit ebensolchen Zimmern. Er liegt auf 1.600 m Seehöhe und bietet das Schaffelbad im Freien, herzhaftes Frühstück, eine gemütliche Stube mit offenem Kamin sowie ein Light Lunch inkludiert. Für Kinder gibt's Baumhaus und Hasenwiese, das Pony heißt Max. Sehr freundliches Umfeld, Wanderwege ohne Zahl. Sensationeller Zirbenschnaps. 6 Liegen, 50 Betten.
Naturbadeteich, Außensauna, Sauna, Dampfbad, Massagen. 18-Loch-Parcours in 14 km, 20 % Greenfee-Rabatt. HP ab € 49,–.
- 8822 Mühlen, Jakobsberg 1
  ☎ 03586-30077

Wellness	12

Ferners Rosenhof ★★★★
Ortslage an der B96 in Murau – Murtal
- 8850 Murau, Roseggerstraße 9, ☎ 03532-2318

Wellness	9

Kreischberg Relax-Resort ★★★★
Grünlage am Ortsrand bei Murau – Murtal
- 8861 St. Georgen, Kreischberg 2, ☎ 03537-25002

Wellness 11
Ferienhotel Kreischberg ****
Ortslage bei Murau – Murtal
- 8861 St. Lorenzen ob Murau, Nr. 6
  ☏ 03537-211-0

Wellness 12
Jägerwirt Seehotel ****s
Grünruhelage am Seeufer – Turracher Höhe
- 8864 Turracher Höhe, Nr. 63, ☏ 04275-8257-0

Wellness 10
Kornock ***
An der B95 Nähe Bad Kleinkirchheim – Turracher Höhe
- 8864 Turracher Höhe, Nr. 120
  ☏ 04275-8228

Wellness 12
Seewirt Schlosshotel ****
Grünruhelage – Turracher Höhe
- 8864 Turracher Höhe, Nr. 33, ☏ 04275-8234

Wellness 11
Sundance Grande Mountain Resort ****
Grünlage Nähe Bad Kleinkirchheim – Turracher Höhe
- 8864 Turracher Höhe, Nr. 325, ☏ 04275-26756

Wellness 10
Spirodom ****
Zentrumsnahe Grünlage in Admont – Ennstal
- 8911 Admont, Eichenweg 616
  ☏ 03613-36600

Wellness | Gesundheit ♨♨♨ 17
Schloss Pichlarn Spa & Golf Resort *****
Grünruhelage bei Irdning – Ennstal

Hundefreundlich, direkt am Golfplatz: auf einer Anhöhe über dem Ort gelegenes Schlosshotel mit großem Zubau für Tagungen und Events. Besondere Kennzeichen: der herrliche Ausblick über das Tal und auf die Berge, die prächtige, jahrhundertealte Linde vor dem Brunnen am Hauseingang sowie ein Ambiente, das charmant verwinkelt und nicht überall rasend stilvoll ist sowie stellenweise etwas Patina angesetzt hat. Die Suiten sind zumeist groß, doch kleine, klassisch-imperial arrangierte Zimmer mit ebensolchen Bädern überwiegen, jene zur Nordseite bieten das weitaus beeindruckendere Panorama, allerdings hört man hier frühmorgens den Zulieferverkehr. Hohes Sauberkeitsniveau in allen Bereichen; das Spa (mit Liegewiese und drei Whirlpools) ist relativ groß und in Sachen Ausstattung guter Durchschnitt, eine Besonderheit ist die Ayurvedapraxis von Dr. Hans Schäffler, einem in Indien ausgebildeten Ayurvedaarzt, dessen Leistungen hier natürlich auch in die Bewertung miteinfließen. Zu seinem Angebot zählen vor allem entgiftende Panchakarmakuren (sieben- bis 14-tägig), die entsprechenden Therapien werden kompetent durchgeführt, das Therapeutenteam ist sehr engagiert. Neu im Angebot: Fastenkuren. Gute Küche, feiner Weinkeller, ein ayurvedisch angehauchter Light Lunch ist im HP-Preis inkludiert. Freundliche, manchmal überforderte Crew. Auch Yoga und Pilates. Laufstrecken. Ungeeignet für Kinder. 61 Liegen, 220 Betten.
Freibecken, Hallenbad, Sauna, Dampfbad, Massagen, Kosmetik, Ayurveda, Fitnessstudio, Personal Trainer. 18-Loch-Parcours. Tennishalle. HP ab € 120,–.
- 8943 Aigen, Zur Linde 1
  ☏ 03682-24440-0

Wellness 10
Gabriel Landhaus ****
Ruhige Zentrumslage in Irdning – Ennstal
- 8952 Irdning, Nr. 132
  ☏ 03682-23229

Wellness 11
Stegerhof ****
Grünlage in Donnersbachwald bei Irdning – Ennstal
- 8953 Donnersbachwald, Nr. 46
  ☏ 03680-287

Gesundheit ♨ 13
Spanberger ****
Zentrale Ortslage in Gröbming – Ennstal

Das Geburtshaus des Begründers der Mayrkur ist heute ein angenehmes Kleinhotel, das auf Regenerationskuren nach dessen Konzept spezialisiert ist. Mehrheitlich sehr schöne und geschmackvoll gestaltete Zimmer, zumeist mit Parkettböden. Mini-Spa, sehr gute Massagen, auch Qi Gong und Yoga. Sehr gute Diätküche, herzliche, familiäre Betreuung. Ungeeignet für Kinder. 6 Liegen, 31 Betten.
Sauna, Massagen, Kosmetik, Ayurveda. 18-Loch-Parcours in 10 km, 20 % Greenfee-Rabatt. Pauschalen, etwa 20 Tage „F.X. Mayr Pur" inkl. Diät, Arzt und Therapien ab € 2.385,–.
- 8962 Gröbming, Stoderplatzl 65
  ☏ 03685-22106-0

Wellness 12
St. Georg Landhaus ****
Grünruhelage am Ortsrand in Gröbming – Ennstal
- 8962 Gröbming, Kulmweg 555, ☏ 03685-22740

Wellness 10
Bärenwirt Landhotel ***
Ortslage in Aich bei Schladming – Ennstal
- 8966 Aich, Nr. 55, ☏ 03686-4303

| Wellness | 11 |

Bliems Familienhotel ★★★★
Zentrale Ortslage in Haus – Ennstal
- 8967 Haus, Nr. 26, ☎ 03686-2378-0

| Wellness | 10 |

Herrschaftstaverne ★★★★
Zentrale Ortslage in Haus – Ennstal
- 8967 Haus, Marktstraße 39, ☎ 03686-2392

Wellness 16

Höflehner Naturhotel ★★★★s
Grünruhelage mit Fernblick bei Haus – Ennstal

Hunde- und familienfreundliches Haus, das bis in die 1970er Jahre ein Bergbauernhof war und sich auch heute noch der Vergangenheit entsinnt – gestalterisch nämlich. Das Ambiente verströmt eine weitgehend unverkitschte, gemütliche und erdende Anlehnung an die alte Zeit, lässt sich als urige Altholz- und Zirbenländlichkeit beschreiben, freilich zeitgemäß interpretiert. Vor wenigen Monaten sind die letzten zimmermäßigen Altlasten (im Stammhaus) beseitigt worden, alle Logierräume zeigen sich nun mit Vollholzmöbeln und feinen Holzböden, fast alle bieten Balkon oder Terrasse. Eine besondere Stärke des Hauses ist seine Lage: auf 1.200 m Seehöhe, praktisch mitten im Schigebiet, vor allem aber mit grandiosem Panorama, das aus vielen Bereichen und sogar aus den Ruheräumen erlebbar ist. Zum (inwendig nicht unbedingt weitläufigen) Spa gehört ein wunderbarer Außenbereich mit Schaffelbad und Liegewiese, die Massagen sind sehr gut. Reichhaltiges Frühstücksbuffet, gute Küche (neuerdings leider mit Tendenzen zu alpenfernen Verrenkungen), herzliche Atmosphäre. Light Lunch und Nachmittagsjause sind (mit saisonalen Einschränkungen) im Preis inkludiert. Geführte Wanderungen. 56 Liegen, 112 Betten.

Naturbadeteich, Freibecken, Freibecken (Sommer), Hallenbad, Außensauna, Sauna, Massagen, Kosmetik, Fitnessgeräte. HP ab € 97,–.
- 8967 Haus, Gumpenberg 2
  ☎ 03686-2548

Wellness 13

Falkensteiner Schladming ★★★★s
Grünlage am Ortsrand in Schladming – Ennstal

Hundefreundliches Kettenhotel, es wurde vor wenigen Monaten eröffnet, liegt direkt neben dem Kongresszentrum und bietet atmosphärisch gestaltete öffentliche Räume und heimelige, mit viel rauem Holz gestaltete Zimmer – alle haben Balkon (oder Terrasse) sowie Holzböden –, die vom Typ Classic sind aber für heutige Verhältnisse etwas klein geraten, das größte Zimmer misst dagegen 56 m², von der einzigen Dachsuite einmal abgesehen, die mehr als die doppelte Fläche offeriert.

Das Spa (mit Liegewiese) ist für diese Hausgröße unterdimensioniert, Highlights sind Außensauna (FKK-Zone mit Überwachungskamera!) und ein Whirlpool im Freien. Die Menükarte strotzt vor Rechtschreibfehlern, die vollmundig angepriesene „Alpe-Adria-Kulinarik – regional interpretiert" (was bitte soll das genau sein?) enttäuscht und ist – angesichts von Barbariesente (karnisch?), Glasnudeln (triestinisch?) und Butterfisch (friulanisch? Der kommt aber aus der Nordsee!) – wohl nicht viel mehr als inhaltsleeres Marketinggebrabbel. Restaurantterrasse mit Abendsonne, freundliche Mitarbeiter, manche allerdings ziemlich unbedarft. Garage? Leider nein! Ungeeignet für Kinder. 100 Liegen, 290 Betten. Freibecken, Hallenbad, Außensauna, Sauna, Dampfbad, Massagen, Kosmetik, Fitnessgeräte. 18-Loch-Parcours in 6 und 22 km, 20 % Greenfee-Rabatt. HP ab € 94,–.
- 8970 Schladming, Europaplatz 613
  ☎ 03687-214-0

Wellness 10
Mitterhofer **
Grünlage am Ortsrand in Schladming – Ennstal
- 8970 Schladming, Salzburger Str. 371, ☎ 03687-22229

Wellness 10
**Royer Sporthotel ****s
Grünlage am Ortsrand in Schladming – Ennstal
- 8970 Schladming, Europaplatz 583, ☎ 03687-2000

Wellness 10
Arx Genusshotel **
Grünlage oberhalb von Schladming – Ennstal
- 8971 Rohrmoos, Rohrmoosstr. 91, ☎ 03687-61493

Wellness 9
Austria Familienhotel *
Grünlage oberhalb von Schladming – Ennstal
- 8971 Rohrmoos, Rohrmoosstr. 133, ☎ 03687-61444

Wellness 9
Bergkristall *
Ortsrandlage bei Schladming – Ennstal
- 8971 Rohrmoos, Birkenweg 150, ☎ 03687-61350

Wellness 12
Landauerhof **
Grünruhelage am Ortsrand bei Schladming – Ennstal
- 8971 Rohrmoos-Untertal, Tälerstraße 2
  ☎ 03687-61166

Wellness 12
**Moser ***s
Grünruhelage mit Fernblick bei Schladming – Ennstal
- 8971 Rohrmoos, Reiterkreuzweg 44, ☎ 03687-61210

Wellness 12
Rohrmooserhof Aktivhotel **
Grünruhelage mit Fernblick bei Schladming – Ennstal
- 8971 Rohrmoos-Untertal, Schwaigerweg 135
  ☎ 03687-61455

Wellness 12
Schütterhof **
Grünruhelage am Ortsrand bei Schladming – Ennstal
- 8971 Rohrmoos-Untertal, Wiesenweg 140
  ☎ 03687-61205

Wellness ✿13
Schwaigerhof **
Grünruhelage mit Fernblick bei Schladming – Ennstal
Familienfreundliches Haus mit großartigem Ausblick auf die Berge, es liegt ganz nah am Schilift und besteht aus zwei unterirdisch miteinander verbundenen Gebäuden. Im Neubau findet man die wesentlich besseren Zimmer – insgesamt gibt es 12 Kategorien – sowie das Spa, das viel bietet – darunter sehr gute Massagen und einen Außenbereich mit Liegewiese –, allerdings in allen Zonen sehr klein geraten ist. Freundliche Mitarbeiter, gute Küche, ein Light Lunch ist im Preis inkludiert. Alles sehr sauber, auch das Preis-Leistungs-Verhältnis. 36 Liegen, 143 Betten. Naturbadeteich, Freibecken, Hallenbad, Außensauna, Sauna, Dampfbad, Massagen, Kosmetik, Fitnessgeräte. 18-Loch-Parcours in 7 km, 20 % Greenfee-Rabatt. HP ab € 91,–.
- 8971 Rohrmoos-Untertal, Schwaigerweg 19
  ☎ 03687-61422

Wellness 10
Stocker's Erlebniswelt **
Grünlage oberhalb von Schladming – Ennstal
- 8971 Rohrmoos-Untertal, Rohrmoosstraße 215
  ☎ 03687-61301

Wellness 12
Waldfrieden Alpenhotel **
Grünlage oberhalb von Schladming – Ennstal
- 8971 Rohrmoos-Untertal, Rohrmoosstraße 110
  ☎ 03687-61487

Wellness ✿13
Berghof **
Grünlage am Ortsrand bei Schladming – Ennstal
Hundefreundliches Kleinhotel, nicht überall ganz taufrisch und mit eher kleinen Zimmern, alle mit Balkon, viele mit tollem Bergpanorama. Sehr kleines Spa mit nettem Außenbereich und Liegewiese. Präsente Gastgeber, schöne Restaurantterrasse, feines Frühstücksbuffet, biologisch orientiert, gute Küche. Gute Weinaus-

wahl, großartige Schnäpse. Ein Light Lunch ist im Preis inkludiert. Ungeeignet für Kinder. 12 Liegen, 66 Betten. Naturbadeteich, Hallenbad, Außensauna, Sauna, Dampfbad, Massagen, Kosmetik, Fitnessgeräte. 18-Loch-Parcours in 7 km, 20 % Greenfee-Rabatt. HP ab € 83,–.
- 8972 Ramsau, Nr. 192
  ☏ 03687-81848-0

Wellness 10
Feistererhof Biohotel ★★★★
Grünruhelage am Ortsrand bei Schladming – Ennstal
- 8972 Ramsau, Nr. 35, ☏ 03687-81980

Wellness 10
Jagdhof ★★★★
Grünruhelage mit Fernblick bei Schladming – Ennstal
- 8972 Ramsau, Schildlehen 85, ☏ 03687-81295

Wellness 10
Karlbauer Landhaus ★★★
Grünlage mit Fernblick bei Schladming – Ennstal
- 8972 Ramsau, Schildlehen 35, ☏ 03687-81203

Wellness 12
Kielhuberhof ★★★★
Grünruhelage Nähe Schladming – Ennstal
- 8972 Ramsau, Leiten 82, ☏ 03687-81750

Wellness 11
Kobaldhof ★★★
Grünruhelage am Ortsrand bei Schladming – Ennstal
- 8972 Ramsau, Vorberg 234, ☏ 03687-81413

Wellness 12
Leitenmüller Bio-Bauernhof
Absolute Naturlage bei Schladming – Ennstal
- 8972 Ramsau, Leiten 83, ☏ 03687-81362

Wellness 11
Matschner ★★★★
Zentrale Ortslage bei Schladming – Ennstal
- 8972 Ramsau, Ort 61, ☏ 03687-81721-0

Wellness 12
Ramsauhof Biohotel ★★★★
Grünruhelage am Ortsrand bei Schladming – Ennstal
- 8972 Ramsau, Nr. 220, ☏ 03687-81965

Wellness ⚜13
Almwelt Austria ★★★★
Absolute Grünruhelage mit Fernblick – Ennstal
Auf 1.200 m Seehöhe, mitten auf der Alm (bei Schnee braucht man Ketten) und im Winter direkt an der Schipiste (noch näher geht es wirklich nicht). Ein Dörfchen, es besteht aus dem kleinen Hotel Jagdhaus (mit einfa-

chen Zimmern) und 22 Blockhütten, die je nach Variante zwischen vier und 12 Personen beherbergen können, allerdings teilweise eng aneinanderstehen, was bei diesem herrlichen Ausblick echt schade ist. Die Größen reichen von 60 bis 170 m², die Hütten sind rustikal und mit viel Holz gestaltet, alle haben Kachelofen und Sauna, die meisten auch einen Whirlpool. Man kocht entweder selbst (die Küchen sind gut ausgestattet) oder geht für die Mahlzeiten in das Hotelrestaurant, das mit urigem Jagdhüttenflair und guter österreichischer Küche aufwarten kann. Neben dem Jagdhaus gibt es eine weitere Hütte: ein sehr bescheidenes Spa mit ebensolchem Ruheraum, der allerdings ein herrliches Panorama bietet. Freundliche Crew. 13 Liegen, 212 Betten.
Sauna, Dampfbad, Massagen. HP ab € 63,– (Hotel), Hütte ab € 149,–.
• 8973 Pichl, Preunegg 45, ☎ 06454-72577

Wellness 10
Pichlmayrgut ****
Grünlage bei Schladming – Ennstal
• 8973 Pichl, Nr. 54, ☎ 06454-7305

Wellness 10
Raunerhof ****
Grünruhelage mit Fernblick bei Schladming – Ennstal
• 8973 Pichl, Preunegg 4, ☎ 06454-7356

Wellness 10
Steirerhof Wander-Vitalhotel ****
Grünlage bei Schladming – Ennstal
• 8973 Pichl, Vorberg 6, ☎ 06454-7372-0

Wellness 11
Aldiana Club Salzkammergut ****
Grünlage am Ortsrand in Bad Mitterndorf – Nähe Bad Aussee
• 8983 Bad Mitterndorf, Neuhofen 183
  ☎ 03623-21000

Wellness 12
Grimmingblick ****
Grünruhelage in Bad Mitterndorf – Nähe Bad Aussee
• 8983 Bad Mitterndorf, Hauptstraße 279
  ☎ 03623-2491

Wellness 12
Kanzler ***s
Ruhige Ortslage in Bad Mitterndorf – Nähe Bad Aussee
• 8983 Bad Mitterndorf, Krungl 2
  ☎ 03623-2260

Wellness 10
Kogler ****
Ortslage in Bad Mitterndorf – Nähe Bad Aussee
• 8983 Bad Mitterndorf, Nr. 129, ☎ 03623-2325-0

Almwelt Austria

Kur 11
Vitalhotel Heilbrunn ★★★★
Grünruhelage bei Bad Mitterndorf – Nähe Bad Aussee
- 8983 Bad Mitterndorf
  Neuhofen 108
  ☏ 03623-2486-0

Wellness 16
Erzherzog Johann ★★★★
Ruhige Ortslage in Bad Aussee

Außergewöhnlich gemütlicher Traditionsbetrieb in überschaubarer Größe, er liegt mitten im Ort, aber dennoch sehr ruhig, und zudem nur wenige Autominuten von den smaragdgrünen Seen (Altausseer See, Grundlsee, Toplitzsee) und herrlichen Bergen der Region entfernt. Alles zeigt sich liebevoll arrangiert, die Zimmer sind nicht wirklich großzügig geschnitten (wurden aber in den letzten Jahren vergrößert), jedoch zumeist sehr wohnlich gestaltet, fast alle verströmen modernes Zirbenholzambiente, haben feine Holzböden sowie einen Südbalkon. Dem bislang kleinen Spa im zweiten Stock wurde vor wenigen Monaten ein zweites hinzugefügt: auf der Dachterrasse. Dieses bietet nun unter anderem Sonnendeck, eine zusätzliche Sauna, einen Innenpool mit Durchschwimmmöglichkeit in den (großen) Außenwhirlpool sowie drei Ruhezonen – sensationelles, konkurrenzloses Ausseerlandpanorama für alle diese Bereiche inklusive (eigentlich kann man sich daran niemals sattsehen). Die ältliche öffentliche Badeanlage wurde im Gegenzug geschlossen, und das ist gut so. Sehr gute Massagen (aber warum gibt es neuerdings Shiatsu und Dorntherapie nicht mehr?), auch Yoga. Eine Besonderheit des Hauses ist die Atmosphäre: durchwoben von erfrischender Bodenständigkeit und unaufgeregter Aufmerksamkeit, jedenfalls fühlt man sich hier auf Anhieb wohl. Dies ist Regina Stocker, der umsichtigen Direktorin des Hauses, ebenso zu verdanken wie ihrem Team, das aus vielen langjährigen Mitarbeitern besteht, von denen die meisten aus dem Ausseerland kommen. Nette Caféterrasse (mit Rosengärtlein), sehr gute Küche, kompetente Weinberatung. Gute Packages für alle Jahreszeiten, auch spezielle Angebote für Frauen. Eine Nachmittagsjause ist im Preis inkludiert. Viele Stammgäste. Kinderbetreuung zu Ferienzeiten. Unweit: herrlichste Wanderwege ohne Zahl. Bei voller Auslastung nervige Parkmöglichkeiten. 54 Liegen, 126 Betten.
Hallenbad, Außensauna, Sauna, Dampfbad, Massagen, Kosmetik, Fitnessgeräte, Personal Trainer.
9-Loch-Parcours in 2 km, 20 % Greenfee-Rabatt.
HP ab € 98,50.
- 8990 Bad Aussee
  Kurhausplatz 62
  ☏ 03622-52507

Wellness 17
Wasnerin G'sund & Natur ★★★★
Grünruhelage am Ortsrand in Bad Aussee

Hundefreundlich: Nach unaufhaltsamem Sinkflug während glückloser Episoden mit Falkensteiner und Lindner als Betreiber (und im Halbjahresrhythmus wechselnden Direktoren) befindet sich das Haus nun wieder im Aufwind. Und wie! Vieles wurde aufwendig modernisiert oder gänzlich umgekrempelt, auch im Spa, das nun mehr als doppelt so viele Ruheliegen hat als zuvor, allerdings mit dem kleinen Makel, dass die meisten im Bereich des – kreisrunden – Innenpools liegen, wo es naturgemäß nicht ruhig ist. Erwähnenswert fein erscheinen uns jedenfalls die neue Zirben-Außensauna und der FKK-Bereich, weniger gut gefiel uns die Tatsache, dass während unseres Aufenthaltes keine einzige Behandlung erhältlich war. Umfangreiches Aktivprogramm, auch Fünf Tibeter und Yoga; Arztpraxis, auch Akupunktur und Entgiftungskuren. Wunderschön ist die Lage, hinzu kommen wohnliche, stets großzügig geschnittene Zimmer (im Neubau, die im denkmalgeschützten Stammhaus sind deutlich kleiner) mit Parkettböden. Die Mahlzeiten nimmt man in rustikal-gemütlichen Stuben, im neu und modern gestalteten Wintergarten oder auf der Terrasse ein. Frühstücksbuffet in sehr guter Qualität, sehr gute Küche. Ausgesprochen freundliche Mitarbeiter (Ausnahme: Rezeption). Ein Light Lunch ist im Preis enthalten, der Wellnessbereich kann während des Abreisetages noch genutzt werden. Sehr gutes Preis-Leistungs-Verhältnis. Was dem Haus noch ein bisserl fehlt: ein Alzerl Mondänität – und das Selbstvertrauen, Letzteres wurzelt wohl in der Vergangenheit (siehe oben). Eher ungeeignet für Kinder. 108 Liegen, 180 Betten.

Freibecken, Kinderfreibecken, Hallenbad, Außensauna, Dampfbad, Massagen, Kosmetik, Fitnessgeräte, Personal Trainer. 9-Loch-Parcours, 20 % Greenfee-Rabatt. HP ab € 104,–.

- 8990 Bad Aussee
  Sommersbergseestraße 19
  ☎ 03622-52108

Wellness 14
Seevilla ★★★★ˢ
Grünruhelage am Altausseer See – Nähe Bad Aussee

Hundefreundliches Haus in herrlich privilegierter Lage, die hier auch besonders punktet. Zimmer in 11 Kategorien, die meisten wurden im Vorjahr modernisiert, alle haben Balkon, manche bieten einen feinen Ausblick auf den smaragdgrünen See. Zum Spa gehört eine große Liegewiese mit Seezugang. Fabelhafte Spazier- und Laufstrecke um den See (8 km). Ungeeignet für Kinder. 40 Liegen, 100 Betten.
Hallenbad, Sauna, Dampfbad, Massagen, Kosmetik. 9-Loch-Parcours in 6 km. HP ab € 104,–.

- 8992 Altaussee, Fischerndorf 60
  ☎ 03622-71302

Wellness 12
Seehotel Grundlsee ★★★★
Grünlage am Ufer des Grundlsees – Nähe Bad Aussee

- 8993 Grundlsee, Mosern 22
  ☎ 03622-86044

Kur 12
Wildbad Kurhotel
Grünruhelage Nähe St. Veit – 55 km von Klagenfurt

- 9323 Dürnstein, Wildbad Einöd 8
  ☎ 04268-2822

ALLE LILIEN-HOTELS IN **KÄRNTEN**

- 20 **Aenea**
- 8 **Alpenrose Biohotel** ****
- 21 **Amerika-Holzer am See** ****
- 18 **Balance** ****s
- 10 **Brennseehof Familien-Sport-Hotel** ****s
- 4 **Der Daberer – das Biohotel** ****s
- 11 **Die Post** ****
- 5 **Enzian Seehotel** ****
- 11 **Eschenhof** ****
- 14 **Falkensteiner Bleibergerhof** ****
- 13 **Falkensteiner Carinzia** ****
- 17 **Falkensteiner Schloss Velden** *****
- 11 **Felsenhof** ****

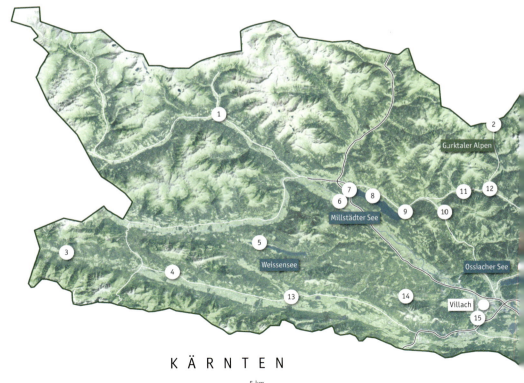

KÄRNTEN

16	Feuerberg Mountain Resort ****	11	Pulverer Thermenwelt *****
8	Forelle ****	11	Ronacher Thermenhotel *****s
20	Haus der Gesundheit	18	Schloss Seefels *****
2	Hochschober ****s	1	Schrothkur
15	Karawankenhof ****	9	Seefischer am See ****s
11	Kirchheimerhof ****	17	Seehotel Europa ****s
6	Kleinsasserhof	12	Seinerzeit Almdorf
7	Kollers ****s	3	Tuffbad Almwellness ****s
14	Kurzentrum Bad Bleiberg ****	19	Viva
22	Kurzentrum Bad Eisenkappel ****	15	Warmbaderhof *****
17	Landhaus Servus Schönheitsfarm ****	18	Werzer's Resort ****
19	Mayr & More Gesundheitszentrum	17	Werzer's Velden ****
18	Parkhotel Pörtschach ****		

Info und Buchen für alle Hotels: www.relax-guide.com   KÄRNTEN

Wellness   12
Seepark Congress & Spa ****
Grünruhelage am Stadtrand in Klagenfurt – Wörthersee
- 9020 Klagenfurt, Universitätsstraße 104
  ☎ 0463-204499-0

Wellness   9
Sonnenhotel Hafnersee ****
Grünruhelage am Hafnersee – Nähe Wörthersee
- 9074 Keutschach, Plescherken 5
  ☎ 04273-2375

Gesundheit   🌸🌸16
Haus der Gesundheit
Grünruhelage am Ortsrand in Reifnitz – Wörthersee
Nicht nur für Burnout-Opfer: Ein kleines Haus mit großem Garten, man ist seit langem auf Entgiftungs- und Entschlackungskuren nach F. X. Mayr spezialisiert und betreut maximal 14 Gäste zur gleichen Zeit. Auch medizinische Check-ups, weiters ein breites Spektrum an alternativmedizinischen Methoden, darunter Aderlass, Kinesiologie und Dunkelfelddiagnostik. Familiärer Geborgenheitsfaktor und seriöse Kompetenz ohne oberflächlichen Schnickschnack punkten hier. Ungeeignet für Kinder. 5 Liegen, 26 Betten.
Naturbadeteich, Sauna, Massagen, Kosmetik. 18-Loch-Parcours in 7 km.
Kurwoche zzgl. Diät-VP, Arzt und Therapien ab € 417,50.
- 9081 Reifnitz, Seenstraße 50
  ☎ 04273-3238-0

Wellness   🌸🌸🌸🌸19
Aenea
Grünruhelage am Südufer – Wörthersee
Ein luxuriöses Kleinsthotel und damit eines der letzten echten Hideaways: Es liegt eine halbe Autostunde abseits vom touristischen Epizentrum der Region entfernt und punktet mit Zimmern, die in Sachen Materialien, stilistische Perfektion sowie Sauberkeit und Instandhaltung kaum zu übertreffen sind. Aber auch mit einem fabelhaften und lockeren Wohngefühl – Ausblick über den See stets inklusive. Dazu gehören ein feines Spa plus traumhaftem Strand (wie überall im Haus auch hier mit perfektem Service), fabelhafte Terrassen für ein intimes Dinner al fresco bei Kerzenschein, berührende Sonnenuntergänge und bester Schlaf. Sehr gute Küche, unaufdringlich-präsente Crew. Liegewiese, Gratisgarage für alle. 12 Liegen, 30 Betten.
Seebadestrand, Freibecken (Sommer), Hallenbad, Sauna, Dampfbad, Massagen, Kosmetik, Ayurveda, Fitnessstudio. 18-Loch-Parcours in 6 km. Tennisplatz.
NF ab € 190,–.
- 9081 Reifnitz-Sekirn, Wörthersee Süduferstraße 86
  ☎ 04273-26220

Gesundheit   🌸🌸🌸18
Viva
Grünruhelage am Südufer – Wörthersee
Eines der renommiertesten Mayrkurzentren des Landes, also ein Spezialist für Entgiftung und Entschlackung nach dem Konzept von F. X. Mayr, das hier vor allem um diagnostische Verfahren und naturheilkundliche Therapien erweitert wurde. Das überschaubare Haus liegt romantisch direkt am Seeufer, was für einen schönen Ausblick aus vielen Zimmern sowie für ein großartiges Nahezu-Beach-Feeling steht. Dies allerdings nur in der warmen Jahreszeit, denn bei winterlichem Nebel kann es ganz schön trist werden. Zu den Besonderheiten gehören ein belebend harmonisch gestaltetes Ambiente sowie ein durchwegs eher betuchtes Publikum, zu dem auch viele Gäste aus Großbritannien und arabischen Ländern zählen. Kleines, feines Spa, unaufdringlich-freundliche Mitarbeiter, ausgezeichnete Diätküche, fabelhafte Terrasse. Liegewiese und Badesteg. Ungeeignet für Kinder. 14 Liegen, 77 Betten.
Seebadestrand, Hallenbad, Außensauna, Sauna, Dampfbad, Massagen, Kosmetik, Fitnessgeräte. 18-Loch-Parcours in 4 km. Mayrkur-Tagespauschale inkl. Diät (zzgl. Therapien) ab € 154,–.
- 9082 Maria Wörth, Seepromenade 11
  ☎ 04273-31117

Gesundheit   🌸14
Mayr & More Gesundheitszentrum
Grünruhelage an der Süduferstraße – Wörthersee
Vor beinahe 40 Jahren vom legendären Mayr-Schüler Dr. Erich Rauch gegründet und für lange Zeit das führende Mayrkurhaus, heute hat man etwas an Terrain verloren. Nicht mehr überall ganz zeitgemäß, kleine Zimmer überwiegen. Netter Ausblick aus vielen Räumen, mit einem Hüpfer über die Uferstraße gelangt man an den hoteleigenen Badestrand. Freundliche Crew. Auch Yoga, Pilates, Tai Chi und Qi Gong (das fehlt uns im Viva, siehe oben). Ungeeignet für Kinder. 9 Liegen, 90 Betten.
Seebadestrand, Hallenbad, Außensauna, Sauna, Dampfbad, Massagen, Kosmetik, Fitnessgeräte, Personal Trainer. 18-Loch-Parcours nebenan, 25 % Greenfee-Rabatt. Tennisplätze. Mayrkur-Woche (zzgl. Arzt und Therapien) ab € 889,–.
- 9082 Maria Wörth-Dellach, Golfstraße 2
  ☎ 04273-2511-0

Wellness   🌸14
Amerika-Holzer am See ****
Grünruhelage am Klopeiner See – Nähe Klagenfurt
Hunde- und kinderfreundliches Strandhotel: am Nordufer in wunderschöner Lage – vom 200 m langen Badestrand nur durch die Uferpromenade getrennt. Gemütlich, ein bisschen ältlich, auf jeden Fall mit ganz

eigenem Charme, der die vielen Stammgäste nicht zu stören scheint. Stark unterschiedliche Zimmer (aber viele mit Seeblick), kleines Spa, großes Massageangebot, auch TCM (chinesische Ärztin). Sauna und Massagen gibt's übrigens auch direkt am Badesteg, das ist fein. Freundliche, nicht immer ganz kompetente Crew, lockere Stimmung, sehr gute Küche, ein Light Lunch ist im Preis inkludiert. Betreuung für Kinder ab drei Jahren: 30 Stunden pro Woche (Mitte Mai bis Mitte September). Jogging-Strecken. 12 Liegen, 120 Betten. Seebadestrand, Freibecken (Sommer), Hallenbad, Außensauna, Sauna, Dampfbad, Massagen, Kosmetik, Ayurveda, Personal Trainer. 18-Loch-Parcours in 4 km, bis 40 % Greenfee-Rabatt. Tennisplatz. HP ab € 87,–.
- 9122 St. Kanzian, Am See XI
  ☎ 04239-2212

Wellness 10
Birkenhof Strandhotel ★★★★
Grünruhelage am Klopeiner See – Nähe Klagenfurt
- 9122 St. Kanzian, Am See IV/3
  ☎ 04239-2237

Wellness 12
Mori ★★★★
Grünruhelage beim Klopeiner See – Nähe Klagenfurt
- 9122 St. Kanzian, Kleinseeweg 22, ☎ 04239-2800-0

Wellness 10
Orchidee Strandhotel ★★★★
Grünruhelage am Klopeiner See – Nähe Klagenfurt
- 9122 St. Kanzian, Am See VIII/3, ☎ 04239-2170

Wellness 10
Sonnelino Kinderhotel ★★★★
Grünlage am Klopeiner See – Nähe Klagenfurt
- 9122 St. Kanzian, Westuferstraße 24
  ☎ 04239-2337

Wellness 10
Berghof Brunner ★★★★
Grünruhelage mit Fernblick – 35 km südlich von Klagenfurt
- 9135 Bad Eisenkappel, Lobnig 4
  ☎ 04238-301

Kur ❦❦15
Kurzentrum Bad Eisenkappel ★★★★
Grünruhelage im Vellach-Hochtal – 35 km von Klagenfurt
Modernes Kurhotel mit eigener Heilquelle und Schwerpunkt auf der Behandlung von Durchblutungsstörungen, Herz-Kreislauf- und Gefäßerkrankungen – unter anderem mit der hochwirksamen Kältekammer zur Ganzkörperbehandlung bei minus 110 Grad. Sozialversicherungsgäste überwiegen, im Angebot stehen aber auch drei privat buchbare „Gesundheitswochen". Ruhige Lage, passabel große Zimmer. Sehr gutes Preis-Leistungs-Verhältnis. Gratisgarage für alle. Ungeeignet für Kinder. 40 Liegen, 235 Betten.
Freibecken, Hallenbad, Sauna, Dampfbad, Massagen, Kosmetik, Fitnessgeräte. HP ab € 76,–.
- 9135 Bad Eisenkappel, Vellach 9
  ☎ 04238-90500

Wellness 10
Rosentaler Hof ★★★★
Grünruhelage am Ortsrand – Nähe Wörthersee
- 9184 St. Jakob im Rosental, Mühlbach 28
  ☎ 04253-2241

Wellness 11
Feel good Boutique-Hotel Egger ★★★★
Grünlage am Ortsrand in Krumpendorf – Wörthersee
- 9201 Krumpendorf, Berthastraße 13
  ☎ 04229-40102

Wellness ❦13
Balance ★★★★s
Grünlage am Ortsrand in Pörtschach – Wörthersee
Familienbetrieb in angenehmer Größe, er liegt erhöht über dem Ort und bietet modisch-nette Zimmer mit zumeist kleinen Bädern. Kleines Spa, zu den Highlights zählen die freundliche Crew und eine sehr gute Küche, die hörbar nahe Autobahn ist dagegen zumindest nächtens ein Lowlight. Restaurantterrasse, Leihfahrräder gratis. Eher ungeeignet für Kinder. 25 Liegen, 100 Betten.
Freibecken (Sommer), Außensauna, Sauna, Dampfbad, Massagen, Kosmetik, Fitnessgeräte. 27-Loch-Parcours in 10 und 12 km, 18-Loch-Parcous in 15 km, 20 % Greenfee-Rabatt. HP ab € 82,–.
- 9210 Pörtschach, Winklerner Straße 68
  ☎ 04272-2479

Wellness | Kur 11
Dr. Jilly Seehotel ★★★★
Grünruhelage am Seeufer in Pörtschach – Wörthersee
- 9210 Pörtschach, Alfredweg 5-7, ☎ 04272-2258-0

Wellness 10
Elisabeth ★★★★
Grünlage am Ortsrand in Pörtschach – Wörthersee
- 9210 Pörtschach, Mühlweg 40, ☎ 04272-3001

Wellness 12
Lake's
Grünruhelage am Seeufer in Pörtschach – Wörthersee
- 9210 Pörtschach, Augustenstraße 24
  ☎ 04272-28220-4800

Wellness ♣14
Parkhotel Pörtschach ★★★★
Grünruhelage am Seeufer in Pörtschach – Wörthersee
Familienfreundliches Haus, das gerade seinen 50. Geburtstag feierte und sich „Designerhotel der 1960er" nennt, wobei böse Zungen behaupten werden, dies geschehe wohl, um aus der Not eine Tugend zu machen. Unbestritten sind jedenfalls ein ganz besonderer Charme, viele optische Anklänge an die 60er Jahre, aber auch die privilegierte Lage mit einem herrlichen Ausblick – vor allen natürlich aus den höhergelegenen Stockwerken. Empfohlen seien die vor drei Jahren renovierten Zimmer an der Westseite – sie haben eine Klimaanlage. Fabelhafte Restaurantterrasse in Richtung Abendsonne, gute Küche, freundliche, nicht immer ganz kompetente Crew. Großer Park, Leihfahrräder gratis. 30 Liegen, 330 Betten. Seebadestrand, Hallenbad, Sauna, Dampfbad, Massagen, Kosmetik, Ayurveda, Fitnessstudio. 27-Loch-Parcours in 9 und 13 km, 18-Loch-Parcous in 15 km. Tennisplätze. HP ab € 96,–.
- 9210 Pörtschach, Hans-Pruscha-Weg 5
  ☎ 04272-2621

Wellness 12
Schloss Leonstain ★★★★
Ortslage in Pörtschach – Wörthersee
- 9210 Pörtschach, Leonstainerstr. 1, ☎ 04272-2816

Wellness ♣14
Werzer's Resort ★★★★
Grünlage am Seeufer in Pörtschach – Wörthersee
Hunde- und kinderfreundliches Großhotel, das vor allem mit seiner Lage punktet. Kleine Standardzimmer (alle mit Teppichböden und Balkon), von denen nicht wenige Ausblick auf den Parkplatz bieten. Das sehr kleine Spa (mit ebensolchem Pool) wurde vor kurzem etwas erweitert, und zwar durch die Renovierung des über 100 Jahre alten Badehauses. Das sieht nun wirklich supernett aus, hat allerdings den konkreten Nachteil, dass das Areal öffentlich zugänglich ist und mit externen Gästen geteilt werden muss und zudem nur im Sommer nutzbar ist. Große Liegewiese, flacher Badestrand, nette Restaurantterrasse. Betreuung für Kinder ab drei Jahren bis zu 77 Wochenstunden. 104 Liegen, 260 Betten. Seebadestrand, Freibecken (Sommer), Hallenbad, Außensauna, Sauna, Dampfbad, Massagen, Kosmetik, Fitnessgeräte. 27-Loch-Parcours in 9 und 13 km, 18-Loch-Parcous in 15 km, bis 30 % Greenfee-Rabatt. HP ab € 99,–.
- 9210 Pörtschach, Werzerpromenade 8
  ☎ 04272-2231-0

Wellness ♣♣♣17
Schloss Seefels ★★★★★
Grünruhelage am Seeufer bei Pörtschach – Wörthersee
Hundefreundlich: liebenswertes Wörtherseeschloss,

das, ebenso wie das Aenea, direkt am Ufer liegt. Mit zeitlos charmanten Zimmern in 14 verschiedenen Kategorien und einem Hauch von Patina über allem (und über so manchem Teppich im Besonderen). Das kleine Spa bietet auch eine Damensauna sowie einen auch im Winter beinahe tropisch warmen Pool im See. Wer Ruhe sucht, sollte sich vor der Buchung erkundigen, ob nicht an seinem Wunschtermin gerade eine Hochzeit oder eine ähnliche Veranstaltung läuft, denn das kann mitunter ein bisserl störend werden. Auch die Eisenbahn ist aus manchen Zimmern gut hörbar. Schwache Massagen, aber auch große Freude hatten wir: sehr gutes Frühstücksbuffet, ausgezeichnete Küche, fabelhafte Restaurantterrassen, wunderbar gemütliche Bar. Die Crew ist freundlich und aufmerksam. Kinderbetreuung zu Ferienzeiten, gute Jogging-Strecken. Garage? Leider nein. 33 Liegen, 100 Betten.
Freibecken, Freibecken (Sommer), Hallenbad, Kinderbecken, Außensauna, Dampfbad, Massagen, Kosmetik, Fitnessgeräte, Personal Trainer. 27-Loch-Parcours in 9 und 13 km, 18-Loch-Parcous in 13 km, bis 30 % Greenfee-Rabatt.
HP ab € 147,–.
- 9212 Pörtschach, Töschling 1
  ☎ 04272-2377-607

Wellness 12
Werzer's Wallerwirt ★★★★
Grünruhelage in Pörtschach – Wörthersee
- 9212 Techelsberg, Töschling 96
  ☎ 04272-2316-0

Wellness 9
Carinthia garni ★★★★
Zentrale Ortslage in Velden – Wörthersee
- 9220 Velden, Karawankenpl. 3, ☎ 04274-2171

Wellness 11
Engstler Seehotel ★★★★
Zentrale Ortslage in Velden – Wörthersee
- 9220 Velden, Am Corso 21
  ☎ 04274-2644-0

Wellness ⚜14
Falkensteiner Schloss Velden ★★★★★
Grünruhelage an der Uferpromenade in Velden – Wörthersee
Hundefreundlich: Das „Schloss am Wörthersee" besteht aus dem renovierten Schloss und zwei Zubauten mit sterilem Charme, die Zimmer sind groß, luxuriös und mit allerlei elektronischem Schnickschnack ausgestattet, unter den 10 Kategorien gibt es auch solche, bei denen sich kein Fenster öffnen lässt! Gar nicht premiumgemäß: keine Blumen, kein Obstkorb, kein Wasser, keine Süßigkeiten, schwach bestückte Minibar, zudem könnte man mit gewissen Instandhaltungs- und Sauberkeitsdefiziten überrascht werden (sogar unsere Rechnung war über und über bekleckert), weiters ist Barfußgehern und Kindern am seeseitigen Badedeck zur Vorsicht zu raten – da stehen Schiefer und Schrauben heraus! Das Spa (mit Liegewiese) wurde vor wenigen Monaten substanziell vergrößert und fühlte sich bei unserem Besuch geradezu wunderbar weitläufig an, allerdings waren wiederum nur ganz wenige Gäste im Haus – trotz Hochsaison! Die junge Crew zeigt sich überaus freundlich, agiert aber nicht immer so richtig professionell. Halbpensionsgäste essen neuerdings im Ballsaal (oder auf der Terrasse davor, mit teilweisem Seeblick), die Küche ist eher gut, das Frühstück im Rosengarten leider nicht mehr möglich, der Orangensaft wird in einem Plastikkrug gebracht.
Fazit: Fünf Sterne und „perfektes Service" (werbliches Versprechen) fühlen sich eigentlich ganz anders an. Und „Welcome home", der werbliche Claim, ist angesichts der angespannten Seelenlosigkeit ringsum wohl etwas unscharf formuliert. Garage gegen 15 Euro pro Tag – und bei der Abreise steckte Werbung an der Windschutzscheibe! Ungeeignet für Kinder. 74 Liegen, 230 Betten.
Freibecken, Hallenbad, Außensauna, Sauna, Dampfbad, Massagen, Kosmetik, Fitnessgeräte, Personal Trainer. 27-Loch-Parcours in 11 km, 18-Loch-Parcours in 7 und 10 km. HP ab € 145,–.
- 9220 Velden, Schlosspark 1
  ☎ 04274-52000

Wellness 10
Marko ★★★★
Grünlage am Ortsrand in Velden – Wörthersee
- 9220 Velden, Kranzlhofenstraße 70
  ☎ 04274-2443

Wellness 11
Park's ★★★★
Grünruhelage am Ortsrand in Velden – Wörthersee
- 9220 Velden, Seecorso 68
  ☎ 04274-2298-0

Wellness 11
Schönblick ★★★★
Grünlage am Ortsrand in Velden – Wörthersee
- 9220 Velden, Augsdorfer Straße 23
  ☎ 04274-2435

Wellness ⚜14
Seehotel Europa ★★★★ˢ
Grünruhelage am Seeufer in Velden – Wörthersee
Familienfreundliches Strandhotel in bester Sommerlage: Es liegt ruhig in einem kleinen Park und ist gleichzeitig nur ein paar Schritte von Veldens Flaniermeile entfernt. Zimmer in unterschiedlichen Reifestadien, vie-

le mit direktem Seeblick, die neuesten befinden sich in der Top-Etage. Kleines Spa mit Sauna auch am Seeufer, gute Massagen, auch Yoga und Qi Gong. Reichhaltiges Frühstücksbuffet, schwankende Küchenleistung – nicht selten ausgezeichnet. Fabelhafte Restaurantterrasse (auch mit Morgensonne), Liegewiese mit Badestrand und Badesteg mit vielen Liegen. Leihfahrräder gratis. 13 Liegen, 170 Betten.
Hallenbad, Außensauna, Sauna, Dampfbad, Massagen, Kosmetik, Ayurveda. 27-Loch-Parcours in 11 km, 18-Loch-Parcours in 7 und 10 km. HP ab € 102,–.
- 9220 Velden, Wrannpark 1-3
  ☏ 04274-2770

Wellness ❁14
Werzer's Velden ****
Grünruhelage an der Uferpromenade in Velden – Wörthersee
Hundefreundlich: modernes Kleinhotel in guter Lage. Große Zimmer mit Balkon (die meisten mit Seeblick) und schönen Bädern, kleines Spa mit Mini-Pool. Eine Brücke über die Uferstraße führt auf den (ausreichend großen) Badesteg. Feine Restaurantterrasse, gute Küche, verbesserungsfähiges Service. Ungeeignet für Kinder. 17 Liegen, 34 Betten.
Freibecken (Sommer), Hallenbad, Sauna, Dampfbad, Massagen, Kosmetik. 18-Loch-Parcours in 4 km, 20 % Greenfee-Rabatt. HP ab € 130,–.
- 9220 Velden, Seecorso 64
  ☏ 04274-38280-0

Beauty ❁14
Landhaus Servus Schönheitsfarm ****
Ortsruhelage in Lind bei Velden – Nähe Wörthersee
Eine kleine „Kuschelfarm" nur für Damen. Sie liegt in einer Wohnsiedlung, etwa 4 km vom See entfernt. Sehr gute Treatments, gute Küche, alles nett und sehr familiär. Zu mehreren fixen Terminen gibt es auch Saftfastenkuren nach Buchinger. 4 Liegen, 12 Betten.
Hallenbad, Sauna, Massagen, Kosmetik, Ayurveda, Fitnessgeräte. Pauschale „Beauty- und Verwöhnwoche" inkl. VP ab € 959,–.
- 9220 Velden-Lind, Martiniweg 21
  ☏ 04274-2262

Wellness 12
Marienhof Landhotel garni ****
Grünlage am Ortsrand in Velden – Wörthersee
- 9220 Velden, Marienhofweg 1, ☏ 04274-2652

Wellness 10
Moorquell ****
Grünruhelage am Ortsrand – Nähe St. Veit an der Glan
- 9313 St. Georgen am Längsee, Dellacherweg 7
  ☏ 04213-2590-0

Kur 12
Agathenhof Gesundheitsresort ****
Grünruhelage am Ortsrand – Nähe St. Veit an der Glan
- 9322 Micheldorf, Agathenhofstraße 24
  ☏ 04268-50170-0

Wellness 11
Biolandhaus Arche ***
Grünruhelage mit Fernblick – Nähe St. Veit an der Glan
- 9372 St. Oswald, Vollwertweg 1a, ☏ 04264-8120

Kur 11
Thermalbad Weissenbach ****
Grünlage Nähe Wolfsberg – Lavanttal
- 9412 St. Margarethen, Forst 106, ☏ 04352-34588-0

Wellness 12
Moselebauer ****
Absolute Grünruhelage Nähe Wolfsberg – Lavanttal
- 9462 Bad St. Leonhard, Kliening 30
  ☏ 04350-2333-0

Kur | Wellness 11
Josefinenhof ****
Grünruhelage in Warmbad-Villach
- 9504 Warmbad-Villach, Kadischenallee 8
  ☏ 04242-3003-0

Wellness ❁14
Karawankenhof ****
Grünruhelage am Ortsrand in Warmbad-Villach
Kinderfreundliches Haus, das im Vorjahr eröffnet wurde und neben der ebenfalls neu erbauten öffentlichen Therme liegt, in die man, ebenso wie in das Kurzentrum, über einen kurzen Bademantelgang gelangt – ein hoteleigenes Spa ist nicht vorhanden. Die Therme verfügt unter anderem über Damensauna, Kleinkinderzone, Sportbecken, Wasserrutschen (insgesamt 160 m), weiters über ein großes Fitnessstudio, einen feinen FKK-Bereich – und einen Handymast auf dem Dach. Sehr gute Massagen, auch Pilates, Yoga, Qi Gong und Tiefenentspannung nach Jacobson. Zeitgemäße Zimmer mit Eichenholzböden, wer einen belebenden Ausblick sucht, wird hier allerdings nicht fündig. Liegewiese, (kleine) Restaurantterrasse (mit potthässlichen Plastikmöbeln), sehr freundliche, aber nicht immer professionell agierende Crew, verbesserungsfähiges Frühstücksbuffet (u. a. Brot!), gute Küche, ein Light Lunch ist im Preis inkludiert. Täglich (außer Mo) acht Stunden Betreuung für Kinder ab drei Jahren. 390 Liegen (in der öffentlichen Therme), 250 Betten.
In der öffentlichen Therme: Thermalfreibecken, Thermalhallenbad, Außensauna, Sauna, Dampfbad, Massagen, Kosmetik, Fitnessstudio. 18-Loch-Parcours in

Info und Buchen für alle Hotels: www.relax-guide.com   KÄRNTEN   223

4 km, bis zu 25 % Greenfee-Rabatt. Golfschule, Reitstall, Tennishalle, Tennisplätze. HP ab € 110,–.
- 9504 Warmbad-Villach, Kadischenallee 25-27
  ☎ 04242-3001-2099

Wellness | Kur ♥♥ 15
Warmbaderhof *****
Grünruhelage am Ortsrand in Warmbad-Villach
Hundefreundlich: ehrwürdiges Kurhotel mit ruhmreicher Vergangenheit, mit Nostalgiefaktor und eigener Konditorei. Gediegene, sehr saubere Zimmer, zumeist mit Teppichböden, der Ausblick geht entweder auf das Thermengebäude oder nach hinten hinaus auf den Park und den Wald, der zu wunderschönen Spaziergängen einlädt. Der Wellnessbereich ist in die Jahre gekommen, fein ist jedoch das Thermalwasser, das übrigens auch in einem museal anmutenden Urquellbecken zu genießen ist, allerdings nur frühmorgens. Liegewiese, sehr gute Treatments, Aktivprogramm, auch Qi Gong, Yoga und Pilates. Schönes Restaurant mit ebensolcher Terrasse, gutes Frühstücksbuffet (leider ohne Eierstation), sehr gute Küche, freundliche und zuvorkommende Mitarbeiter. Viele alte Stammgäste. Ungeeignet für Kinder. 45 Liegen, 174 Betten.
Thermalfreibecken, Thermalhallenbad, Sauna, Dampfbad, Massagen, Kosmetik, Fitnessstudio, Personal Trainer. 18-Loch-Parcours in 4 km, bis zu 25 % Greenfee-Rabatt. Golfschule, Reitstall, Tennishalle, Tennisplätze. HP ab € 124,–.
- 9504 Warmbad-Villach, Kadischenallee 22-24
  ☎ 04242-3001-0

Wellness ♥ 14
Falkensteiner Bleibergerhof ****
Grünlage am Ortsrand in Bad Bleiberg – Nähe Villach
Hundefreundliches Thermenhotel unter Kettenflagge: mit abschreckender – laut Werbung: „einladender" – Fassade und freundlichem Innenleben. Kleine Standardzimmer, alle Zimmer mit hellen Teppichböden (fleckig) und Balkon, das Spa verfügt über feine Ruhezonen und einen sehr netten Außenbereich mit größerer Liegewiese, im Winter kann es allerdings etwas eng werden. Bemühte, aber mitunter wenig routinierte Servicemitarbeiter (was soll man etwa von einer Kellnerin halten, die gar nicht weiß, was da auf den Tisch kommt?). Von „Wellness und Kulinarik auf höchstem Niveau!" (Werbung) wollen wir hier jedenfalls nicht reden. Kinder werden nur während der Schulferien als Gäste akzeptiert, das Thermalwasser ist für Kleinkinder nicht geeignet. 120 Liegen, 240 Betten. Naturbadeteich, Thermalfreibecken, Thermalhallenbad, Außensauna, Sauna, Dampfbad, Massagen, Kosmetik, Fitnessgeräte. 18-Loch-Parcours in 21 km. HP ab € 99,–.
- 9530 Bad Bleiberg, Drei Lärchen 150
  ☎ 04244-2205

Kur ♥♥ 15
Kurzentrum Bad Bleiberg ****
Grünruhelage am Ortsrand in Bad Bleiberg – Nähe Villach
Modernes Kurhotel, es liegt auf einer sonnigen Anhöhe über dem Ort und bietet einen feinen Ausblick, saubere Zimmer, ein Spa sowie ein breites Spektrum an Therapieverfahren, darunter auch die Kältekammer und der Heilklimastollen. Mehrheitlich Sozialversicherungsgäste, im Angebot stehen aber auch privat buchbare „Gesundheitswochen". Sehr gutes Preis-Leistungs-Verhältnis. Freundliche Mitarbeiter, Gratisgarage für alle. Ungeeignet für Kinder. 40 Liegen, 324 Betten.
Thermalfreibecken, Thermalhallenbad, Sauna, Dampfbad, Massagen, Kosmetik, Fitnessgeräte. 18-Loch-Parcours in 21 km. HP ab € 76,–.
- 9530 Bad Bleiberg, Nötsch 78, ☎ 04244-90500-0

Wellness ♥ 14
Brennseehof Familien-Sport-Hotel ****s
Grünruhelage am Ortsrand – Nähe Bad Kleinkirchheim
Kinderhotel in schöner, ruhiger Lage am See, genau genommen sogar ein Kinder-Sporthotel, werden doch ganzjährig mindestens zehn verschiedene Sportarten für Kinder wie Eltern angeboten. Zweckmäßige und saubere Zimmer (von 18 bis 100 m²), der kleine, nett gestaltete Wellnessbereich kann auch von Gästen zweier Dependancen genutzt werden, weshalb es vor allem im Winter durchaus eng werden kann. Liegewiese am flachen Badestrand, weitere Highlights des Hauses sind die liebevolle Kinderbetreuung, die stets freundliche und hilfsbereite Crew und die Terrasse des Restaurants. Massagen gibt es auch unter freiem Himmel, feine Laufstrecken ab der Hoteltür. Großzügig angelegte Outdoor-Spielbereiche, mindestens 60 Stunden Kinderbetreuung pro Woche. Ein Light Lunch ist im Preis inkludiert. 52 Liegen, 150 Betten (Foto Seite 224).
Freibecken (Sommer), Hallenbad, Kinderbecken, Außensauna, Sauna, Dampfbad, Massagen, Kosmetik, Ayurveda, Fitnessgeräte, Personal Trainer. 18-Loch-Parcours in 21 km, 20 % Greenfee-Rabatt. Tennisplätze.
HP ab € 79,–.
- 9544 Feld am See, Seestraße 19
  ☎ 04246-2495

Wellness 12
Almrausch ****
Grünruhelage in Bad Kleinkirchheim
- 9546 Bad K., Wasserfallweg 7, ☎ 04240-8484

Wellness ♥♥ 16
Die Post ****
Grünruhelage in Bad Kleinkirchheim
Kinderfreundliches Haus, sozusagen die „Familienversion" des Thermenhotels Ronacher. Es liegt zwar an der

Straße, allerdings gehen die Zimmer nach hinten (mit Ausblick auf Wiesen und Berghänge) hinaus, wo absolut kein Straßenlärm mehr zu hören ist. Das Ambiente ist nicht modisch, sondern traditionell-solide und gemütlich sowie mit viel Holz gestaltet, alles zeigt sich sehr sauber, was auch für die Zimmer gilt. Diese sind stets großzügig geschnitten (31 bis 52 m²) und wohnlich gestaltet – warme Farben, naturbelassenes Vollholz und Teppichböden herrschen vor –, alle haben einen südseitigen Balkon. Im Gegensatz zum Ronacher gibt es hier kein Thermalwasser, das Spa wurde im Vorjahr erweitert und bietet unter anderem FKK-Solepool und Liegewiese mit Außensauna sowie eine Damensauna, im Fitnessraum fehlt uns aber ein Laufband. Hervorragende Treatments in ansprechenden Räumen, auch Thaimassagen und Shiatsu. Angebote für Golfer, Tennisspieler und Wanderer. Langschläferfrühstück bis 12 Uhr, gute Küche, feine Weinkarte, ein Light Lunch ist im Preis inkludiert. Freundliche und kompetente Mitarbeiter; viele Gäste aus Italien. Sauberes Preis-Leistungs-Verhältnis. 85 Liegen, 200 Betten.
Freibecken, Hallenbad, Solehallenbad, Außensauna, Sauna, Dampfbad, Massagen, Kosmetik, Fitnessgeräte. 18-Loch-Parcours in 3 km, 30 % Greenfee-Rabatt. Tennisplätze gratis. HP ab € 98,–.
- 9546 Bad Kleinkirchheim, Dorfstraße 64
  ☎ 04240-212-0

Wellness 14
Eschenhof ★★★★
Grünruhelage in Bad Kleinkirchheim

Hunde- und kinderfreundliches Haus von angenehmer Größe. Mit netten Zimmern, die überwiegend mit hellen Vollholzmöbeln ausgestattet sind und Balkone haben. Das kleine Spa bietet ein Sonnendeck auf der Dachterrasse. Alles bestens sauber, wunderbar freundliche Crew, sehr gute, biologisch orientierte Küche. Light Lunch und Nachmittagsjause sind im Preis inkludiert. Wöchentlich 36 Stunden Betreuung für Kinder von drei bis 13 Jahren. 38 Liegen, 90 Betten.
Freibecken, Hallenbad, Sauna, Dampfbad, Massagen, Kosmetik. 18-Loch-Parcours in 5 km, 30 % Greenfee-Rabatt. Tennisplätze. HP ab € 85,–.
- 9546 Bad Kleinkirchheim, Wasserfallweg 12
  ☎ 04240-8262

Wellness 15
Felsenhof ★★★★
Grünruhelage am Ortsrand in Bad Kleinkirchheim

Hundefreundlich: überschaubares, gemütliches und familiär geführtes Haus in schöner Lage, nämlich vergleichsweise ziemlich ruhig und auf einer Anhöhe am Südhang über dem Ort gelegen, was für ein wunderbares Panorama aus vielen Räumen sorgt. Empfehlenswert sind die neuen, großzügig geschnittenen Zimmer mit

ebensolchen Bädern. Kleines Spa mit noch kleinerem Außenpool, freundliche Crew, sehr gute Küche, ein Light Lunch ist im Preis inkludiert. Liegewiese, herrliche Sonnenterrasse, bester Schlaf. Ungeeignet für Kinder. Gratisgarage für alle. 29 Liegen, 104 Betten. Freibecken, Hallenbad, Sauna, Dampfbad, Massagen, Kosmetik, Fitnessgeräte. 18-Loch-Parcours in 2 km, bis zu 50 % Greenfee-Rabatt. HP ab € 70,–.
- 9546 Bad Kleinkirchheim, Mozartweg 6
  ☏ 04240-681-0

| Wellness | 10 |

Kärntnerhof ★★★★
Grünruhelage in Bad Kleinkirchheim
- 9546 Bad Kleinkirchheim, Maibrunnenweg 15
  ☏ 04240-293-0

| Wellness | ♣♣15 |

Kirchheimerhof ★★★★
Grünruhelage am Ortsrand in Bad Kleinkirchheim
Familienfreundlich und sehr schön über dem Ort gelegen: Ein Traditionshaus mit stark unterschiedlichen Zimmern, von denen die meisten bereits ansprechend gestaltet sind, einige haben feine Holzböden, viele Balkon oder Loggia. Das Spa steht auch externen Gästen offen und bietet 60 unterschiedliche Anwendungen – nicht alle überzeugen. Freundliche Mitarbeiter, gute Küche, eine Nachmittagsjause ist im Preis inkludiert. Liegewiese, nette Spielareale für Kids, wöchentlich 48 Stunden Kinderbetreuung zu Ferienzeiten. 36 Liegen, 180 Betten.
Freibecken, Hallenbad, Sauna, Dampfbad, Massagen, Kosmetik, Fitnessgeräte. 18-Loch-Parcours in 5 km. Tennisplätze. HP ab € 106,–.
- 9546 Bad Kleinkirchheim, Maibrunnenweg 37
  ☏ 04240-278

| Wellness | 10 |

Kolmhof ★★★★
Ortslage an der B88 in Bad Kleinkirchheim
- 9546 Bad Kleinkirchheim, Dorfstraße 26
  ☏ 04240-216

| Wellness | 11 |

Nock Resort ★★★★
Grünruhelage in Bad Kleinkirchheim
- 9546 Bad Kleinkirchheim, Maibrunnenweg 27
  ☏ 04240-8292

| Wellness | 11 |

Prägant ★★★★
Grünlage am Ortsrand in Bad Kleinkirchheim
- 9546 Bad Kleinkirchheim, Kirchheimerweg 6
  ☏ 04240-452

Pulverer Thermenwelt (Seite 226)

Wellness | Gesundheit ♨♨ 15
Pulverer Thermenwelt *****
Grünruhelage in Bad Kleinkirchheim

Hundefreundliches Fünfsternhotel, das uns schon beim Check-in Freude machte – offensichtlich ist ein kleines Upgrade hier leichter zu bekommen als anderswo. Das Haus liegt mitten im Ort und gleich neben der öffentlichen Therme, die aufzusuchen sich jedoch nicht lohnt, gibt es doch einen großen hoteleigenen Spa-Bereich, der zudem über Thermalwasser verfügt. Das Ambiente zeigt sich etwas unübersichtlich und uneinheitlich sowie nicht überall ganz zeitgemäß. Die Zimmer (13 verschiedene Typen) changieren zwischen Gediegenheit und moderner Ländlichkeit, sie sind überwiegend großzügig geschnitten, fast alle haben Balkon, alle Teppichböden, unseres ausgezeichnete Matratzen. Das Spa bietet einen großen Garten mit Außensauna, Liegewiese und alten Bäumen, außerdem gute Massagen. Aktivprogramm, auch Pilates, Jacobson-Tiefenmuskelentspannung und Fünf Tibeter. Arztpraxis mit Medical-Wellness-Schwerpunkt, also Gesundheitsvorsorge mit dem Fokus auf Bewegung und Ernährung. Kleine Restaurantterrasse, Frühstück bis 11 Uhr, eine Nachmittagsjause ist im Preis inkludiert. Überaus freundliche Mitarbeiter, viele alte Stammgäste, viele Gäste aus Italien. Garage? Leider nein. Ungeeignet für Kinder. 87 Liegen, 180 Betten (Foto Seite 225). Thermalfreibecken, Thermalhallenbad, Außensauna,

Sauna, Dampfbad, Massagen, Kosmetik, Ayurveda, Fitnessgeräte, Personal Trainer. 18-Loch-Parcours in 4 km, bis zu 40 % Greenfee-Rabatt. HP ab € 105,50.
- 9546 Bad Kleinkirchheim, Thermenstraße 4
  ☎ 04240-744-0

Wellness ♨♨♨♨ 20
Ronacher Thermenhotel *****s
Grünruhelage am Ortsrand in Bad Kleinkirchheim

Schlechthin die Thermenhotellegende Kärntens: von Simone Ronacher geführtes Luxushotel, das auf einer kleinen, sonnigen Anhöhe über dem Ort liegt, und zwar direkt an der Thermalquelle, die seit Menschengedenken als Heilstätte gilt. Die Zimmer (18 verschiedene Varianten) zeigen sich mehrheitlich renoviert und mit Vollholzmöbeln sehr wohnlich arrangiert, alle haben Balkon, einige auch Himmelbetten und Parkettböden. Eine besondere Stärke des Hauses ist das weitläufige Spa (mit mehreren größeren Pools, schöner Private Area auf dem Dach und feinem FKK-Außenbereich mit viel Liegewiese), die Massagen werden erfreulich kompetent durchgeführt und sind bei entsprechender Witterung auch im Freien zu haben. Arztpraxis, breites Aktivprogramm (u. a. Golfen, Wanderungen, Ausflüge), auch Yoga und Fünf Tibeter. Weitere Highlights sind das reichhaltige Frühstücksbuffet, die nahezu ausgezeichnete Küche und die fabelhafte Atmosphäre im ganzen Haus, zu der die häufig präsente Gastgeberin und ihr freundliches Team ebenso wie die niveauvolle alte Stammgästeschar entscheidend beitragen. Kleine Restaurantterrasse für das Frühstück in der Morgensonne, Gratisgarage für alle. Ungeeignet für Kinder. 110 Liegen, 190 Betten. Thermalfreibecken, Thermalhallenbad, Thermalsolebad, Außensauna, Dampfbad, Massagen, Kosmetik, Ayurveda, Fitnessgeräte, Personal Trainer. 18-Loch-Parcours in 4 km, 17 % Greenfee-Rabatt. HP ab € 166,–.

- 9546 Bad Kleinkirchheim, Thermenstraße 3
  ☎ 04240-282-0

Wellness 17
Feuerberg Mountain Resort ★★★★
Absolute Naturlage mit Fernblick – Nähe Villach

Hunde- und kinderfreundlich, und nur durch eine 12 km lange Kurven-ohne-Ende-Fahrt zu erreichen: ein absolut außergewöhnliches Resort, nämlich eine Art „Bergoase" in traumhafter Lage – auf 1.800 m. Und damit buchstäblich über den Wolken, was sich, zusammen mit dem grandiosen Panorama, sommers wie winters wunderbar belebend aufs Gemüt auswirkt. Neben den mehrheitlich vor kurzem gefällig modernisierten Zimmern im Haupthaus gibt es auch einfachere in Almhütten, die an einem relativ steilen Hang ein paar Schritte unterhalb des Hotels liegen. Das Spa ist verwinkelt angelegt, bietet fünf Pools, einen feinen Außenbereich (mit geheiztem Schwimmteich), einen konkurrenzlos-herrlichen Ausblick aus mehreren Räumen, gute Massagen sowie auch Meditation und Yoga. Reichhaltige Buffets (Frühstück, Vorspeisen, Desserts). Ein Wermutstropfen ist das W-Lan: langsam und kostenpflichtig (ab 30 min). Täglich acht Stunden Betreuung für Kinder ab drei Jahren (mit saisonalen Einschränkungen), viele gute Aktivitäten für Kids, Wanderwege ohne Zahl, und im Winter liegt das Haus direkt an einem Familienschigebiet (60 km präparierte Pisten, 15 Lifte). Für kinderlose Paare und Ruhesuchende weniger geeignet. 130 Liegen, 300 Betten, davon 170 in Ferienwohnungen in 15 „Almhütten". Naturbadeteich, Freibecken, Hallenbad, Außensauna, Sauna, Dampfbad, Massagen, Kosmetik, Fitnessgeräte. HP ab € 106,–.

- 9551 Bodensdorf, Bergeralm 1
  ☎ 04248-2880

Wellness 12
Seerose ★★★★
Grünlage am Ufer des Ossiacher Sees – Nähe Villach
- 9551 Bodensdorf, Fischerweg 7, ☎ 04243-2514

Wellness 11
Heidi Kinderhotel ★★★★
Auf 1.800 m Seehöhe – Nähe Bad Kleinkirchheim
- 9564 Patergassen, Falkertsee 2, ☎ 04275-7222

Feuerberg Mountain Resort

| Wellness | 11 |

Schneekönig Kinderhotel ★★★★
Auf 1.800 m Seehöhe – Nähe Bad Kleinkirchheim
- 9564 Patergassen, Falkertsee 55, ☎ 04275-411

| Wellness | ⚜14 |

Seinerzeit Almdorf
Absolute Grünruhelage Nähe Bad Kleinkirchheim
Ein hochgemütliches Bergdörflein in 1.400 m Seehöhe, es besteht aus 28 schlicht-luxuriös ausgestatteten Holzhütten (75 bis 90 m²) auf einem Sonnenhang und einem Mini-Spa (Sauna, Ruheraum, Massageraum), alles ist sehr authentisch arrangiert. Das Frühstück wird bis 12 Uhr in der Hütte zubereitet, auf Wunsch wird hier auch das Abendessen serviert, oder man isst im „Dorfwirtshaus" bodenständig-deftig und auch ganz gut. Freundliche Crew, viele liebevolle Details. 5 Liegen, 64 Betten. Naturbadeteich, Sauna, Massagen. HP ab € 200,–.
- 9564 Patergassen, Fellacheralm, ☎ 04275-7201

| Wellness | ⚜⚜⚜⚜19 |

Hochschober ★★★★s
Grünruhelage am Turracher See – Nähe Bad Kleinkirchheim
Kinderfreundlicher Familienbetrieb, er liegt auf 1.700 m Seehöhe und bietet ein durchwegs gemütliches, wenn auch nicht immer rasend stilsicher arrangiertes Ambiente. Schon vor Jahren wurde das Haus durch seine (damals) einzigartigen Wellness-Features berühmt, darunter etwa der tropisch warme Pool (250 m²) im eiskalten Bergsee oder der authentische Hamam, der bis heute nahezu alle Konkurrenten, die vorgeben, ihren Gästen auch einen Hamam anzubieten, ein klein wenig lächerlich aussehen lässt. Inzwischen ist ein originaler „Chinaturm" hinzugekommen, in dem ursprüngliche Teezeremonien und Traditionelle Chinesische Medizin praktiziert werden. Trotz aller Vielfalt wäre es nur mit Mühe zu übersehen, dass das Spa streckenweise doch in die Jahre gekommen ist. Die eine oder andere Modernisierung in diesem Bereich hätte uns mehr gefreut als etwa der neue „Spielraum" oder die – zugegeben – fabelhafte Bibliothek, beides ist ja nicht unbedingt der Grund für eine Buchung in diesem Haus. Zimmer in 19 Varianten, die meisten haben Balkon, in allen gibt es Möbel aus heimischem Vollholz und Teppichböden, die Renovierung der schwächsten wurde mit Verzögerung angegangen und nun vor wenigen Monaten abgeschlossen. Was wir wirklich mögen: die stets richtige Wassertemperatur in den Pools (also nicht zu kalt, das wird leider immer seltener), die sehr guten Treatments und die herzliche Crew, die überwiegend aus Kärntnern besteht. Und ganz besonders dieses grandiose Frühstücksbuffet mit regionaler Ausrichtung, die der Küche (sie hat sich übrigens verbessert und bietet neuerdings auch vegane Varianten an) auch nicht schaden würde. Ebenso erwäh-

nenswert: Am sonntäglichen Frühstücksbuffet gibt es nun wieder Ketakaviar – so wie in alten Zeiten. Im Preis inkludiert ist ein Light Lunch. Großzügig angelegte und gut betreute Areale für Kinder und Jugendliche, täglich Kinderbetreuung (8.30 bis 13.30 Uhr und 16.30 bis 20.30 Uhr) in eigenem Haus. Viele alte Stammgäste. 120 Liegen, 200 Betten.
Naturbadeteich (ganzjährig!), Freibecken, Hallenbad, Außensauna, Sauna, Dampfbad, Massagen, Kosmetik, Ayurveda, Fitnessstudio, Personal Trainer.
18-Loch-Parcours in 19 km.
HP ab € 158,–.
- 9565 Turracher Höhe, Nr. 5
  ☏ 04275-8213

Wellness 10
Panorama ***
Grünlage auf der Turracher Höhe – Nähe Bad Kleinkirchheim
- 9565 Turracher Höhe, Nr. 24, ☏ 04275-8241-0

Wellness 12
Ginas Baby- & Kinderhotel ****
Grünruhelage am Ortsrand – Nähe Villach
- 9580 Drobollach, Fasanenweg 10, ☏ 04254-23340

Wellness 11
Karnerhof ****s
Grünruhelage am Faaker See – Nähe Villach
- 9580 Egg, Karnerhofweg 10, ☏ 04254-2188

Wellness 11
Kleines Hotel Kärnten ****
Grünruhelage am Faaker See – Nähe Villach
- 9580 Egg, Seepromenade 8, ☏ 04254-2375-0

Wellness 11
Alpen Adria ****
Ortslage bei Hermagor – Gailtal
- 9620 Hermagor, Presseggersee 2, ☏ 04282-2666

Wellness 11
Falkensteiner Sonnenalpe ****
Grünlage am Nassfeld Nähe Hermagor – Gailtal
- 9620 Hermagor, Nassfeld 9, ☏ 04285-8211

Wellness 10
Hubertushof Kinderhotel ***
Grünruhelage mit Fernblick bei Hermagor – Gailtal
- 9620 Hermagor, Kameritsch 1, ☏ 04285-280

Wellness 10
Ramsi Kinderhotel ****
Grünruhelage mit Fernblick bei Hermagor – Gailtal
- 9620 Hermagor, Kameritsch 8, ☏ 04285-284

Wellness 11
Wulfenia ****
Grünlage am Nassfeld Nähe Hermagor – Gailtal
- 9620 Hermagor, Nassfeld 7
  ☏ 04285-8111

Kur 11
Weißbriach Kurhotel ****
Grünruhelage am Ortsrand Nähe Hermagor – Gitschtal
- 9622 Weißbriach, Nr. 61
  ☏ 04286-21022-0

Wellness 🌺13
Falkensteiner Carinzia ****
Grünlage am Ortsrand bei Hermagor – Gailtal
Hundefreundliches Großhotel in passabler Gehdistanz zur Talstation der Schi- und Wanderarena Naßfeld. Großzügig geschnittene Zimmer mit so manchem Instandhaltungsmangel, der Ausblick geht nicht selten auf Hausfassaden oder auf den Parkplatz. Das Spa verfügt über einen Außenbereich mit Liegewiese, ist aber indoor nicht allzu groß und für Ruhesuchende jedenfalls eine Herausforderung. Feine Restaurantterrasse, freundliche, aber mitunter überforderte Service-Mitarbeiter, die Küche enttäuscht. Unpersönlich, hart an der Null-Lilien-Grenze. Garage gegen 8 Euro pro Tag. 70 Liegen, 350 Betten.
Freibecken, Hallenbad, Außensauna, Sauna, Dampfbad, Massagen, Kosmetik, Fitnessstudio, Personal Trainer.
18-Loch-Parcours in 8 km, 50 % Greenfee-Rabatt.
HP ab € 80,–.
- 9631 Hermagor-Naßfeld, Tröpolach 156
  ☏ 04285-72000

Wellness 🌺🌺🌺17
Der Daberer – das Biohotel ****s
Grünruhelage am Ortsrand in Dellach – Gailtal
Sozusagen das genaue Gegenteil des zuvor kommentierten Hauses, nämlich ein überschaubarer Familienbetrieb, reizvoll gelegen, rundum entzückend sowie achtsam geführt. Alle Zimmer haben Vollholzmöbel und Parkettböden, sie sind schlicht bis wunderschön gestaltet. Zum Spa gehören unter anderem Liegewiese, eine Saunahütte mit Holzofen auf einer sonnigen Lichtung im Wald (zwei Gehminuten hinter dem Haus) sowie eine Arztpraxis. Erfreulich kompetent durchgeführte Massagen, auch Yoga, Qi Gong und Pilates. Fabelhafte Restaurantterrasse, Frühstücksbuffet von hoher Qualität, selbstgebackenes Brot. Sehr gute, frische und biologisch orientierte Küche, die auf Saison und Region großen Wert legt; ein Light Lunch ist im Preis inkludiert. Wunderbar freundliche Mitarbeiter, sympathische Gäste. Geführte Wanderungen, gute Laufstrecken. Eher ungeeignet für Kinder. 35 Liegen, 78 Betten.

Naturbadeteich, Hallenbad, Außensauna, Sauna, Dampfbad, Massagen, Kosmetik, Fitnessgeräte, Personal Trainer. 18-Loch-Parcours in 12 km, 20 % Greenfee-Rabatt. HP ab € 93,–.
- 9635 Dellach im Gailtal, St. Daniel 32
  ☎ 04718-590

Wellness 11
Kürschner Schlank-Schlemmer ****
Ruhige Ortslage in Kötschach-Mauthen – Gailtal
- 9640 Kötschach-Mauthen, Schlanke Gasse 74
  ☎ 04715-259

Wellness 14
Tuffbad Almwellness ****s
Absolute Grünruhelage – Lesachtal
Familienfreundlich: Vielleicht nicht genau das, was man sich unter einem Vierstern-superior-Hotel vorstellt (man denkt sich das in Kärnten öfters mal), aber jedenfalls ein rustikales Haus, das von seiner völligen Abgeschiedenheit profitiert. Das Spa ist verwinkelt, offeriert 10 Saunen, einen kleinen Außenwhirlpool sowie eine erfreuliche Anzahl an Ruhezonen und bietet auch Yoga, Qi Gong und Pilates. Zimmer gibt es auch in etwas abseits gelegenen Ferienwohnungen – die Hälfte wurde vor kurzem renoviert. Gemütliche Stuben, sehr freundliches Umfeld, ein Light Lunch ist im Preis inkludiert. 78 Liegen, 124 Betten.

Hallenbad, Außensauna, Sauna, Dampfbad, Massagen, Kosmetik, Fitnessgeräte. HP ab € 120,–.
- 9654 St. Lorenzen im Lesachtal, Tuffbad 3
  ☎ 04716-622

Wellness 14
Enzian Seehotel ****
Grünlage an der Uferstraße – Weißensee
Niveauvolles Beherbergungskleinod, es besteht aus einem alten Landhaus (Goldengel an den Wänden, alte Bilder, knarrende Holzstiegen, der Duft von frischgebackenem Kuchen) und einem Nebengebäude mit wunderschönen Suiten, die bis zu 160 m² groß sind. Spa-mäßiges Highlight ist die Sauna, von hier gelangt man direkt in den See. Große Liegewiese, allerdings muss man dafür im Bademantel über die (wenig befahrene) Straße. Feine Restaurantterrasse, gute Küche, herzliches Umfeld, gute Stimmung. Ungeeignet für Kinder. 22 Liegen, 48 Betten.
Seebadestrand, Außensauna, Dampfbad, Massagen, Kosmetik. Tennisplatz. HP ab € 78,–.
- 9762 Weißensee, Neusach 32, ☎ 04713-2221

Wellness 11
Forelle ****
Grünlage am Seeufer in Techendorf – Weißensee
- 9762 Weißensee, Techendorf 80, ☎ 04713-2356

Wellness	11

Kolbitsch ★★★
Ortslage am Weißensee
- 9762 Weißensee, Oberdorf 6, ☏ 04713-3111-0

Wellness	11

Kreuzwirt Kinderhotel ★★★★
Grünlage an der B87 Nähe Techendorf – Weißensee
- 9762 Weißensee, Kreuzberg 2, ☏ 04713-2206

Wellness	10

Moser Weißensee
Zentrale Ortslage in Techendorf – Weißensee
- 9762 Weißensee, Techendorf 17, ☏ 04713-22310

Wellness	10

Regitnig ★★★★
Grünlage an der Straße in Techendorf – Weißensee
- 9762 Weißensee, Techendorf 33, ☏ 04713-2225

Wellness	11

Seeland Apartment-Hotel ★★★★
Grünlage am Seeufer in Techendorf – Weißensee
- 9762 Weißensee, Techendorf 13, ☏ 04713-2228-0

Wellness	12

Weißenseerhof Bio-Vitalhotel ★★★★ˢ
Grünlage an der Straße – Weißensee
- 9762 Weißensee, Neusach 18, ☏ 04713-2219

Wellness	❀13

Kleinsasserhof
Grünruhelage bei Spittal an der Drau
Passt in keine Schublade: ein liebevoll geführter Bergbauernhof in bester Middle-of-Nowhere-Lage. Mit skurrilem, unvergleichlichem Erscheinungsbild, süßen Zimmern und kleiner Biolandwirtschaft. Frühstück bis 12 Uhr, selbstgebackenes Brot, sehr gute bis ausgezeichnete Küche mit biologischer Ausrichtung. Der Weckruf erfolgt durch Pfauenschrei, die Stimmung ist schlechthin fabelhaft. Ungeeignet für Kinder. 32 Betten. Naturbadeteich, Außensauna, Massagen. HP ab € 87,–.
- 9800 Spittal an der Drau, Kleinsass 3
  ☏ 04762-2292

Wellness	10

Laurenzhof ★★★★
Grünlage am Ortsrand – Nähe Spittal an der Drau
- 9811 Lendorf, Nr. 138, ☏ 04769-2430-0

Wellness	9

Kreinerhof Landhotel ★★★
Ortsrandlage in Möllbrücke – Nähe Spittal an der Drau
- 9813 Möllbrücke, Hauptstraße 6, ☏ 04769-2221

Gesundheit | Kur	❀❀16

Schrothkur
Grünruhelage in Obervellach – 65 km westlich von Villach
Renommiertes Fastenkurzentrum, das hochmoderne medizinische Ausstattung mit diagnostischer Fachkompetenz vom Feinsten verbindet. Die Schrothkur wird hier von einem Nachfahren des „Erfinders", geleitet und eignet sich zur Therapie von fast allen chronischen Krankheiten sowie von Befindlichkeitsstörungen. Auch medizinische Check-ups mit Labor, EKG, Ultraschall u.v.m. Ausgezeichnete vegetarische Diäten. 54 Betten. Massagen, Kosmetik. Schrothkur-Woche ab € 1.252,–.
- 9821 Obervellach, Johann-Schroth-Weg 137
  ☏ 04782-2043

Wellness	9

Alber Ferienhotel ★★★★
Ruhige Ortslage in Mallnitz – 80 km nordwestlich von Villach
- 9822 Mallnitz, Nr. 26, ☏ 04784-525

Wellness	10

Margarethenbad ★★★★
Grünruhelage am Ortsrand – Mölltal
- 9833 Rangersdorf, Lainach 26, ☏ 04822-380

Wellness	10

Post Großkirchheim ★★★
Grünlage in der Nähe von Heiligenblut
- 9843 Großkirchheim, Döllach 83, ☏ 04825-205

Wellness	12

Glocknerhof ★★★★
Zentrumslage in Heiligenblut
- 9844 Heiligenblut, Hof 6, ☏ 04824-2244

Wellness	10

Kärntnerhof ★★★★
Grünruhelage am Ortsrand in Heiligenblut
- 9844 Heiligenblut, Winkl 3, ☏ 04824-2004

Wellness	12

Baby- & Kinderhotel ★★★★
Grünlage an der Ortsstraße – Nähe Spittal an der Drau
- 9852 Trebesing, Bad 1, ☏ 04732-2350

Wellness	11

Lamprechthof
Absolute Naturlage – Nähe Spittal an der Drau
- 9861 Eisentratten, Nöring 25, ☏ 04732-2746

Wellness	11

Falkensteiner Club Funimation ★★★★
Grünruhelage am Ortsrand – Katschberg
- 9863 Rennweg, Katschberghöhe 20, ☏ 04734-631-0

| Wellness | 12 |

Falkensteiner Cristallo ★★★★
Grünruhelage am Katschberg
- 9863 Rennweg, Katschberghöhe 6, ☎ 04734-319

| Wellness | 11 |

Hinteregger Familienhotel ★★★★
Grünruhelage am Katschberg
- 9863 Rennweg, Katschberg 1, ☎ 04734-219

| Wellness | ❀❀❀17 |

Kollers ★★★★s
Grünruhelage am Seeufer – Millstätter See
Außergewöhnlich gemütliches und bestens gepflegtes Seehotel, es liegt direkt am Ufer und ist von angenehmer Größe. Das Spa bietet unter anderem eine zusätzliche Sauna (mit Ruheraum und offenem Kamin) direkt am Wasser sowie zwei Außenpools, von denen sich einer direkt im See befindet und ganzjährig mit tropisch warmem Wasser aufwarten kann. Hinzu kommen ein netter Garten mit Liegewiese unter alten Bäumen und Sonnendecks, die Massagen sind sehr gut. Aktivprogramm, auch Qi Gong, Yoga und Pilates. Zimmer in 16 verschiedenen Kategorien, die meisten wurden vor kurzem sehr gefällig modernisiert, alle haben Balkon oder Terrasse. Über Letztere verfügt auch das Restaurant (frische Blumen, Tafelsilber, Kerzen), sogar eine ganz fabelhafte, auf der gute Tage mit einem großartigem Frühstück beginnen können. Auf Wunsch gibt es das „Dinner auf der Palmeninsel" bei Abendsonne weit draußen im See – auf einem Floß mit festlich gedecktem Tisch, zu dem man – ebenso wie die siebengängige Menüabfolge – mit dem Boot gebracht wird. Ganz neu ist ein zu einer Relax-Zone umgebautes Passagierschiff (im Winter beheizt), das vor dem Hotelstrand ankert. Ausgezeichnete Küche, aufmerksame und sehr freundliche Mitarbeiter, feine Strandbar, viele Stammgäste. Ruder- und E-Boote gibt's ohne Aufpreis. Eher ungeeignet für Kinder. 30 Liegen, 110 Betten. Seebadestrand, Freibecken, Hallenbad, Außensauna, Sauna, Dampfbad, Massagen, Kosmetik, Fitnessgeräte. 18-Loch-Parcours in 5 und 30 km, 20 % Greenfee-Rabatt. HP ab € 79,–.
- 9871 Seeboden, Seepromenade 2-4
  ☎ 04762-81500

| Wellness | 12 |

Moerisch Landhotel ★★★★s
Grünlage am Ortsrand in Seeboden – Millstätter See
- 9871 Seeboden, Tangern 2, ☎ 04762-81372

| Wellness | 10 |

Moserhof ★★★★
An der Hauptstraße in Seeboden – Millstätter See
- 9871 Seeboden, Hauptstr. 48, ☎ 04762-81400

Wellness 11
Alexanderhof ****
Grünruhelage am Ortsrand in Millstatt – Millstätter See
- 9872 Millstatt, Alexanderhofstr. 16, ☏ 04766-2020

Wellness 🌿14
Alpenrose Biohotel ****
Grünruhelage mit Fernblick in Millstatt – Millstätter See
Hundefreundliches Kleinhotel in wunderschöner Lage hoch über dem See. Einfache Zimmer mit Vollholzmöbeln, ohne TV-Gerät (das sehen wir nicht als Kritikpunkt) und ohne Internetanschluss (das ist weniger erfreulich). Kleines Spa, gute Treatments, auch Meditation, Fünf Tibeter, Yoga und Qi Gong. Eine Stärke des Hauses zeigt sich am Tisch, und zwar schon beim Frühstück: mit vielen selbstgemachten Köstlichkeiten, weitgehend biologisch orientiert und mit zahlreichen Zutaten aus dem weitläufigen eigenen Kräuter- und Gemüsegarten. Gute bis sehr gute Küche, ein Light Lunch ist im Preis inkludiert. Herrliche Terrasse, ebensolche Liegewiese. Herzliche Atmosphäre, altmodisch im besten Sinn. Viele alte Stammgäste. Ungeeignet für Kinder. 27 Liegen, 60 Betten. Freibecken, Sauna, Dampfbad, Massagen, Kosmetik, Ayurveda. 18-Loch-Parcours in 5 km, 15 % Greenfee-Rabatt. HP ab € 96,–.
- 9872 Millstatt, Obermillstatt 84, ☏ 04766-2500

Wellness 🌿13
Forelle ****
Grünruhelage am Seeufer in Millstatt – Millstätter See
Sommerliches Traditionshotel in bester Lage. Verwinkelt angelegt und nicht überall ganz taufrisch, was auch für die Zimmer (acht Kategorien) gilt, die mehrheitlich über große Balkone sowie direkten oder seitlichen Seeblick verfügen. Das Spa ist etwas bescheiden ausgestattet. Man verfügt über kein Angebot in Sachen Meditation, verweist aber großmütig auf den See: Das Schwimmen dort sei Meditation! Fein ist jedenfalls der direkte Zugang zum See nach der Sauna – wenn man den Unkrautvertilger überlebt, der spätnachmittags im Garten breitflächig verteilt werden kann. Sehr gute Massagen, feine große Terrasse für Frühstück und Abendessen. Liegewiese, viele alte Stammgäste – sie werden sehr zuvorkommend behandelt. Ungeeignet für Kinder. 17 Liegen, 114 Betten. Seebadestrand, Hallenbad, Sauna, Dampfbad, Massagen, Kosmetik, Fitnessgeräte. 18-Loch-Parcours in 4 km, 20 % Greenfee-Rabatt. HP ab € 74,–.
- 9872 Millstatt, Fischergasse 65
  ☏ 04766-2050-0

Wellness 11
Kaiser Franz Josef ****
Grünruhelage in Millstatt – Millstätter See
- 9872 Millstatt, Mirnockstraße 80, ☏ 04766-2013

Wellness 10
Post Familienhotel ****
Zentrale Ortslage in Millstatt – Millstätter See
- 9872 Millstatt, Mirnockstraße 38
  ☏ 04766-2108

Wellness 11
Burgstaller Familiengut ****
Zentrumslage in Döbriach – Millstätter See
- 9873 Döbriach, Seestraße 6
  ☏ 04246-7126

Wellness 🌿14
Seefischer am See ****s
Grünruhelage am Seeufer in Döbriach – Millstätter See
Schön gelegen: vielleicht nicht unbedingt das, was man sich unter einem Viersternsuperior-Hotel vorstellt, aber allemal ein gemütlicher und sehr persönlich geführter Familienbetrieb. Nicht alle Zimmer begeistern (manche klein oder nicht mehr ganz taufrisch), alle haben Balkon oder Terrasse. Das Spa ist nett, aber zumindest streckenweise ziemlich eng geraten (drei Viertel des Jahres dennoch öffentlich zugänglich, und das, obwohl im Prospekt der Ausschluss von externen Gästen garantiert wird!), ganz wunderbar dagegen die Sauna im See. Liegewiese, freundliche Crew, Restaurantterrasse, sehr gute Küche. W-Lan kostet extra. Anmerkung: Das Hotel wirbt ausdrücklich mit „Hafen der Ruhe", bietet aber seltsamerweise auch Hochzeiten für bis zu 100 Personen – Mitternachtsfeuerwerk inklusive. Ungeeignet für Kinder. 20 Liegen, 76 Betten. Seebadestrand, Freibecken, Hallenbad, Außensauna, Sauna, Dampfbad, Massagen, Kosmetik, Fitnessgeräte. 18-Loch-Parcours in 11 km, 15 % Greenfee-Rabatt. HP ab € 91,–.
- 9873 Döbriach, Fischerweg 1
  ☏ 04246-7712-0

Wellness 12
Trattnig ****
Grünlage in Döbriach – Millstätter See
- 9873 Döbriach, Seestraße 66
  ☏ 04246-7719

Wellness 10
Zanker ****
Ruhige Ortslage in Döbriach – Millstätter See
- 9873 Döbriach, Seefeldstraße 30
  ☏ 04246-7780

Wellness 10
Zur Post Döbriach ***s
Grünlage am Ortsrand in Döbriach – Millstätter See
- 9873 Döbriach, Hauptstraße 58
  ☏ 04246-77130

FILMHOTELS

Wir lieben Filme ...

Es gibt Anthropologen, die vorschlagen, die Gattung Mensch umzubenennen in „Homo sapiens narrans", Geschichten erzählender Mensch. Stellen Sie sich einen steinzeitlichen Medizinmann vor, der die kunstvoll bemalte Wand einer dunklen Höhle mit dem flackernden Licht seiner Fackel erhellt und den Anwesenden mit sonorer Stimme die dargestellten Szenen erklärt, begleitet von Trommeln und Knochenflöten – großes Kino, damals schon!

Heute ist das Kino die mit Abstand meistbesuchte Theaterform. Spannung, Dramatik, Angst, Erleichterung, Liebe – die ganz großen Gefühle sind es, die den Raum zwischen Leinwand und Zuschauer ausfüllen. Doch während Schauspieler geliebt oder gehasst werden, werden die Kulissen oft kaum wahrgenommen. Ein kurzes „Oh" oder ein gehauchtes „Ah" nur, wenn die Kamera durch barockes Interieur endlich auf den Protagonisten zufliegt, und schon ist es wieder vergessen, das Restaurant des Le Bristol Paris.

... und Hotels!

Immer wieder sind es Hotels, die den Rahmen für entscheidende Szenen bieten. Nicht nur bei James Bond hat das Tradition. Kennen Sie den Moment, wenn die Luftbilder eines spektakulär gelegenen Hotels für Sekunden vorbeiziehen und Sie

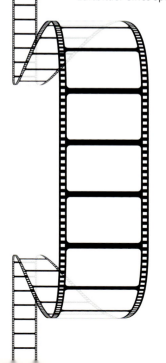

denken: „Da müsste man mal hinfahren. Verdammt, wo ist das?" Uns – das können Sie sich vorstellen – geht es ständig so. Daher haben wir uns entschieden, diese Fragen endlich zu beantworten.

Herausgekommen ist ein Extra voller Emotionen und wundervoller Bilder. Wir haben bei wirklichen jedem Hotel Erinnerungen an Filmszenen ausgetauscht, niemanden in unserer Redaktion ließ das kalt.

Die großen Gefühle, die wünschen wir Ihnen, wenn Sie bei der Lektüre einen alten Lieblingsfilm wiederentdecken und beim nächsten Mal ganz genau auf unsere Hauptdarsteller achten: die Filmhotels.

Ohne Bewertung

Anders als in vergangenen Extras haben wir die Filmhotels nicht bewertet. Wie könnten wir? Nicht, dass viele entlegen und überaus exklusiv sind – dem hätten wir uns gestellt. Aber wir wollten uns nicht anmaßen, sie zu bewerten und damit ihre Qualität in Zweifel zu ziehen. Denn in unseren Lieblingsfilmen sind sie immer perfekt.

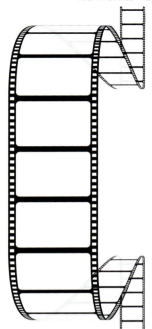

Neun Filme in 15 Jahren: das Bellagio in Las Vegas

Genau wissen wir es nicht. Doch wir glauben, dass kein Hotel öfter in einem Film vorkommt als das Bellagio am Strip in Las Vegas. Zumindest dürfte das für die Zeit seit der Eröffnung 1998 gelten:

2001: „Rush Hour 2", „Ocean's Eleven"
2007: „Lucky You", „Ocean's Thirteen"
2008: „Bolt", „What Happens in Vegas?", „21"
2009: „The Hangover", „2012"

Mit 3.950 Zimmern gehört es zu den größten Hotels der Welt. Mehrere Botanische Gärten bieten spektakuläre Panoramen. Für Treatments und Kosmetik stehen insgesamt mehr als 6.000 m² zur Verfügung, Massagen gibt es auch am Pool. In sieben Restaurants werden die Gäste verköstigt, die danach irgendwo auf 10.800 m² Casino-Fläche ihr Geld lassen sollen. Bei professionellen Pokerspielern ist das Bellagio überaus beliebt. Um in „Bobby's Room" spielen zu dürfen, ist ein Buy-in von rund 20.000 Dollar zu leisten. Die Limits sind die höchsten am Strip, und im Pot winken dem Sieger oftmals mehr als eine Million Dollar. Große Gefühle, auch ohne Kino, sind da garantiert.

Bis Anfang der 90er Jahre stand an der Stelle das Dunes, damals am Ende des Strip. Ein glückloses Haus, in dem aber Stars wie Frank Sinatra auftraten. Mit seinem Abriss ging auch die Ära der Mafia-Verstrickung in Las Vegas zu Ende, denn dem Dunes sagte man enge Kontakte zum organisierten Verbrechen nach.

Ägypten
Old Cataract Assuan
Tod auf dem Nil (1978): Peter Ustinov, Bette Davis, David Niven, Mia Farrow, Angela Lansbury

Im späten 19. Jahrhundert brachten große Dampfschiffe und Luxuszüge reiche europäische Reisende den Nil hinauf bis an einen Ort, hinter dem für die alten Pharaonen die Grenze der Zivilisation lag, weil hier das fruchtbare Niltal endete und Granitkatarakte die weitere Befahrung des Flusses erschwerten. In Assuan also, mitten in der nubischen Wüste, steht das schönste Hotel Ägyptens, wenn nicht sogar des ganzen Orients. Thomas Cook, der Erfinder der Pauschalreise, ließ es für seine wohlhabende Klientel erbauen, und seit 1899 steht es auf einem rosafarbenen Granitplateau direkt am Nil, ein Architekturgemisch aus orientalischem und viktorianischem Stil mit allem erdenklichen Luxus. Der russische Zar, der Aga Khan, König Farouk, Winston Churchill, Prinzessin Diana, eine lange Liste von Filmstars, alle waren sie hier und speisten im „1902", dem wahrscheinlich höchsten französischen Restaurant der Welt (Raumhöhe: 24 m). Der wahre Stolz des Old Cataract war jedoch stets seine Terrasse mit dem unvergleichlichen Blick auf die Nil-Katarakte. Agatha Christie residierte hier 1934 wochenlang und schrieb auf dieser Terrasse ihren Kriminalroman „Tod auf dem Nil", der unter anderem im Old Cataract und auf dem fiktiven Nildampfer Karnak spielt. Die Verfilmung im Jahr 1978 mit Peter Ustinov als Meisterdetektiv Hercule Poirot wurde ein Welterfolg und bescherte sowohl dem Old Cataract wie auch Nilkreuzfahrten einen Boom. Die Filmcrew war sieben Wochen in Ägypten, davon vier auf dem pittoresken Raddampfer und Schauplatz mehrerer Morde, der in Wahrheit MS Sudan heißt – und noch immer fährt. Trotz der wunderbaren Hochglanzbilder dürften die Dreharbeiten kein Honigschlecken gewesen sein. Die Schauspieler mussten wegen der Hitze um vier Uhr morgens zum Schminken erscheinen, und ab sechs Uhr wurde gedreht. Und weil die Produktionsfirma nicht rechtzeitig Zimmer für die ganze Crew gebucht hatte, musste diese oft tageweise die Hotels wechseln. Da erging es Agatha Christie schon besser. Sie residierte ungestört in einer der beiden Suiten mit dem schönsten Blick auf die Nilkatarakte. Diese heißt seither Agatha-Christie-Suite. Auch deren Nachbarsuite ist getauft, und zwar nach ihrem berühmtesten Stammgast: Winston Churchill. Nach einer über 100 Millionen Euro teuren Generalüberholung, die drei Jahre dauerte, erstrahlt das legendäre Haus seit 2011 in alter, neuer Schönheit. Und im neuen Teil des Hauses, von dem aus man einen noch besseren Ausblick auf den Nil und die Insel Elephantine hat als vom alten viktorianischen Palast, findet man jetzt Ägyptens bestes Spa – auf bescheidenen 1.200 m²!

DZ ab € 213,–.

Info und Buchen für alle Hotels: www.relax-guide.com FILMHOTELS

Abtal El Tahrir Street, Assuan
+20-97-2316000
www.sofitel.com

Belgien
Relais Bourgondisch Cruyce
Brügge sehen ... und sterben? (2008): Colin Farrell, Brendan Gleeson, Ralph Fiennes

Im Film „Brügge sehen ... und sterben?", einem tragikomischen Thriller über zwei Auftragsmörder, sieht das Relais Bourgondish Cruyce aus wie eine kleine Frühstückspension und ist ein Ort dramatischer Ereignisse, wo Geheimnisse enthüllt werden und sogar einer aus dem Fenster springt. In Wirklichkeit ist das Haus, das an einem der meistphotographierten Kanäle in Brügge liegt, ein wunderbares Schmuckkästchen. Außen mittelalterliche Fassade, innen Louis-Vuitton-Schränke, moderne Kunst, Antiquitäten, Ralph-Lauren-Bettwäsche. Kein Grund also, aus dem Fenster zu springen, obwohl man tatsächlich im Kanal landen würde. Der hat übrigens schon den Dichter Rainer Maria Rilke und den britischen Premier und Hobbymaler Winston Churchill inspiriert. Und wer abends die von der Eigentümerfamilie Rodenbach geführte Herberge verlässt, ist mitten im Film, wenn auch ohne Colin Farrell und Ralph Fiennes: zum Beispiel im Restaurant De Beurze, im Café Central oder im nicht zu übersehenden Belfort-Turm, dessen Glockenzimmer für den Film allerdings im Studio nachgebaut wurde.
DZ ab € 215,– (Frühstück € 25,–).

Wollestraat 41, 8000 Brugge
+32-50-337926
www.relaisbourgondischcruyce.be

Deutschland
Adlon Kempinski
Unknown Identity (2011): Liam Neeson, Diane Kruger, Bruno Ganz

26 Luxushotels gibt es in Berlin, aber keines ist so berühmt wie das legendäre, 1907 von Lorenz Adlon für die Berliner Oberschicht eröffnete Hotel unter den Linden. Zum Ruhm beigetragen hat zuletzt die dreiteilige ZDF-Produktion über die Geschichte des Hotels, die mit 2.000 Komparsen und 103 Sprechrollen aufwendig verfilmt wurde und dem Haus einen Buchungsboom bescherte. Dabei ist das Adlon erst vor zwei Jahren durch eine Bombenexplosion zerstört worden, zum Glück freilich nur in dem Hollywood-Thriller „Unknown Identity". Was hat das Haus am Brandenburger Tor seinen Gästen zu bieten neben seinem Ruhm, seiner erstklassigen Lage und einem hervorragenden Frühstücksbuffet? Vor allem: ein illustres Publikum. Staatsbesuche, Politiker, Schauspieler, irgendein Promi ist beim Nachmittagstee fast immer zu sehen. Wellnessfreunde finden im Keller

Relais Bourgondisch Cruyce

einen Spa-Bereich mit Pool und Gym, nicht spektakulär, aber brauchbar.
DZ ab € 216,– (Frühstück € 42,–).
- Unter den Linden 77, 10117 Berlin
  ☎ +49-30-22610
  www.kempinski.com/de/berlin/hotel-adlon/

Deutschland
Hotel de Rome
Keinohrhasen (2009): Til Schweiger, Nora Tschirner, Matthias Schweighöfer

Ob Karl Marx die Umwandlung von Banken in Wellnesshotels befürworten würde, wissen wir nicht. Aber genau das ist dem ehemaligen Hauptsitz der Dresdnerbank, einem Architekturjuwel aus dem Jahr 1889 am Berliner Bebelplatz, passiert: Er ist heute ein Fünfsterne-Luxushotel der besonderen Art. Im ehemaligen Kassensaal finden Bälle statt, und im früheren Tresorraum, wo einst 400 Schließfächer Gold, Bargeld und Juwelen verwahrten, befindet sich heute das 800 m² große Spa. Klar, dass Filmemacher ein solches Haus mögen. Til Schweiger flog in dem deutschen Kassenschlager „Keinohrhasen" durch ein Glasdach des Hotels. Auch in „Lola rennt" und in Helmut Dietls „Zettl" konnte man das zur Rocco-Forte-Gruppe gehörende Haus sehen. Sogar Bollywood-Schinken wurden im de Rome gedreht („Don – The King is back"). In den Betten lagen als Gäste unter anderem Uma Thurman, Sharon Stone, Robert Pattinson und Tom Cruise. Und der Chef der Bebel-Bar hat für Filmfreunde eigene Cocktails komponiert: u. a. „Bloody Scream" für Thrillerfreunde und „Wahre Liebe" für Romantiker. Wir enthüllen jetzt definitiv die Wahrheit über die „Wahre Liebe": Sie besteht aus frischer Melone und Ananas, Kokosmilch und Champagner. Jedenfalls im de Rome.
DZ ab € 304,– (Frühstück € 23,–).
- Behrenstraße 37, 10117 Berlin
  ☎ +49-30-4606090
  www.hotelderome.com

Deutschland
The Westin Grand Berlin
Die Bourne Verschwörung (2004): Matt Damon, Franka Potente, Julia Stiles, Joan Allen, Karl Urban

Der Staatsratsvorsitzende Genosse Erich Honecker hat es persönlich eingeweiht: Das 1987 eröffnete Interhotel Grand Hotel in der Ostberliner Friedrichstraße war einmal der ganze Stolz des Arbeiter- und Bauernstaates. Das Haus, nur einen Steinwurf von der Prachtstraße Unter den Linden und dem Gendarmenmarkt entfernt, galt als das schönste Hotel der DDR. Eine von Japanern gebaute, im klassizistischen Stil gehaltene Luxusherberge mit einer sechs Etagen hohen Lobby und Swimmingpool. Nur zwei Jahre nach der Eröffnung kam die Wende, dann die Treuhandanstalt, und schließlich wurde aus dem DDR-Luxushotel das Westin Grand, gemanagt also von einem der schlimmsten Klassenfeinde, einem amerikanischen Konzern. Thomas Gottschalk, als er noch „Wetten, dass …?" machen durfte, nächtigte hier regelmäßig wie auch anderes ZDF-Personal, dessen Studio ums Eck liegt. Bald schon entdeckten die Filmemacher das Westin Grand mit seiner 30 m hohen Freitreppe und seiner pompösen Auffahrt. Mehr als ein Dutzend deutscher Fernseh- und Kinofilme nützten die Location, darunter Schimanski alias Götz George, der hier für den Tatort ermittelte. Oder zum Beispiel Til Schweiger in „Männerherzen und die ganz große Liebe" (2012). Auch Hollywood checkte im Westin Grand ein. In der „Bourne Verschwörung" (2004) träumt Ex-Agent Jason Bourne alias Matt Damon in seinem Versteck im indischen Goa immer wieder vom Westin Grand – und dem Mord, den er dort vor seinem Gedächtnisverlust und seiner inneren Wandlung begangen hat. Und so muss Bourne zurück nach Berlin – ins Westin Grand, wo es natürlich zu einer Verfolgungsjagd über die Freitreppe kommt. 2008 wurde das Haus übrigens komplett modernisiert: Das meiste zeigt sich nun in einer Art real existierendem Kettenhotel-Outfit, wie man es bestenfalls im amerikanischen Mittelwesten charming findet. Immerhin konnte wenigstens die fabelhafte Freitreppe, ganz gegen den Plan der Architekten (!), gerettet werden. Für nachreisende Filmfans: Der Mord geschah in der Goethe-Suite. Die ist jederzeit buchbar, allerdings ohne Matt Damon. DZ ab € 149,– (Frühstück € 32,–).

- Friedrichstraße 158, 10117 Berlin
  ☎ +49-30-20270
  www.westingrandberlin.com

Frankreich

Carlton Cannes
Über den Dächern von Nizza (1955): Cary Grant, Grace Kelly, Jessie Royce Landis, Brigitte Auber

Legionen von Filmstars haben hier schon gewohnt: im berühmtesten Hotel von Cannes, das heuer 100 Jahre alt geworden ist und das seit Beginn der jährlichen Filmfestspiele 1946 den glamourösen Rahmen für das Festival bildet. In Suite 623 küsste 1954 Traumfrau Grace Kelly den Traummann Cary Grant. Der Hitchcock-Film mit dem geographisch irreführenden deutschen Titel „Über den Dächern von Nizza" machte das Haus weltberühmt. Das Luxushotel an der Croisette und am Strand, das heute einem reichen Araber aus Qatar namens Bin Saad Al Saad gehört, ist für Normalsterbliche vor allem in der Nebensaison zu empfehlen, wenn die Preise erträglich sind und weniger Touristen Cannes bevölkern. DZ ab € 166,– (Frühstück € 41,–).

- 58, Boulevard de la Croisette, 06414 Cannes
  ☎ +33-4-93064006
  www.intercontinental-carlton-cannes.com

Carlton Cannes

Frankreich
Grand Hôtel Cabourg
Coco Chanel – Beginn einer Leidenschaft (2009): Audrey Tautou, Benoît Poelvoorde, Alessandro Nivola

Es ist eines der besterhaltenen Jugendstil-Seebadhotels der Welt und liegt im Norden Frankreichs am Ärmelkanal an der Blumenküste. Marcel Proust schrieb hier seinen berühmten Roman „Auf der Suche nach der verlorenen Zeit". Auch Filmemacher lieben es. Eine der erfolgreichsten europäischen Produktionen der letzten Jahre, die Tragikomödie „Ziemlich beste Freunde", wurde zum Teil in diesem eleganten Haus gedreht. Eine noch größere Rolle spielt das Hotel an der Strandpromenade von Cabourg in der Coco-Chanel-Biografie „Beginn einer Leidenschaft" mit „Amelie" Audrey Tautou. Gäste sollten wissen, was sie in diesem Luxushotel erwartet: kein Pool, kein Spa, keine Diskontpreise, aber dafür eine unvergleichliche Zeitreise mit Meeresrauschen und französischer Küche. DZ ab € 235,–.

- Les Jardins du Casino, 14390 Cabourg
  ☎ +33-2-31910179
  www.accorhotels.com

Frankreich
Grand Hôtel du Cap Ferrat
Cash (2008): Jean Dujardin, Jean Reno, Valeria Golino

Zwischen Nizza und Monaco auf der Spitze der Halbinsel Cap Ferrat liegt in einem Pinienwald das berühmteste Hotel der Côte d'Azur. Ursprünglich als Sommerresidenz des belgischen Königs Leopold II. errichtet, wurde das zum Grandhotel erweiterte Refugium schon bald zu einem Anziehungspunkt der „Reichen und Schönen". In dem 1939 gebauten, spektakulären Pool an den Klippen (360 m² groß) lernten unter anderem die Kinder von Charlie Chaplin, Frank Sinatra und Paul McCartney das Schwimmen. Im Weinkeller finden sich Kostbarkeiten wie Chateau Lafite Rothschilds aus dem Jahr 1799. 2007 wählte Regisseur Éric Besnard das Hotel zu einem Hauptschauplatz der Diamantenraub-Gaunerkomödie „Cash" mit Jean Reno und dem späteren „The Artist"-Star Jean Dujardin. 2009 wurde das Hotel komplett renoviert, dabei wurde das Spa neu gestaltet (750 m² mit beheiztem Indoor-Pool) und ein neuer Seetrakt kam dazu (u. a. mit acht Suiten mit eigenem Private Pool). Seit der Neugestaltung ist das Grand Hôtel anders als in den letzten Jahrzehnten ganzjährig geöffnet. Die britische und russische Aristokratie, die das Hotel vor dem Ersten Weltkrieg meist monatelang belegte, kam übrigens immer nur im milden Winter.
DZ ab € 285,– (Frühstück € 35,–).

- 71, Boulevard du Général de Gaulle
  06230 Saint-Jean-Cap-Ferrat
  ☎ +33-4-93765050
  www.grand-hotel-cap-ferrat.com

Frankreich
La Résidence de la Pinède
Der Gendarm von St. Tropez (1964): Louis de Funès, Geneviève Grad, Michel Galabru

St. Tropez in den 60er Jahren. Gunter Sachs ließ von einem Helikopter aus rote Rosen auf das Haus von Brigitte Bardot regnen. Und Louis de Funès begann hier 1964 mit den Dreharbeiten für den ersten von sechs Filmkomödien rund um den unvergleichlich cholerischen und tollpatschigen „Gendarmen von St. Tropez", die den Ort erst richtig populär machten. Das Hotel La Résidence de la Pinède ist wie ein verschwiegener Palast in einem Pinienwald und die einzige Viersterne-Herberge mit eigenem Privatstrand. Im Film taucht das Hotel als Privathaus eines reichen Industriellen auf, der gerade eine rauschende Party wirft. Innen sieht das in Familienbesitz befindliche La Résidence heute freilich ganz anders aus als im Film, aber von außen gesehen hat man nach wie vor das Gefühl, Louis de Funès müsste gleich um die Ecke biegen. Tipp: In der alten Gendarmerie von St. Tropez soll 2014 ein Louis-de-Funès-Museum eröffnen.
DZ ab € 220,- (Frühstück € 40,-).
- Plage de la Bouillabaisse, 83990 Saint-Tropez
  ☏ +33-4-94559100
  www.residencepinede.com

Frankreich
Le Bristol Paris
Midnight in Paris (2011): Owen Wilson, Rachel McAdams, Carla Bruni, Marion Cotillard

Wer bei Oetker nur an Backpulver denkt, liegt falsch. Der deutsche Familienkonzern macht mehr Geld mit Schiffen als mit Nahrungsmitteln und besitzt auch Hotels. Eines der Prunkstücke der Oetker-Collection ist das „Le Bristol" an der Pariser Edel-Adresse Rue de Faubourg Saint-Honoré mit ihren Kunstboutiquen und Modegalerien. Schräg gegenüber des Hotels, das in den letzten drei Jahren um 110 Millionen Euro renoviert wurde, liegt der Elysee-Palast, Frankreichs Machtzentrum. Berühmt ist das Bristol sowohl für seine Küche (drei Michelin-Sterne) als auch für seinen schönen französischen Garten mitten in der Stadt. Das alles mag Woody Allen bewogen haben, die Hauptfiguren seines Films „Midnight in Paris" hier residieren zu lassen. Der Plot des Films – ein Hollywood-Drehbuchautor wird bei nächtlichen Spaziergängen in das Paris der 20er Jahre zurückversetzt und trifft dort Hemingway, Picasso und Co – reichte immerhin für vier Oscars. „Midnight in Paris" wurde zu Allens kommerziell erfolgreichstem Film. Der mittlerweile 77-jährige Regisseur, der auch selbst im Le Bristol wohnte, wählte für den Film übrigens neben der Außenfassade und der Lobby die Zimmer 727 und 728 aus. Tipp: der Spa-Pool im obersten Stock mit Blick auf ganz Paris.
DZ ab € 730,- (Frühstück € 42,-).

- 112, rue du Faubourg Saint-Honoré, 75008 Paris
  ☏ +33-1-53434300
  www.lebristolparis.com

Frankreich
Regina Paris
Die Bourne Identität (2002): Matt Damon, Franka Potente, Julia Stiles, Clive Owen

Wo geht man am besten auf die Suche nach sich selbst? Matt Damon als US-Agent mit Gedächtnisverlust tut es im ersten Teil der Bourne-Trilogie nach den Büchern von Robert Ludlum im Pariser Hotel Regina. Bournes Freundin Marie alias Franka Potente geht durch die Lobby des Hotels und auf Recherche nach der früheren Identität ihres vergesslichen Freundes. Bei den Dreharbeiten wurde die Location nicht verändert, wie das häufig geschieht, und man kann sich in der Lobby des Regina tatsächlich wie im Kino fühlen. Das Beste an dieser Luxusherberge im ersten Pariser Arrondissement ist die Lage: Direkt am Louvre, Grünblick in die Tuilerien, und in der Ferne sieht man vom Zimmerfenster aus den Eiffelturm. Ansonsten so schwindelerregend hohe Preise, insbesondere in der eleganten Bar Anglais, dass man beim Zahlen wie Agent Jason Bourne die konsumierten Drinks am liebsten vergessen würde.
DZ ab € 360,-.

- 2, Place des Pyramides, 75001 Paris
  ☏ +33-1-42603110
  www.regina-hotel.com

Frankreich
Ritz Paris
The Da Vinci Code – Sakrileg (2006): Tom Hanks, Audrey Tautou, Dan Brown

Er war 2006 einer der erfolgreichsten Filme weltweit: „The Da Vinci Code – Sakrileg" mit Tom Hanks, Jean Reno und Audrey Tautou. Die Verfilmung von Dan Browns Roman über die Suche nach dem Heiligen Gral durch den Symbologen Robert Langdon lockte auch Scharen von Besuchern zu den Schauplätzen – vom Pariser Louvre bis zum Rosslyn Castle in Schottland. Das Hotel zum Film ist eines, das schon für Charlie Chaplin, Coco Chanel, Ernest Hemingway und Prinzessin Diana die Herberge ihrer Wahl war: das legendäre Hotel Ritz am Pariser Place Vendôme, ein prächtiger ehemaliger Adelspalast aus dem Jahr 1705. Gute Hotels beflügeln ja manchmal den Geist, und so kommt dem Filmhelden Langdon alias Tom Hanks in seinem Zimmer im Ritz die entscheidende Idee, wo sich der Heilige Gral befinden könnte. Filmfreunde, die das Hotel testen möchten, um ähnliche Gedankenblitze zu haben, müssen sich allerdings noch ein wenig gedulden. Die 159-Zimmer-Luxusherberge im Besitz des ägyptischen Milliardärs Mohamed Al-Fayed wird gerade einer zweijährigen Generalrenovierung unterzogen

und soll 2014 wiedereröffnet werden. Gegründet wurde das Hotel 1898 von einem der berühmtesten Pioniere der Branche überhaupt, von dem Schweizer Cesar Ritz, gemeinsam mit seinem Chefkoch Auguste Escoffier. Die letzte Renovierung erfolgte 1979, der Da-Vinci-Code-Held musste sich also mit einer schon ziemlich abgewohnten Luxusbleibe begnügen.

- 15, Place Vendôme, 75001 Paris
  ☎ +33-1-43163030
  www.ritzparis.com

Frankreich
Sofitel Scribe
Arbeiter verlassen die Lumière-Werke (1895)
In allerfeinster Lage nahe der Pariser Oper und den bekannten Kaufhäusern Printemps und Galerie Lafayette steht seit mehr als 150 Jahren das Hotel Scribe – benannt nach dem Opernlibrettisten Eugène Scribe, der für Verdi, Rossini, Donizetti und Offenbach arbeitete. Am 28. Dezember 1895 fand im Keller des Hotels, im Salon Indien unter dem Grand Café, die erste kommerzielle Filmvorführung der Welt statt. Die Vorführung dauerte nur 20 Minuten und gezeigt wurden 10 kurze Schwarz-Weiß-Filmclips, die mit dem von Louis und Auguste Lumière erfundenen Cinematographen vorgeführt wurden. Der allererste Streifen hieß schlicht „Arbeiter verlassen die Lumière-Werke" und zeigt genau das (die Arbeiterinnen übrigens alle mit Hut). Die weiteren Sensationen: Ein Zug fährt ein, eine Mauer wird umgerissen, ein Baby gefüttert – es wäre heute 118 Jahre alt. Nur 33 zahlende Kunden hatten sich eingefunden. Doch schon zwei Wochen später waren es 2.500: Zu groß war die Magie noch nie gesehener bewegter Bilder. Einige Monate später präsentierte dann ein gewisser Wilhelm Röntgen im Hotel seine Entdeckung geheimnisvoller Strahlen, was wiederum Jules Verne inspiriert haben muss, einen Stammgast des Grand Café. Ganz sicher tat dies jedenfalls Jules Vernes Freund, der geniale Photograph mit dem Künstlernamen Nadar, der gegenüber dem Scribe sein Studio hatte. Nadar gilt als der Erfinder der Luftphotographie und unternahm waghalsige Ballonfahrten. Jules Vernes „Fünf Wochen im Ballon" wurde durch den tollkühnen Herrn Nadar inspiriert. Das Hotel Scribe, das heute ein eher seelenloses, von Sofitel gemanagtes Fünfsternehaus ist, erinnert mit seinem Café Lumière und sechs Themenstockwerken an seine große Vergangenheit. Der sechste Stock ist mit großflächigen Bildern den Gebrüdern Lumière gewidmet. Im Scribe wurde, das ist gewiss, Kinogeschichte geschrieben.
DZ ab € 295,– (Frühstück € 35,–).

- 1, rue Scribe, 75009 Paris
  ☎ +33-1-44712424
  www.sofitel.com

Frankreich
St. Raphael

Holy Motors (2012): Kylie Minogue, Leos Carax, Eva Mendes

Kritiker nannten den für die Goldene Palme von Cannes nominierten Film „Holy Motors" mit Hollywood-Star Eva Mendes und der Sängerin Kylie Minogue „einen bizarren Geniestreich". Regisseur (und Schauspieler) Leos Carax (u. a. auch: „Die Liebenden von Pont-Neuf" mit Juliette Binoche) ist ein bekennender Fan des Hotel Raphael in Paris, und so spielt auch der Film in einigen wichtigen Szenen in diesem großartigen Hotel an der Avenue Kléber, das im Besitz der sehr vermögenden Familie Baverez steht. Im Film zu sehen sind die wirklich beeindruckende Lobby, die Suiten 406 und 407, in die man als Gast wie die Filmprotagonisten einchecken kann, und einige Hotelgänge. Letztere führten zu seltsamen Wünschen der Filmemacher an den Hoteldirektor Norbert Henrot. Nachts schlichen Soundtechniker durch das Haus, um den Klang leerer Flure aufzunehmen. Das Raphael, in dem auch schon etliche andere Filme gedreht wurden, ist, so das nötige Kleingeld keine Rolle spielt, unbedingt einen Besuch wert. Es wirkt wie ein Privatclub voller kostbarer Kunstwerke, Rokoko-Malereien, Damast-Tapeten, Walnusspaneele und sehr hoher Decken. Sollte das Kleingeld zum Einchecken fehlen, empfiehlt sich zumindest ein Besuch der Dachterrasse des Gourmet-Restaurants Raphael, von der aus man einen phantastischen Blick auf den nahen Arc de Triomphe und den Eiffelturm hat. Beeindruckend auch die kulinarischen Kreationen von Küchenchefin Amandine Chaignot, die bei großen Lehrmeistern wie Alain Ducasse in die Lehre ging.
DZ ab € 419,–.

- 17, Avenue Kléber, 75116 Paris
  ☎ +33-1-53643200
  www.raphael-hotel.com

Großbritannien
Four Seasons Canary Wharf

Skyfall (2012): Daniel Craig, Javier Bardem, Ralph Fiennes, Naomie Harris

Noch einmal Bond. Im bislang letzten Abenteuer „Skyfall" zieht sich Daniel Craig aus, um in einem absolut coolen Hotelpool in Shanghai zu schwimmen. In Wirklichkeit findet sich das 20 m lange und 1,6 m tiefe Prachtbecken mit phantastischem Blick auf die Themse im Four Seasons Canary Wharf in London. Das ultramoderne Haus, das von außen wie ein ägyptischer Tempel aussieht, war architektonisch ein Kulturbruch bei der sonst sehr konservativen kanadischen Hotelkette. Der Zugang zum Pool mit seiner Glaswand zur Themse hin ist übrigens nur für Hotelgäste über 18 erlaubt. Irgendwie logisch, wenn so gefährliche Typen wie James Bond hier herumschwimmen.
DZ ab € 348,–.

- 46 Westferry Circus, Canary Wharf, London E14 8RS
  ☎ +44-20-75101999
  www.fourseasons.com/canarywharf/

Großbritannien
One Aldwych

Cassandras Traum (2007): Colin Farrell, Ewan McGregor, Clare Higgins

Es sieht aus wie ein Bügeleisen, war einmal das Redaktionsgebäude der Londoner Morning Post und wurde 1907 von demselben Architektenduo entworfen, auf dessen Konto auch das berühmte Hotel Ritz geht. Das One Aldwych spielt in einer Liga mit dem Savoy, dem Claridges oder eben dem Ritz, ist aber doch ganz anders: modern, zeitgenössische Kunst an den Wänden statt Plüsch, ein 18 m langer Pool ohne Chlor mit Unterwassermusik, ein eigenes echtes Kino mit richtigen Filmprojektoren. Und dann wäre da noch die Location, Covent Garden, im Herzen der Stadt: In Gehweite rund um das Hotel finden sich 15 Theater, darunter das Royal Opera House und gleich nebenan das Lyceum, wo schon seit gefühlten 500 Jahren der Lion King sein Publikum findet. Für den Film „Cassandras Traum" mit Ewan McGregor und Colin Farrell suchte Regisseur Woody Allen nach einer modernen Luxushotelsuite in London. Er fand sie in der Suite 410 im One Aldwych mit ihrem tollen Panoramablick auf die Waterloo Bridge und die Themse. Im Film zu sehen ist auch die beeindruckende Lobby mit ihren raumhohen Fenstern und alten Holzbalken. Weil Woody Allen an Klaustrophobie leidet, benützte er während der Dreharbeiten stets die Stiegen in den vierten Stock. Zur Belohnung wurde an der Bar Allens Lieblingssnack gereicht: Heidelbeermuffins mit Ginger Ale.
DZ ab € 338,– (Frühstück € 19,45).

- 1 Aldwych, London WC2B 4BZ
  ☎ +44-20-73001000
  www.onealdwych.com

Großbritannien
Stoke Park

Bridget Jones (2001): Renée Zellweger, Hugh Grant, Colin Firth

Es ist eines der elegantesten Golfhotels der Welt, idyllisch eingebettet in 350 Hektar gepflegte englische Parklandschaft; in den Zimmern wertvolle Gemälde, echte offene Kamine, feinste Stoffe. Die Rede ist von einer Ikone der britischen Hotellerie, keine halbe Stunde vom Flughafen Heathrow entfernt im grünen Buckinghamshire. Sie heißt Stoke Park Club. Das von James Wyatt 1790 entworfene Hauptgebäude diente 200 Jahre lang als ein privates Domizil, und es ist immer noch von zeitloser Eleganz. 1908 wurde Stoke Park zu einem elitären Countryclub, heute ist es schlicht eines der schönsten Hotels der Welt. Stoke Park war der erste Golfclub Englands, aus diesem Blickwinkel erscheint es nur natürlich, dass

hier auch die berühmtesten Film-Golfszenen aller Zeiten gedreht wurden. Gerd Fröbe und Sean Connery lieferten sich in „Goldfinger" (1963), dem zweiten Bond-Film, vor der Stoke Park Mansion ein unvergessliches Duell. Sean Connery wurde übrigens durch die Dreharbeiten für „Goldfinger" zu einem lebenslang begeisterten Golfer. Auch Bond-Numero 18 „Der Morgen stirbt nie" mit Pierce Brosnan entstand zum Teil hier; im Film heißt das Hotel „Hamburg". Bridget-Jones-Fans kennen Stoke Park als jenen Ort, in dem Hugh Grant die pummelige Renée Zellweger zu einem amourösen Wochenende entführt. Die Bettszenen entstanden übrigens in der Pennsylvania Suite, falls Sie einmal im selben Bett schlafen möchten. Auch TV-Inspektor Barnaby hat hier schon ermittelt. Daniel Craig war in Stoke Park im Gangster-Epos „Layer Cake" zu sehen, Madonnas Ex-Mann Guy Ritchie drehte hier (für „RocknRolla") und so weiter. Wer als Gast kommt, kann zwischen Zimmern im typisch georgianischen Stil im historischen Mansion-Gebäude oder neuen Zimmern mit fernöstlichen Antiquitäten wählen. Den Afternoon Tea in der Orangerie sollte man nicht versäumen. Wenn doch: Das Spa mit Indoor-Pool, Marmor-Dampfbädern und einem Ruheraum mit einem 5 m breiten tropischen Aquarium bietet – typisch britisch – auch ein Cream Tea Package an: 25 min Massage, danach Tee mit Gurkensandwiches und Scones für geschenkte 60 Pfund.
DZ ab € 389,– (Frühstück € 23,–).

- Park Road, Stoke Poges, Buckinghamshire SL2 4PG
  ☎ +44-1753-717171
  www.stokepark.com

Großbritannien
The Lanesborough
Eyes Wide Shut (1999): Tom Cruise, Nicole Kidman, Sydney Pollack

Am Londoner Hyde Park Corner, nur fünf Minuten zu Fuß vom Nobelkaufhaus Harrod's in Knightsbridge entfernt, liegt das teuerste Hotel Londons. Über 200 Jahre lang diente es als Krankenhaus, dann wurde es 1992 in eine Luxusherberge umgewandelt. Der unter Cineasten als bester Regisseur der Kinogeschichte gehandelte Stanley Kubrick drehte in der Royal Suite des Lanesborough-Hotels etliche Schlüsselszenen seines letzten Meisterwerks „Eyes Wide Shut". Die in die Gegenwart versetzte Verfilmung der 1926 von Arthur Schnitzler verfassten „Traumnovelle" mit Tom Cruise und Nicole Kidman spielt zwar in Manhattan, wurde aber fast ausschließlich in England gedreht. Der Plot: Nachdem sich die Hauptfigur Bill alias Tom Cruise durch den Diebstahl eines Passwortes zu einer obskuren Sexorgie einer Geheimloge Zugang verschafft hat, stellt ihn am nächsten Tag der Millionär Victor Ziegler (gespielt von dem inzwischen verstorbenen Sidney Pollack) in einem Billardzimmer zur Rede. Diese und auch die Bettszenen mit Kidman

und Cruise, bei denen sie im Film auch Marihuana rauchen, wurden in der Royal Suite des Lanesborough gedreht. Im selben Bett wie Tom Cruise und Nicole Kidman zu liegen ist für Filmfreunde leider kein billiges Vergnügen. Die Royal Suite soll 2013 zu Spitzenzeiten schon mal 18.000 Pfund gekostet haben. Pro Nacht. Dafür bekommt man drei Schlafzimmer, ein Wohnzimmer, Küche, Nebenräume und besondere Extras: abends einen Bentley mit Chauffeur und ein sehr aufmerksames 24-Stunden-Butlerservice. Berühmt ist der Afternoon Tea im Lanesborough, aber auch berüchtigt. Die UK Tea Guild wählte den Afternoon Tea des Hauses zum besten im ganzen Land, doch boshafte Londoner Zeitungen berichteten alsbald vom horrenden Preis von 85 Pfund für dieses Vergnügen (für Tee, Scones, Sandwiches, ein Glas Krug-Champagner) und etikettierten ihn als „gewöhnlichen Straßenraub". Unser Tipp: Billiger als ein Afternoon Tea im Lanesborough ist ein Besuch jenes Nachtclubs, in dem Tom Cruise das Sexorgienpasswort erhält. Der befindet sich zwei Kilometer entfernt in Soho und heißt Madame Jojo's.
DZ ab € 575,– (Frühstück € 25,–).
- Hyde Park Corner, London SW1X 7TA
  ☎ +44-20-72595599
  www.lanesborough.com

Großbritannien
The Ritz London
Notting Hill (1999): Julia Roberts, Hugh Grant
Er war, glaubt man Kritikern, der beste Film, den Julia Roberts wie auch Hugh Grant jemals drehten: „Notting Hill", die Geschichte des geschiedenen Londoner Buchhändlers Will Thacker, in dessen Laden eines Tages zufällig eine weltberühmte Schauspielerin schneit – eine Begegnung, die sein Leben von Grund auf verändert. Einige der Schlüsselszenen des Films spielen im Londoner Hotel Ritz, mal in der Außenarkade, mal bei der Lobby. Die Trafalgar Suite des Hotels ist der Schauplatz absurd-komischer Dialoge zwischen Julia Roberts und Hugh Grant. Die beiden Stars übernachteten während der sechswöchigen Dreharbeiten tatsächlich im Ritz, wenn auch nicht im selben Zimmer. Grant soll von dem großartigen Ausblick auf die Royal Green Gardens begeistert gewesen sein. Einige Mitarbeiter des Hotels sind im Film zu sehen, u. a. der Chefportier Michael de Cozar, der besonders bei japanischen Hotelgästen jetzt ein Star ist. Das Hotel Ritz wurde 1906 von Cesar Ritz, der zuvor das Savoy Hotel gegründet hatte, als Manager eröffnet. Ritz war übrigens als junger Mann ein echter Taugenichts. Sein Vater nahm ihn wegen Faulheit aus der Schule, und sein erster Arbeitgeber prophezeite ihm, er werde es nie zu etwas bringen. Später wandelte sich Ritz zum Workaholic, leitete zeitweise 10 Hotels in ganz Europa gleichzeitig, gründete mit fremdem Geld die Ritz-Hotels in Paris, London und Madrid – und erlitt mit 53 ein totales Burnout, von dem er sich nie mehr erholte. Im Savoy wurde Ritz übrigens nach sieben Jahren gekündigt, angeblich, weil Geld in der Kassa fehlte. Das Savoy spielt auch in „Notting Hill" eine Hauptrolle – am Schluss des Films, wenn der verliebte Buchhändler während einer Pressekonferenz seinem Star eine Liebeserklärung macht. Das Ritz kann man am schönsten und relativ günstigsten beim Afternoon Tea im opulenten, im Stil Ludwigs XVI. eingerichteten Palm Court erleben. Und wenn Sie dabei zwei Zwillinge sehen sollten, dann könnten das die beiden Schotten Frederic und David Barclay sein. Den beiden Milliardären gehört das Ritz nämlich.
DZ ab € 414,– (Frühstück € 34,–).
- 150 Piccadilly, City of Westminster, London W1J 9BR
  ☎ +44-20-73002345
  www.theritzlondon.com

Großbritannien
The Royal Horseguards
Der ewige Gärtner (2005): Ralph Fiennes, Rachel Weisz, Danny Huston, Hubert Koundé
In Whitehall, dem Londoner Regierungsviertel, steht am Ufer der Themse ein prächtiges Hotel, das seine Entstehung einem großen Schwindel verdankt. Tausende Anleger verloren 1884 bei einem Pyramidenspiel ihr Geld an einen Betrüger, der einen Teil davon in diese Edelimmobilie steckte, um mit Luxuswohnungen noch mehr Geld zu verdienen. Knapp 100 Jahre später wurde daraus das Royal Horseguards Hotel, das 2009 nach umfangreichen Renovierungen in ein Fünfsternehaus umgewandelt wurde. Kinogeher haben das Horseguards schon öfter auf der Leinwand gesehen. Zum Beispiel im David-Lynch-Film „Der Elefantenmensch" (1980) und im James-Bond-Opus „Octopussy" (1983). In Terry Gilliams kafkaeskem Streifen „Brazil" (1985) sieht man das Billardzimmer; und auch für „Highlander" und für den Thriller „Blue Ice" wurde im Horseguards gedreht. 2005 ist das Hotel Schauplatz einiger Szenen in dem John-le-Carré-Thriller „Der ewige Gärtner" gewesen, der Geschichte über einen britischen Diplomaten in Kenia namens Justin Quayle, gespielt vom späteren Harry-Potter-Bösewicht Ralph Fiennes, der den Mord an seiner Frau aufzuklären versucht. Im traditionellen Rauchersalon des Hauses stellt Quayle den Chef des Foreign Office zur Rede. Das Royal Horseguards gilt auch als Nest der Spione, weil der britische Geheimdienst über Jahrzehnte den achten Stock des Hauses gemietet hatte und geheime Gänge in das Hauptquartier der staatlichen Agenten führten. Der seltsame Name des Horseguards-Restaurants „One Twenty One Two" wiederum hat aber nichts mit Geheimdiensten zu tun, sondern ist eine Erinnerung an die Adresse des alten Scotland Yard, dessen Beamte früher gleich ums Eck residierten.

DZ ab € 249,– (Frühstück € 35,–).
- 2 Whitehall Court, London SW1A 2EJ
  +44-845-3058332
  www.guoman.com

Indien
Taj Lake Palace Udaipur
Octopussy (1983): Roger Moore, Maud Adams, Louis Jourdan
Der Pichola-See im indischen Udaipur. Vor dem Hintergrund der Aravalli-Berge scheint ein perlweißer Palast auf dem Wasser zu schweben. Der Jag-Niwas-Palast, erbaut 1746, weitgehend aus kostbarem Marmor, liegt auf einer 1,6 Hektar großen Insel und diente früher als Sommersitz des Maharadschas. 1947 wurde die Residenz erstmals öffentlich zugänglich gemacht und 1964 in ein Luxushotel umgewandelt, in dem schon alsbald die Königin von England abstieg. Doch wirklich berühmt machte das heutige Taj Lake Palace einer der schlechtesten Bond-Filme überhaupt: Dank „Octopussy", der hanebüchenen und verworrenen Geschichte rund um ein Fabergé-Ei und eine Atombombe, wurde das traumhaft schöne Inselhotel freilich in der ganzen Welt zu einem der bekanntesten Orte Indiens. Im Film lebt die titelgebende „Octopussy", die sich mit einer Truppe von hübschen Leibwächterinnen umgibt, auf dieser Palastinsel. Maud Adams spielt die Inselherrscherin, obwohl sie schon in einem anderen Bond-Film getötet worden war, und natürlich kriegt sie James Bond alias Roger Moore ins Bett und rettet nebenbei die Welt. Märchenhaft wie diese Geschichte ist auch eine romantische abendliche Bootsfahrt auf dem See, die Gäste des Hotels machen können. Die Luxusherberge verfügt über 83 Zimmer und 17 Suiten, von denen jede anders ist. In der Suite „Palast des Glücks" mit ihren Buntglasfenstern lebt man wie in einem Kaleidoskop, in der „Maharana Sajja Singh"-Suite erwarten den Gast großartige Freskomalereien aus dem 19. Jahrhundert. Der Zauber dieses indischen Hoteljuwels zog übrigens nicht nur die Bond-Macher an, sondern auch andere Regisseure wie etwa den großen Austro-Amerikaner Fritz Lang. Der drehte hier 1959 den Abenteuerschinken „Der Tiger von Eschnapur".
DZ ab € 310,–.
- Lake Pichola, Rajasthan, Udaipur 313001
  +91-294-2428800
  www.tajhotels.com

Indonesien
Panchoran Retreat
Eat Pray Love (2010): Julia Roberts, Javier Bardem, Richard Jenkins
Der Weg schlängelt sich geheimnisvoll durch den Regenwald, man kommt zu einem idyllischen Bambushain und dem Flüsschen Wos. Dann weisen Öllampen aus Kokosnüssen den Weg zu einem märchenhaft romantischen

Urlaubsparadies namens Panchoran – Bali at its best. Die sieben Gästevillen, das Spa und der Yoga-Pavillon sind ausschließlich aus Materialien gebaut, die die Natur der indonesischen Insel hervorgebracht hat, darunter viel Bambus. Allein auf den 10 Hektar des Resorts wachsen davon 200 Arten. Geschaffen hat das außergewöhnlich schöne Öko-Resort eine irische Innenarchitektin in 25 Jahren Arbeit. Linda Garland hat einst Mick Jaggers Hochzeit mit Jerry Hall ausgerichtet, sie hat zahlreiche Privatresidenzen von Prominenten gestaltet, darunter jene von David Bowie und Richard Branson. Der hat das Öko-Juwel 2012 auch gekauft. Vielleicht auch weil Panchoran zu einem Sehnsuchtsort vor allem weiblicher Luxustouristen wurde. Hier nämlich hat die Filmheldin Elizabeth Gilbert alias Julia Roberts in dem wunderschön photographierten, ansonsten aber schmerzlich seichten Frauenfilm „Eat Pray Love" gewohnt und sich an ihrem Traummann, gespielt von Javier Bardem, erfreut. Die Verfilmung des Bestsellers von Elizabeth Gilbert erzählt die Geschichte einer geschiedenen 32-jährigen Frau, die ihr Leben neu erfinden will und erst vier Monate in Italien das Leben genießt, sich anschließend vier Monate lang in Indien der Spiritualität ergibt und dann in weiteren vier Monaten auf Bali die Liebe ihres Lebens findet. Gedreht wurde unter anderem im Künstlerstädtchen Ubud, das heute mehr Touristenmagnet als Künstlerkolonie ist, und im berühmten Affenwald auf Bali, beides nur 10 min von Panchoran entfernt. Julia Roberts radelt im Film durch die grünen Reisterrassen von Jatiluwih (wo sie unsanft auf den schönen Felipe stößt) und badet im Norden der Insel am Strand von Lovina. Die Wirklichkeit ist immer ein wenig anders als auf der Leinwand. Frau Roberts residierte während der Dreharbeiten auf Bali lieber im Four Seasons Sayan Resort, und die echte Elizabeth Gilbert soll während ihres Aufenthaltes auf der Götterinsel in einem kleinen Zimmer über einem Supermarkt nahe Ubud gewohnt haben. Und damit es bei den Dreharbeiten nicht wirklich zwischen Julia Roberts und Javier Bardem funkte, war dessen Ehefrau Penélope Cruz stets vor Ort, am liebsten, so wird erzählt, in der Küche mit der Panchoran-Chefin Garland. Vielleicht ließe sich daraus ein eigener Roman für glückliche Ehen ableiten: „Check Pray Cook." Villa ab € 195,–.

- Nyuh Kuning, Ubud, Bali
  ☎ +62-361-974028
  www.panchoran-retreat.com

Italien
Cala di Volpe
Der Spion, der mich liebte (1977): Roger Moore, Barbara Bach, Curd Jürgens

Unweit von Porto Cervo an der Costa Smeralda, der teuersten Küste Sardiniens, liegt das Luxushotel Cala di Volpe. James Bond alias Roger Moore besucht es in der

Cala di Volpe

1977 gedrehten Episode „Der Spion, der mich liebte" mit einem coolen Lotus Esprit, trifft in der Lobby ein schönes Bond-Girl und legt vom Hotel aus mit dem Boot ab zur Meeresplattform des damaligen Bösewichts Stromberg alias Curd Jürgens. Das Cala di Volpe hat sich seither erstaunlicherweise kaum verändert. Immer noch ist es das berühmteste Hotel Sardiniens, immer noch kommen die Reichen und Schönen, aber die Preise sind horrend und die Standardzimmer klein. Geöffnet von Ostern bis Oktober.
DZ ab € 570,–.
- Costa Smeralda, 07021 Porto Cervo
  ☏ +39-0789-976111
  www.caladivolpe.com

Italien
Cipriani
Casino Royale (2006): Daniel Craig, Eva Green, Mads Mikkelsen, Judi Dench
Markusplatz. Dogenpalast. Man steigt in ein elegantes Motorboot und ist in fünf Minuten am Steg des Hotel Cipriani. Der erste Eindruck begeistert die meisten Gäste. Fast von jedem der 48 Zimmer aus hat man einen herrlichen Blick auf die Kirche von San Giorgio Maggiore und auf die Lagune. Vom Palazzo Vendramin aus, einem Palast aus dem 15. Jahrhundert, der ebenfalls zum Cipriani gehört und in dem sich die meisten der 47 Suiten befinden, sieht man direkt auf den Markusplatz. Der zweite Eindruck ist nicht immer so gut: Das Hotel ist übertweuert, das Service mäßig. Dennoch ist das Cipriani zu Recht eine Hotellegende, nicht zuletzt wegen seines 600 m² großen Swimmingpools in einer Stadt, in der es praktisch keine Hotelpools gibt. Das Cipriani wurde von einem Mann gegründet, der 1931 die berühmte Harry's Bar eröffnet hatte und der als Erfinder des Carpaccios und des Bellini-Pfirsich-Cocktails Gastronomie-Geschichte schrieb. Er schaffte es, indem er die drei Töchter des Second Earl of Iveagh, des immens vermögenden Oberhaupts der britischen Bier-Dynastie Guinness, erfolgreich überredete, ein Luxushotel auf der Insel Giudecca gegenüber dem Markusplatz zu finanzieren. Als aber in den 70er Jahren die Roten Brigaden Italien unsicher machten, fürchtete die Guinness-Familie, das Land könnte kommunistisch werden, und verschleuderte das Prachthotel an eine neue Firma eines gewissen James Sherwood, der sich von seiner Container-Reederei auf Züge und Hotels verlegen wollte. Die Firma hieß: Orient Express. Jedes Jahr während der Filmfestspiele von Venedig und auch sonst wohnen Hollywood-Stars im Cipriani – von Clooney bis Kidman, von Depp bis Paltrow. Ob man wirklich Herrn Clooney bei einem Drink trifft (den Buona-Notte-Cocktail im Haus hat er tatsächlich selbst komponiert), ist nicht gesichert, aber den Zauber des Cipriani kann man auch als Restaurantgast erleben, am besten abends im Cip's unter freiem Himmel vor dem Palazzo Vendramin mit einem spektakulären Blick auf den Markusplatz. Auf der Leinwand ist auch James Bond hier schon zweimal eingekehrt. Einmal in seiner Inkarnation als Sean Connery in „Liebesgrüße aus Moskau" (1963) und ein zweites Mal 2006, als Daniel Craig in „Casino Royale" vor dem Cipriani mit einem Segelboot am Hotelsteg anlegt.
DZ ab € 909,–.
- Giudecca 10, 30133 Venezia
  ☏ +39-041-5207744
  www.hotelcipriani.com

Italien
Cristallo
Der rosarote Panther (1963): Peter Sellers, David Niven, Claudia Cardinale, Robert Wagner
Cortina, das Bergdorf in den Dolomiten, gilt als mondänster Schiort Italiens, und das 1901 eröffnete und vom Wiener Jugendstil inspirierte Cristallo galt als das feinste Quartier, in dem Könige und Stars abstiegen. In den Swinging Sixties zählten Stars wie Brigitte Bardot, Shirley Bassey oder Klaus Kinski zu den Stammgästen. Das mag Regisseur Blake Edwards inspiriert haben, den ersten „Rosaroter Panther"-Film mit Peter Sellers und Claudia Cardinale im Cristallo zu drehen. Der Film wurde ein Welterfolg, mit dem Hotel freilich ging es in den 70er Jahren stetig bergab. Es wurde an eine Kette verkauft und schließlich 10 Jahre lang geschlossen. 2001 erstand es in neuem Glanz. Spektakulär ist besonders die prächtige Kulisse der Dolomiten, die man auch vom 1.600 m² großen Spa aus hat.
DZ ab € 288,–.
- Via Rinaldo Menardi 42, 32043 Cortina d'Ampezzo
  ☏ +39-0436-881111
  www.cristallo.it

Italien
Grand Hotel des Bains
Tod in Venedig (1971): Dirk Bogarde, Björn Andrésen, Silvana Mangano, Marisa Berenson
Es war das Herz des Filmfestivals in Venedig, Stars von Clark Gable bis Keira Knightley stiegen hier ab: im Grand Hotel des Bains am Lido di Venezia. Auf der großen Kinoleinwand sah man es in vielen Filmen. Im „Englischen Patienten" stand es für das Shepheard Hotel in Kairo. Unsterblich wurde es durch Luchino Viscontis Thomas-Mann-Verfilmung „Der Tod in Venedig" mit Dirk Bogarde. Mann selbst urlaubte viele Sommer im des Bains. Doch auch Hotels können sterben. 2010 erwischte es das legendärste Hotel Venedigs, das jetzt zu einer Apartment-Residenz umgebaut wird. Trost für Filmhotel-Freunde: 15 Boutiquehotel-Suiten und der denkmalgeschützte Lobby-Bereich werden bleiben. Eröffnung vermutlich 2014.

Sestiere di San Marco, 2309 Calle Larga XXII Marzo
30124 Venezia
☎ +39-041-2602309
www.des-bains.com

Italien
Hassler
**Ein Herz und eine Krone (1953): Gregory Peck,
Audrey Hepburn, Eddie Albert**

Auf der berühmten Spanischen Treppe in Rom direkt beim Hotel Hassler empfiehlt der kleine Journalist Joe Bradley alias Gregory Peck der bezaubernden Audrey Hepburn, die die anfangs unnahbare Prinzessin gibt, doch das Leben etwas lockerer zu nehmen und mal ein „gelato" zu probieren. Der Film „Ein Herz und eine Krone" machte Audrey Hepburn zum Weltstar und auch zu einer Römerin. 20 Jahre lang lebte sie in der Stadt am Tiber, und einer ihrer Lieblingsplätze waren die Terrassen des Hotels Hassler mit ihrem herrlichen Blick auf die Piazza Trinità dei Monti und das alte Rom. Diese wahrscheinlich schönste Aussicht auf die Stadt hat man übrigens auch vom Panorama-Restaurant des Hotels, das heute Imàgo heißt. Ein berühmtes Bild zeigt die Hepburn mit ihrem Schoßhündchen Mr. Famous, wie sie das Hassler gerade verlässt. Die anhaltende Liebesaffäre zwischen dem Haus an der berühmtesten Treppe der Welt, das schon in fünfter Generation von der Familie Wirth geführt wird, und der Filmglamourwelt ist legendär. Ein kleiner Blick in die Gästeliste macht staunen: George Clooney, Clint Eastwood, Tom Cruise, die „Bonds" Connery, Moore und Brosnan, Leonardo DiCaprio, Robert de Niro, Dustin Hoffman, Woody Allen, Charlie Chaplin, Al Pacino, Kevin Costner, und so geht es weiter. Auch das weibliche Filmpersonal im Hassler ist A-Prominenz: Penélope Cruz, Madonna, Nicole Kidman, Marlene Dietrich, Liv Ullmann, Sharon Stone und so fort. Sonstige Berühmtheiten von den Beatles bis Picasso, von Mick Jagger bis Gianni Versace, von Thomas Mann bis Jean-Paul Sartre erwähnen wir nur beiläufig. Hoteltipp: die Hassler-Bar. Prinzessin Diana trank hier ihren ersten Bellini; von Humphrey Bogart ist nicht überliefert, was er im Hassler alles trank, aber es war viel. Und übrigens: Grace Kelly und ihr Fürst Rainier verbrachten im Hassler ihre Flitterwochen.
DZ ab € 363,– (Frühstück € 32,–).
- Piazza Trinità dei Monti 6, 00187 Roma
  ☎ +39-06-699340
  www.hotelhasslerroma.com

Italien
Royal San Remo
Das Leben ist zu lang (2010): Markus Hering, Meret Becker, Veronica Ferres

Schlechter Film, aber schönes Hotel, auch das gibt es. Die deutsche Tragikomödie „Das Leben ist zu lang" (u. a.

Royal San Remo

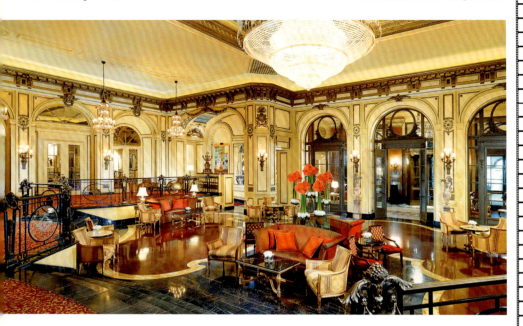

mit Veronika Ferres) floppte sowohl an den Kinokassen als auch bei den Kritikern. Dabei ist das Hotel, das in Dany Levys Film eine zentrale Rolle spielt, wunderschön. Es ist ein 140 Jahre alter Luxuspalast an der italienischen Riviera, umgeben von einem 16.000 Hektar großen Park, in dem fast 500 Blumenarten ganzjährig blühen. Die Luxusoase war einst eine erste Adresse für europäische Königshäuser, und nicht weniger als 35 Nobelpreisträger sollen hier schon gewohnt haben. Und besonders Musiker scheinen das Haus zu lieben, die Gästeliste ist imposant: José Carreras, Luciano Pavarotti, Ella Fitzgerald, Charles Aznavour, Queen, Guns N' Roses, Rod Stewart, Paul McCartney, Sting, Miles Davis, Phil Collins usw. Vielleicht liegt es am königlichen Meerblick, vielleicht an der Wellness-Anlage: 700 m² groß, Hydromassage-Pool mit Fontänen, Massagen von ausgebildeten Espace-Mitarbeitern.
DZ ab € 215,–.

- Corso Imperatrice 80, 18038 Sanremo
  ☎ +39-0184-5391
  www.royalhotelsanremo.com

Italien
St. Regis Grand
Der talentierte Mr. Ripley (1999): Jude Law, Matt Damon, Gwyneth Paltrow

Regisseur Anthony Minghella, dem unter anderem der mit neun Oscars prämierte Welterfolg „Der englische Patient" zuzuschreiben ist, wagte sich 1999 an eine Neuverfilmung eines Romans von Patricia Highsmith. Die spannende Story von einem Habenichts, der in die Luxuswelt eintaucht, fesselte schon drei Jahrzehnte zuvor mit Alain Delon in „Nur die Sonne war Zeuge" das Publikum. Erzählt wird die Geschichte eines Playboys namens Dickie Greenleaf (gespielt von Jude Law), der in Italien dem Dolcefarniente frönt und dessen amerikanischer Vater ihm einen Aufpasser nachschickt, der ihn läutern soll. Doch der aus ärmlichen Verhältnissen stammende Detektiv Mr. Ripley (Matt Damon), der plötzlich in der Welt der Reichen und Schönen landet, bringt stattdessen den Tunichtgut um und tingelt fortan als reicher Mr. Greenleaf durch eine Welt der schönen Frauen, der Luxushotels und des großen Geldes. Mr. Ripleys Bleibe in Rom ist ein opulentes Haus, das 1894 von dem Schweizer Hotelpionier Cesar Ritz gegründet wurde und das erste Grandhotel Roms war: das St. Regis Grand Rom. Heute gehört die Luxusherberge zur Starwood-Edelmarke St. Regis und wurde vor ein paar Jahren um 35 Millionen Dollar gründlich renoviert. Die beeindruckende Opulenz der Lobby, durch die schon Mr. Ripley spazierte, und die mächtigen Kristallluster haben ihren Übernachtungspreis. Unser Tipp für Filmfans mit Mr.-Ripley-Budget: Denken Sie nicht an Mord, sondern trinken Sie einfach einen Bellini oder Negroni bei dezenter Kla-

viermusik in der Grand Bar. Die luxuriöse Filmlocation lässt sich so vergleichsweise preiswert genießen.
DZ ab € 397,– (Frühstück € 43,–).

- Via Vittorio Emanuele Orlando 3, 00185 Roma
  ☏ +39-06-47091
  www.stregisrome.com/de

Italien
Villa d'Este
The Pleasure Garden (1925): Virginia Valli, Carmelita Geraghty, Miles Mander

„Pleasure Garden", auf Deutsch „Irrgarten der Leidenschaft", entstand zu einem großen Teil in einem der schönsten Hotels der Welt: in der Villa d'Este am Comer See. Kein Mensch kennt diesen Film noch. Er wurde 1925 gedreht, ohne Ton. Der Macher des Films jedoch, der mit seiner Frau jahrelanger Stammgast war und meist den ganzen September blieb, sollte später einer der fünf berühmtesten Regisseure der Filmgeschichte werden: Alfred Hitchcock. „Pleasure Garden", ein pathetisches Liebesdrama, war sein allererster Film. Eine Anekdote von damals hat überlebt: Hitchcock galt zeitlebens als allergisch gegen Paparazzi. Es gibt eine Geschichte, wonach er in der Villa d'Este, deren Hotelbetrieb während der Dreharbeiten weiterlief, ausgerastet sein soll, als er anlässlich einer Hochzeitsfeier zahllose Photographen sah. Erst als er merkte, dass sich kein Mensch für ihn interessierte, entspannte er sich. Der Film ist vergessen, Hitchcock, der Meister der Spannung und Möchtegern-Liebhaber kühler Blondinen, aber nicht, und schon gar nicht die Villa d'Este. Sie liegt unweit von Laglio, wo George Clooney sein italienisches Refugium aufgeschlagen hat, eingebettet in einen idyllischen Park mit 500 Brunnen. Ein sinnenfreudiger Kardinal namens Ippolito d'Este, Sohn der legendären Renaissance-Fürstin Lucrezia Borgia, ließ sich 1568 die prächtige Sommerresidenz bauen. Viele Sommer später, 1873, wurde das Haus ein Luxushotel für illustre Gäste: Franz Liszt, Verdi, Puccini, Strawinsky, Lehár. Könige und Milliardäre. Und Hollywood-Glamour: Greta Garbo war hier, Liz Taylor, Clark Gable, Frank Sinatra, Bette Davis, Lauren Bacall, Robert Mitchum, Gene Kelly, Joseph Cotton, Woody Allen, Arnold Schwarzenegger, Robert de Niro, Michael Douglas, Madonna, Zucchero, Gianni Versace, Paul McCartney, Kylie Minogue, Mick Jagger, José Carreras. Elton John ließ sich mit einem Hubschrauber einfliegen. Seit 1925, als Mr. Hitchcock hier seinen ersten Film drehte, sind zwar die Zimmer etliche Male renoviert worden, und es gibt ein luxuriöses Spa, die Gärten und der elitäre Touch haben sich freilich kaum verändert. Noch ein Tipp für Filmfreunde, die gerne in Hitchcocks Zimmer übernachten möchten: Es war die Nummer 113. Die Suite hat einen herrlichen Blick auf den Comer See – und keinen Duschvorhang.
DZ ab € 425,–.

Villa d'Este

- Piazza Trento 5, 00019 Tivoli
  ☏ +39-0774-312070
  www.villadeste.com

Jamaika
Golden Eye
Dr. No (1962): Sean Connery, Ursula Andress
Journalist Ian Fleming kam während des Zweiten Weltkriegs im Dienst des britischen Marine-Nachrichtendienstes nach Jamaika, um feindliche U-Boote in der Karibik auszuspionieren. Fleming verliebte sich in die Schönheit Jamaikas und kaufte sich in der Bucht von Oracabessa ein Anwesen, das er Golden Eye nannte. Dort schrieb er ab 1953 14 Bücher, die ihn weltberühmt machen sollten. Den Helden dieser Geschichten benannte er nach dem Autor eines Vogelkundebuchs mit dem Titel „Bird of the West-Indies". Sein Name war Bond, James Bond. Neben „Live and let die" wurde auch die erste Bond-Verfilmung, „Dr. No", 1962 auf Jamaica gedreht. Die legendäre Szene, in der Ursula Andress als „Honey Rider" atemberaubend schön aus dem Meer steigt und Sean Connery als Geheimagent 007 den Kopf verdreht, entstand keine 30 Minuten von Golden Eye entfernt. Heute ist Golden Eye ein höchst exklusives Boutique-Hotel im Besitz des Musikproduzenten Chris Blackwell, der unter anderem Cat Stevens und Roxy Music unter Vertrag hatte und das Fleming-Haus von Bob Marley erwarb. Und natürlich ist es so etwas wie der Heilige Gral für Bond-Fans, die hier Ian Flemings Tisch und Schreibmaschine finden. Auch eine Schar von Filmstars, von Jonny Depp bis Scarlett Johansson, waren schon hier auf Bonds Spuren.
Suite ab € 426,–.

- Golden Eye, Oracabessa
  ☏ +1876-6229-007
  www.goldeneye.com

Japan
Park Hyatt Tokyo
Lost in Translation (2003): Bill Murray, Scarlett Johansson, Anna Faris
„Ich plane einen Gefängnisausbruch. Erst raus aus der Bar, dann aus der Stadt, dann aus dem Land. Sind Sie dabei oder nicht?", fragt Bill Murray in Sofia Coppolas Meisterwerk „Lost in Translation" die junge Scarlett Johansson. Seit der Film 2003 in die Kinos kam, wollen nach Japan reisende Cineasten hingegen vor allem eines: in diese Bar hinein. Sie gilt neben dem spektakulären Schwimmbad mit Aussicht, das im Film gezeigt wird, und der herausragenden Architektur von Kenzo Tange und John Morford als der ganze Stolz des Tokyoter Park Hyatt Hotels, das sich über 14 Stockwerke des Shinjuku Towers erstreckt. „Lost in Translation" ist eine wunderbare, bittersüße Parabel über die Einsamkeit zweier

Menschen in einem Hotel, und Regisseurin Sofia Coppola, die für das Drehbuch ihres Films den Oscar erhielt, beschert uns einen der romantischsten Abschiede der Filmgeschichte. Der Plot: Ein alternder US-Filmstar, der in Tokyo mit einem Whiskey-Werbespot Geld verdienen will, fühlt sich im japanisch-englischen Kauderwelsch verloren und trifft auf die junge Universitätsabsolventin Charlotte, die sich weder über ihren Mann noch über ihr künftiges Leben sicher ist. Sofia Coppola, die Tochter des berühmten Regisseurs Francis Ford Coppola, hatte in den 90er Jahren in Tokyo gelebt und dort eine Modefirma namens Milkfed gegründet. Sie kannte das Park Hyatt und wollte dort 2002 die Schlüsselszenen für ihren geplanten Film „Lost in Translation" drehen. Kolportiert wird die Geschichte, dass der damalige General Manager des Park Hyatt das Filmprojekt jedoch strikt abgelehnt habe. Sofia Coppola hätte daraufhin, wie das Töchter so tun, ihren Papa um Hilfe gebeten: das Hollywood-Schwergewicht Francis Ford Coppola, gut befreundet mit einem Park-Hyatt-Großaktionär. Bald darauf hätten sich auf wundersame Weise die Tore des Tokyoter Luxushotels für „Lost in Translation" geöffnet, wenn auch zu happigen Tarifen. Gedreht werden durfte zudem nur zwischen Mitternacht und fünf Uhr morgens. Als nach dem Anlaufen des wahrscheinlich besten „Hotel-Films" seit Jahrzehnten sehr zum Erstaunen des Direktors eine Buchungswelle über das Park Hyatt Tokyo schwappte, habe man die Produktionsfirma sehr höflich gebeten, ob man mit Film und Stars für das Hotel werben dürfe. Die Produzentin aber habe dankend abgelehnt.

DZ ab € 343,–.

- 3-7-1-2 Nishi-Shinjuku, Shinjuku-Ku Tokyo 163-1055
  ☏ +81-3-53221234
  tokyo.park.hyatt.com

Monaco
Hôtel de Paris
Ironman 2 (2010): Scarlett Johansson, Mickey Rourke, Gwyneth Paltrow

Sollten Sie sich an der Theke der Le Bar Américain des Hôtel de Paris in Monaco einen Drink genehmigen, tun Sie genau dasselbe wie Robert Downey Jr. und Gwyneth Paltrow in dem Serien-Action-Spektakel „Ironman 2". Und fast eine Hauptrolle spielt die Nobelherberge in der wunderbaren französischen Liebesgeschichte „Hors de Prix" (deutscher Titel: „Liebe um jeden Preis") mit Audrey Tautou aus dem Jahr 2006. Auch in der seichtromantischen Teenie-Komödie „Monte Carlo" (2011) tummeln sich die drei weiblichen Hauptprotagonisten, darunter Selena Gomez, im Hôtel de Paris, um reiche Herren aufzugabeln. Das erste Haus in Monte Carlo übersteht eben auch mittelmäßige Filme, immerhin gibt

Hôtel de Paris

es das elegante Luxusquartier gegenüber der Spielbank schon seit 1863. Es ist genauso, wie man sich ein Luxushotel vorstellt. Sündteuer, aber gut. Alain Ducasse kocht seit 25 Jahren im pompösen Restaurant Louis XV. Wellness? Direkt mit dem Hotel verbunden ist ein luxuriöses Meerwasser-Spa auf 6.600 m², die Thermes Marins Monte Carlo. Doch lieber ein Drink am Abend: In der amerikanischen Bar gibt es täglich Livemusik mit Piano, Kontrabass und Schlagzeug. Fehlt eigentlich nur noch Gwyneth Paltrow.
DZ ab € 360,– (Frühstück € 43,–).

- Place du Casino, 98000 Monte Carlo
  ☏ +377-98063000
  de.hoteldeparismontecarlo.com

Österreich

Sacher

Der dritte Mann (1949): Orson Welles, Joseph Cotten, Alida Valli, Trevor Howard

Das British Film Institute ließ von 1.000 Experten die 100 besten britischen Filme des 20. Jahrhunderts wählen. Auf Platz eins landete ein Film, der im Oktober und November 1948 sieben Wochen lang in Wien gedreht wurde: „Der dritte Mann" mit Orson Welles, Joseph Cotten und Alida Valli. Das Drehbuch stammte von Graham Greene. Der weltberühmte Schriftsteller und Drehbuchautor hatte von Filmproduzent Alexander Korda 10.000 Pfund Vorschuss erhalten, um für den Film in Wien Recherchen anzustellen und ein Drehbuch abzuliefern. Greene stieg, wie später dann auch das Filmteam, im Hotel Sacher ab. Bis knapp vor Abgabeschluss genoss Greene das Sacher, aber es fiel ihm nichts ein. Erst ein Bericht über einen Penicillin-Schieberring in der Nachkriegswien und ein Besuch in der Kanalisation brachten die richtige Inspiration. Im Film ist die alte Portiersloge des Sacher zu sehen, die in dieser Form nicht mehr existiert, aber auch die bis heute kaum veränderte Lobby. Das Luxushotel gegenüber der Wiener Staatsoper, die Geburtsstätte der allseits bekannten Torte, wurde 1876 von Eduard Sacher gegründet und ging in den 30er Jahren einmal pleite. In den letzten Jahren wurde das Sacher, das aus sechs Stadthäusern zusammengesetzt ist, grundlegend renoviert und erhielt ein eigenes Spa. Geblieben sind das elegante Flair und auch die Büste der Kaiserin Elisabeth. Der verdankte angeblich Romy Schneider ihre Weltkarriere, weil dem späteren Regisseur der Sissi-Filme, Ernst Marischka, im Sacher die Ähnlichkeit der Büste mit der jungen Schauspielerin in den Sinn kam.
DZ ab € 395,– (Frühstück € 35,–).

- Philharmonikerstraße 4, 1010 Wien
  ☏ +43-1-514560
  www.sacher.com

Österreich
Schlosshotel Fuschl
Sissi (1955): Romy Schneider, Karlheinz Böhm, Magda Schneider, Joseph Meinrad, Gustav Knuth

Die als reiner Kitsch verdammte, in den Jahren 1955 bis 1957 gedrehte Sissi-Trilogie ist neben der US-Produktion „Sound of Music" wahrscheinlich der weltweit bekannteste in Österreich gedrehte Film. Das Hotel zu den Sissi-Filmen ist das wunderschön gelegene Schloss Fuschl. Weil dem Regisseur der Sissi-Filme, Ernst Marischka, das echte Elternhaus der Kaiserin Elisabeth, Schloss Possenhofen in Bayern, zu wenig idyllisch war, wählte er das 1450 von Salzburger Erzbischöfen als Jagdschloss erbaute Fuschl als Filmlocation. Die echte Sissi hieß übrigens Sisi, sie nannte sich selbst in Briefen aber gerne Lisl und kam nur einmal auf Schloss Fuschl – 1867 nach einem kolportierten Seitensprung mit einem ungarischen Grafen. Auch die Geschichte des Schlosses war nicht immer sonderlich romantisch. In der NS-Zeit riss sich der damalige Außenminister Joachim von Ribbentrop das Juwel am Fuschlsee unter den Nagel und ließ den wahren Eigner im KZ Dachau ermorden. 1958 erwarb der Industrielle Adi Vogel das Schloss, machte daraus eine illustre Herberge für Berühmtheiten aus aller Welt und ging später pleite. Dann kam das Haus in den Besitz des Münchner Unternehmers und Milliardärs Stefan Schörghuber (Paulaner-Brauerei, 22 weitere Hotels etc.), doch der starb mit 47. Damit verschwand Schörghubers wertvolle Kunstsammlung aus Schloss Fuschl (in der Bar hing ein echter Breughel), und das Haus verwandelte sich in ein typisches Starwood-Kettenhotel. Die Magie der Sissi-Filme wirkt freilich immer noch, neuerdings sogar bei chinesischen Hotelgästen. Und so gibt es in Fuschl ein kleines Sissi-Museum, eine Sissi-Suite, Sissi-Souvenirs. Und ganz romantisch heiraten wie Lisl pardon Sissi (oder doch etwa Romy Schneider) kann man dort auch.
DZ ab € 290,–.

- Schloss Straße 19, 5322 Hof bei Salzburg
  ☎ +43-6229-22530
  www.schlossfuschlsalzburg.com

Portugal
Palácio Estoril
Im Geheimdienst Ihrer Majestät (1969): George Lazenby, Diana Rigg, Telly Savalas

Als Ian Fleming am 17. Februar 1952 die ersten Worte seines allerersten Romans „Casino Royale" auf Jamaika in seine „Royal Quiet Deluxe"-Schreibmaschine tippte, konnte er nicht ahnen, dass seine Bond-Bücher eine Auflage von weit über 100 Millionen Stück erreichen würden und dass ihre Verfilmung zur längstdauernden Kinofilmserie überhaupt gerieten. Inspiriert wurde

Schlosshotel Fuschl

Fleming für „Casino Royale" durch ein Hotel und dessen Spielcasino im portugiesischen Nobel-Badeort Estoril. Das neutrale Portugal und insbesondere das elegante, 1930 eröffnete Palácio in Estoril galt während des Zweiten Weltkriegs als Tummelplatz für Spione. Fleming kam als Verbindungsoffizier des britischen Marinegeheimdienstes ins Palácio und spielte dort mit deutschen Agenten „Chemin de fer", ein französisches Kartenspiel. In der Kinoversion des Bond-Casino-Abenteuers wird daraus Poker. Das Palácio-Hotel gibt es immer noch, schöner denn je, samt seinem Casino. Filmfreunde werden es als jenen Ort wiedererkennen, wo Geheimagent 007 alias George Lazenby im Film „Im Geheimdienst Ihrer Majestät" die aparte Gräfin Teresa di Vicenzo alias Diana Rigg trifft. Tipp: Die Deluxe Superior Rooms bieten den besten Ausblick auf den großen Hotelpark und sind weit billiger als die Deluxe-Suiten, in der sich allerdings schon viele Royals im Schlaf wälzten: die spanische, die dänische, die griechische Königin, Grace Kelly und ihr Fürst et cetera. Sehr nett auch: das 2010 neu eröffnete Thermalwellness-Center mit einem luxuriösen, von der Banyan-Tree-Kette gemanagten Spa.
DZ ab € 153,–.
- Rua Particular, 2769-504 Estoril
  ☏ +351-21-4648000
  www.palacioestorilhotel.com

Schweden
Icehotel Jukkasjärvi
Stirb an einem anderen Tag (2002): Pierce Brosnan, Halle Berry, Toby Stephens

Im hohen Norden Schwedens, eine knappe Autostunde von Kiruna entfernt, steht zwischen Mitte Dezember und Mitte April ein wahrlich unmögliches Hotel. Im Frühling schmilzt es dahin, ab November wird es von Eiskünstlern aus aller Welt mit natürlichem Eis aus dem Torne-Fluss wiederaufgebaut. Das geht schon seit 1990 so, als die kühne Idee dafür aus einer Eisskulpturenausstellung eher zufällig entstand. Es gibt Räume für 100 Gäste, eine Lobby, die Absolut-Eisbar und sogar eine Eiskirche. Kein Wunder, dass ein solches Haus die Bond-Filmemacher inspirierte. Bond alias Pierce Brosnan war freilich nur indirekt im Eishotel. Für die Aufnahmen im 2002 gedrehten zwanzigsten Bond-Opus „Stirb an einem anderen Tag" wurde ein Nachbau in Island verwendet. Egal, bei durchschnittlich minus fünf Grad in den Zimmern kann man schon von einem unsichtbaren Aston Martin träumen, der vor dem Hotel hält. Wie sonst sollte einem solch ein Schwachsinn einfallen.
DZ ab € 291,–.
- Marknadsvägen 63, 98191 Jukkasjärvi
  ☏ +46-980-66800
  www.icehotel.com

Info und Buchen für alle Hotels: www.relax-guide.com   FILMHOTELS   257

Schweiz
Dolder Grand
Verblendung (2011): Daniel Craig, Rooney Mara, Christopher Plummer

Hoch über Zürich auf dem Adlisberg, von wo aus man einen herrlichen Blick auf den See und die Stadt hat, thront das Dolder Grand. 1899 eröffnet, war das im romantischen Waldhausstil gebaute Haus lange die erste Adresse für reiche Gäste. Mit seinen Türmchen und Erkern sieht der alte Teil fast so aus, als hätte ihn Walt Disney gebaut. Der war tatsächlich Gast, so wie auch Albert Einstein, Thomas Mann, Schah Reza Pahlavi, Winston Churchill oder die Rolling Stones. 2001 dann wurde das etwas heruntergekommene Hotel mehrheitlich von einem Mann erworben, der steil hinaufgekommen war: von dem Finanzjongleur Urs Schwarzenbach. Der Sohn eines kleinen Druckereibesitzers hatte in England erst als Banker, dann mit eigener Firma im Devisenhandel ein Vermögen gemacht, das seriöse Quellen auf 1,5 Milliarden Euro schätzen. Einen Teil davon, die enorme Summe von 480 Millionen Franken, steckten Schwarzenbach und einige Mitinvestoren in das alte Dolder und ließen es von Stararchitekt Norman Foster spektakulär umbauen. Und so nimmt es nicht wunder, dass Filmemacher das Haus entdeckten. Regisseur David Fincher wählte das Dolder für Szenen des Stieg-Larsson-Thrillers „Die Verblendung" (aus der Milleniums-Trilogie) mit Daniel Craig in der Hauptrolle. Zu sehen sind der Haupteingang, der Check-in-Bereich und die Masina Suite. Deren italienisches Design wurde, so heißt es, inspiriert von Giulietta Masina, der Schauspielerin und Ehefrau von Federico Fellini. Im Dolder kommen auch Wellnessfreunde nicht zu kurz. Der 4.000 m² große Spa-Bereich, zu dem auch ein Außenpool mit Blick auf Zürich gehört, zählt zu den besten Europas. Das gilt übrigens nicht für das sündteure, aber dürftige Frühstück.
DZ ab € 477,– (Frühstück € 37,–).
- Kurhausstraße 65, 8032 Zürich
  ☏ +41-44-4566000
  www.thedoldergrand.com

Schweiz
Gstaad Palace
Der rosarote Panther kehrt zurück (1975): Peter Sellers, Christopher Plummer, Herbert Lom

Es thront wie ein Märchenschloss über einem der mondänsten Wintersportorte der Schweiz: das Gstaad Palace im Berner Oberland. Im Ort reiht sich Nobelmarke an Nobelmarke, im Palace selbst ist die Promi-Dichte hoch. Wenn man schon Käsefondue mit Trüffeln und Champagner haben möchte, dann im Palace im Restaurant La Fromagerie. Auch das Spa bietet einiges: 1.800 m², acht Behandlungsräume, ein Hamam-Treatment mit sieben Stationen. Das 1913 eröffnete Haus wird seit drei Gene-

Dolder Grand

rationen von derselben Familie geführt. Andrea Scherz, der heutige Eigentümer und Manager, kann sich noch erinnern, wie er als Kind hochgehoben wurde, um die Dreharbeiten von Blake Edwards' viertem Panther-Abenteuer „Der rosarote Panther kehrt zurück" (1975) besser sehen zu können. Auf der Leinwand zu bestaunen war dann eine Menge vom Gstaad Palace: die Fassade, die Lobby, das Restaurant, der Indoor-Pool, der damalige Nightclub. Nur die Zimmer waren eine Studiokulisse. Unser Tipp für die Zimmerbuchung heute: Unbedingt eins auf der Südseite verlangen. Da hat man den schönsten Blick auf die Schweizer Alpen. Und ein Käsefondue im Restaurant La Fromagerie bestellen. Die Fromagerie wurde während des Zweiten Weltkriegs als geheimer Bunker der Schweizerischen Nationalbank gebaut, um dort diskret im Fall einer Invasion rund ein Drittel des Schweizer Goldschatzes zu verstecken.
DZ ab € 720,– (inkl. HP).
- Palacestraße 28, 3780 Gstaad
  ☎ +41-33-7485000
  www.palace.ch

Spanien
Alfonso XIII

Lawrence of Arabia (1962): Peter O'Toole, Alec Guinness, Anthony Quinn, Omar Sharif
Mehr als ein halbes Jahrhundert ist es her, dass David Leans Meisterwerk „Lawrence of Arabia" unter anderem in einem der schönsten Palasthotels Spaniens gedreht wurde. 2012 kam der Film in einer digital erneuerten Fassung wieder in die Kinos, und ähnlich erging es auch dem Alfonso XIII in Sevilla, das für 25 Millionen Dollar komplett restauriert wurde und unter anderem ein neues Restaurant und eine neue Bar bekam. Das Besondere an dieser Luxusherberge aus dem Jahr 1929, deren Innenhof im Film für den britischen Offiziersklub in Kairo steht, sind die sehr unterschiedlichen Zimmer im kastilischen, andalusischen und maurischen Stil und die prachtvollen öffentlichen Bereiche. In diesem Hotel kann man leben wie in einem Roman.
DZ ab € 250,– (Frühstück € 21,–).
- San Fernando 2, 41004 Sevilla
  ☎ +34-95-4917000
  www.starwoodhotels.com

Spanien
Meliá de la Reconquista

Vicky Cristina Barcelona (2008): Penélope Cruz, Scarlett Johansson, Javier Bardem, Rebecca Hall
Im Sommer 2007 drehte Woody Allen mit seiner Lieblingsschauspielerin Scarlett Johansson in Spanien einen seiner erfolgreichsten Filme überhaupt: Vicky Cristina Barcelona. Der Plot ist eigentlich simpel: Zwei junge Amerikanerinnen verlieben sich in den verführerischen

Maler Juan Antonio (der spätere Bond-Schurke Javier Bardem), der die beiden zu einem Wochenende in Oviedo einlädt. Die Geschichte selbst wollen wir nicht weiterverfolgen, sondern uns auf das filmische Liebesnest in Oviedo konzentrieren. Es ist eines der schönsten Hotels Spaniens, das jedes Jahr der königlichen Familie des Landes als Feriendomizil dient. Das Haus, das zwei Jahre nach Allens Dreharbeiten zu einem Luxus-Kettenhotel der Melia-Gruppe wurde, ist ein denkmalgeschützter Palast aus dem 17. Jahrhundert mit schönen Innenhöfen. Ursprünglich diente es als Waisenhaus, und man findet sogar eine eigene Kapelle. Tipp: Die billigsten Zimmer sind ziemlich klein. Wenn Ihnen Suiten zu teuer sind, nehmen Sie eines der 47 Premium-Zimmer mit Terrasse. Von der hat man einen wunderbaren Blick auf den Patio de la Reina, der so heißt, weil die spanische Königin Doña Isabel 1858 von diesem Hof so entzückt war. DZ ab € 102,–.

- Calle Gil de Jaz 16, 33004 Oviedo
  ☏ +34-985-241100
  www.hoteldelareconquista.com

Südafrika
Cape Grace
Blood Diamond (2006): Leonardo DiCaprio, Jennifer Connelly, Djimon Hounsou, Michael Sheen

Leonardo DiCaprio als Ex-Söldner, der sich während des durch den Diamantenhandel finanzierten Bürgerkriegs in Sierra Leone auf die Suche nach einem besonders wertvollen Edelstein macht, begleitet von einer Enthüllungsjournalistin, die den blutigen Spuren des Diamanten-Business nachgehen will. Das ist der Plot des mehrfach preisgekrönten Abenteuer-Thrillers „Blood Diamond". Die spannende Schlussszene des Films spielt in Kapstadt vor dem Cape Grace Hotel an der Waterfront, wo auch ein Teil der Filmcrew residierte. Das Cape Grace Hotel liegt an einem Privatkai an der belebten Victoria and Albert Waterfront nahe dem Yachthafen und ist eines der luxuriösesten Hotels in Kapstadt. Besonders bemerkenswert ist das Spa auf der obersten Etage des Hauses, von dem aus man einen Panoramablick auf den Tafelberg und ganz Kapstadt hat. In der Bascule Bar, in der sich auch Leonardo DiCaprio stärkte, erwarten den Gast nicht weniger als 400 Whiskysorten. Laut dem – nur mit Vorsicht zu genießenden – User-Ranking von Tripadvisor ist das Cape Grace das beste Luxushotel Afrikas. Nach dem derzeitigen Stand der Dinge wird jedenfalls im nächsten James-Bond-Film „Carte Blanche" der unverwüstliche Geheimagent 007 im Cape Grace absteigen. DZ ab € 392,–.

- West Quay Road, Victoria & Alfred Waterfront
  8001 Cape Town
  ☏ +27-21-4107100
  www.capegrace.com

Cape Grace

Tschechische Republik
Grandhotel Pupp
Casino Royale (2006): Daniel Craig, Eva Green, Mads Mikkelsen, Judi Dench

Kaiser und Zaren, Aristokraten und Künstler stiegen im 1710 von einem Konditor gegründeten Hotel Pupp ab. Der heutige Prachtbau wurde um die Jahrhundertwende von den Wiener Theaterarchitekten Fellner und Hellmer gebaut. 1950 wurde das Pupp von den Kommunisten verstaatlicht und firmierte 40 Jahre lang als Grandhotel Moskau. Heute ist das Pupp wieder ein aufwendig renoviertes Luxushaus, das von Andrea Pfeffer-Ferklova, der jüngsten Hoteldirektorin Tschechiens, geleitet wird. Filmemacher lieben das Pupp. Jackie Chan war hier in Shanghai Knights (2003) zu sehen, Gérard Depardieu gab den Küchenchef des Pupp im Film „Last Holiday" (2006) mit Queen Latifah. Für „La vie en rose" (2007), die Filmbiographie über Edith Piaf, wurde der Festsaal des Pupp verwendet. Und im ersten Daniel-Craig-Bond-Abenteuer „Casino Royale" spielt das Karlsbader Luxushotel eigentlich die Hauptrolle – als Hotel Splendide in Montenegro! Wer übrigens bloß relaxen will, wird im Pupp bedient: Ein 1.300 m² großes Spa wurde 2013 eröffnet. Neuerdings offeriert man auch eine Royal Spa Suite mit eigener Sauna, eigenem Whirlpool und speziellem Wassermassagebett.
DZ ab € 178,–.

- Mírové nám stí 316/2, 36091 Karlovy Vary
  ☎ +420-353-109111
  www.pupp.cz

Türkei
Çirağan Palace Kempinski
Liebesgrüße aus Moskau (1963): Sean Connery, Daniela Bianchi, Robert Shaw

Gleich zwei Bonds im selben Hotel: Für „Skyfall", das aktuellste Filmabenteuer von Ian Flemings Geheimagent 007 mit Daniel Craig, wurden etliche Szenen im Istanbuler Luxushotel Çirağan Palace gedreht. Das Hotel kommt zwar nicht namentlich vor, aber dafür war die Zuschauerzahl enorm: „Skyfall" war 2012 der zweitbeste Film weltweit, was die Einspielergebnisse betrifft. Auch in „Liebesgrüße aus Moskau", dem zweiten Bond-Abenteuer aus dem Jahr 1963 mit Sean Connery, trat das heutige Kempinski-Hotel schon einmal auf. Erst fährt Sean Connery als 007 auf einem Schiff auf dem Bosporus am Çirağan Palace vorbei und umgarnt eine schöne russische Agentin namens Tatiana Romanova. Später wird er von seinen bösen Widersachern beim Sex mit selbiger Dame im Hotelzimmer mit versteckter Kamera gefilmt. Das Zimmer war allerdings kein echtes im Çirağan, sondern eine Studiokulisse. Dabei wäre das Original eine Sünde wert. Die Anlage besteht aus einem ehemaligen Sultanspalast mit 11 unglaublich hohen, luxuriösen

Info und Buchen für alle Hotels: www.relax-guide.com FILMHOTELS 261

Suiten (die Sultansuite, in der auch schon Madonna abstieg, misst 375 m²) und einem fünfstöckigen Bau mit 313 Zimmern, von denen zwei Drittel eine phantastische Aussicht auf den Bosporus bieten. Die hat man im Übrigen auch vom tollen Infinity-Pool aus. Zu den Highlights des Hauses zählt der schöne türkische Hamam.
DZ ab € 400,– (Frühstück € 48,–).

- Çirağan Caddesi 32, 34349 Istanbul
  +90-212-3264646
  www.kempinski.com/de/istanbul/ciragan-palace

Ungarn
Marriott Budapest
München (2005): Eric Bana, Daniel Craig, Mathieu Kassovitz, Geoffrey Rush

In Steven Spielbergs Thriller über das Attentat einer palästinensischen Gruppe auf die Olympischen Spiele in München rächt ein israelischer Agent namens Avner im Auftrag des Mossad diesen Anschlag, indem ein Terrorist nach dem anderen getötet wird. In einer Londoner Hotelbar entgeht Avner allerdings seinerseits knapp einem Anschlag durch eine schöne Attentäterin. Mit viel künstlichem Regen, roten Bussen, schwarzen Londoner Taxis und betrunkenen amerikanischen Touristen verwandelt Spielberg Budapest in die britische Hauptstadt. Das „Londoner" Hotel ist in Wahrheit das Marriott in Budapest. Gedreht wurde unter anderem in der Aqva-Bar, in der man nicht nur eine lange Wodka-Liste findet, sondern auch eine solche mit Mineralwässern aus aller Welt. Ansonsten ist das Marriott ein Haus mit dem üblichen langweiligen Kettenhotel-Standard, das sich allerdings durch seine zentrale Lage in der Innenstadt mit wunderbarem Blick auf die Donau auszeichnet.
DZ ab € 129,– (Frühstück € 28,–).

- Apáczai Csere János utca 4, 1052 Budapest
  +36-1-4865000
  www.marriott.com

USA
Bellagio
Ocean's Eleven (2001): George Clooney, Matt Damon, Brad Pitt, Julia Roberts, Andy García

Hollywood setzt gerne auf Bewährtes. Was einmal funktionierte, könnte es wieder. „Ocean's Eleven", der erste Teil einer Trilogie über smarte, gut aussehende Casinoräuber, war ein Remake eines Film aus dem Jahr 1960, in dem Frank Sinatra, Dean Martin und Sammy Davis Jr. die fünf größten Casinos in Las Vegas ausrauben. In der Neuverfilmung, die 2001 in die Kinos kam, bemühen sich George Clooney, Brad Pitt und Matt Damon nur mehr darum, ein einziges Casino in der glitzernden Wüstenstadt in Nevada zu knacken: jenes im Hotel Bellagio. Das Bellagio, das 1998 an jener Stelle errichtet wurde, an dem zuvor das legendäre Dunes Hotel stand,

Bellagio

zählt zu den Top-Häusern in Las Vegas, einer Stadt also, in der nichts sonst als aufwendige Themenhotels die Attraktion sind – und ihre Casinos natürlich. Von künstlichen venezianischen Kanälen, auf denen Gondolieri zahlende Gäste durch Einkaufspassagen rudern (im Venetian), über eine originalgetreue Nachbildung des berühmen Grabes Tutanchamuns (im Pyramid), die eigentlich das in Luxor zu sehende Original übertrifft, weil sie nicht leer ist, sondern voll jener „wunderbaren Dinge", die Howard Carter 1922 sah, bis zum Bellagio, benannt nach dem kleinen malerischen Ort am Comer See in Italien. Zu den Attraktionen des Bellagio zählen unter anderem ein über drei Hektar großer See mit den größten Wasserfontänen Amerikas und – vielleicht überraschend – eine millionenschwere Kunstgalerie, ein botanischer Garten und ein Vogelwintergarten von der Größe des Wiener Palmenhauses. Das Bellagio ist anders als alle übrigen Filmhotels in unserer Liste, es ist einfach riesig: 3.950 Zimmer, 8.000 Beschäftigte – und Pokerpartien, bei denen es manchmal um eine Million Dollar geht. Zahlreiche Filmemacher nutzten das Bellagio. Die gigantische Casinoherberge war zum Beispiel in „Love Vegas – Lieber reich als verheiratet" (2008) mit Cameron Diaz und Ashton Kutcher zu sehen, in der Filmkomödie „Hangover" (2009) mit Bradley Cooper und sogar in dem Disney-Trickfilm „Bolt – Ein Hund für alle Fälle" (2008). In „Ocean's Eleven" freilich ist das Bellagio der eigentliche Star. Im Film zu sehen sind viele Bereiche des Beherbergungsgiganten: unter anderem das Vogelhaus, das Picasso-Restaurant, die Petrossian Bar, die berühmten Fontänen, Lobby und Treppe (auf der Julia Roberts hinabsteigt) und natürlich das echte Casino. Doch es gilt die alte Regel: Life is more tasteless than fiction. Denn anders als im Film sind die wirklichen Casinogäste richtig schlecht angezogen, wie US-Touristen eben, und anders als im Film gibt's bei Raubüberfällen kein Happy End für die Täter: Ein einfältiger Räuber mit Helm und Waffe, der 2010 versuchte, es Clooney und Co tatsächlich gleichzutun, sitzt jetzt für 27 Jahre im Gefängnis.

DZ ab € 159,–.

- 3600 South Las Vegas Blvd, Las Vegas, NV 89109
  ☏ +1-702-6937111
  www.bellagio.com

USA

Beverly Wilshire

Pretty Woman (1990): Richard Gere, Julia Roberts. Hector Elizondo

1990 wurde eine moderne Version des alten Aschenputtel-Märchens ein Welterfolg, in der sich ein Freier in eine Prostituierte verliebt und sie heiratet; der Mann ist selbstverständlich immens reich, äußerst charmant und unverschämt gut aussehend. „Pretty Woman" mit

Julia Roberts und Richard Gere ist Hollywood pur und spielt auch im Herzen der Traumfabrik, in Beverly Hills. Die Hauptlocation ist ein 1928 eröffnetes Luxushotel direkt am berühmten Rodeo Drive, in dem tatsächlich Stars ein- und ausgehen. Warren Beatty und Elvis Presley lebten sogar einige Jahre als Dauergäste im Beverly Wilshire Hotel, so wie auch John Lennon in jener Zeit, als er von Yoko Ono getrennt war. Das Hotel, in dem übrigens der Österreicher Wolfgang Puck 2006 sein Restaurant Cut eröffnete, war Drehort für zahlreiche Filme, darunter Eddie Murphys „Beverly Hills Cop", „American Gigolo" mit dem jungen Richard Gere, „Flucht vom Planet der Affen" mit Charlton Heston, „Wag the Dog" mit Dustin Hoffman und Robert de Niro, „Color of Night" mit Bruce Willis, „Family Man" mit Nicholas Cage und so fort. Der bekannteste ist aber natürlich „Pretty Woman", zahlungskräftige Filmtouristen pilgern deshalb immer noch ins Beverly Wilshire. Der berühmte Whirlpool in der Penthousesuite, in dem in einer Schlüsselszene des Films Julia Roberts nur mit einem Walkman bekleidet vor sich hin trällert und so Richard Gere entzückt, ist freilich nicht zu finden. Er hat nie existiert. Die Suite wurde im Studio nachgebaut und mit dem Pool „verfeinert", so wie auch die Hotelhalle nur eine Kulisse war. Nichts ist eben echt in Hollywood, nicht die Gefühle und nicht die Dekoration, und das Beverly Wilshire ist im Übrigen auch nicht mehr amerikanisch, sondern gehört reichen Hongkong-Chinesen. Unser Tipp: die Sidebar im Beverly Wilshire. Dort findet sich ein Schaukasten mit „Pretty Woman"-Reminiszenzen, darunter die frühe Fassung des Drehbuchs, in dem der Film noch einen anderen Titel trägt: „Three Thousand". Gemeint ist der Preis, den Edward Lewis alias Richard Gere für eine amouröse Nacht mit der hübschen Vivian Ward alias Julia Roberts zahlt. Der Titel war wohl nicht romantisch genug. DZ ab € 384,–.

- 9500 Wilshire Blvd, Beverly Hills, CA 90212
  ☎ +1-310-2755200
  www.fourseasons.com/beverlywilshire/

USA
Chateau Marmont
Somewhere (2010): Stephen Dorff, Elle Fanning, Michelle Monaghan, Chris Pontius

Ein Filmstar in einem Hotel, der trotz Geld, Frauen und Ruhm mit der Leere in seinem Leben hadert und dessen Ex-Frau ihm plötzlich die gemeinsame 11-jährige Tochter aufhalst. Das ist der Plot in Sofia Coppolas viertem Film aus dem Jahr 2010. Das Epos heißt „Somewhere", aber es könnte genauso gut „Chateau Marmont" heißen, denn der größte Teil der Handlung spielt in diesem legendären Haus in West-Hollywood, in dem auch Sofia Coppola als Kind Stammgast mit ihrem berühmen Vater Francis Ford Coppola war. Gedreht wurde im fünften

Chateau Marmont

Stock und dort vorwiegend in Zimmer 59. Das 1929 nach dem Vorbild eines Loire-Schlosses gebaute Haus am Sunset Boulevard ist wie ein einziges Buch voller Stargeschichten. Hier war das Liebesnest von Clark Gable und Jean Harlow, hier fiel Doors-Sänger Jim Morrison 1971 zwei Stockwerke tief, hier sprang James Dean durch ein Fenster, um für den Film „… denn sie wissen nicht, was sie tun" vorzusprechen. Hier krachte der 83-jährige Starphotograph Helmut Newton 2004 bei der Auffahrt zum Hotel mit seinem Cadillac gegen eine Betonwand und starb, hier rasten die Led-Zeppelin-Musiker mit Motorrädern durch die Lobby, hier starb Blues-Brothers-Star John Belushi an einer Drogenüberdosis, hier erhielt Britney Spears Hausverbot, nachdem sie sich Essen ins Gesicht geschmiert hatte. Und wer einen Drink in der Marmont-Bar nimmt, kann im Geist die Gesichter vorbeiziehen lassen, die hier schon saßen: Humphrey Bogart, Robert Mitchum, Rock Hudson, Errol Flynn, Bob Dylan, John Lennon, James Dean, Elizabeth Taylor, Leonardo DiCaprio, Robert de Niro, Sidney Poitier, Lindsay Lohan, Kristen Stewart, Robert Pattinson, Scarlett Johansson, Bradley Cooper, Greta Garbo, Mick Jagger … Die Liste ginge noch lange weiter. Stammgast Johnny Depp prahlte übrigens, er habe schon in jedem der 63 Zimmer des Chateaus Sex mit Kate Moss gehabt. Der Filmstar in Sofia Coppolas Hollywood-Studie lebt in einer Art Glamour-Nebel auf Partys und in Luxushotels, in einer Welt des Scheins; die Zeit ist sein größter Feind, und er wird nicht erlöst. Vielleicht kommt der Streifen dem wahren Hollywood sehr nahe. Auf die Frage, warum sie immer Filme mache, in denen Hotels eine Hauptrolle spielen, sagte Sofia Coppola: „Ich liebe Hotels. Mir gefällt, dass sie eine kleine, abgeschlossene Welt für sich bilden." Das gilt wohl ganz besonders für Hollywoods Castle Babylon, diesen Käfig voller Narren, wo sich bis heute Schauspieler, Produzenten und Regisseure tummeln. Billy Wilder soll hier, arbeitslos und völlig abgebrannt, zu Weihnachten 1935 in einer Damentoilette genächtigt haben, um wieder einen Job zu kriegen. Später sollte der in Wien geborene Regisseur von „Manche mögen's heiß", der so wieder zu Arbeit kam, sagen: „In Hollywood I would rather sleep in a bathroom at the Chateau Marmont than in any other hotel."
DZ ab € 382,–.

- 8221 Sunset Blvd, West Hollywood, CA 90046
  ☎ +1-323-6561010
  www.chateaumarmont.com

USA
The Pierre
Der Duft der Frauen (1992): Al Pacino, Chris O'Donnell, Gabrielle Anwar, James Rebhorn
Die teuerste Wohnung New Yorks hat 16 Zimmer, sechs

Bäder und fünf offene Kamine. Vor allem aber punktet das „Chateau in the sky" mit einer phantastischen Lage direkt am Central Park mit einem Rundumblick über Manhattan. Die Rede ist von der Penthouse-Suite des Pierre-Hotels. Diese wurde 2013 für lächerliche 125 Millionen Dollar zum Kauf angeboten und gleich weggeschnappt. Die monatlichen Betriebskosten betragen übrigens unwesentliche 47.000 Dollar. Genau dieses Penthouse war im Film „Joe Black" (1998) zu sehen als das passende Zuhause des mächtigen Medien-Tycoons Bill Parish alias Anthony Hopkins, der von einem noch mächtigeren Herrn ungebetenen Besuch erhält: dem Tod alias Brad Pitt. Das Pierre ist eine New Yorker Ikone, seine Geschichte beginnt mit einem jungen Hilfskellner aus Korsika, der mit 25 nach New York auswandert. Charles Pierre Casalasco, der sich bald nur mehr Pierre nennt, bringt es zu einem eigenen Nobelrestaurant und lernt zahlreiche Millionäre kennen. Mit ihnen als Financiers wagt er das kühne Projekt eines 160 m hohen Luxushotels am Central Park mit 700 Zimmern, das 1930 als „The Pierre" seine Pforten öffnet. Doch es ist die Zeit der Finanzkrise – 1932 geht die Hotelgesellschaft pleite. Das Hotel freilich gibt es bis heute. Es wird mittlerweile von der indischen Taj-Gruppe gemanagt und wurde 2005 um über 100 Millionen Dollar renoviert. Filmemacher haben das Pierre schon oft genutzt. Der Cotillion-Ballsaal des Hotels zum Beispiel wurde berühmt durch eine Tangoszene. Al Pacino tanzt als blinder, alkoholsüchtiger Lieutenant Colonel Frank Slade in der fesselnden Charakterstudie „Der Duft der Frauen" mit der jungen Freundin seines Betreuers durch den Saal. Der war auch schon in dem weniger erfolgreichen Streifen „Joe gegen den Vulkan" (1990) mit Tom Hanks und Meg Ryan zu sehen. Unser Tipp für Filmlocation-Schnupperer: Nehmen Sie einen Drink in der Two E Bar, die sich in der ehemaligen Hotelbibliothek im Erdgeschoß befindet. Die Cocktails, die man dort bestellen kann, könnte man sofort als Filmtitel verwenden: „Life With Some Spice" zum Beispiel oder „A Walk Down The Dawn" oder „Smiling Half Moon". Zu letzterem Getränk benötigt man, wie die Cocktailkarte erläutert, unter anderem mondscheinklaren Whisky.
DZ ab € 474,–.

- 2 East 61st Street, New York, NY 10365
  ☏ +1-212-8388000
  www.tajhotels.com/

Vereinigte Arabische Emirate
Armani Hotel Dubai
Mission Impossible – Phantom Protokoll (2011):
Tom Cruise, Paula Patton, Jeremy Renner

Es war einmal ein arabisches Fischerdorf namens Dubai, links Sand, rechts Sand, dazwischen gelegentlich ein paar Piraten, später einmal auch britische Dampfschiffe. Dann entdeckten im Frühling 1966 einige Spezialisten der Iraq Petroleum Company vor der Küste des kleinen Scheichtums das Ölfeld Fateh. Knapp ein halbes Jahrhundert später ist Dubai eine pulsierende Großstadt in der Wüste, und mittendrin steht das höchste Gebäude der Welt, der über 828 m hohe Burj Khalifa (163 Geschoße, Bauzeit sechs Jahre, einige tausend Tonnen Stahl in den oberen Stockwerken sind Recyclingware aus dem abgerissenen Palast der Republik in Berlin). Ebenda befindet sich in den ersten acht Stockwerken und im 38. und 39. Stock das Armani Hotel. Es sieht tatsächlich so aus, wie man sich das Hotel eines Modeschöpfers vorstellt, der immer nur schwarze T-Shirts unter dem Sakko trägt: kaum Farben, viel Grau, Braun, Schwarz. Aber: cool natürlich. In „Mission Impossible – Phantom Protokoll", dem vierten Teil der Action-Serie mit Tom Cruise, darf der Held Ethan Hunt im Armani Hotel einchecken und später das raumhohe Fenster seiner Suite zertrümmern, um dann an der Außenfassade des Burj Khalifa hochzuklettern – gesichert nur mit speziellen Wunderhandschuhen. Gedreht wurde im 145. Stockwerk (wo es also gar keine Armani-Zimmer gibt), aber wer denkt, der Rest wäre irgendwie am Computer gemogelt worden, irrt. Tom Cruise stieg tatsächlich aus dem Fenster und kletterte die Scheiben hoch, gesichert freilich durch starke Seile, die später am Computer retouchiert wurden. Wer je vom Burj Khalifa runtergesehen hat, weiß: Hollywood-Star zu sein ist ein hartes Brot. Gedreht wurde auch in einem anderen Hotel in Dubai, das dem Kronprinzen des Scheichtums gehört, nämlich im Jumeirah Zabeel Saray. Lange vor dem Dreh traf sich übrigens die Herrscherfamilie Dubais in London mit Tom Cruise, um den Inhalt des Films und auch Subventionen zu besprechen. Das schicke Armani-Hotel, in dem sich auch ein Spa von bescheidener Größe, fünf Restaurants sowie ein Außenpool finden, hat, wir wollen es jetzt und hier verraten, einen schweren Mangel: Die Fenster sind meistens schmutzig. Nur alle fünf Monate nämlich seilen sich nepalesische Fensterputzer am höchsten Gebäude der Welt zur Reinigung außen ab. Unser Tipp für eine Stippvisite: Fahren Sie nicht zum Aussichtsdeck hinauf, sondern in die Atmosphere Lounge im 122. Stock. Dort können Sie viel schöner bei einer Piña Colada und Panoramablick auf Dubai davon träumen, dass Tom Cruise demnächst an Ihrem Fenster vorbeiklettert.
DZ ab € 397,–.

- Burj Khalifa, 1 Mohammed Bin Rashid Boulevard Dubai
  ☏ +971-4-8883888
  dubai.armanihotels.com

ALLE ORTE VON A BIS Z

PLZ	Ort	Hotelname	Kategorie	Punkte	S.
5441	Abtenau	Gutjahr ****	Wellness	11	85
5441	Abtenau	Moisl ****	Wellness	10	86
6215	Achenkirch	Achensee Sporthotel ****	Wellness	13	124
6215	Achenkirch	Cordial Hoteldorf Achenkirch	Wellness	9	124
6215	Achenkirch	Das Kronthaler ****s	Wellness	15	124
6215	Achenkirch	Posthotel Achenkirch *****	Wellness	18	125
6215	Achenkirch	Reiterhof Bio-Landhotel ****	Wellness	14	125
8911	Admont	Spirodom ****	Wellness	10	207
5421	Adnet	Alparella Vital Resort ****	Wellness	12	85
4170	Afiesl	Bergergut Romantik Resort ****s	Wellness	12	66
8623	Aflenz-Kurort	Post Karlon ****	Wellness	9	204
8966	Aich	Bärenwirt Landhotel ***	Wellness	10	207
4160	Aigen	Almesberger ****s	Wellness	13	66
8943	Aigen	Schloss Pichlarn Spa & Golf Resort *****	Wellness|Gesundheit	17	207
6236	Alpbach	Alpbacherhof ****	Wellness	13	125
6236	Alpbach	Böglerhof ****s	Wellness	12	125
6236	Alpbach	Galtenberg Kinderhotel ****	Wellness	12	126
8671	Alpl bei Krieglach	Waldheimathof ****	Wellness	11	205
8992	Altaussee	Seevilla ****s	Wellness	14	213
5541	Altenmarkt	Alpenrose Zauchensee ****	Wellness	13	87
5541	Altenmarkt	Brückenwirt ****s	Wellness	10	87
5541	Altenmarkt	Salzburger Hof Zauchensee ****s	Wellness	12	87
5541	Altenmarkt	Scheffer's ****	Wellness	10	87
5541	Altenmarkt	Zauchenseehof ****	Wellness	10	87
3033	Altlengbach	Lengbachhof ****	Wellness	11	59
3033	Altlengbach	Steinberger Event & Seminar ****	Wellness	9	59
4843	Ampflwang	Robinson Club Ampflwang ****	Wellness	10	74
3300	Amstetten	Exel ****	Wellness	9	59
8184	Anger	Angerer Hof ***	Wellness	11	195
8184	Anger	Thaller Posthotel ****	Wellness	10	195
5081	Anif bei Salzburg	Friesacher ****s	Wellness	12	82
9912	Anras	Pfleger Landhotel ****	Wellness	10	163
6471	Arzl	Lärchenwald Kinderhotel ****	Wellness	10	146
5252	Aspach	Kneipp Traditionshaus Aspach	Kur	12	76
6883	Au	Adler ****	Wellness	11	174
6883	Au	Am Holand ***	Wellness	15	174
6883	Au	Krone Au ****	Wellness	13	175
6883	Au	Rössle ****	Wellness	10	175
8990	Bad Aussee	Erzherzog Johann ****	Wellness	16	212
8990	Bad Aussee	Wasnerin G'sund & Natur ****	Wellness	17	213
9530	Bad Bleiberg	Falkensteiner Bleibergerhof ****	Wellness	14	223
9530	Bad Bleiberg	Kurzentrum Bad Bleiberg ****	Kur	15	223
8283	Bad Blumau	Rogner Bad Blumau ****	Wellness	17	199
8283	Bad Blumau	Thermenoase garni ****	Wellness	10	199
2405	Bad Deutsch-Altenburg	Kaiserbad ***	Kur	11	55
2405	Bad Deutsch-Altenburg	Parkhotel ***	Kur	10	55
5422	Bad Dürrnberg	St. Josef ***	Kur	12	85
9135	Bad Eisenkappel	Berghof Brunner ****	Wellness	10	219
9135	Bad Eisenkappel	Kurzentrum Bad Eisenkappel ****	Kur	15	219
2822	Bad Erlach	Linsberg Asia ****s	Wellness	13	57
8524	Bad Gams	Dr. Kipper Gesundheits- & Kneipphotel	Kur	10	204
5640	Bad Gastein	Badehospiz Kurtherme	Kur	12	100
5640	Bad Gastein	Bärenhof Gesundheitszentrum	Kur	11	100

PLZ	Ort	Hotelname	Kategorie	Punkte	S.
5640	Bad Gastein	Echo ***	Kur	9	100
5640	Bad Gastein	Elisabethpark ****	Wellness	10	100
5640	Bad Gastein	Europäischer Hof *****	Wellness|Kur	12	100
5640	Bad Gastein	Grüner Baum ****	Wellness|Kur	13	100
5640	Bad Gastein	Haus Hirt Alpine Spa ****	Wellness	15	100
5640	Bad Gastein	Miramonte ****	Wellness	13	101
5640	Bad Gastein	Mondi-Holiday Bellevue ****	Wellness	9	101
5640	Bad Gastein	Salzburger Hof ****	Wellness	10	101
5640	Bad Gastein	Sonngastein ****	Wellness	11	101
5640	Bad Gastein	Weismayr	Wellness	9	101
8344	Bad Gleichenberg	Allmer ****	Wellness	10	200
8344	Bad Gleichenberg	Emmaquelle ***	Wellness|Kur	10	200
8344	Bad Gleichenberg	Gleichenberger Hof ****	Wellness	16	200
8344	Bad Gleichenberg	Kindl Schlössl ****	Wellness	12	200
8344	Bad Gleichenberg	Legenstein ****	Wellness	12	200
8344	Bad Gleichenberg	Life Medicine Resort Kurhaus ****	Kur|Wellness	12	200
8344	Bad Gleichenberg	Pfeilerhof Gasthof ***	Kur|Wellness	9	200
8344	Bad Gleichenberg	Scheer Gasthof ***	Wellness	10	201
8344	Bad Gleichenberg	Stenitzer ****	Wellness	13	201
4822	Bad Goisern	Agathawirt ***	Wellness	10	74
3972	Bad Großpertholz	Moorbad Großpertholz ****	Kur	12	63
4540	Bad Hall	Eurothermenresort Miraverde ****	Wellness|Kur	15	69
4540	Bad Hall	Parkhotel Zur Klause ****	Kur|Wellness	11	70
4540	Bad Hall	Vitana Kurhotel	Kur	12	70
5630	Bad Hofgastein	Alpina Kur- & Sporthotel ****	Kur	9	96
5630	Bad Hofgastein	Alte Post ****	Wellness	10	96
5630	Bad Hofgastein	Astoria ****	Wellness|Kur	12	96
5630	Bad Hofgastein	Bismarck ****s	Wellness|Kur	16	96
5630	Bad Hofgastein	Das Goldberg ****s	Wellness	15	97
5630	Bad Hofgastein	Germania ****	Wellness|Kur	10	97
5630	Bad Hofgastein	Grand Park *****	Wellness|Kur	15	99
5630	Bad Hofgastein	Haus Friedrichsburg garni ***	Kur|Wellness	9	99
5630	Bad Hofgastein	Heubad Grabnerhof	Wellness	10	99
5630	Bad Hofgastein	Impuls Tirol ****	Kur|Wellness	12	99
5630	Bad Hofgastein	Klammer's Kärnten ****	Wellness|Kur	14	99
5630	Bad Hofgastein	Moser ****	Wellness|Kur	10	99
5630	Bad Hofgastein	Norica ****s	Wellness	10	99
5630	Bad Hofgastein	Palace Kur- & Sporthotel ****	Wellness|Kur	10	99
5630	Bad Hofgastein	Sendlhof Thermenhotel ****	Wellness|Kur	11	99
5630	Bad Hofgastein	St. Georg ****	Kur|Wellness	11	99
5630	Bad Hofgastein	Völserhof Wasserhotel ****	Wellness|Kur	10	99
5630	Bad Hofgastein	Zum Stern ****s	Wellness	13	99
5630	Bad Hofgastein	Österreichischer Hof ****	Wellness|Kur	10	99
6323	Bad Häring	Kurzentrum Bad Häring ****	Kur	15	134
6323	Bad Häring	Panorama Royal ****s	Wellness	12	135
4820	Bad Ischl	Eurothermenresort Royal ****	Wellness|Kur	15	72
4820	Bad Ischl	Goldener Ochs ****	Wellness	12	73
4820	Bad Ischl	Goldenes Schiff ****	Wellness	10	73
4820	Bad Ischl	Hubertushof Landhotel ****	Wellness	10	73
4820	Bad Ischl	Villa Seilern ****	Wellness|Kur	13	73
9546	Bad Kleinkirchheim	Almrausch ****	Wellness	12	223
9546	Bad Kleinkirchheim	Die Post ****	Wellness	16	223
9546	Bad Kleinkirchheim	Eschenhof ****	Wellness	14	224
9546	Bad Kleinkirchheim	Felsenhof ****	Wellness	15	224
9546	Bad Kleinkirchheim	Kirchheimerhof ****	Wellness	15	225
9546	Bad Kleinkirchheim	Kolmhof ****	Wellness	10	225

PLZ	Ort	Hotelname	Kategorie	Punkte	S.
9546	Bad Kleinkirchheim	Kärntnerhof ****	Wellness	10	225
9546	Bad Kleinkirchheim	Nock Resort ****	Wellness	11	225
9546	Bad Kleinkirchheim	Prägant ****	Wellness	11	225
9546	Bad Kleinkirchheim	Pulverer Thermenwelt *****	Wellness|Gesundheit	15	226
9546	Bad Kleinkirchheim	Ronacher Thermenhotel *****s	Wellness	20	226
4362	Bad Kreuzen	Kneipp Traditionshaus Bad Kreuzen	Kur	14	69
4190	Bad Leonfelden	Bründl ****	Kur|Wellness	12	66
4190	Bad Leonfelden	Falkensteiner Bad Leonfelden ****	Wellness	15	67
4190	Bad Leonfelden	Kurhotel Bad Leonfelden ****	Kur	12	67
4190	Bad Leonfelden	Sternsteinhof Schönheitsfarm ****	Beauty	12	67
8983	Bad Mitterndorf	Aldiana Club Salzkammergut ****	Wellness	11	211
8983	Bad Mitterndorf	Grimmingblick ****	Wellness	12	211
8983	Bad Mitterndorf	Kanzler ***s	Wellness	12	211
8983	Bad Mitterndorf	Kogler ****	Wellness	10	211
8983	Bad Mitterndorf	Vitalhotel Heilbrunn ****	Kur	11	212
2222	Bad Pirawarth	Klinik Pirawarth	Kur|Rehabilitation	18	54
2222	Bad Pirawarth	Kurhotel Pirawarth	Kur|Gesundheit	16	55
8490	Bad Radkersburg	Fontana Thermalhotel ****	Kur|Wellness	14	202
8490	Bad Radkersburg	Hotel im Park ****s	Wellness|Kur	17	202
8490	Bad Radkersburg	Radkersburger Hof ****	Kur|Wellness	11	203
8490	Bad Radkersburg	Triest ****	Kur|Wellness	11	203
8490	Bad Radkersburg	Vier Jahreszeiten Landhaus ****	Wellness|Kur	12	203
8490	Bad Radkersburg	Vitalhotel ****	Wellness|Kur	10	203
7202	Bad Sauerbrunn	Haus Esterházy ****	Kur	16	181
4701	Bad Schallerbach	Eurothermenresort Paradiso ****s	Wellness	17	71
4701	Bad Schallerbach	Parkhotel Bad Schallerbach ****	Wellness	12	72
2853	Bad Schönau	Kurzentrum Zum Landsknecht ****	Kur	12	58
2853	Bad Schönau	Kurzentrum Zur Quelle ****	Kur	15	58
2853	Bad Schönau	Königsberg Gesundheitsresort ****	Kur	14	58
9462	Bad St. Leonhard	Moselebauer ****	Wellness	12	222
7431	Bad Tatzmannsdorf	Avita Resort ****s	Wellness	14	183
7431	Bad Tatzmannsdorf	Kur- & Thermenhotel ****s	Kur	17	184
7431	Bad Tatzmannsdorf	Parkhotel ***	Wellness|Kur	13	184
7431	Bad Tatzmannsdorf	Reiters Finest Family *****s	Wellness	18	185
7431	Bad Tatzmannsdorf	Reiters Supreme *****	Wellness	20	185
7431	Bad Tatzmannsdorf	Simon ****	Wellness|Kur	12	186
7431	Bad Tatzmannsdorf	Thermen- & Vitalhotel ****s	Wellness|Kur	15	186
5424	Bad Vigaun	Bad Vigaun ****	Kur|Wellness	12	85
2540	Bad Vöslau	Kurzentrum Bad Vöslau ****	Kur	15	55
8271	Bad Waltersdorf	Bio-Thermen-Hotel ****	Gesundheit	11	195
8271	Bad Waltersdorf	Der Steirerhof *****	Wellness	20	195
8271	Bad Waltersdorf	Falkensteiner Bad Waltersdorf ****	Wellness	15	196
8271	Bad Waltersdorf	H$_2$O-Therme	Wellness	9	196
8271	Bad Waltersdorf	Quellenhotel ****	Wellness|Kur	16	196
8271	Bad Waltersdorf	Thermal Biodorf ****	Wellness	11	197
8271	Bad Waltersdorf	Thermenhof Paierl ****s	Wellness	16	197
8271	Bad Waltersdorf	Ziegler Panoramahof garni ****	Wellness	10	198
4654	Bad Wimsbach-Neydharting	Moorbad Neydharting	Kur	12	71
4283	Bad Zell	Kurhotel Bad Zell ***	Kur	10	68
4283	Bad Zell	Lebensquell ****s	Kur|Wellness	15	68
2500	Baden bei Wien	Badener Hof ****	Kur	13	55
2500	Baden bei Wien	Grand Hotel Sauerhof ****	Wellness	11	55
2500	Baden bei Wien	Herzoghof ****	Wellness	10	55
2500	Baden bei Wien	Schloss Weikersdorf ****	Wellness	12	55
5101	Bergheim	Gmachl Bergheim ****s	Wellness	16	82
6622	Berwang	Kaiserhof Familienhotel ****	Wellness	11	156

PLZ	Ort	Hotelname	Kategorie	Punkte	S.
6622	Berwang	Singer Sporthotel & Spa **** s	Wellness	15	156
6870	Bezau	Gams *****	Wellness	15	173
6870	Bezau	Post Bezau **** s	Wellness	14	173
6633	Biberwier	McTirol	Wellness	11	158
6700	Bludenz	Val Blu Resort ***	Wellness	10	168
9551	Bodensdorf	Feuerberg Mountain Resort ****	Wellness	17	227
9551	Bodensdorf	Seerose ****	Wellness	12	227
5733	Bramberg am Wildkogel	Habachklause Kinderhotel ****	Wellness	12	104
6708	Brand	Beck Sporthotel ****	Wellness	11	168
6708	Brand	Scesaplana ****	Wellness	10	168
6708	Brand	Valavier Aktivresort ****	Wellness	12	168
6708	Brand	Walliserhof ****	Wellness	11	168
6751	Braz	Traube Braz ****	Wellness	12	168
6364	Brixen im Thale	Brixen Vital & Sport ****	Wellness	10	138
8572	Bärnbach	Glockenhof Sporthotel ***	Wellness	10	204
6707	Bürserberg	Schillerkopf Alpinresort **** s	Wellness	12	168
6884	Damüls	Damülser Hof ****	Wellness	13	175
6884	Damüls	Mittagspitze ****	Wellness	10	175
9635	Dellach im Gailtal	Der Daberer – das Biohotel **** s	Wellness	17	229
7301	Deutschkreuz	Schreiner *** s	Wellness	10	183
5652	Dienten am Hochkönig	Mitterwirt ****	Wellness	11	101
5652	Dienten am Hochkönig	Übergossene Alm **** s	Wellness	17	101
8953	Donnersbachwald	Stegerhof ****	Wellness	11	207
5632	Dorfgastein	Römerhof ****	Wellness	11	100
6850	Dornbirn	Four Points by Sheraton ****	Business|Wellness	11	172
6850	Dornbirn	Rickatschwende Gesundheitszentrum ****	Gesundheit|Wellness	16	172
9580	Drobollach	Ginas Baby- & Kinderhotel ****	Wellness	12	229
9873	Döbriach	Burgstaller Familiengut ****	Wellness	11	233
9873	Döbriach	Seefischer am See **** s	Wellness	14	233
9873	Döbriach	Trattnig ****	Wellness	12	233
9873	Döbriach	Zanker ****	Wellness	10	233
9873	Döbriach	Zur Post Döbriach *** s	Wellness	10	233
3601	Dürrnstein	Pfeffel Gartenhotel ****	Wellness	11	61
3601	Dürnstein	Schloss Dürnstein *****	Wellness	12	62
9323	Dürnstein	Wildbad Kurhotel	Kur	12	213
9580	Egg am Faaker See	Karnerhof **** s	Wellness	11	229
9580	Egg am Faaker See	Kleines Hotel Kärnten ****	Wellness	11	229
8461	Ehrenhausen	Loisium Wine & Spa Südsteiermark ****	Wellness	13	202
6632	Ehrwald	Alpenhof ****	Wellness	12	158
6632	Ehrwald	Sonnenspitze ****	Wellness	9	158
6632	Ehrwald	Spielmann ****	Wellness	11	158
6632	Ehrwald	Stern Ehrwald ***	Wellness	9	158
6632	Ehrwald	Tirolerhof Kinderhotel ****	Wellness	10	158
6632	Ehrwald	Zugspitze Aktiv- & Familienresort ****	Wellness	11	158
6632	Ehrwald	Zum Grünen Baum ****	Wellness	10	158
8552	Eibiswald	Iwein ****	Wellness	12	204
6911	Eichenberg	Schönblick ****	Wellness	11	175
3032	Eichgraben	Steinberger Vital-Seminar ****	Wellness	10	59
8383	Eisenberg an der Raab	Eisenberg ****	Wellness	11	189
9861	Eisentratten	Lamprechthof	Wellness	11	231
6652	Elbigenalp	Alpenrose **** s	Wellness	12	158
6652	Elbigenalp	Stern Elbigenalp ****	Wellness	9	158
5161	Elixhausen	Gmachl Romantik-Hotel **** s	Wellness	15	82
6352	Ellmau	Der Bär	Wellness	11	136
6352	Ellmau	Hochfilzer ****	Wellness	10	136
6352	Ellmau	Kaiserhof Ellmau *****	Wellness	18	136

PLZ	Ort	Hotelname	Kategorie	Punkte	S.
6383	Erpfendorf	Berghof Vitalhotel ****	Wellness	11	142
6383	Erpfendorf	Lärchenhof *****	Wellness	15	142
5301	Eugendorf	Drei Eichen Landhotel ****	Wellness	10	83
5301	Eugendorf	Gastagwirt ****	Wellness	10	83
5301	Eugendorf	Gschirnwirt Landhotel ****	Wellness	10	83
5301	Eugendorf	Holznerwirt ****	Wellness	10	83
5324	Faistenau	Alte Post ****	Wellness	11	83
6524	Feichten	Lärchenhof ****	Wellness	10	147
9544	Feld am See	Brennseehof Familien-Sport-Hotel ****s	Wellness	14	223
4101	Feldkirchen	Kneipp Traditionshaus Bad Mühllacken	Kur	13	66
6391	Fieberbrunn	Alpine Resort Fieberbrunn ****	Wellness	11	142
6391	Fieberbrunn	Alte Post Fieberbrunn ****	Wellness	11	142
6391	Fieberbrunn	Fontana Sporthotel ****	Wellness	10	142
5532	Filzmoos	Bischofsmütze ****	Wellness	11	87
5532	Filzmoos	Hanneshof ****	Wellness	10	87
5532	Filzmoos	Neubergerhof ****	Wellness	12	87
6292	Finkenberg	Kristall ****	Wellness	10	131
6292	Finkenberg	Olympia-Relax ****	Wellness	11	131
6292	Finkenberg	Stock Resort *****	Wellness	19	131
8654	Fischbach	Fasching Dorfhotel ****	Wellness	17	204
6533	Fiss	Bergfrieden ***	Wellness	9	148
6533	Fiss	Chesa Monte ****	Wellness	12	148
6533	Fiss	Fisser Hof ****	Wellness	12	149
6533	Fiss	Natürlich garni ****	Wellness	11	149
6533	Fiss	Schlosshotel Alpenresort ****s	Wellness	15	149
6533	Fiss	St. Laurentius Familienhotel ****	Wellness	11	149
5542	Flachau	Alpenhof Flachau ****s	Wellness	14	87
5542	Flachau	Hartl ****	Wellness	10	87
5542	Flachau	Lacknerhof ****s	Wellness	10	87
5542	Flachau	Tauernhof Flachau ****	Wellness	10	87
5542	Flachau-Reitdorf	Felsenhof ****	Wellness	10	87
8163	Fladnitz	Pierer Almwellness ****s	Wellness	15	193
8163	Fladnitz	Styria Vitalhotel ****	Wellness	11	193
8163	Fladnitz	Teichwirt ****	Wellness	11	195
6733	Fontanella	Faschina ****	Wellness	11	168
6733	Fontanella	Walserhof Vitalhotel ****	Wellness	10	168
5131	Franking	Moorhof Landhotel ****	Wellness	10	76
7132	Frauenkirchen	St. Martins Therme & Lodge ****s	Wellness	16	180
6166	Fulpmes	Alte Post ****	Wellness	11	119
6166	Fulpmes	Donnerhof Aktivhotel ****	Wellness	10	119
6166	Fulpmes	Stubaier Hof ****	Wellness	12	119
5330	Fuschl am See	Ebners Waldhof am See ****s	Wellness	15	83
6263	Fügen	Alpinahotel ****s	Wellness	13	126
6263	Fügen	Crystal Gartenhotel ****	Wellness	12	126
6263	Fügen	Haidachhof Aktiv & Wellness ****	Wellness	12	126
6263	Fügen	Held ****s	Wellness	14	126
6263	Fügen	Kohlerhof ****	Wellness	12	127
6264	Fügenberg	Schiestl ****	Wellness	12	127
6563	Galtür	Almhof ****	Wellness	10	155
6563	Galtür	Ballunspitze Kinderhotel ****	Wellness	9	155
6563	Galtür	Luggi ***	Wellness	10	155
6563	Galtür	Post ****	Wellness	9	155
6563	Galtür	Wirlerhof ****	Wellness	11	155
6787	Gargellen	Bachmann ****	Wellness	10	172
3571	Gars am Kamp	La Pura Women's Health Resort ****	Gesundheit	17	61
6793	Gaschurn	Felbermayer Vital-Zentrum ****	Gesundheit|Wellness	12	172

PLZ	Ort	Hotelname	Kategorie	Punkte	S.
6793	Gaschurn	First Mountain Montafon ***	Wellness	9	172
6793	Gaschurn	Silvretta Montafon ****	Wellness	12	172
6793	Gaschurn	Verwall ****	Wellness	11	172
4943	Geinberg	Geinberg⁵ Private Spa Villas	Wellness	19	75
4943	Geinberg	Therme Geinberg Vitalhotel ****	Wellness	14	76
6281	Gerlos	Almhof Kinderhotel ****	Wellness	16	129
6281	Gerlos	Alpenhof Gerlos ****	Wellness	10	129
6281	Gerlos	Alpina Traumhotel ****s	Wellness	12	129
6281	Gerlos	Central ****	Wellness	10	129
6281	Gerlos	Gaspingerhof ****	Wellness	11	129
6281	Gerlos	Gerloserhof ***s	Wellness	10	129
6281	Gerlos	Glockenstuhl ****	Wellness	10	129
6281	Gerlos	Jägerhof ****	Wellness	10	129
6281	Gerlos	Kristall ****	Wellness	10	129
6281	Gerlos	Kröller Kinderhotel ****	Wellness	11	129
6281	Gerlos	Platzer ****	Wellness	12	129
3950	Gmünd	Sole-Felsen-Bad ****	Wellness	10	63
6069	Gnadenwald	Speckbacherhof ****	Wellness	11	114
6353	Going	Seiwald ****	Wellness	11	137
6353	Going	Stanglwirt Bio-Hotel *****	Wellness	16	137
5622	Goldegg	Zur Post ****	Wellness	10	96
7122	Gols	Birkenhof ****	Wellness	10	180
4824	Gosau	Sommerhof ****	Wellness	10	74
8044	Graz	Stoiser's garni ****	Wellness	9	193
8051	Graz	Novapark ***s	Wellness	11	193
4360	Grein	Aumühle	Wellness	12	69
3920	Groß Gerungs	Herz-Kreislauf-Zentrum Groß Gerungs ****	Kur|Gesundheit	17	62
5611	Großarl	Alpenklang ****	Wellness	11	95
5611	Großarl	Edelweiss ****s	Wellness	11	95
5611	Großarl	Großarler Hof ****s	Wellness	11	95
5611	Großarl	Holzlebn Feriendorf	Wellness	11	95
5611	Großarl	Hubertushof ****	Wellness	10	95
5611	Großarl	Moar-Gut Kinderhotel ****s	Wellness	12	95
5611	Großarl	Nesslerhof ****s	Wellness	16	95
5611	Großarl	Tauernhof Vitalhotel ****	Wellness	12	96
5611	Großarl	Waldhof ****	Wellness	12	96
9843	Großkirchheim	Post Großkirchheim ***	Wellness	10	231
8734	Großlobming	G'Schlössl Murtal	Wellness	15	205
2041	Grund	Nexenhof Ayurveda-Verein	Wellness	11	54
8993	Grundlsee	Seehotel Grundlsee ****	Wellness	12	213
6673	Grän	Bergblick ****s	Wellness	12	159
6673	Grän	Engel ****s	Wellness	16	159
6673	Grän	Liebes Rot-Flüh *****	Wellness	14	160
6673	Grän	Lumberger Hof ****	Wellness	12	160
6673	Grän	Sonnenhof ****	Wellness	10	160
6673	Grän	Told Almhotel ***s	Wellness	10	160
6673	Grän	Tyrol Grän ****	Wellness	13	160
8962	Gröbming	Spanberger ****	Gesundheit	13	207
8962	Gröbming	St. Georg Landhaus ****	Wellness	12	207
4645	Grünau im Almtal	Almtalhof ****	Wellness	11	71
4191	Guglwald	Guglwald ****s	Wellness	17	67
3221	Gösing	Gösing Alpenhotel ****	Wellness	14	59
4083	Haibach	Donauschlinge ****	Wellness	10	66
6060	Hall	Parkhotel Hall ****	Business|Wellness	11	114
6672	Haller	Laternd'l Hof ****s	Wellness	10	159
6263	Hart	Hoppet ****	Wellness	10	127

PLZ	Ort	Hotelname	Kategorie	Punkte	S.
8230	Hartberg	Ring Bio-Hotel ****	Gesundheit|Beauty	11	195
3874	Haugschlag	Haugschlag Golfresort ****	Wellness	12	62
8967	Haus	Bliems Familienhotel ****	Wellness	11	208
8967	Haus	Herrschaftstaverne ****	Wellness	10	208
8967	Haus	Höflehner Naturhotel ****s	Wellness	16	208
9844	Heiligenblut	Glocknerhof ****	Wellness	12	231
9844	Heiligenblut	Kärntnerhof ****	Wellness	10	231
7522	Heiligenbrunn	Krutzler ****	Wellness	11	187
9620	Hermagor	Alpen Adria ****	Wellness	11	229
9620	Hermagor	Falkensteiner Sonnenalpe ****	Wellness	11	229
9620	Hermagor	Hubertushof Kinderhotel ***	Wellness	10	229
9620	Hermagor	Ramsi Kinderhotel ****	Wellness	10	229
9620	Hermagor	Wulfenia ****	Wellness	11	229
9631	Hermagor-Naßfeld	Falkensteiner Carinzia ****	Wellness	13	229
4573	Hinterstoder	Berghotel Hinterstoder ****	Wellness	10	70
4573	Hinterstoder	Dietlgut ***	Wellness	11	70
4573	Hinterstoder	Poppengut ****	Wellness	14	70
4573	Hinterstoder	Stoderhof ****	Wellness	10	70
6283	Hippach	Neue Post ****	Wellness	11	129
6283	Hippach	Stefanie Life & Spa ****	Wellness	13	131
6283	Hippach	Zenzerwirt Landhotel ****	Wellness	11	131
6992	Hirschegg	Alphotel Kinderhotel ***	Wellness	10	176
6992	Hirschegg	Birkenhöhe ****	Wellness	14	176
6992	Hirschegg	Chesa Valisa Naturhotel ****	Wellness	15	176
6992	Hirschegg	Travel Charme Ifen-Hotel *****	Wellness	13	177
6992	Hirschegg	Walserhof ****	Wellness	11	177
6952	Hittisau	Engel Fastenpension ***	Gesundheit	11	175
6952	Hittisau	Schiff ****	Wellness	12	175
6456	Hochgurgl	Angerer Alm ****	Wellness	12	145
6456	Hochgurgl	Ideal Sporthotel ***s	Wellness	10	145
6456	Hochgurgl	Olymp ****	Wellness	11	145
6456	Hochgurgl	Riml ****	Wellness	12	145
6456	Hochgurgl	Top Hochgurgl *****	Wellness	13	146
5322	Hof bei Salzburg	Schloss Fuschl *****	Wellness	13	83
5322	Hof bei Salzburg	Sheraton Jagdhof Fuschlsee ****s	Wellness	12	83
4142	Hofkirchen	Falkner Landhotel ****	Wellness	12	66
3945	Hoheneich	Leonardo Kurhotel ****	Kur|Wellness	10	63
6361	Hopfgarten	Hopfgarten Familotel ****	Wellness	12	138
9961	Hopfgarten	Zedern Klang ****s	Wellness	12	164
6080	Igls	Igls Sporthotel ****	Wellness	12	115
6080	Igls	Parkhotel Igls ****	Gesundheit	16	115
6020	Innsbruck	Innsbruck ****	Wellness	11	114
6020	Innsbruck	Schwarzer Adler ****s	Wellness	11	114
8952	Irdning	Gabriel Landhaus ****	Wellness	10	207
6561	Ischgl	Angela garni ****	Wellness	10	153
6561	Ischgl	Brigitte ****s	Wellness	11	153
6561	Ischgl	Elizabeth Arthotel ****	Wellness	11	153
6561	Ischgl	Fliana ****s	Wellness	12	153
6561	Ischgl	Madlein ****	Wellness	11	153
6561	Ischgl	Piz Tasna ****	Wellness	12	153
6561	Ischgl	Post ****s	Wellness	11	153
6561	Ischgl	Salnerhof ****s	Wellness	11	153
6561	Ischgl	Seiblishof Family Hotel ****	Wellness	10	153
6561	Ischgl	Tannenhof Ischgl ***s	Wellness	9	153
6561	Ischgl	Tirol Ischgl ****	Wellness	11	153
6561	Ischgl	Trofana ****	Wellness	10	153

PLZ	Ort	Hotelname	Kategorie	Punkte	S.
6561	Ischgl	Trofana Royal ***** s	Wellness	14	153
8380	Jennersdorf	Maiers Elisabeth garni ****	Wellness	11	189
8380	Jennersdorf	Maiers Wellnesshotel ****	Wellness	12	189
6474	Jerzens	Andy **** s	Wellness	13	146
6474	Jerzens	Jerzner Hof ****	Wellness	15	147
6474	Jerzens	Panorama Natur & Spa ****	Wellness	12	147
6373	Jochberg	Kempinski Das Tirol *****	Wellness	15	142
8224	Kaindorf	Ballonhotel Kinderhotel ****	Wellness	11	195
9981	Kals am Großglockner	Gradonna Mountain Resort **** s	Wellness	15	164
9981	Kals am Großglockner	Taurerwirt Vitalhotel ****	Wellness	13	165
6272	Kaltenbach	Seetal Familienhotel ****	Wellness	14	127
6555	Kappl	Zhero	Wellness	11	153
5710	Kaprun	Active by Leitner's ****	Wellness	11	104
5710	Kaprun	Barbarahof **** s	Wellness	11	104
5710	Kaprun	Rudolfshof Vitality ****	Wellness	12	104
5710	Kaprun	Steigenberger Kaprun ****	Wellness	12	104
5710	Kaprun	Tauern Spa ****	Wellness	14	104
5710	Kaprun	Tauernhof Kaprun ****	Wellness	11	104
5710	Kaprun	Vier Jahreszeiten ****	Wellness	11	104
9074	Keutschach	Sonnenhotel Hafnersee ****	Wellness	9	217
2880	Kirchberg	Molzbachhof ***	Wellness	14	59
6365	Kirchberg	Adler Alpenresidenz ****	Wellness	11	138
6365	Kirchberg	Alexander ****	Wellness	9	138
6365	Kirchberg	Elisabeth **** s	Wellness	12	138
6365	Kirchberg	Kirchberger Hof Alpenglück ****	Wellness	10	139
6365	Kirchberg	Maierl Alm & Chalets	Wellness	14	139
6365	Kirchberg	Rosengarten ****	Wellness	11	139
6365	Kirchberg	Sonne Activ Sunny ****	Wellness	9	139
6382	Kirchdorf	Alphof ***	Wellness	9	142
6382	Kirchdorf	Babymio ****	Wellness	12	142
6382	Kirchdorf	Furtherwirt Familotel ****	Wellness	10	142
6382	Kirchdorf	Seiwald ****	Wellness	10	142
6370	Kitzbühel	A-Rosa Kitzbühel *****	Wellness	13	139
6370	Kitzbühel	Alpenhotel Kitzbühel ***	Wellness	9	139
6370	Kitzbühel	Bichlhof **** s	Wellness	13	139
6370	Kitzbühel	Erika Garden-Spa ****	Wellness	12	139
6370	Kitzbühel	Grand Tirolia	Wellness	14	139
6370	Kitzbühel	Jägerwirt ****	Wellness	9	141
6370	Kitzbühel	Kitzhof ****	Wellness	11	141
6370	Kitzbühel	Q! Resort Kitzbühel ****	Wellness	11	141
6370	Kitzbühel	Rasmushof ****	Wellness	12	141
6370	Kitzbühel	Schloss Lebenberg *****	Wellness	13	141
6370	Kitzbühel	Schwarzer Adler **** s	Wellness	11	141
6370	Kitzbühel	Schweizerhof ****	Wellness	11	141
6370	Kitzbühel	Tennerhof *****	Wellness	12	141
6370	Kitzbühel	Weisses Rössl *****	Wellness	12	141
6370	Kitzbühel	Zur Tenne ****	Wellness	11	141
8442	Kitzeck	Weinhof Kappel ****	Wellness	14	201
9020	Klagenfurt	Seepark Congress & Spa ****	Wellness	12	217
5603	Kleinarl	Guggenberger ****	Wellness	12	95
5603	Kleinarl	Robinson Club Amadé ****	Wellness	12	95
5603	Kleinarl	Tauernhof Kleinarl ****	Wellness	11	95
3171	Kleinzell	Salzerbad Kurhotel ****	Kur	10	59
6842	Koblach	Adler Kurhaus ***	Kur	10	172
3500	Krems	Steigenberger Krems ****	Wellness	13	60
2851	Krumbach	Schloss Krumbach ****	Wellness	10	58

PLZ	Ort	Hotelname	Kategorie	Punkte	S.
6942	Krumbach	Rossbad Kur- & Gesundheitshotel ****	Kur|Wellness	12	175
9201	Krumpendorf	Feel good Boutique-Hotel Egger ****	Wellness	11	219
7543	Kukmirn	Lagler ****	Wellness	11	187
8580	Köflach	Nova Hotel & Therme ****	Kur|Wellness	11	204
6345	Kössen	Alpina Wellness & Spa ****s	Wellness	12	135
6345	Kössen	Peternhof ****s	Wellness	13	135
6345	Kössen	Riedl ****	Wellness	10	136
6345	Kössen	Sonneck ****	Wellness	10	136
9640	Kötschach-Mauthen	Kürschner Schlank-Schlemmer ****	Wellness	11	230
6183	Kühtai	Alpenrose Kühtai ****	Wellness	11	121
6183	Kühtai	Kühtai Sporthotel ****	Wellness	9	121
6183	Kühtai	Mooshaus ****	Wellness	10	121
2136	Laa an der Thaya	Therme Laa ****s	Wellness	15	54
4663	Laakirchen	Moorbad Gmös	Kur	10	71
3295	Lackenhof am Ötscher	Jagdhof Bio-Wellness ****	Wellness	10	59
6531	Ladis	Laderhof Kinderhotel ****	Wellness	11	147
6532	Ladis	Alpen-Herz Romantik & Spa ****	Wellness	12	148
6532	Ladis	Panorama Ladis ****	Wellness	10	148
6532	Ladis-Obladis	Goies ****	Wellness	12	148
3550	Langenlois	Loisium Wine & Spa Langenlois ****s	Wellness	13	60
3921	Langschlag	Klosterberg ****	Gesundheit|Wellness	12	62
6072	Lans	Lanserhof ****	Gesundheit	17	114
9900	Lavant	Dolomitengolf ****s	Wellness	12	162
6764	Lech	Acerina ***s	Wellness	11	168
6764	Lech	Almhof Schneider *****	Wellness	12	168
6764	Lech	Angela ****s	Wellness	11	168
6764	Lech	Arlberg *****	Wellness	12	168
6764	Lech	Aurelio *****s	Wellness	17	168
6764	Lech	Burg ****s	Wellness	12	169
6764	Lech	Burg Vital *****	Wellness	16	169
6764	Lech	Filomena Aparthotel garni ****	Wellness	11	170
6764	Lech	Goldener Berg ****s	Wellness	12	170
6764	Lech	Gotthard ****s	Wellness	12	170
6764	Lech	Haldenhof ****	Wellness	11	170
6764	Lech	Krone *****	Wellness	12	170
6764	Lech	Plattenhof ****s	Wellness	10	170
6764	Lech	Post Gasthof Lech *****	Wellness	16	170
6764	Lech	Rote Wand Gasthof ****	Wellness	12	171
6764	Lech	Sonnenburg ****s	Wellness	11	171
6764	Lech	Tannbergerhof ****s	Wellness	10	171
8430	Leibnitz	Zur Alten Post ****	Wellness	9	201
8430	Leibnitz-Kaindorf	Staribacher ****	Wellness	10	201
4132	Lembach	Lembacher Hof ***	Wellness	10	66
9811	Lendorf	Laurenzhof ****	Wellness	10	231
8700	Leoben	Falkensteiner Asia Leoben ****	Wellness	11	205
5771	Leogang	Bacher ****	Wellness	10	108
5771	Leogang	Forsthofalm ****	Wellness	15	108
5771	Leogang	Forsthofgut ****s	Wellness	17	108
5771	Leogang	Krallerhof ****s	Wellness	17	109
5771	Leogang	Leonhard ****	Wellness	11	111
5771	Leogang	Löwenhof ****	Wellness	10	111
5771	Leogang	Priesteregg Bergdorf	Wellness	15	111
5771	Leogang	Riederalm ****	Wellness	12	111
5771	Leogang	Rupertus Landhotel ****	Wellness	12	111
5771	Leogang	Salzburger Hof Leogang ****	Wellness	11	111
6631	Lermoos	Alpenrose Family Resort ****s	Wellness	14	156

PLZ	Ort	Hotelname	Kategorie	Punkte	S.
6631	Lermoos	Bellevue Family-Relax ****	Wellness	12	157
6631	Lermoos	Bergland ****	Wellness	9	157
6631	Lermoos	Edelweiss ****	Wellness	10	157
6631	Lermoos	Klockerhof ****	Wellness	12	157
6631	Lermoos	Loisach	Wellness	11	157
6631	Lermoos	Lärchenhof garni ****	Wellness	9	157
6631	Lermoos	Mohr Life Resort ****s	Wellness	17	157
6631	Lermoos	Post ****s	Wellness	15	158
6105	Leutasch	Kristall ****	Wellness	10	117
6105	Leutasch	Leutascherhof Biohotel ****	Wellness	10	117
6105	Leutasch	Quellenhof ****s	Wellness	18	117
6105	Leutasch	Xander Sporthotel ****	Wellness	10	118
9900	Lienz	Grandhotel Lienz *****	Wellness	17	162
9900	Lienz	Parkhotel Tristachersee ****	Wellness	13	163
9900	Lienz	Traube Romantikhotel ****	Wellness	11	163
8563	Ligist	Enzianhof Naturhotel ***	Wellness	10	204
6951	Lingenau	Quellengarten ***	Wellness	12	175
5311	Loibichl am Mondsee	Seehof *****	Wellness	13	77
8282	Loipersdorf Therme	Kowald Thermenhotel ****	Wellness	12	198
8282	Loipersdorf Therme	Krainz Vitalhotel garni ****	Wellness	10	198
8282	Loipersdorf Therme	Leitner Thermalhotel ****	Wellness	12	198
8282	Loipersdorf Therme	Loipersdorf Spa & Conference ****s	Wellness	12	198
8282	Loipersdorf Therme	Maiers Kuschelhotel deluxe ****s	Wellness	10	198
8282	Loipersdorf Therme	Römerstein Landhaus ****	Wellness	14	198
8282	Loipersdorf Therme	Stoiser Thermenhotel ****s	Wellness	15	199
8282	Loipersdorf Therme	Vier Jahreszeiten ****	Wellness	12	199
4460	Losenstein	Fessler Heilfasteninstitut ***	Gesundheit	12	69
7361	Lutzmannsburg	All in Red ****	Wellness	10	183
7361	Lutzmannsburg	Derdak Thermenhof ***	Wellness	9	183
7361	Lutzmannsburg	Kurz Thermenhotel ****	Wellness	10	183
7361	Lutzmannsburg	Semi Kinderhotel ****s	Wellness	12	183
7361	Lutzmannsburg	Sonnenpark ****	Wellness	16	183
7361	Lutzmannsburg	Vier Jahreszeiten ****	Wellness	13	183
6444	Längenfeld	Aqua Dome ****s	Wellness	14	144
6444	Längenfeld	Waldklause Naturhotel ****s	Wellness	17	144
5751	Maishofen	Schloss Kammer Landgasthof ****	Wellness	12	105
9822	Mallnitz	Alber Ferienhotel ****	Wellness	9	231
5761	Maria Alm	Alpenparks Resort ****	Wellness	11	108
5761	Maria Alm	Urslauerhof ****	Wellness	12	108
5761	Maria Alm-Hinterthal	Schafhuber Landhotel ****	Wellness	10	108
5761	Maria Alm-Hinterthal	Wachtelhof Jagdgut	Wellness	12	108
9082	Maria Wörth	Viva	Gesundheit	18	217
9082	Maria Wörth-Dellach	Mayr & More Gesundheitszentrum	Gesundheit	14	217
8812	Mariahof	Pichlschloss ***	Gesundheit|Wellness	11	206
9971	Matrei	Hinteregger ***	Wellness	10	164
9971	Matrei	Outside ****	Wellness	12	164
9971	Matrei	Rauter ****	Wellness	10	164
5163	Mattsee	Iglhauser Schlosshotel ****	Wellness	11	83
5163	Mattsee	Seewirt Mattsee ****	Wellness	12	83
3001	Mauerbach bei Wien	Schlosspark Mauerbach ****s	Wellness	12	59
3001	Mauerbach bei Wien	Tulbingerkogel ****	Wellness	12	59
6212	Maurach	Alpenrose ****s	Wellness	16	121
6212	Maurach	Rieser's Kinderhotel ****	Wellness	12	121
6212	Maurach	Rotspitz ***	Wellness	10	121
6212	Maurach	Sonnalp Aktiv- & Erlebnishotel ****	Wellness	10	122
6212	Maurach	Vier Jahreszeiten ****	Wellness	10	122

PLZ	Ort	Hotelname	Kategorie	Punkte	S.
5570	Mauterndorf	Karla ****	Wellness	10	91
5570	Mauterndorf	Neuwirt ***	Wellness	9	91
6290	Mayrhofen	Denggerhof Landhotel ****	Wellness	9	131
6290	Mayrhofen	Edenlehen ****	Wellness	12	131
6290	Mayrhofen	Elisabeth *****	Wellness	12	131
6290	Mayrhofen	Glockenstuhl garni ***	Wellness	9	131
6290	Mayrhofen	Huber's Boutiquehotel ****	Wellness	10	131
6290	Mayrhofen	Kramerwirt ****	Wellness	9	131
6290	Mayrhofen	Manni ****	Wellness	10	131
6290	Mayrhofen	Neuhaus ****	Wellness	11	131
6290	Mayrhofen	Oblasser Ferienhof garni ****	Wellness	10	131
6881	Mellau	Kreuz ****	Wellness	10	174
6881	Mellau	Sonne Lifestyle Resort ****s	Wellness	14	174
9322	Micheldorf	Agathenhof Gesundheitsresort ****	Kur	12	222
6414	Mieming	Kaysers ****	Wellness	11	143
6414	Mieming	Schwarz Alpenresort *****	Wellness	17	143
6414	Mieming	Schweitzer Biohotel ***	Wellness	11	143
8190	Miesenbach	Fastenhaus Dunst	Wellness	12	195
9872	Millstatt	Alexanderhof ****	Wellness	11	233
9872	Millstatt	Alpenrose Biohotel ****	Wellness	14	233
9872	Millstatt	Forelle ****	Wellness	13	233
9872	Millstatt	Kaiser Franz Josef ****	Wellness	11	233
9872	Millstatt	Post Familienhotel ****	Wellness	10	233
6993	Mittelberg	Haller's Genuss & Spa ****s	Wellness	12	177
6993	Mittelberg	IFA Alpenhof Wildental ****	Wellness|Gesundheit	12	177
6993	Mittelberg	Rosenhof ****	Wellness	10	177
6993	Mittelberg	Steinbock ***	Wellness	10	177
5730	Mittersill	Felben Kinderhotel ****	Wellness	12	104
5730	Mittersill	Sonnberghof Landhotel-Gut ****	Wellness	13	104
5310	Mondsee	Eichingerbauer Marienschlössl ****s	Wellness	14	76
5310	Mondsee	Iris Porsche *****	Wellness	12	77
5310	Mondsee	Schloss Mondsee ****	Wellness	10	77
3970	Moorbad Harbach	Moorheilbad Harbach ****	Kur|Gesundheit	14	63
8850	Murau	Ferners Rosenhof ****	Wellness	12	206
6162	Mutters	Seppl ****	Wellness	10	119
9813	Möllbrücke	Kreinerhof Landhotel ***	Wellness	9	231
7123	Mönchhof	Marienkron Kurhaus ****	Kur|Gesundheit	13	180
2872	Mönichkirchen	Thier ****	Wellness	10	59
8252	Mönichwald	Schwengerer Berggasthof ***	Wellness	10	195
8822	Mühlen	Tonnerhütte ***	Wellness	13	206
6543	Nauders	Berghof Nauders ****	Wellness	10	151
6543	Nauders	Central ****	Wellness	10	151
6543	Nauders	Mein Almhof ****s	Wellness	13	151
6543	Nauders	Naudererhof Alpin Art & Spa ****	Wellness	12	153
6543	Nauders	Tirolerhof ****	Wellness	10	153
6672	Nesselwängle	Via Salina ****	Wellness	11	159
4120	Neufelden	Mühltalhof ****	Wellness	11	66
3364	Neuhofen an der Ybbs	Kothmühle Relax-Resort ****	Wellness	14	60
5741	Neukirchen	Buasen garni ****	Wellness	12	105
5741	Neukirchen	Gassner ****	Wellness	11	105
7100	Neusiedl am See	Beauty-Vital-Residenz Dolezal ****	Beauty|Wellness	10	180
7100	Neusiedl am See	Wende ****	Wellness	11	180
6167	Neustift	Bergcristall ****	Wellness	11	119
6167	Neustift	Bergkönig Activehotel ****	Wellness	10	119
6167	Neustift	Edelweiß Vitalhotel ****	Wellness	13	119
6167	Neustift	Forster ****	Wellness	13	119

PLZ	Ort	Hotelname	Kategorie	Punkte	S.
6167	Neustift	Jagdhof *****	Wellness	17	119
6167	Neustift	Milderer Hof ****s	Wellness	12	121
6167	Neustift	Mutterberg Alpensporthotel ****	Wellness	9	121
6167	Neustift	Neustift Sporthotel ****s	Wellness	12	121
6167	Neustift-Kampl	Rastbichlhof ****	Wellness	11	121
6167	Neustift-Milders	Kindl Alpenhotel ****	Wellness	10	121
6441	Niederthai	Tauferberg ***	Wellness	9	144
8712	Niklasdorf	Brücklwirt ****	Wellness	9	205
4865	Nussdorf am Attersee	Aichinger ****	Wellness	11	74
6456	Obergurgl	Alpina ****s	Wellness	12	146
6456	Obergurgl	Bellevue ****	Wellness	12	146
6456	Obergurgl	Bergwelt ****s	Wellness	12	146
6456	Obergurgl	Crystal ****s	Wellness	14	146
6456	Obergurgl	Edelweiß & Gurgl ****	Wellness	12	146
6456	Obergurgl	Gotthard Zeit ****	Wellness	12	146
6456	Obergurgl	Hochfirst ****s	Wellness	12	146
6456	Obergurgl	Josl Mountain Lounging ****	Wellness	12	146
6456	Obergurgl	Mühle ****	Wellness	10	146
7435	Oberkohlstätten	Kohlstätterhof ***	Wellness	10	187
4131	Obermühl	Bruckwirt Kinderhotel ***	Wellness	10	66
6372	Oberndorf	Penzinghof ****	Wellness	11	141
7350	Oberpullendorf	Kurz Sport-Hotel ****	Wellness	10	183
5562	Obertauern	Cinderella ****	Wellness	10	89
5562	Obertauern	Edelweiss Obertauern ****	Wellness	12	89
5562	Obertauern	Enzian ****s	Wellness	12	89
5562	Obertauern	Frau Holle garni ****	Wellness	10	89
5562	Obertauern	Haus Barbara ****	Wellness	11	89
5562	Obertauern	Kesselspitze ****s	Wellness	12	89
5562	Obertauern	Kohlmayr ****	Wellness	11	89
5562	Obertauern	Manggei garni ****	Wellness	12	89
5562	Obertauern	Panorama Landhaus ****	Wellness	13	89
5562	Obertauern	Perner ****	Wellness	12	89
5562	Obertauern	Römerhof Alpenhotel ****s	Wellness	10	89
5562	Obertauern	Schneider ****s	Wellness	13	90
5562	Obertauern	Seekarhaus ****s	Wellness	14	90
5562	Obertauern	Steiner ****	Wellness	13	90
9821	Obervellach	Schrothkur	Gesundheit|Kur	16	231
8762	Oberzeiring	Oberzeiring Kurhotel ****	Kur	11	206
6416	Obsteig	Holzleiten ****	Wellness	15	143
6416	Obsteig	Lärchenhof Kinderhotel ****	Wellness	10	144
6433	Oetz	Posthotel Kassl ****	Wellness	10	144
7533	Ollersdorf	Strobl Vital ****	Wellness	10	187
3631	Ottenschlag	Lebens-Resort Ottenschlag	Kur|Gesundheit	14	62
7152	Pamhagen	Vila Vita Pannonia ****	Wellness	15	181
9564	Patergassen	Heidi Kinderhotel ****	Wellness	11	227
9564	Patergassen	Schneekönig Kinderhotel ****	Wellness	11	228
9564	Patergassen	Seinerzeit Almdorf	Wellness	14	228
3753	Pernegg	Kloster Pernegg Fastenzentrum	Gesundheit	10	62
6213	Pertisau	Entner Strandhotel ****	Wellness	11	122
6213	Pertisau	Karwendel ****s	Wellness	14	122
6213	Pertisau	Kristall Verwöhnhotel ****	Wellness	14	122
6213	Pertisau	Pfandler ****	Wellness	11	123
6213	Pertisau	Post am See ****	Wellness	12	123
6213	Pertisau	Rieser Aktiv & Spa ****s	Wellness	16	123
6213	Pertisau	Travel Charme Fürstenhaus ****s	Wellness	15	123
6213	Pertisau	Wiesenhof ****s	Wellness	13	123

PLZ	Ort	Hotelname	Kategorie	Punkte	S.
6574	Pettneu	Gridlon ****	Wellness	12	155
6542	Pfunds	Lafairser Hof Vitalhotel ****	Wellness	10	151
6542	Pfunds	Traube ****	Wellness	10	151
6542	Pfunds	Tyrol Pfunds ****	Wellness	10	151
8973	Pichl	Almwelt Austria ****	Wellness	13	210
8973	Pichl	Pichlmayrgut ****	Wellness	10	211
8973	Pichl	Raunerhof ****	Wellness	10	211
8973	Pichl	Steirerhof Wander-Vitalhotel ****	Wellness	10	211
7141	Podersdorf	Seewirt ****	Wellness	11	181
2654	Prein an der Rax	Raxalpenhof ****	Wellness	12	57
2654	Prein an der Rax	Raxblick Gesundheitsresort	Kur|Rehabilitation	13	57
9974	Prägraten	Replerhof Kinderhotel ****	Wellness	11	164
5412	Puch	Kirchenwirt ***	Wellness	10	85
5412	Puch	Vollererhof Kurhotel ****	Gesundheit|Wellness	17	85
2734	Puchberg am Schneeberg	Schneeberghof ****	Wellness	12	57
2734	Puchberg am Schneeberg	Wanzenböck ****	Wellness|Kur	13	57
3251	Purgstall an der Erlauf	Dr. Lumper Kneippkurhaus	Kur	11	59
8225	Pöllau	Zur Grünen Au ****	Wellness	12	195
8225	Pöllauberg	Retter ****	Wellness	12	195
9210	Pörtschach	Balance ****s	Wellness	13	219
9210	Pörtschach	Dr. Jilly Seehotel ****	Wellness|Kur	11	219
9210	Pörtschach	Elisabeth ****	Wellness	10	219
9210	Pörtschach	Lake's	Wellness	12	219
9210	Pörtschach	Parkhotel Pörtschach ****	Wellness	14	220
9210	Pörtschach	Schloss Leonstain ****	Wellness	12	220
9210	Pörtschach	Werzer's Resort ****	Wellness	14	220
9212	Pörtschach	Schloss Seefels *****	Wellness	17	220
3820	Raabs an der Thaya	Liebnitzmühle ****	Wellness	12	62
5550	Radstadt	Gründlers ****	Wellness	12	87
5550	Radstadt	Gut Weissenhof ****s	Wellness	17	88
5550	Radstadt	Seitenalm Familotel ****	Wellness	14	88
5550	Radstadt	Zum Jungen Römer ****	Wellness	12	89
8972	Ramsau	Berghof ****	Wellness	13	209
8972	Ramsau	Feistererhof Biohotel ****	Wellness	10	210
8972	Ramsau	Jagdhof ****	Wellness	10	210
8972	Ramsau	Karlbauer Landhaus ***	Wellness	10	210
8972	Ramsau	Kielhuberhof ****	Wellness	12	210
8972	Ramsau	Kobaldhof ***	Wellness	11	210
8972	Ramsau	Leitenmüller Bio-Bauernhof	Wellness	12	210
8972	Ramsau	Matschner ****	Wellness	11	210
8972	Ramsau	Ramsauhof Biohotel ****	Wellness	12	210
9833	Rangersdorf	Margarethenbad ****	Wellness	10	231
8673	Ratten	Ponyhof ***	Wellness	10	205
2651	Reichenau an der Rax	Hirschwang Seminar-Parkhotel ****	Wellness	10	55
2651	Reichenau an der Rax	Knappenhof ****	Wellness	13	57
9081	Reifnitz	Haus der Gesundheit	Gesundheit	16	217
9081	Reifnitz-Sekirn	Aenea	Wellness	19	217
6370	Reith bei Kitzbühel	Cordial Golf & Wellness ****	Wellness	11	141
6235	Reith im Alpbachtal	Pirchner Hof ****	Wellness	12	125
9863	Rennweg	Falkensteiner Club Funimation ****	Wellness	11	231
9863	Rennweg	Falkensteiner Cristallo ****	Wellness	12	232
9863	Rennweg	Hinteregger Familienhotel ****	Wellness	11	232
6870	Reuthe	Bad Reuthe Gesundheitshotel ****	Kur|Wellness	12	174
6600	Reutte	Zum Mohren ****	Wellness	10	156
6600	Reutte-Breitenwang	Moserhof ****	Wellness	10	156
6600	Reutte-Ehenbichl	Maximilian ***	Wellness	9	156

PLZ	Ort	Hotelname	Kategorie	Punkte	S.
6272	Ried	Zillertaler Grillhof ***	Wellness	9	128
6531	Ried	Linde Gartenhotel ****	Wellness	13	147
6531	Ried	Mozart Vital ****	Wellness	12	148
6531	Ried	Riederhof ****	Wellness	12	148
6531	Ried	Truyenhof ****	Wellness	10	148
6943	Riefensberg	Hochhäderich Almhotel ****	Wellness	12	175
8333	Riegersburg	Genusshotel Riegersburg ****	Wellness	11	199
6991	Riezlern	Erlebach Verwöhnhotel ****	Wellness	12	175
6991	Riezlern	Jagdhof ****	Wellness	10	175
6991	Riezlern	Jäger Alpenhof ****s	Wellness	12	175
6991	Riezlern	Oswalda-Hus ****	Wellness	11	176
8971	Rohrmoos-Untertal	Arx Genusshotel ****	Wellness	10	209
8971	Rohrmoos-Untertal	Austria Familienhotel ***	Wellness	9	209
8971	Rohrmoos-Untertal	Bergkristall ***	Wellness	9	209
8971	Rohrmoos-Untertal	Landauerhof ****	Wellness	12	209
8971	Rohrmoos-Untertal	Moser ****s	Wellness	12	209
8971	Rohrmoos-Untertal	Rohrmooserhof Aktivhotel ****	Wellness	12	209
8971	Rohrmoos-Untertal	Schwaigerhof ****	Wellness	13	209
8971	Rohrmoos-Untertal	Schütterhof ****	Wellness	12	209
8971	Rohrmoos-Untertal	Stocker's Erlebniswelt ****	Wellness	10	209
8971	Rohrmoos-Untertal	Waldfrieden Alpenhotel ****	Wellness	12	209
7071	Rust	Seehotel Rust ****	Wellness	12	180
5753	Saalbach	Alpinresort ****	Wellness	12	105
5753	Saalbach	Eva Village ****	Wellness	10	105
5753	Saalbach	Hinterhag Art & Ski-In ****	Wellness	10	105
5753	Saalbach	Kendler ****	Wellness	11	105
5753	Saalbach	Neuhaus Sport & Spa ****s	Wellness	12	106
5753	Saalbach	Saalbacher Hof ****	Wellness	11	106
5753	Saalbach	Sonne ****	Wellness	11	106
5754	Saalbach-Hinterglemm	Alpen-Karawanserai ****	Wellness	15	106
5754	Saalbach-Hinterglemm	Alpin Juwel ****s	Wellness	12	106
5754	Saalbach-Hinterglemm	Alpine Palace *****	Wellness	12	106
5754	Saalbach-Hinterglemm	Dorfschmiede ****	Wellness	10	106
5754	Saalbach-Hinterglemm	Egger ****	Wellness	11	106
5754	Saalbach-Hinterglemm	Ellmauhof Kinderhotel ****s	Wellness	13	106
5754	Saalbach-Hinterglemm	Lengauer Hof Familotel ****	Wellness	10	106
5754	Saalbach-Hinterglemm	Marten ****	Wellness	10	106
5754	Saalbach-Hinterglemm	Theresia Gartenhotel ****s	Wellness	13	106
5754	Saalbach-Hinterglemm	Unterschwarzachhof ****s	Wellness	14	107
5754	Saalbach-Hinterglemm	Wiesergut	Wellness	17	107
5760	Saalfelden	Brandlhof ****s	Wellness	12	108
5760	Saalfelden	Ritzenhof ****s	Wellness	12	108
5760	Saalfelden	Saliter Hof ****s	Wellness	11	108
5760	Saalfelden	Schörhof ****	Wellness	10	108
5020	Salzburg	Ramada Salzburg City Centre ****	Wellness	10	82
5020	Salzburg	Schloss Mönchstein *****	Wellness	12	82
6432	Sautens	Ritzlerhof ****s	Wellness	13	144
6351	Scheffau	Kaiser in Tirol ****	Wellness	11	136
8970	Schladming	Falkensteiner Schladming ****s	Wellness	13	208
8970	Schladming	Mitterhofer ****	Wellness	10	209
8970	Schladming	Royer Sporthotel ****s	Wellness	10	209
3924	Schloss Rosenau	Schloss Rosenau ****	Wellness	11	62
6886	Schoppernau	Hirschen ****	Wellness	12	175
6780	Schruns	Alpenrose Aktiv & Spa ****s	Wellness	11	171
6780	Schruns	Gauenstein Vitalquelle ****s	Wellness	11	171
6780	Schruns	Löwen-Hotel ****s	Wellness	13	171

PLZ	Ort	Hotelname	Kategorie	Punkte	S.
6780	Schruns-Bartholomäberg	Fernblick ****	Wellness	16	171
6888	Schröcken	Widderstein ****	Wellness	10	175
8541	Schwanberg	Heilmoorbad Schwanberg	Kur|Wellness	13	204
6130	Schwaz	Grafenast Naturhotel ***	Wellness	14	118
4780	Schärding	Barmherzige Brüder	Kur	12	72
4780	Schärding	Gugerbauer ****	Gesundheit	15	72
6553	See	Mallaun ****	Wellness	9	153
9871	Seeboden	Kollers ****s	Wellness	17	232
9871	Seeboden	Moerisch Landhotel ****s	Wellness	12	232
9871	Seeboden	Moserhof ****	Wellness	10	232
6100	Seefeld	A-Vita Viktoria Residenzen garni ****	Wellness	10	115
6100	Seefeld	Alpenhotel ... fall in Love ****	Wellness	10	115
6100	Seefeld	Alpenpark Kinderhotel ****s	Wellness	12	115
6100	Seefeld	Alte Schmiede ****	Wellness	10	115
6100	Seefeld	Astoria *****	Wellness	17	115
6100	Seefeld	Bergland ****	Wellness	10	115
6100	Seefeld	Bergresort Seefeld ****s	Wellness	12	115
6100	Seefeld	Central ****	Wellness	10	115
6100	Seefeld	Charlotte ***s	Wellness	12	115
6100	Seefeld	Dorint Alpin Resort ****	Wellness	11	115
6100	Seefeld	Eden ****s	Wellness	12	116
6100	Seefeld	Elite garni ****	Wellness	10	116
6100	Seefeld	Inntaler Hof ****	Wellness	12	116
6100	Seefeld	Kaiserhof ****	Wellness	11	116
6100	Seefeld	Kaltschmid Ferienhotel ****	Wellness	10	116
6100	Seefeld	Karwendelhof ****	Wellness	9	116
6100	Seefeld	Klosterbräu *****	Wellness	16	116
6100	Seefeld	Krumers Post ****	Wellness	12	117
6100	Seefeld	Lärchenhof ****	Wellness	12	117
6100	Seefeld	Parkhotel ****	Wellness	11	117
6100	Seefeld	Princess Bergfrieden garni	Wellness	10	117
6100	Seefeld	Schönruh ****	Wellness	12	117
6100	Seefeld	Seespitz ****	Wellness	12	117
6100	Seefeld	Solstein ****	Wellness	11	117
6100	Seefeld	St. Peter ****	Wellness	10	117
6100	Seefeld	Veronika ****	Wellness	11	117
6100	Seefeld	Zum Gourmet ****	Wellness	12	117
2680	Semmering	Dr. Stühlinger ****	Gesundheit|Kur	12	57
2680	Semmering	Panhans ****	Wellness	10	57
2680	Semmering	Wagner Panoramahotel ****	Wellness	12	57
6534	Serfaus	Alte Schmiede ****	Wellness	9	149
6534	Serfaus	Bär Family Kinderhotel ****s	Wellness	14	149
6534	Serfaus	Cervosa *****	Wellness	17	150
6534	Serfaus	Drei Sonnen ****s	Wellness	12	150
6534	Serfaus	Geigers Lifehotel ****	Wellness	11	150
6534	Serfaus	Geigers Posthotel ****	Wellness	12	150
6534	Serfaus	Jennys Schlössl ****	Wellness	12	150
6534	Serfaus	Löwe Kinderhotel ****	Wellness	12	150
6534	Serfaus	Maximilian ****	Wellness	12	150
6534	Serfaus	Schalber Wellness-Residenz *****s	Wellness	19	150
6534	Serfaus	St. Zeno Familotel ****	Wellness	11	151
6780	Silbertal	Bergkristall ****	Wellness	12	171
9920	Sillian	Sillian Sporthotel ****	Wellness	13	163
9920	Sillian	Weitlanbrunn ****	Wellness	10	164
9800	Spittal an der Drau	Kleinsasserhof	Wellness	13	231
4084	St. Agatha	Kocher Revita ****	Wellness	12	66

PLZ	Ort	Hotelname	Kategorie	Punkte	S.
6580	St. Anton	Alpenhotel St. Christoph ****	Wellness	11	155
6580	St. Anton	Anthony's Life & Style ****	Wellness	10	155
6580	St. Anton	Anton Aparthotel ****	Wellness	11	155
6580	St. Anton	Arlberg Hospiz *****	Wellness	12	155
6580	St. Anton	Arlmont ****	Wellness	12	155
6580	St. Anton	Banyan garni ****	Wellness	11	155
6580	St. Anton	Best Western Alte Post ****	Wellness	12	155
6580	St. Anton	Galzig Skihotel garni ****	Wellness	11	155
6580	St. Anton	Grieshof ****	Wellness	10	155
6580	St. Anton	Lux Alpinae ****	Wellness	11	155
6580	St. Anton	Maiensee ****	Wellness	11	155
6580	St. Anton	Post ****	Wellness	11	155
6580	St. Anton	Raffl's St. Antoner Hof *****	Wellness	11	155
6580	St. Anton	Rundeck garni ****	Wellness	10	155
6580	St. Anton	Schwarzer Adler ****	Wellness	11	156
6580	St. Anton	Tannenhof St. Anton *****s	Wellness	17	156
6580	St. Anton	Valluga ****	Wellness	12	156
6771	St. Anton im Montafon	Adler ****	Wellness	11	171
6791	St. Gallenkirch	Silvretta ****	Wellness	9	172
6791	St. Gallenkirch	Zamangspitze ****	Wellness	12	172
9313	St. Georgen am Längsee	Moorquell ****	Wellness	10	222
4880	St. Georgen im Attergau	Rupp ****	Kur	10	74
4880	St. Georgen im Attergau	Winzer ****	Wellness	12	74
8861	St. Georgen ob Murau	Kreischberg Relax-Resort ****	Wellness	9	206
5340	St. Gilgen	Hollweger ****	Wellness	12	85
9963	St. Jakob	Jesacherhof ****	Wellness	12	164
9963	St. Jakob	Tandler Naturhotel ****	Wellness	12	164
9184	St. Jakob im Rosental	Rosentaler Hof ****	Wellness	10	219
8255	St. Jakob im Walde	Berger Landhotel ***	Wellness	11	195
6392	St. Jakob in Haus	Unterlechner ****	Wellness	12	143
5600	St. Johann	Alpendorf ****	Wellness	11	92
5600	St. Johann	Alpenschlössl ****	Wellness	11	92
5600	St. Johann	Alpina Wellness & Sport ****s	Wellness	12	92
5600	St. Johann	Berghof Verwöhnhotel ****s	Wellness	14	92
5600	St. Johann	Brückenwirt ****	Wellness	11	93
5600	St. Johann	Oberforsthof	Wellness	13	93
5600	St. Johann	Sonnhof ****s	Wellness	14	93
5600	St. Johann	Tannenhof ****s	Wellness	11	95
5600	St. Johann	Zinnkrügl ****s	Wellness	12	95
9122	St. Kanzian	Amerika-Holzer am See ****	Wellness	14	217
9122	St. Kanzian	Birkenhof Strandhotel ****	Wellness	10	219
9122	St. Kanzian	Mori ****	Wellness	12	219
9122	St. Kanzian	Orchidee Strandhotel ****	Wellness	10	219
9122	St. Kanzian	Sonnelino Kinderhotel ****	Wellness	10	219
8171	St. Kathrein am Offenegg	Eder Wohlfühlhotel ****	Wellness	12	195
8171	St. Kathrein am Offenegg	Zum Steinhauser ****	Wellness	10	195
5423	St. Koloman	Sommerau Bio-Vital ***	Wellness|Gesundheit	11	85
8813	St. Lambrecht	Lambrechterhof ****	Wellness	11	206
6481	St. Leonhard	Andreas Hofer ****	Wellness	9	147
6481	St. Leonhard	Seppl Sport & Vital ****	Wellness	12	147
6481	St. Leonhard	Sportalm ****	Wellness	9	147
6481	St. Leonhard	Tieflehner Hof ****	Wellness	10	147
6481	St. Leonhard	Vier Jahreszeiten ****s	Wellness	13	147
6481	St. Leonhard	Wildspitze ****	Wellness	12	147
9654	St. Lorenzen im Lesachtal	Tuffbad Almwellness ****s	Wellness	14	230
8861	St. Lorenzen ob Murau	Ferienhotel Kreischberg ****	Wellness	11	207

PLZ	Ort	Hotelname	Kategorie	Punkte	S.
8274	St. Magdalena	Gerngross ***	Wellness	11	198
5581	St. Margarethen	Alm Gut ****	Wellness	11	91
9412	St. Margarethen	Thermalbad Weissenbach ****	Kur	11	222
5092	St. Martin bei Lofer	Bad Hochmoos Gasthof ***s	Kur	10	82
5582	St. Michael	Eggerwirt *****s	Wellness	18	91
5582	St. Michael	Stofflerwirt Landhotel ***	Wellness	10	92
5582	St. Michael	Wastlwirt ****	Wellness	10	92
9372	St. Oswald-Eberstein	Biolandhaus Arche ***	Wellness	11	222
8181	St. Ruprecht an der Raab	Ochsenberger Gartenhotel ****	Wellness	12	195
4170	St. Stefan am Walde	Aviva make friends ****s	Wellness	12	66
8083	St. Stefan im Rosental	Grabenjoglhof	Wellness	11	193
5621	St. Veit	Sonnhof ****	Wellness	11	96
9962	St. Veit	Defereggental *****s	Wellness	12	164
5360	St. Wolfgang	Appesbach Landhaus ****s	Wellness	12	77
5360	St. Wolfgang	Cortisen am See ****s	Wellness	14	77
5360	St. Wolfgang	Im Weissen Rössl ****s	Wellness	13	79
5360	St. Wolfgang	Vitalhotel Wolfgangsee ****	Wellness	15	79
6135	Stans	Brandstetterhof ****	Wellness	10	118
6135	Stans	Schwarzbrunn ****s	Wellness	13	119
6655	Steeg	Tannenhof ***	Wellness	9	159
7551	Stegersbach	Falkensteiner Balance Resort *****	Wellness	16	187
7551	Stegersbach	Larimar ****s	Wellness	16	188
7551	Stegersbach	Puchas Plus garni ****	Wellness	11	188
7551	Stegersbach	Reiters Allegria ****	Wellness	17	189
9918	Strassen	Strasserwirt Herrenansitz ****	Wellness	11	163
4881	Straß im Attergau	Hofer ***s	Wellness	11	74
5350	Strobl	Bergrose ****	Wellness	10	85
5350	Strobl	Brandauers Villen ****s	Wellness	12	85
5350	Strobl	Schloss Strobl Alpenmoorbad ****	Kur	10	85
5350	Strobl	Seethurn ****	Wellness	11	85
5350	Strobl	Strobler Hof ****	Wellness	10	85
6275	Stumm	Pinzger ***	Wellness	9	128
6275	Stumm	Riedls Genießerschlössl ****	Wellness	11	128
6934	Sulzberg	Linde ****	Wellness|Gesundheit	11	175
8362	Söchau	Maiers Oststeirischer Hof ****	Wellness	10	201
6450	Sölden	Alpenfriede ****	Wellness	11	145
6450	Sölden	Bergland Sölden ****s	Wellness	14	145
6450	Sölden	Castello Falkner ****s	Wellness	13	145
6450	Sölden	Central Spa *****	Wellness	12	145
6450	Sölden	Elisabeth Sölden ***s	Wellness	10	145
6450	Sölden	Hochsölden Sonnenhotel ****	Wellness	12	145
6450	Sölden	Liebe Sonne ****	Wellness	11	145
6450	Sölden	Regina ****s	Wellness	11	145
6450	Sölden	Stefan ****	Wellness	11	145
6306	Söll	Alpenschlössl ****	Wellness	9	133
6306	Söll	Greil ****	Wellness	12	134
6306	Söll	Strasser Landhaus garni	Wellness	11	134
6306	Söll	Tyrol Söll ****	Wellness	10	134
6675	Tannheim	Hohenfels Landhotel ****	Wellness	14	161
6675	Tannheim	Jungbrunn	Wellness	17	161
6675	Tannheim	Schwarzer Adler ****	Wellness	11	162
6675	Tannheim	Sägerhof ****	Wellness	12	162
6675	Tannheim	Zum Ritter ****	Wellness	10	162
9212	Techelsberg	Werzer's Wallerwirt ****	Wellness	12	221
6165	Telfes	Oberhofer ****	Wellness	11	119
6410	Telfs-Buchen	Interalpen-Hotel Tyrol *****s	Wellness	16	143

PLZ	Ort	Hotelname	Kategorie	Punkte	S.
6335	Thiersee	Juffing ****s	Wellness	17	135
6335	Thiersee	Seethaler Bio-Hotel ***	Wellness	10	135
6335	Thiersee	Sonnhof Ayurveda Resort ****	Gesundheit|Wellness	16	135
4801	Traunkirchen	Traunsee Seehotel ****	Wellness	12	72
3632	Traunstein	Kurzentrum Bad Traunstein ****	Kur	15	62
9852	Trebesing	Baby- & Kinderhotel ****	Wellness	12	231
6774	Tschagguns	Montafoner Hof ****	Wellness	11	171
8864	Turracher Höhe	Jägerwirt Seehotel ****s	Wellness	12	207
8864	Turracher Höhe	Kornock ***	Wellness	10	207
8864	Turracher Höhe	Seewirt Schlosshotel ****	Wellness	12	207
8864	Turracher Höhe	Sundance Grande Mountain Resort ****	Wellness	11	207
9565	Turracher Höhe	Hochschober ****s	Wellness	19	228
9565	Turracher Höhe	Panorama ***	Wellness	10	229
6293	Tux	Alpenjuwel Jäger ****	Wellness	10	132
6293	Tux	Central ****	Wellness	12	132
6293	Tux	Lanersbacher Hof ****	Wellness	11	132
6293	Tux	Tuxerhof Alpin Spa ****s	Wellness	14	132
6293	Tux	Tuxertal ****	Wellness	12	133
6294	Tux	Alpenhof ****s	Wellness	14	133
6294	Tux	Berghof Hintertux ****	Wellness	14	133
6294	Tux	Bergland ****	Wellness	12	133
6294	Tux	Hohenhaus Alpenbad ****	Wellness	10	133
6294	Tux	Kirchler Thermal Badhotel ****	Wellness	10	133
6294	Tux	Klausnerhof ****	Wellness	13	133
6294	Tux	Neuhintertux ****	Wellness	11	133
6271	Uderns	Erzherzog Johann ***	Wellness	9	127
6271	Uderns	Wöscherhof Aktivhotel ****	Wellness	15	127
4161	Ulrichsberg	Inns Holz ****	Wellness	13	66
6441	Umhausen	Kurzentrum Umhausen ****	Kur	16	144
5091	Unken	Post Familien Erlebnis ****	Wellness	13	82
5091	Unken	Zu den drei Brüdern ****	Wellness	12	82
5561	Untertauern	Lürzerhof ****s	Wellness	15	89
5723	Uttendorf	Salzburger Nationalparkhotel ****	Wellness	11	104
9220	Velden	Carinthia garni ****	Wellness	9	221
9220	Velden	Engstler Seehotel ****	Wellness	11	221
9220	Velden	Falkensteiner Schloss Velden *****	Wellness	14	221
9220	Velden	Marko ****	Wellness	10	221
9220	Velden	Park's ****	Wellness	11	221
9220	Velden	Schönblick ****	Wellness	11	221
9220	Velden	Seehotel Europa ****s	Wellness	14	221
9220	Velden	Werzer's Velden ****	Wellness	14	222
9220	Velden-Lind	Landhaus Servus Schönheitsfarm ****	Beauty	14	222
9220	Velden-Sonnental	Marienhof Landhotel garni ****	Wellness	12	222
2334	Vösendorf	Pyramide Eventhotel ****	Wellness	10	55
5602	Wagrain	Alpina ****	Wellness	11	95
5602	Wagrain	Edelweiß Wagrain ****	Wellness	15	95
5602	Wagrain	Wagrain Sporthotel ****	Wellness	10	95
3340	Waidhofen an der Ybbs	Schloss an der Eisenstraße ****	Wellness	10	59
6384	Waidring	Rilano Resort Steinplatte ****	Wellness	11	142
6384	Waidring	Waidringer Hof Glückshotel ****	Wellness	12	142
6344	Walchsee	Bellevue Ferienclub ****	Wellness	9	135
6344	Walchsee	Panorama ****s	Wellness	12	135
6344	Walchsee	Schick life ****	Gesundheit|Wellness	11	135
6344	Walchsee	Seehof-Seeresidenz ****s	Wellness	11	135
5742	Wald	Castello Königsleiten ****	Wellness	10	105
5742	Wald	Königsleiten ****	Wellness	10	105

PLZ	Ort	Hotelname	Kategorie	Punkte	S.
5742	Wald	Ronach Mountainclub ****	Wellness	10	105
5071	Wals-Siezenheim	Melanie garni ****	Business|Wellness	12	82
9504	Warmbad-Villach	Josefinenhof ****	Kur|Wellness	11	222
9504	Warmbad-Villach	Karawankenhof ****	Wellness	14	222
9504	Warmbad-Villach	Warmbaderhof *****	Wellness|Kur	15	223
6767	Warth	Adler ***	Wellness	10	171
6767	Warth	Jägeralpe ****	Wellness	10	171
6767	Warth	Steffisalp ****	Wellness	12	171
6767	Warth	Warther Hof ****s	Wellness	12	171
6133	Weerberg	Friedheim Sonnenresidenz ****s	Wellness	12	118
3970	Weitra	Brauhotel Weitra	Wellness	11	63
9622	Weißbriach	Weißbriach Kurhotel ****	Kur	11	229
9762	Weißensee	Enzian Seehotel ****	Wellness	14	230
9762	Weißensee	Forelle ****	Wellness	11	230
9762	Weißensee	Kolbitsch ***	Wellness	11	231
9762	Weißensee	Kreuzwirt Kinderhotel ****	Wellness	11	231
9762	Weißensee	Moser Weißensee	Wellness	10	231
9762	Weißensee	Regitnig ****	Wellness	10	231
9762	Weißensee	Seeland Apartment-Hotel ****	Wellness	11	231
9762	Weißensee	Weißenseerhof Bio-Vitalhotel ****s	Wellness	12	231
6473	Wenns	Sailer Familotel ***	Wellness	10	146
5453	Werfenweng	Elisabeth ****	Wellness	12	86
5453	Werfenweng	Travel Charme Bergresort ****s	Wellness	13	86
6363	Westendorf	Schermer Vital Landhotel ****s	Wellness	13	138
6314	Wildschönau-Niederau	Sonnschein ****	Wellness	10	134
6314	Wildschönau-Niederau	Wastlhof ****	Wellness	12	134
6311	Wildschönau-Oberau	Silberberger ****	Wellness	10	134
6311	Wildschönau-Oberau	Tirolerhof ***	Wellness	10	134
4580	Windischgarsten	Dilly Familotel ****s	Wellness	11	70
4580	Windischgarsten	Lavendel ***	Wellness	11	71
4580	Windischgarsten	Windischgarstnerhof ****	Kur|Wellness	11	71
4902	Wolfsegg am Hausruck	Dr. Petershofer Kurhaus	Kur	13	74
6610	Wängle	Fürstenhof ****	Wellness	9	156
6610	Wängle	Talhof ****	Wellness	9	156
5700	Zell am See	Grandhotel Zell am See ****	Wellness	15	102
5700	Zell am See	Living Max ****	Wellness	10	102
5700	Zell am See	Romantikhotel Zell am See ****	Wellness	12	102
5700	Zell am See	Salzburgerhof *****	Wellness	20	102
5700	Zell am See	Tirolerhof ****s	Wellness	11	103
5700	Zell am See-Schüttdorf	Alpenblick ****	Wellness	12	103
5700	Zell am See-Schüttdorf	Amiamo Familotel ****	Wellness	13	103
5700	Zell am See-Schüttdorf	Glocknerhof Vital ****	Wellness	11	103
5700	Zell am See-Schüttdorf	Hagleitner Family ****s	Wellness	12	103
5700	Zell am See-Schüttdorf	Latini ****	Wellness	11	104
6280	Zell am Ziller	Theresa Genießer-Hotel ****s	Wellness	17	128
6280	Zell am Ziller	Zapfenhof Landgut ****	Wellness	10	129
3910	Zwettl	Schwarz Alm ****	Wellness	12	62
6763	Zürs	Edelweiß ****	Wellness	10	168
6763	Zürs	Lorünser *****	Wellness	11	168
6763	Zürs	Robinson Select Alpenrose ****	Wellness	10	168
6763	Zürs	Thurnhers Alpenhof *****s	Wellness	12	168
6763	Zürs	Zürserhof *****	Wellness	13	168

ALLE HOTELS VON A BIS Z

Hotelname	Kategorie	Punkte	PLZ	Ort	Seite
A-Rosa Kitzbühel *****	Wellness	13	6370	Kitzbühel	139
A-Vita Viktoria Residenzen garni ****	Wellness	10	6100	Seefeld	115
Acerina ***s	Wellness	11	6764	Lech	168
Achensee Sporthotel ****	Wellness	13	6215	Achenkirch	124
Active by Leitner's ****	Wellness	11	5710	Kaprun	104
Adler ****	Wellness	11	6771	St. Anton im Montafon	171
Adler ****	Wellness	11	6883	Au	174
Adler ***	Wellness	10	6767	Warth	171
Adler Alpenresidenz ****	Wellness	11	6365	Kirchberg	138
Adler Kurhaus ***	Kur	10	6842	Koblach	172
Aenea	Wellness	19	9081	Reifnitz-Sekirn	217
Agathawirt ***	Wellness	10	4822	Bad Goisern	74
Agathenhof Gesundheitsresort ****	Kur	12	9322	Micheldorf	222
Aichinger ****	Wellness	11	4865	Nussdorf am Attersee	74
Alber Ferienhotel ****	Wellness	9	9822	Mallnitz	231
Aldiana Club Salzkammergut ****	Wellness	11	8983	Bad Mitterndorf	211
Alexander ****	Wellness	9	6365	Kirchberg	138
Alexanderhof ****	Wellness	11	9872	Millstatt	233
All in Red ****	Wellness	10	7361	Lutzmannsburg	183
Allmer ****	Wellness	10	8344	Bad Gleichenberg	200
Alm Gut ****	Wellness	11	5581	St. Margarethen	91
Almesberger ****s	Wellness	13	4160	Aigen	66
Almhof ****	Wellness	10	6563	Galtür	155
Almhof Kinderhotel ****	Wellness	16	6281	Gerlos	129
Almhof Schneider *****	Wellness	12	6764	Lech	168
Almrausch ****	Wellness	12	9546	Bad Kleinkirchheim	223
Almtalhof ****	Wellness	11	4645	Grünau im Almtal	71
Almwelt Austria ****	Wellness	13	8973	Pichl	210
Alparella Vital Resort ****	Wellness	12	5421	Adnet	85
Alpbacherhof ****	Wellness	13	6236	Alpbach	125
Alpen Adria ****	Wellness	11	9620	Hermagor	229
Alpen-Herz Romantik & Spa ****	Wellness	12	6532	Ladis	148
Alpen-Karawanserai ****	Wellness	15	5754	Saalbach-Hinterglemm	106
Alpenblick ****	Wellness	12	5700	Zell am See-Schüttdorf	103
Alpendorf ****	Wellness	11	5600	St. Johann	92
Alpenfriede ****	Wellness	11	6450	Sölden	145
Alpenhof *****s	Wellness	14	6294	Tux	133
Alpenhof ****	Wellness	12	6632	Ehrwald	158
Alpenhof Flachau *****s	Wellness	14	5542	Flachau	87
Alpenhof Gerlos ****	Wellness	10	6281	Gerlos	129
Alpenhotel Kitzbühel ***	Wellness	9	6370	Kitzbühel	139
Alpenhotel St. Christoph ****	Wellness	11	6580	St. Anton	155
Alpenhotel ... fall in Love ****	Wellness	10	6100	Seefeld	115
Alpenjuwel Jäger ****	Wellness	10	6293	Tux	132
Alpenklang ****	Wellness	11	5611	Großarl	95
Alpenpark Kinderhotel ****s	Wellness	12	6100	Seefeld	115
Alpenparks Resort ****	Wellness	11	5761	Maria Alm	108
Alpenrose ****s	Wellness	12	6652	Elbigenalp	158
Alpenrose ****s	Wellness	16	6212	Maurach	121
Alpenrose Aktiv & Spa ****s	Wellness	11	6780	Schruns	171
Alpenrose Biohotel ****	Wellness	14	9872	Millstatt	233
Alpenrose Family Resort ****s	Wellness	14	6631	Lermoos	156
Alpenrose Kühtai ****	Wellness	11	6183	Kühtai	121

Hotelname	Kategorie	Punkte	PLZ	Ort	Seite
Alpenrose Zauchensee ****	Wellness	13	5541	Altenmarkt	87
Alpenschlössl ****	Wellness	11	5600	St. Johann	92
Alpenschlössl ****	Wellness	9	6306	Söll	133
Alphof ***	Wellness	9	6382	Kirchdorf	142
Alphotel Kinderhotel ***	Wellness	10	6992	Hirschegg	176
Alpin Juwel ****s	Wellness	12	5754	Saalbach-Hinterglemm	106
Alpina ****s	Wellness	12	6456	Obergurgl	146
Alpina ****	Wellness	11	5602	Wagrain	95
Alpina Kur- & Sporthotel ****	Kur	9	5630	Bad Hofgastein	96
Alpina Traumhotel ****s	Wellness	12	6281	Gerlos	129
Alpina Wellness & Spa ****s	Wellness	12	6345	Kössen	135
Alpina Wellness & Sport ****s	Wellness	12	5600	St. Johann	92
Alpinahotel ****s	Wellness	13	6263	Fügen	126
Alpine Palace *****	Wellness	12	5754	Saalbach-Hinterglemm	106
Alpine Resort Fieberbrunn ****	Wellness	11	6391	Fieberbrunn	142
Alpinresort ****	Wellness	12	5753	Saalbach	105
Alte Post ****	Wellness	10	5630	Bad Hofgastein	96
Alte Post ****	Wellness	11	5324	Faistenau	83
Alte Post ****	Wellness	11	6166	Fulpmes	119
Alte Post Fieberbrunn ****	Wellness	11	6391	Fieberbrunn	142
Alte Schmiede ****	Wellness	10	6100	Seefeld	115
Alte Schmiede ****	Wellness	9	6534	Serfaus	149
Am Holand ***	Wellness	15	6883	Au	174
Amerika-Holzer am See ****	Wellness	14	9122	St. Kanzian	217
Amiamo Familotel ****	Wellness	13	5700	Zell am See-Schüttdorf	103
Andreas Hofer ****	Wellness	9	6481	St. Leonhard	147
Andy ****s	Wellness	13	6474	Jerzens	146
Angela ****s	Wellness	11	6764	Lech	168
Angela garni ****	Wellness	10	6561	Ischgl	153
Angerer Alm ****	Wellness	12	6456	Hochgurgl	145
Angerer Hof ***	Wellness	11	8184	Anger	195
Anthony's Life & Style ****	Wellness	10	6580	St. Anton	155
Anton Aparthotel ****	Wellness	11	6580	St. Anton	155
Appesbach Landhaus ****s	Wellness	12	5360	St. Wolfgang	77
Aqua Dome ****s	Wellness	14	6444	Längenfeld	144
Arlberg *****	Wellness	12	6764	Lech	168
Arlberg Hospiz *****	Wellness	12	6580	St. Anton	155
Arlmont ****	Wellness	12	6580	St. Anton	155
Arx Genusshotel ****	Wellness	10	8971	Rohrmoos-Untertal	209
Astoria *****	Wellness	17	6100	Seefeld	115
Astoria ****	Wellness|Kur	12	5630	Bad Hofgastein	96
Aumühle ***	Wellness	12	4360	Grein	69
Aurelio *****s	Wellness	17	6764	Lech	168
Austria Familienhotel ***	Wellness	9	8971	Rohrmoos-Untertal	209
Avita Resort ****s	Wellness	14	7431	Bad Tatzmannsdorf	183
Aviva make friends ****s	Wellness	12	4170	St. Stefan am Walde	66
Baby- & Kinderhotel ****	Wellness	12	9852	Trebesing	231
Babymio ****	Wellness	12	6382	Kirchdorf	142
Bacher ***	Wellness	10	5771	Leogang	108
Bachmann ****	Wellness	10	6787	Gargellen	172
Bad Hochmoos Gasthof ***s	Kur	10	5092	St. Martin bei Lofer	82
Bad Reuthe Gesundheitshotel ****	Kur|Wellness	12	6870	Reuthe	174
Bad Vigaun ****	Kur|Wellness	12	5424	Bad Vigaun	85
Badehospiz Kurtherme	Kur	12	5640	Bad Gastein	100
Badener Hof ****	Kur	13	2500	Baden bei Wien	55
Balance ****s	Wellness	13	9210	Pörtschach	219

Hotelname	Kategorie	Punkte	PLZ	Ort	Seite
Ballonhotel Kinderhotel ****	Wellness	11	8224	Kaindorf	195
Ballunspitze Kinderhotel ****	Wellness	9	6563	Galtür	155
Banyan garni ****	Wellness	11	6580	St. Anton	155
Barbarahof ****s	Wellness	11	5710	Kaprun	104
Barmherzige Brüder	Kur	12	4780	Schärding	72
Beauty-Vital-Residenz Dolezal ****	Beauty|Wellness	10	7100	Neusiedl am See	180
Beck Sporthotel ****	Wellness	11	6708	Brand	168
Bellevue ****	Wellness	12	6456	Obergurgl	146
Bellevue Family-Relax ****	Wellness	12	6631	Lermoos	157
Bellevue Ferienclub ****	Wellness	9	6344	Walchsee	135
Bergblick ****s	Wellness	12	6673	Grän	159
Bergcristall ****	Wellness	11	6167	Neustift	119
Berger Landhotel ***	Wellness	11	8255	St. Jakob im Walde	195
Bergergut Romantik Resort ****s	Wellness	12	4170	Afiesl	66
Bergfrieden ***	Wellness	9	6533	Fiss	148
Berghof ****	Wellness	13	8972	Ramsau	209
Berghof Brunner ****	Wellness	10	9135	Bad Eisenkappel	219
Berghof Hintertux ****	Wellness	14	6294	Tux	133
Berghof Nauders ****	Wellness	10	6543	Nauders	151
Berghof Verwöhnhotel ****s	Wellness	14	5600	St. Johann	92
Berghof Vitalhotel ****	Wellness	11	6383	Erpfendorf	142
Berghotel Hinterstoder ****	Wellness	10	4573	Hinterstoder	70
Bergkristall ****	Wellness	12	6780	Silbertal	171
Bergkristall ***	Wellness	9	8971	Rohrmoos-Untertal	209
Bergkönig Activehotel ****	Wellness	10	6167	Neustift	119
Bergland ****	Wellness	10	6100	Seefeld	115
Bergland ****	Wellness	12	6294	Tux	133
Bergland ****	Wellness	9	6631	Lermoos	157
Bergland Sölden ****s	Wellness	14	6450	Sölden	145
Bergresort Seefeld ****s	Wellness	12	6100	Seefeld	115
Bergrose ****	Wellness	10	5350	Strobl	85
Bergwelt ****s	Wellness	12	6456	Obergurgl	146
Best Western Alte Post ****	Wellness	12	6580	St. Anton	155
Bichlhof ****s	Wellness	13	6370	Kitzbühel	139
Bio-Thermen-Hotel ****	Gesundheit	11	8271	Bad Waltersdorf	195
Biolandhaus Arche ***	Wellness	11	9372	St. Oswald-Eberstein	222
Birkenhof ****	Wellness	10	7122	Gols	180
Birkenhof Strandhotel ****	Wellness	10	9122	St. Kanzian	219
Birkenhöhe ****	Wellness	14	6992	Hirschegg	176
Bischofsmütze ****	Wellness	11	5532	Filzmoos	87
Bismarck ****s	Wellness|Kur	16	5630	Bad Hofgastein	96
Bliems Familienhotel ****	Wellness	11	8967	Haus	208
Brandauers Villen ****s	Wellness	12	5350	Strobl	85
Brandlhof ****s	Wellness	12	5760	Saalfelden	108
Brandstetterhof ****	Wellness	10	6135	Stans	118
Brauhotel Weitra	Wellness	11	3970	Weitra	63
Brennseehof Familien-Sport-Hotel ****s	Wellness	14	9544	Feld am See	223
Brigitte ****s	Wellness	11	6561	Ischgl	153
Brixen Vital & Sport ****	Wellness	10	6364	Brixen im Thale	138
Bruckwirt Kinderhotel ***	Wellness	10	4131	Obermühl	66
Brückenwirt ****	Wellness	11	5600	St. Johann	93
Brückenwirt ****s	Wellness	10	5541	Altenmarkt	87
Brücklwirt ****	Wellness	9	8712	Niklasdorf	205
Bründl ****	Kur|Wellness	12	4190	Bad Leonfelden	66
Buasen garni ****	Wellness	12	5741	Neukirchen	105
Burg ****s	Wellness	12	6764	Lech	169

Hotelname	Kategorie	Punkte	PLZ	Ort	Seite
Burg Vital *****	Wellness	16	6764	Lech	169
Burgstaller Familiengut ****	Wellness	11	9873	Döbriach	233
Bär Family Kinderhotel ****s	Wellness	14	6534	Serfaus	149
Bärenhof Gesundheitszentrum	Kur	11	5640	Bad Gastein	100
Bärenwirt Landhotel ***	Wellness	10	8966	Aich	207
Böglerhof ****s	Wellness	12	6236	Alpbach	125
Carinthia garni ****	Wellness	9	9220	Velden	221
Castello Falkner ****s	Wellness	13	6450	Sölden	145
Castello Königsleiten ****	Wellness	10	5742	Wald	105
Central ****	Wellness	10	6100	Seefeld	115
Central ****	Wellness	10	6281	Gerlos	129
Central ****	Wellness	10	6543	Nauders	151
Central ****	Wellness	12	6293	Tux	132
Central Spa *****	Wellness	12	6450	Sölden	145
Cervosa *****	Wellness	17	6534	Serfaus	150
Charlotte ***s	Wellness	12	6100	Seefeld	115
Chesa Monte ****	Wellness	12	6533	Fiss	148
Chesa Valisa Naturhotel ****	Wellness	15	6992	Hirschegg	176
Cinderella ****	Wellness	10	5562	Obertauern	89
Cordial Golf & Wellness ****	Wellness	11	6370	Reith bei Kitzbühel	141
Cordial Hoteldorf Achenkirch	Wellness	9	6215	Achenkirch	124
Cortisen am See ****s	Wellness	14	5360	St. Wolfgang	77
Crystal ****s	Wellness	14	6456	Obergurgl	146
Crystal Gartenhotel ****	Wellness	12	6263	Fügen	126
Damülser Hof ****	Wellness	13	6884	Damüls	175
Das Goldberg ****s	Wellness	15	5630	Bad Hofgastein	97
Das Kronthaler ****s	Wellness	15	6215	Achenkirch	124
Defereggental ****s	Wellness	12	9962	St. Veit	164
Denggerhof Landhotel ****	Wellness	9	6290	Mayrhofen	131
Der Bär	Wellness	11	6352	Ellmau	136
Der Daberer – das Biohotel ****s	Wellness	17	9635	Dellach im Gailtal	229
Der Steirerhof *****	Wellness	20	8271	Bad Waltersdorf	195
Derdak Thermenhof ***	Wellness	9	7361	Lutzmannsburg	183
Die Post ****	Wellness	16	9546	Bad Kleinkirchheim	223
Dietlgut ***	Wellness	11	4573	Hinterstoder	70
Dilly Familotel ****s	Wellness	11	4580	Windischgarsten	70
Dolomitengolf ****s	Wellness	12	9900	Lavant	162
Donauschlinge ****	Wellness	10	4083	Haibach	66
Donnerhof Aktivhotel ****	Wellness	10	6166	Fulpmes	119
Dorfschmiede ****	Wellness	10	5754	Saalbach-Hinterglemm	106
Dorint Alpin Resort ****	Wellness	11	6100	Seefeld	115
Dr. Jilly Seehotel ****	Wellness|Kur	11	9210	Pörtschach	219
Dr. Kipper Gesundheits- & Kneipphotel	Kur	10	8524	Bad Gams	204
Dr. Lumper Kneippkurhaus	Kur	11	3251	Purgstall an der Erlauf	59
Dr. Petershofer Kurhaus	Kur	13	4902	Wolfsegg am Hausruck	74
Dr. Stühlinger ****	Gesundheit|Kur	12	2680	Semmering	57
Drei Eichen Landhotel ****	Wellness	10	5301	Eugendorf	83
Drei Sonnen ****s	Wellness	12	6534	Serfaus	150
Ebners Waldhof am See ****s	Wellness	15	5330	Fuschl am See	83
Echo ***	Kur	9	5640	Bad Gastein	100
Edelweiss ****s	Wellness	11	5611	Großarl	95
Edelweiss ****	Wellness	10	6631	Lermoos	157
Edelweiss Obertauern ****	Wellness	12	5562	Obertauern	89
Edelweiß & Gurgl ****	Wellness	12	6456	Obergurgl	146
Edelweiß ****	Wellness	10	6763	Zürs	168
Edelweiß Vitalhotel ****	Wellness	13	6167	Neustift	119

Hotelname	Kategorie	Punkte	PLZ	Ort	Seite
Edelweiß Wagrain ****	Wellness	15	5602	Wagrain	95
Eden ****s	Wellness	12	6100	Seefeld	116
Edenlehen ****	Wellness	12	6290	Mayrhofen	131
Eder Wohlfühlhotel ****	Wellness	12	8171	St. Kathrein am Offenegg	195
Egger ****	Wellness	11	5754	Saalbach-Hinterglemm	106
Eggerwirt ****s	Wellness	18	5582	St. Michael	91
Eichingerbauer Marienschlössl ****s	Wellness	14	5310	Mondsee	76
Eisenberg ****	Wellness	11	8383	Eisenberg an der Raab	189
Elisabeth *****	Wellness	12	6290	Mayrhofen	131
Elisabeth ****s	Wellness	12	6365	Kirchberg	138
Elisabeth ****	Wellness	10	9210	Pörtschach	219
Elisabeth ****	Wellness	12	5453	Werfenweng	86
Elisabeth Sölden ***s	Wellness	10	6450	Sölden	145
Elisabethpark ****	Wellness	10	5640	Bad Gastein	100
Elite garni ****	Wellness	10	6100	Seefeld	116
Elizabeth Arthotel ****	Wellness	11	6561	Ischgl	153
Ellmauhof Kinderhotel ****s	Wellness	13	5754	Saalbach-Hinterglemm	106
Emmaquelle ***	Wellness|Kur	10	8344	Bad Gleichenberg	200
Engel ****s	Wellness	16	6673	Grän	159
Engel Fastenpension ***	Gesundheit	11	6952	Hittisau	175
Engstler Seehotel ****	Wellness	11	9220	Velden	221
Entner Strandhotel ****	Wellness	11	6213	Pertisau	122
Enzian ****s	Wellness	12	5562	Obertauern	89
Enzian Seehotel ****	Wellness	14	9762	Weißensee	230
Enzianhof Naturhotel ***	Wellness	10	8563	Ligist	204
Erika Garden-Spa ****	Wellness	12	6370	Kitzbühel	139
Erlebach Verwöhnhotel ****	Wellness	12	6991	Riezlern	175
Erzherzog Johann ****	Wellness	16	8990	Bad Aussee	212
Erzherzog Johann ***	Wellness	9	6271	Uderns	127
Eschenhof ****	Wellness	14	9546	Bad Kleinkirchheim	224
Europäischer Hof *****	Wellness|Kur	12	5640	Bad Gastein	100
Eurothermenresort Miraverde ****	Wellness|Kur	15	4540	Bad Hall	69
Eurothermenresort Paradiso ****s	Wellness	17	4701	Bad Schallerbach	71
Eurothermenresort Royal ****	Wellness|Kur	15	4820	Bad Ischl	72
Eva Village ****	Wellness	10	5753	Saalbach	105
Exel ****	Wellness	9	3300	Amstetten	59
Falkensteiner Asia Leoben ****	Wellness	11	8700	Leoben	205
Falkensteiner Bad Leonfelden ****	Wellness	15	4190	Bad Leonfelden	67
Falkensteiner Bad Waltersdorf ****	Wellness	15	8271	Bad Waltersdorf	196
Falkensteiner Balance Resort *****	Wellness	16	7551	Stegersbach	187
Falkensteiner Bleibergerhof ****	Wellness	14	9530	Bad Bleiberg	223
Falkensteiner Carinzia ****	Wellness	13	9631	Hermagor-Naßfeld	229
Falkensteiner Club Funimation ****	Wellness	11	9863	Rennweg	231
Falkensteiner Cristallo ****	Wellness	12	9863	Rennweg	232
Falkensteiner Schladming ****s	Wellness	13	8970	Schladming	208
Falkensteiner Schloss Velden *****	Wellness	14	9220	Velden	221
Falkensteiner Sonnenalpe ****	Wellness	11	9620	Hermagor	229
Falkner Landhotel ****	Wellness	12	4142	Hofkirchen	66
Faschina ****	Wellness	11	6733	Fontanella	168
Fasching Dorfhotel ****	Wellness	17	8654	Fischbach	204
Fastenhaus Dunst	Wellness	12	8190	Miesenbach	195
Feel good Boutique-Hotel Egger ****	Wellness	11	9201	Krumpendorf	219
Feistererhof Biohotel ****	Wellness	10	8972	Ramsau	210
Felben Kinderhotel ****	Wellness	12	5730	Mittersill	104
Felbermayer Vital-Zentrum ****	Gesundheit|Wellness	12	6793	Gaschurn	172
Felsenhof ****	Wellness	10	5542	Flachau-Reitdorf	87

Hotelname	Kategorie	Punkte	PLZ	Ort	Seite
Felsenhof ****	Wellness	15	9546	Bad Kleinkirchheim	224
Ferienhotel Kreischberg ****	Wellness	11	8861	St. Lorenzen ob Murau	207
Fernblick ****	Wellness	16	6780	Schruns-Bartholomäberg	171
Ferners Rosenhof ****	Wellness	12	8850	Murau	206
Fessler Heilfasteninstitut ***	Gesundheit	12	4460	Losenstein	69
Feuerberg Mountain Resort ****	Wellness	17	9551	Bodensdorf	227
Filomena Aparthotel garni ****	Wellness	11	6764	Lech	170
First Mountain Montafon ***	Wellness	9	6793	Gaschurn	172
Fisser Hof ****	Wellness	12	6533	Fiss	149
Fliana ****s	Wellness	12	6561	Ischgl	153
Fontana Sporthotel ****	Wellness	10	6391	Fieberbrunn	142
Fontana Thermalhotel ****	Kur|Wellness	14	8490	Bad Radkersburg	202
Forelle ****	Wellness	11	9762	Weißensee	230
Forelle ****	Wellness	13	9872	Millstatt	233
Forster ****	Wellness	13	6167	Neustift	119
Forsthofalm ****	Wellness	15	5771	Leogang	108
Forsthofgut ****s	Wellness	17	5771	Leogang	108
Four Points by Sheraton ****	Business|Wellness	11	6850	Dornbirn	172
Frau Holle garni ****	Wellness	10	5562	Obertauern	89
Friedheim Sonnenresidenz ****s	Wellness	12	6133	Weerberg	118
Friesacher ****s	Wellness	12	5081	Anif bei Salzburg	82
Furtherwirt Familotel ****	Wellness	10	6382	Kirchdorf	142
Fürstenhof ****	Wellness	9	6610	Wängle	156
Gabriel Landhaus ****	Wellness	10	8952	Irdning	207
Galtenberg Kinderhotel ****	Wellness	12	6236	Alpbach	126
Galzig Skihotel garni ****	Wellness	11	6580	St. Anton	155
Gams ****s	Wellness	15	6870	Bezau	173
Gaspingerhof ****	Wellness	11	6281	Gerlos	129
Gassner ****	Wellness	11	5741	Neukirchen	105
Gastagwirt ****	Wellness	10	5301	Eugendorf	83
Gauenstein Vitalquelle ****s	Wellness	11	6780	Schruns	171
Geigers Lifehotel ****	Wellness	11	6534	Serfaus	150
Geigers Posthotel ****	Wellness	12	6534	Serfaus	150
Geinberg5 Private Spa Villas	Wellness	19	4943	Geinberg	75
Genusshotel Riegersburg ****	Wellness	11	8333	Riegersburg	199
Gerloserhof ***s	Wellness	10	6281	Gerlos	129
Germania ****	Wellness|Kur	10	5630	Bad Hofgastein	97
Gerngross ***	Wellness	11	8274	St. Magdalena	198
Ginas Baby- & Kinderhotel ****	Wellness	12	9580	Drobollach	229
Gleichenberger Hof ****	Wellness	16	8344	Bad Gleichenberg	200
Glockenhof Sporthotel ***	Wellness	10	8572	Bärnbach	204
Glockenstuhl ****	Wellness	10	6281	Gerlos	129
Glockenstuhl garni ***	Wellness	9	6290	Mayrhofen	131
Glocknerhof ****	Wellness	12	9844	Heiligenblut	231
Glocknerhof Vital ****	Wellness	11	5700	Zell am See-Schüttdorf	103
Gmachl Bergheim ****s	Wellness	16	5101	Bergheim	82
Gmachl Romantik-Hotel ****s	Wellness	15	5161	Elixhausen	82
Goies ****	Wellness	12	6532	Ladis-Obladis	148
Goldener Berg ****s	Wellness	12	6764	Lech	170
Goldener Ochs ****	Wellness	12	4820	Bad Ischl	73
Goldenes Schiff ****	Wellness	10	4820	Bad Ischl	73
Gotthard ****s	Wellness	12	6764	Lech	170
Gotthard Zeit ****	Wellness	12	6456	Obergurgl	146
Grabenjoglhof	Wellness	11	8083	St. Stefan im Rosental	193
Gradonna Mountain Resort ****s	Wellness	15	9981	Kals am Großglockner	164
Grafenast Naturhotel ***	Wellness	14	6130	Schwaz	118

Hotelname	Kategorie	Punkte	PLZ	Ort	Seite
Grand Hotel Sauerhof ****	Wellness	11	2500	Baden bei Wien	55
Grand Park *****	Wellness|Kur	15	5630	Bad Hofgastein	99
Grand Tirolia	Wellness	14	6370	Kitzbühel	139
Grandhotel Lienz *****	Wellness	17	9900	Lienz	162
Grandhotel Zell am See ****	Wellness	15	5700	Zell am See	102
Greil ****	Wellness	12	6306	Söll	134
Gridlon ****	Wellness	12	6574	Pettneu	155
Grieshof ****	Wellness	10	6580	St. Anton	155
Grimmingblick ****	Wellness	12	8983	Bad Mitterndorf	211
Großarler Hof ****s	Wellness	11	5611	Großarl	95
Gründlers ****	Wellness	12	5550	Radstadt	87
Grüner Baum ****	Wellness|Kur	13	5640	Bad Gastein	100
Gschirnwirt Landhotel ****	Wellness	10	5301	Eugendorf	83
Gugerbauer ****	Gesundheit	15	4780	Schärding	72
Guggenberger ****	Wellness	12	5603	Kleinarl	95
Guglwald ****s	Wellness	17	4191	Guglwald	67
Gut Weissenhof ****s	Wellness	17	5550	Radstadt	88
Gutjahr ****	Wellness	11	5441	Abtenau	85
Gösing Alpenhotel ****	Wellness	14	3221	Gösing	59
G'Schlössl Murtal	Wellness	15	8734	Großlobming	205
H_2O-Therme	Wellness	9	8271	Bad Waltersdorf	196
Habachklause Kinderhotel ****	Wellness	12	5733	Bramberg am Wildkogel	104
Hagleitner Family ****s	Wellness	12	5700	Zell am See-Schüttdorf	103
Haidachhof Aktiv & Wellness ****	Wellness	12	6263	Fügen	126
Haldenhof ****	Wellness	11	6764	Lech	170
Haller's Genuss & Spa ****s	Wellness	12	6993	Mittelberg	177
Hanneshof ****	Wellness	10	5532	Filzmoos	87
Hartl ****	Wellness	10	5542	Flachau	87
Haugschlag Golfresort ****	Wellness	12	3874	Haugschlag	62
Haus Barbara ****	Wellness	11	5562	Obertauern	89
Haus Esterházy ****	Kur	16	7202	Bad Sauerbrunn	181
Haus Friedrichsburg garni ***	Kur|Wellness	9	5630	Bad Hofgastein	99
Haus Hirt Alpine Spa ****	Wellness	15	5640	Bad Gastein	100
Haus der Gesundheit	Gesundheit	16	9081	Reifnitz	217
Heidi Kinderhotel ****	Wellness	11	9564	Patergassen	227
Heilmoorbad Schwanberg	Kur|Wellness	13	8541	Schwanberg	204
Held ****s	Wellness	14	6263	Fügen	126
Herrschaftstaverne ****	Wellness	10	8967	Haus	208
Herz-Kreislauf-Zentrum Groß Gerungs ****	Kur|Gesundheit	17	3920	Groß Gerungs	62
Herzoghof ****	Wellness	10	2500	Baden bei Wien	55
Heubad Grabnerhof	Wellness	10	5630	Bad Hofgastein	99
Hinteregger ***	Wellness	10	9971	Matrei	164
Hinteregger Familienhotel ****	Wellness	11	9863	Rennweg	232
Hinterhag Art & Ski-In ****	Wellness	10	5753	Saalbach	105
Hirschen ****	Wellness	12	6886	Schoppernau	175
Hirschwang Seminar-Parkhotel ****	Wellness	10	2651	Reichenau an der Rax	55
Hochfilzer ****	Wellness	10	6352	Ellmau	136
Hochfirst ****s	Wellness	12	6456	Obergurgl	146
Hochhäderich Almhotel ****	Wellness	12	6943	Riefensberg	175
Hochschober ****s	Wellness	19	9565	Turracher Höhe	228
Hochsölden Sonnenhotel ****	Wellness	12	6450	Sölden	145
Hofer ****	Wellness	11	4881	Straß im Attergau	74
Hohenfels Landhotel ****	Wellness	14	6675	Tannheim	161
Hohenhaus Alpenbad ****	Wellness	10	6294	Tux	133
Hollweger ****	Wellness	12	5340	St. Gilgen	85
Holzlebn Feriendorf	Wellness	11	5611	Großarl	95

Hotelname	Kategorie	Punkte	PLZ	Ort	Seite
Holzleiten ****	Wellness	15	6416	Obsteig	143
Holznerwirt ****	Wellness	10	5301	Eugendorf	83
Hopfgarten Familotel ****	Wellness	12	6361	Hopfgarten	138
Hoppet ****	Wellness	10	6263	Hart	127
Hotel im Park ****s	Wellness|Kur	17	8490	Bad Radkersburg	202
Hubertushof ****	Wellness	10	5611	Großarl	95
Hubertushof Kinderhotel ***	Wellness	10	9620	Hermagor	229
Hubertushof Landhotel ****	Wellness	10	4820	Bad Ischl	73
Huber's Boutiquehotel ****	Wellness	10	6290	Mayrhofen	131
Höflehner Naturhotel ****s	Wellness	16	8967	Haus	208
IFA Alpenhof Wildental ****	Wellness|Gesundheit	12	6993	Mittelberg	177
Ideal Sporthotel ***s	Wellness	10	6456	Hochgurgl	145
Iglhauser Schlosshotel ****	Wellness	11	5163	Mattsee	83
Igls Sporthotel ****	Wellness	12	6080	Igls	115
Im Weissen Rössl ****s	Wellness	13	5360	St. Wolfgang	79
Impuls Tirol ****	Kur|Wellness	12	5630	Bad Hofgastein	99
Inns Holz ****	Wellness	13	4161	Ulrichsberg	66
Innsbruck ****	Wellness	11	6020	Innsbruck	114
Inntaler Hof ****	Wellness	12	6100	Seefeld	116
Interalpen-Hotel Tyrol *****s	Wellness	16	6410	Telfs-Buchen	143
Iris Porsche *****	Wellness	12	5310	Mondsee	77
Iwein ****	Wellness	12	8552	Eibiswald	204
Jagdhof *****	Wellness	17	6167	Neustift	119
Jagdhof ****	Wellness	10	6991	Riezlern	175
Jagdhof ****	Wellness	10	8972	Ramsau	210
Jagdhof Bio-Wellness ****	Wellness	10	3295	Lackenhof am Ötscher	59
Jennys Schlössl ****	Wellness	12	6534	Serfaus	150
Jerzner Hof ****	Wellness	15	6474	Jerzens	147
Jesacherhof ****	Wellness	12	9963	St. Jakob	164
Josefinenhof ****	Kur|Wellness	11	9504	Warmbad-Villach	222
Josl Mountain Lounging ****	Wellness	12	6456	Obergurgl	146
Juffing ****s	Wellness	17	6335	Thiersee	135
Jungbrunn	Wellness	17	6675	Tannheim	161
Jäger Alpenhof ***s	Wellness	12	6991	Riezlern	175
Jägeralpe ****	Wellness	10	6767	Warth	171
Jägerhof ****	Wellness	10	6281	Gerlos	129
Jägerwirt ****	Wellness	9	6370	Kitzbühel	141
Jägerwirt Seehotel ****s	Wellness	12	8864	Turracher Höhe	207
Kaiser Franz Josef ****	Wellness	11	9872	Millstatt	233
Kaiser in Tirol ****	Wellness	11	6351	Scheffau	136
Kaiserbad ***	Kur	11	2405	Bad Deutsch-Altenburg	55
Kaiserhof ****	Wellness	11	6100	Seefeld	116
Kaiserhof Ellmau *****	Wellness	18	6352	Ellmau	136
Kaiserhof Familienhotel ****	Wellness	11	6622	Berwang	156
Kaltschmid Ferienhotel ****	Wellness	10	6100	Seefeld	116
Kanzler ***s	Wellness	12	8983	Bad Mitterndorf	211
Karawankenhof ****	Wellness	14	9504	Warmbad-Villach	222
Karla ****	Wellness	10	5570	Mauterndorf	91
Karlbauer Landhaus ***	Wellness	10	8972	Ramsau	210
Karnerhof ****s	Wellness	11	9580	Egg am Faaker See	229
Karwendel ****s	Wellness	14	6213	Pertisau	122
Karwendelhof ****	Wellness	9	6100	Seefeld	116
Kaysers ****	Wellness	11	6414	Mieming	143
Kempinski Das Tirol *****	Wellness	15	6373	Jochberg	142
Kendler ****	Wellness	11	5753	Saalbach	105
Kesselspitze ****s	Wellness	12	5562	Obertauern	89

Hotelname	Kategorie	Punkte	PLZ	Ort	Seite
Kielhuberhof ****	Wellness	12	8972	Ramsau	210
Kindl Alpenhotel ****	Wellness	10	6167	Neustift-Milders	121
Kindl Schlössl ****	Wellness	12	8344	Bad Gleichenberg	200
Kirchberger Hof Alpenglück ****	Wellness	10	6365	Kirchberg	139
Kirchenwirt ***	Wellness	10	5412	Puch	85
Kirchheimerhof ****	Wellness	15	9546	Bad Kleinkirchheim	225
Kirchler Thermal Badhotel ****	Wellness	10	6294	Tux	133
Kitzhof ****	Wellness	11	6370	Kitzbühel	141
Klammer's Kärnten ****	Wellness|Kur	14	5630	Bad Hofgastein	99
Klausnerhof ****	Wellness	13	6294	Tux	133
Kleines Hotel Kärnten ****	Wellness	11	9580	Egg am Faaker See	229
Kleinsasserhof	Wellness	13	9800	Spittal an der Drau	231
Klinik Pirawarth	Kur|Rehabilitation	18	2222	Bad Pirawarth	54
Klockerhof ****	Wellness	12	6631	Lermoos	157
Kloster Pernegg Fastenzentrum	Gesundheit	10	3753	Pernegg	62
Klosterberg ****	Gesundheit|Wellness	12	3921	Langschlag	62
Klosterbräu *****	Wellness	16	6100	Seefeld	116
Knappenhof ****	Wellness	13	2651	Reichenau an der Rax	57
Kneipp Traditionshaus Aspach	Kur	12	5252	Aspach	76
Kneipp Traditionshaus Bad Kreuzen	Kur	14	4362	Bad Kreuzen	69
Kneipp Traditionshaus Bad Mühllacken	Kur	13	4101	Feldkirchen	66
Kobaldhof ***	Wellness	11	8972	Ramsau	210
Kocher Revita ****	Wellness	12	4084	St. Agatha	66
Kogler ****	Wellness	10	8983	Bad Mitterndorf	211
Kohlerhof ****	Wellness	12	6263	Fügen	127
Kohlmayr ****	Wellness	11	5562	Obertauern	89
Kohlstätterhof ***	Wellness	10	7435	Oberkohlstätten	187
Kolbitsch ***	Wellness	11	9762	Weißensee	231
Kollers **** s	Wellness	17	9871	Seeboden	232
Kolmhof ****	Wellness	10	9546	Bad Kleinkirchheim	225
Kornock ***	Wellness	10	8864	Turracher Höhe	207
Kothmühle Relax-Resort ****	Wellness	14	3364	Neuhofen an der Ybbs	60
Kowald Thermenhotel ****	Wellness	12	8282	Loipersdorf Therme	198
Krainz Vitalhotel garni ****	Wellness	10	8282	Loipersdorf Therme	198
Krallerhof ****s	Wellness	17	5771	Leogang	109
Kramerwirt ****	Wellness	9	6290	Mayrhofen	131
Kreinerhof Landhotel ***	Wellness	9	9813	Möllbrücke	231
Kreischberg Relax-Resort ****	Wellness	9	8861	St. Georgen ob Murau	206
Kreuz ****	Wellness	10	6881	Mellau	174
Kreuzwirt Kinderhotel ****	Wellness	11	9762	Weißensee	231
Kristall ****	Wellness	10	6105	Leutasch	117
Kristall ****	Wellness	10	6281	Gerlos	129
Kristall ****	Wellness	10	6292	Finkenberg	131
Kristall Verwöhnhotel ****	Wellness	14	6213	Pertisau	122
Krone *****	Wellness	12	6764	Lech	170
Krone Au ****	Wellness	13	6883	Au	175
Krumers Post ****	Wellness	12	6100	Seefeld	117
Krutzler ****	Wellness	11	7522	Heiligenbrunn	187
Kröller Kinderhotel ****	Wellness	11	6281	Gerlos	129
Kur- & Thermenhotel ****s	Kur	17	7431	Bad Tatzmannsdorf	184
Kurhotel Bad Leonfelden ****	Kur	12	4190	Bad Leonfelden	67
Kurhotel Bad Zell ***	Kur	10	4283	Bad Zell	68
Kurhotel Pirawarth	Kur|Gesundheit	16	2222	Bad Pirawarth	55
Kurz Sport-Hotel ****	Wellness	10	7350	Oberpullendorf	183
Kurz Thermenhotel ****	Wellness	10	7361	Lutzmannsburg	183
Kurzentrum Bad Bleiberg ****	Kur	15	9530	Bad Bleiberg	223

Hotelname	Kategorie	Punkte	PLZ	Ort	Seite
Kurzentrum Bad Eisenkappel ****	Kur	15	9135	Bad Eisenkappel	219
Kurzentrum Bad Häring ****	Kur	15	6323	Bad Häring	134
Kurzentrum Bad Traunstein ****	Kur	15	3632	Traunstein	62
Kurzentrum Bad Vöslau ****	Kur	15	2540	Bad Vöslau	55
Kurzentrum Umhausen ****	Kur	16	6441	Umhausen	144
Kurzentrum Zum Landsknecht ****	Kur	12	2853	Bad Schönau	58
Kurzentrum Zur Quelle ****	Kur	15	2853	Bad Schönau	58
Kärntnerhof ****	Wellness	10	9546	Bad Kleinkirchheim	225
Kärntnerhof ****	Wellness	10	9844	Heiligenblut	231
Königsberg Gesundheitsresort ****	Kur	14	2853	Bad Schönau	58
Königsleiten ****	Wellness	10	5742	Wald	105
Kühtai Sporthotel ****	Wellness	9	6183	Kühtai	121
Kürschner Schlank-Schlemmer ****	Wellness	11	9640	Kötschach-Mauthen	230
La Pura Women's Health Resort ****	Gesundheit	17	3571	Gars am Kamp	61
Lackerhof ****s	Wellness	10	5542	Flachau	87
Laderhof Kinderhotel ****	Wellness	11	6531	Ladis	147
Lafairser Hof Vitalhotel ****	Wellness	10	6542	Pfunds	151
Lagler ****	Wellness	11	7543	Kukmirn	187
Lake's	Wellness	12	9210	Pörtschach	219
Lambrechterhof ****	Wellness	11	8813	St. Lambrecht	206
Lamprechthof	Wellness	11	9861	Eisentratten	231
Landauerhof ****	Wellness	12	8971	Rohrmoos-Untertal	209
Landhaus Servus Schönheitsfarm ****	Beauty	14	9220	Velden-Land	222
Lanersbacher Hof ****	Wellness	11	6293	Tux	132
Lanserhof ****	Gesundheit	17	6072	Lans	114
Larimar ****s	Wellness	16	7551	Stegersbach	188
Laternd'l Hof ****s	Wellness	10	6672	Haller	159
Latini ****	Wellness	11	5700	Zell am See-Schüttdorf	104
Laurenzhof ****	Wellness	10	9811	Lendorf	231
Lavendel ***	Wellness	11	4580	Windischgarsten	71
Lebens-Resort Ottenschlag	Kur|Gesundheit	14	3631	Ottenschlag	62
Lebensquell ****s	Kur|Wellness	15	4283	Bad Zell	68
Legenstein ****	Wellness	12	8344	Bad Gleichenberg	200
Leitenmüller Bio-Bauernhof	Wellness	12	8972	Ramsau	210
Leitner Thermalhotel ****	Wellness	12	8282	Loipersdorf Therme	198
Lembacher Hof ***	Wellness	10	4132	Lembach	66
Lengauer Hof Familotel ****	Wellness	10	5754	Saalbach-Hinterglemm	106
Lengbachhof ****	Wellness	11	3033	Altlengbach	59
Leonardo Kurhotel ****	Kur|Wellness	10	3945	Hoheneich	63
Leonhard ****	Wellness	11	5771	Leogang	111
Leutascherhof Biohotel ****	Wellness	10	6105	Leutasch	117
Liebe Sonne ****	Wellness	11	6450	Sölden	145
Liebes Rot-Flüh *****	Wellness	14	6673	Grän	160
Liebnitzmühle ****	Wellness	12	3820	Raabs an der Thaya	62
Life Medicine Resort Kurhaus ****	Kur|Wellness	12	8344	Bad Gleichenberg	200
Linde ****	Wellness|Gesundheit	11	6934	Sulzberg	175
Linde Gartenhotel ****	Wellness	13	6531	Ried	147
Linsberg Asia ****s	Wellness	13	2822	Bad Erlach	57
Living Max ****	Wellness	10	5700	Zell am See	102
Loipersdorf Spa & Conference ****s	Wellness	12	8282	Loipersdorf Therme	198
Loisach	Wellness	11	6631	Lermoos	157
Loisium Wine & Spa Langenlois *****s	Wellness	13	3550	Langenlois	60
Loisium Wine & Spa Südsteiermark ****	Wellness	13	8461	Ehrenhausen	202
Lorünser *****	Wellness	11	6763	Zürs	168
Luggi ***	Wellness	10	6563	Galtür	155
Lumberger Hof ****	Wellness	12	6673	Grän	160

Hotelname	Kategorie	Punkte	PLZ	Ort	Seite
Lux Alpinae ****	Wellness	11	6580	St. Anton	155
Lärchenhof *****	Wellness	15	6383	Erpfendorf	142
Lärchenhof ****	Wellness	10	6524	Feichten	147
Lärchenhof ****	Wellness	12	6100	Seefeld	117
Lärchenhof Kinderhotel ****	Wellness	10	6416	Obsteig	144
Lärchenhof garni ****	Wellness	9	6631	Lermoos	157
Lärchenwald Kinderhotel ****	Wellness	10	6471	Arzl	146
Löwe Kinderhotel ****	Wellness	12	6534	Serfaus	150
Löwen-Hotel ****s	Wellness	13	6780	Schruns	171
Löwenhof ****	Wellness	10	5771	Leogang	111
Lürzerhof *****s	Wellness	15	5561	Untertauern	89
Madleir ****	Wellness	11	6561	Ischgl	153
Maiensee ****	Wellness	11	6580	St. Anton	155
Maierl Alm & Chalets	Wellness	14	6365	Kirchberg	139
Maiers Elisabeth garni ****	Wellness	11	8380	Jennersdorf	189
Maiers Kuschelhotel deluxe ****s	Wellness	10	8282	Loipersdorf Therme	198
Maiers Oststeirischer Hof ****	Wellness	10	8362	Söchau	201
Maiers Wellnesshotel ****	Wellness	12	8380	Jennersdorf	189
Mallaun ****	Wellness	9	6553	See	153
Manggei garni ****	Wellness	12	5562	Obertauern	89
Manni ****	Wellness	10	6290	Mayrhofen	131
Margarethenbad ****	Wellness	10	9833	Rangersdorf	231
Marienhof Landhotel garni ****	Wellness	12	9220	Velden-Sonnental	222
Marienkron Kurhaus ****	Kur|Gesundheit	13	7123	Mönchhof	180
Marko ****	Wellness	10	9220	Velden	221
Marten ****	Wellness	10	5754	Saalbach-Hinterglemm	106
Matscher ****	Wellness	11	8972	Ramsau	210
Maximilian ****	Wellness	12	6534	Serfaus	150
Maximilian ***	Wellness	9	6600	Reutte-Ehenbichl	156
Mayr & More Gesundheitszentrum	Gesundheit	14	9082	Maria Wörth-Dellach	217
McTirol	Wellness	11	6633	Biberwier	158
Mein Almhof ****s	Wellness	13	6543	Nauders	151
Melanie garni ****	Business|Wellness	12	5071	Wals-Siezenheim	82
Milderer Hof ****s	Wellness	12	6167	Neustift	121
Miramonte ****	Wellness	13	5640	Bad Gastein	101
Mittagspitze ****	Wellness	10	6884	Damüls	175
Mitterhofer ****	Wellness	10	8970	Schladming	209
Mitterwirt ****	Wellness	11	5652	Dienten am Hochkönig	101
Moar-Gut Kinderhotel ****s	Wellness	12	5611	Großarl	95
Moerisch Landhotel ****s	Wellness	12	9871	Seeboden	232
Mohr Life Resort ****s	Wellness	17	6631	Lermoos	157
Moisl ****	Wellness	10	5441	Abtenau	86
Molzbachhof ***	Wellness	14	2880	Kirchberg	59
Mondi-Holiday Bellevue ****	Wellness	9	5640	Bad Gastein	101
Montafoner Hof ****	Wellness	11	6774	Tschagguns	171
Moorbad Gmös	Kur	10	4663	Laakirchen	71
Moorbad Großpertholz ****	Kur	12	3972	Bad Großpertholz	63
Moorbad Neydharting	Kur	12	4654	Bad Wimsbach-Neydharting	71
Moorheilbad Harbach ****	Kur|Gesundheit	14	3970	Moorbad Harbach	63
Moorhof Landhotel ****	Wellness	10	5131	Franking	76
Moorquell ****	Wellness	10	9313	St. Georgen am Längsee	222
Mooshaus ****	Wellness	10	6183	Kühtai	121
Mori ****	Wellness	12	9122	St. Kanzian	219
Moselebauer ****	Wellness	12	9462	Bad St. Leonhard	222
Moser ****	Wellness|Kur	10	5630	Bad Hofgastein	99
Moser ***s	Wellness	12	8971	Rohrmoos-Untertal	209

Hotelname	Kategorie	Punkte	PLZ	Ort	Seite
Moser Weißensee	Wellness	10	9762	Weißensee	231
Moserhof ****	Wellness	10	6600	Reutte-Breitenwang	156
Moserhof ****	Wellness	10	9871	Seeboden	232
Mozart Vital ****	Wellness	12	6531	Ried	148
Mutterberg Alpensporthotel ****	Wellness	9	6167	Neustift	121
Mühle ****	Wellness	10	6456	Obergurgl	146
Mühltalhof ****	Wellness	11	4120	Neufelden	66
Natürlich garni ****	Wellness	11	6533	Fiss	149
Naudererhof Alpin Art & Spa ****	Wellness	12	6543	Nauders	153
Nesslerhof ****s	Wellness	16	5611	Großarl	95
Neubergerhof ****	Wellness	12	5532	Filzmoos	87
Neue Post ****	Wellness	11	6283	Hippach	129
Neuhaus ****	Wellness	11	6290	Mayrhofen	131
Neuhaus Sport & Spa ****s	Wellness	12	5753	Saalbach	106
Neuhintertux ****	Wellness	11	6294	Tux	133
Neustift Sporthotel ****s	Wellness	12	6167	Neustift	121
Neuwirt ***	Wellness	9	5570	Mauterndorf	91
Nexenhof Ayurveda-Verein	Wellness	11	2041	Grund	54
Nock Resort ****	Wellness	11	9546	Bad Kleinkirchheim	225
Norica ****s	Wellness	10	5630	Bad Hofgastein	99
Nova Hotel & Therme ****	Kur|Wellness	11	8580	Köflach	204
Novapark ***s	Wellness	11	8051	Graz	193
Oberforsthof	Wellness	13	5600	St. Johann	93
Oberhofer ****	Wellness	11	6165	Telfes	119
Oberzeiring Kurhotel ****	Kur	11	8762	Oberzeiring	206
Oblasser Ferienhof garni ****	Wellness	10	6290	Mayrhofen	131
Ochensberger Gartenhotel ****	Wellness	12	8181	St. Ruprecht an der Raab	195
Olymp ****	Wellness	11	6456	Hochgurgl	145
Olympia-Relax ****	Wellness	11	6292	Finkenberg	131
Orchidee Strandhotel ****	Wellness	10	9122	St. Kanzian	219
Oswalda-Hus ****	Wellness	11	6991	Riezlern	176
Outside ****	Wellness	12	9971	Matrei	164
Österreichischer Hof ****	Wellness|Kur	10	5630	Bad Hofgastein	99
Palace Kur- & Sporthotel ****	Wellness|Kur	10	5630	Bad Hofgastein	99
Panhans ****	Wellness	10	2680	Semmering	57
Panorama ****s	Wellness	12	6344	Walchsee	135
Panorama ***	Wellness	10	9565	Turracher Höhe	229
Panorama Ladis ****	Wellness	10	6532	Ladis	148
Panorama Landhaus ****	Wellness	13	5562	Obertauern	89
Panorama Natur & Spa ****	Wellness	12	6474	Jerzens	147
Panorama Royal ****s	Wellness	12	6323	Bad Häring	135
Parkhotel ****	Wellness	11	6100	Seefeld	117
Parkhotel ***	Kur	10	2405	Bad Deutsch-Altenburg	55
Parkhotel ***	Wellness|Kur	13	7431	Bad Tatzmannsdorf	184
Parkhotel Bad Schallerbach ****	Wellness	12	4701	Bad Schallerbach	72
Parkhotel Hall ****	Business|Wellness	11	6060	Hall	114
Parkhotel Igls ****	Gesundheit	16	6080	Igls	115
Parkhotel Pörtschach ****	Wellness	14	9210	Pörtschach	220
Parkhotel Tristachersee ****	Wellness	13	9900	Lienz	163
Parkhotel Zur Klause ****	Kur|Wellness	11	4540	Bad Hall	70
Park's ****	Wellness	11	9220	Velden	221
Penzinghof ****	Wellness	11	6372	Oberndorf	141
Perner ****	Wellness	12	5562	Obertauern	89
Peternhof ****s	Wellness	13	6345	Kössen	135
Pfandler ****	Wellness	11	6213	Pertisau	123
Pfeffel Gartenhotel ****	Wellness	11	3601	Dürnstein	61

Hotelname	Kategorie	Punkte	PLZ	Ort	Seite
Pfeilerhof Gasthof ***	Kur|Wellness	9	8344	Bad Gleichenberg	200
Pfleger Landhotel ****	Wellness	10	9912	Anras	163
Pichlmayrgut ****	Wellness	10	8973	Pichl	211
Pichlschloss ***	Gesundheit|Wellness	11	8812	Mariahof	206
Pierer Almwellness ****s	Wellness	15	8163	Fladnitz	193
Pinzger ***	Wellness	9	6275	Stumm	128
Pirchner Hof ****	Wellness	12	6235	Reith im Alpbachtal	125
Piz Tasra ****	Wellness	12	6561	Ischgl	153
Plattenhof ****s	Wellness	10	6764	Lech	170
Platzer ****	Wellness	12	6281	Gerlos	129
Ponyhof ***	Wellness	10	8673	Ratten	205
Poppengut ****	Wellness	14	4573	Hinterstoder	70
Post ****s	Wellness	11	6561	Ischgl	153
Post ****s	Wellness	15	6631	Lermoos	158
Post ****	Wellness	11	6580	St. Anton	155
Post ****	Wellness	9	6563	Galtür	155
Post Bezau ****s	Wellness	14	6870	Bezau	173
Post Familien Erlebnis ****	Wellness	13	5091	Unken	82
Post Familienhotel ****	Wellness	10	9872	Millstatt	233
Post Gasthof Lech *****	Wellness	16	6764	Lech	170
Post Großkirchheim ***	Wellness	10	9843	Großkirchheim	231
Post Karlon ****	Wellness	9	8623	Aflenz-Kurort	204
Post am See ****	Wellness	12	6213	Pertisau	123
Posthotel Achenkirch *****	Wellness	18	6215	Achenkirch	125
Posthotel Kassl ****	Wellness	10	6433	Oetz	144
Priesteregg Bergdorf	Wellness	15	5771	Leogang	111
Princess Bergfrieden garni	Wellness	10	6100	Seefeld	117
Prägant ****	Wellness	11	9546	Bad Kleinkirchheim	225
Puchas Plus garni ****	Wellness	11	7551	Stegersbach	188
Pulverer Thermenwelt *****	Wellness|Gesundheit	15	9546	Bad Kleinkirchheim	226
Pyramide Eventhotel ****	Wellness	10	2334	Vösendorf	55
Q! Resort Kitzbühel ****	Wellness	11	6370	Kitzbühel	141
Quellengarten ***	Wellness	12	6951	Lingenau	175
Quellenhof ****s	Wellness	18	6105	Leutasch	117
Quellenhotel ****	Wellness|Kur	16	8271	Bad Waltersdorf	196
Radkersburger Hof ****	Kur|Wellness	11	8490	Bad Radkersburg	203
Raffl's St. Antoner Hof *****	Wellness	11	6580	St. Anton	155
Ramada Salzburg City Centre ****	Wellness	10	5020	Salzburg	82
Ramsauhof Biohotel ****	Wellness	12	8972	Ramsau	210
Ramsi Kinderhotel ****	Wellness	10	9620	Hermagor	229
Rasmushof ****	Wellness	12	6370	Kitzbühel	141
Rastbichlhof ****	Wellness	11	6167	Neustift-Kampl	121
Raunerhof ****	Wellness	10	8973	Pichl	211
Rauter ****	Wellness	10	9971	Matrei	164
Raxalpenhof ****	Wellness	12	2654	Prein an der Rax	57
Raxblick Gesundheitsresort	Kur|Rehabilitation	13	2654	Prein an der Rax	57
Regina ****s	Wellness	11	6450	Sölden	145
Reginig ****	Wellness	10	9762	Weißensee	231
Reiterhof Bio-Landhotel ****	Wellness	14	6215	Achenkirch	125
Reiters Allegria ****	Wellness	17	7551	Stegersbach	189
Reiters Finest Family ****s	Wellness	18	7431	Bad Tatzmannsdorf	185
Reiters Supreme *****	Wellness	20	7431	Bad Tatzmannsdorf	185
Replerhof Kinderhotel ****	Wellness	11	9974	Prägraten	164
Retter ****	Wellness	12	8225	Pöllauberg	195
Rickatschwende Gesundheitszentrum ****	Gesundheit|Wellness	16	6850	Dornbirn	172
Rieceralm ****	Wellness	12	5771	Leogang	111

Hotelname	Kategorie	Punkte	PLZ	Ort	Seite
Riederhof ****	Wellness	12	6531	Ried	148
Riedl ****	Wellness	10	6345	Kössen	136
Riedls Genießerschlössl ****	Wellness	11	6275	Stumm	128
Rieser Aktiv & Spa ****s	Wellness	16	6213	Pertisau	123
Rieser's Kinderhotel ****	Wellness	12	6212	Maurach	121
Rilano Resort Steinplatte ****	Wellness	11	6384	Waidring	142
Riml ****	Wellness	12	6456	Hochgurgl	145
Ring Bio-Hotel ****	Gesundheit|Beauty	11	8230	Hartberg	195
Ritzenhof ****s	Wellness	12	5760	Saalfelden	108
Ritzlerhof ****s	Wellness	13	6432	Sautens	144
Robinson Club Amadé ****	Wellness	12	5603	Kleinarl	95
Robinson Club Ampflwang ****	Wellness	10	4843	Ampflwang	74
Robinson Select Alpenrose ****	Wellness	10	6763	Zürs	168
Rogner Bad Blumau ****	Wellness	17	8283	Bad Blumau	199
Rohrmooserhof Aktivhotel ****	Wellness	12	8971	Rohrmoos-Untertal	209
Romantikhotel Zell am See ****	Wellness	12	5700	Zell am See	102
Ronach Mountainclub ****	Wellness	10	5742	Wald	105
Ronacher Thermenhotel *****s	Wellness	20	9546	Bad Kleinkirchheim	226
Rosengarten ****	Wellness	11	6365	Kirchberg	139
Rosenhof ****	Wellness	10	6993	Mittelberg	177
Rosentaler Hof ****	Wellness	10	9184	St. Jakob im Rosental	219
Rossbad Kur- & Gesundheitshotel ****	Kur|Wellness	12	6942	Krumbach	175
Rote Wand Gasthof ****	Wellness	12	6764	Lech	171
Rotspitz ***	Wellness	10	6212	Maurach	121
Royer Sporthotel ****s	Wellness	10	8970	Schladming	209
Rudolfshof Vitality ****	Wellness	12	5710	Kaprun	104
Rundeck garni ****	Wellness	10	6580	St. Anton	155
Rupertus Landhotel ****	Wellness	12	5771	Leogang	111
Rupp ****	Kur	10	4880	St. Georgen im Attergau	74
Römerhof ****	Wellness	11	5632	Dorfgastein	100
Römerhof Alpenhotel ****s	Wellness	10	5562	Obertauern	89
Römerstein Landhaus ****	Wellness	14	8282	Loipersdorf Therme	198
Rössle ****	Wellness	10	6883	Au	175
Saalbacher Hof ****	Wellness	11	5753	Saalbach	106
Sailer Familotel ***	Wellness	10	6473	Wenns	146
Saliter Hof ****s	Wellness	11	5760	Saalfelden	108
Salnerhof ****s	Wellness	11	6561	Ischgl	153
Salzburger Hof ****	Wellness	10	5640	Bad Gastein	101
Salzburger Hof Leogang ****	Wellness	11	5771	Leogang	111
Salzburger Hof Zauchensee ****s	Wellness	12	5541	Altenmarkt	87
Salzburger Nationalparkhotel ****	Wellness	11	5723	Uttendorf	104
Salzburgerhof *****	Wellness	20	5700	Zell am See	102
Salzerbad Kurhotel ****	Kur	10	3171	Kleinzell	59
Scesaplana ****	Wellness	10	6708	Brand	168
Schafhuber Landhotel ****	Wellness	10	5761	Maria Alm-Hinterthal	108
Schalber Wellness-Residenz *****s	Wellness	19	6534	Serfaus	150
Scheer Gasthof ***	Wellness	10	8344	Bad Gleichenberg	201
Scheffer's ****	Wellness	10	5541	Altenmarkt	87
Schermer Vital Landhotel ****s	Wellness	13	6363	Westendorf	138
Schick life ****	Gesundheit|Wellness	11	6344	Walchsee	135
Schiestl ****	Wellness	12	6264	Fügenberg	127
Schiff ****	Wellness	12	6952	Hittisau	175
Schillerkopf Alpinresort ****s	Wellness	12	6707	Bürserberg	168
Schloss Dürnstein *****	Wellness	12	3601	Dürnstein	62
Schloss Fuschl *****	Wellness	13	5322	Hof bei Salzburg	83
Schloss Kammer Landgasthof ****	Wellness	12	5751	Maishofen	105

Info und Buchen für alle Hotels: www.relax-guide.com ALLE HOTELS VON A BIS Z

Hotelname	Kategorie	Punkte	PLZ	Ort	Seite
Schloss Krumbach ****	Wellness	10	2851	Krumbach	58
Schloss Lebenberg *****	Wellness	13	6370	Kitzbühel	141
Schloss Leonstain ****	Wellness	12	9210	Pörtschach	220
Schloss Mondsee ****	Wellness	10	5310	Mondsee	77
Schloss Mönchstein *****	Wellness	12	5020	Salzburg	82
Schloss Pichlarn Spa & Golf Resort *****	Wellness|Gesundheit	17	8943	Aigen	207
Schloss Rosenau ****	Wellness	11	3924	Schloss Rosenau	62
Schloss Seefels *****	Wellness	17	9212	Pörtschach	220
Schloss Strobl Alpenmoorbad ****	Kur	10	5350	Strobl	85
Schloss Weikersdorf ****	Wellness	12	2500	Baden bei Wien	55
Schloss an der Eisenstraße ****	Wellness	10	3340	Waidhofen an der Ybbs	59
Schlosshotel Alpenresort ****s	Wellness	15	6533	Fiss	149
Schlosspark Mauerbach ****s	Wellness	12	3001	Mauerbach bei Wien	59
Schneeberghof ****	Wellness	12	2734	Puchberg am Schneeberg	57
Schneekönig Kinderhotel ****	Wellness	11	9564	Patergassen	228
Schneider ****s	Wellness	13	5562	Obertauern	90
Schreiner ***s	Wellness	10	7301	Deutschkreuz	183
Schrothkur	Gesundheit|Kur	16	9821	Obervellach	231
Schwaigerhof ****	Wellness	13	8971	Rohrmoos-Untertal	209
Schwarz Alm ****	Wellness	12	3910	Zwettl	62
Schwarz Alpenresort *****	Wellness	17	6414	Mieming	143
Schwarzbrunn ****s	Wellness	13	6135	Stans	119
Schwarzer Adler ****s	Wellness	11	6020	Innsbruck	114
Schwarzer Adler ****s	Wellness	11	6370	Kitzbühel	141
Schwarzer Adler ****	Wellness	11	6580	St. Anton	156
Schwarzer Adler ****	Wellness	11	6675	Tannheim	162
Schweitzer Biohotel ***	Wellness	11	6414	Mieming	143
Schweizerhof ****	Wellness	11	6370	Kitzbühel	141
Schwengerer Berggasthof ***	Wellness	10	8252	Mönichwald	195
Schönblick ****	Wellness	11	6911	Eichenberg	175
Schörblick ****	Wellness	11	9220	Velden	221
Schörruh ****	Wellness	12	6100	Seefeld	117
Schörhof ****	Wellness	10	5760	Saalfelden	108
Schütterhof ****	Wellness	12	8971	Rohrmoos-Untertal	209
Seefischer am See ****s	Wellness	14	9873	Döbriach	233
Seehof *****	Wellness	13	5311	Loibichl am Mondsee	77
Seehof-Seeresidenz ****s	Wellness	11	6344	Walchsee	135
Seehotel Europa ****s	Wellness	14	9220	Velden	221
Seehotel Grundlsee ****	Wellness	12	8993	Grundlsee	213
Seehotel Rust ****	Wellness	12	7071	Rust	180
Seekarhaus ****s	Wellness	14	5562	Obertauern	90
Seeland Apartment-Hotel ****	Wellness	11	9762	Weißensee	231
Seepark Congress & Spa ****	Wellness	12	9020	Klagenfurt	217
Seerose ****	Wellness	12	9551	Bodensdorf	227
Seespitz ****	Wellness	12	6100	Seefeld	117
Seetal Familienhotel ****	Wellness	14	6272	Kaltenbach	127
Seethaler Bio-Hotel ***	Wellness	10	6335	Thiersee	135
Seethurn ****	Wellness	11	5350	Strobl	85
Seevilla ****s	Wellness	14	8992	Altaussee	213
Seewirt ****	Wellness	11	7141	Podersdorf	181
Seewirt Mattsee ****	Wellness	12	5163	Mattsee	83
Seewirt Schlosshotel ****	Wellness	12	8864	Turracher Höhe	207
Seiblishof Family Hotel ****	Wellness	10	6561	Ischgl	153
Seinerzeit Almdorf	Wellness	14	9564	Patergassen	228
Seitenalm Familotel ****	Wellness	14	5550	Radstadt	88
Seiwald ****	Wellness	10	6382	Kirchdorf	142

Hotelname	Kategorie	Punkte	PLZ	Ort	Seite
Seiwald ****	Wellness	11	6353	Going	137
Semi Kinderhotel ****s	Wellness	12	7361	Lutzmannsburg	183
Sendlhof Thermenhotel ****	Wellness|Kur	11	5630	Bad Hofgastein	99
Seppl ****	Wellness	10	6162	Mutters	119
Seppl Sport & Vital ****	Wellness	12	6481	St. Leonhard	147
Sheraton Jagdhof Fuschlsee ****s	Wellness	12	5322	Hof bei Salzburg	83
Silberberger ****	Wellness	10	6311	Wildschönau-Oberau	134
Sillian Sporthotel ****	Wellness	13	9920	Sillian	163
Silvretta ****	Wellness	9	6791	St. Gallenkirch	172
Silvretta Montafon ****	Wellness	12	6793	Gaschurn	172
Simon ****	Wellness|Kur	12	7431	Bad Tatzmannsdorf	186
Singer Sporthotel & Spa ****s	Wellness	15	6622	Berwang	156
Sole-Felsen-Bad ****	Wellness	10	3950	Gmünd	63
Solstein ****	Wellness	11	6100	Seefeld	117
Sommerau Bio-Vital ***	Wellness|Gesundheit	11	5423	St. Koloman	85
Sommerhof ****	Wellness	10	4824	Gosau	74
Sonnalp Aktiv- & Erlebnishotel ****	Wellness	10	6212	Maurach	122
Sonnberghof Landhotel-Gut ****	Wellness	13	5730	Mittersill	104
Sonne ****	Wellness	11	5753	Saalbach	106
Sonne Activ Sunny ****	Wellness	9	6365	Kirchberg	139
Sonne Lifestyle Resort ****s	Wellness	14	6881	Mellau	174
Sonneck ****	Wellness	10	6345	Kössen	136
Sonnelino Kinderhotel ****	Wellness	10	9122	St. Kanzian	219
Sonnenburg ****s	Wellness	11	6764	Lech	171
Sonnenhof ****	Wellness	10	6673	Grän	160
Sonnenhotel Hafnersee ****	Wellness	9	9074	Keutschach	217
Sonnenpark ****	Wellness	16	7361	Lutzmannsburg	183
Sonnenspitze ****	Wellness	9	6632	Ehrwald	158
Sonngastein ****	Wellness	11	5640	Bad Gastein	101
Sonnhof ****s	Wellness	14	5600	St. Johann	93
Sonnhof ****	Wellness	11	5621	St. Veit	96
Sonnhof Ayurveda Resort ****	Gesundheit|Wellness	16	6335	Thiersee	135
Sonnschein ****	Wellness	10	6314	Wildschönau-Niederau	134
Spanberger ****	Gesundheit	13	8962	Gröbming	207
Speckbacherhof ****	Wellness	11	6069	Gnadenwald	114
Spielmann ****	Wellness	11	6632	Ehrwald	158
Spirodom ****	Wellness	10	8911	Admont	207
Sportalm ****	Wellness	9	6481	St. Leonhard	147
St. Georg ****	Kur|Wellness	11	5630	Bad Hofgastein	99
St. Georg Landhaus ****	Wellness	12	8962	Gröbming	207
St. Josef ***	Kur	12	5422	Bad Dürrnberg	85
St. Laurentius Familienhotel ****	Wellness	11	6533	Fiss	149
St. Martins Therme & Lodge ****s	Wellness	16	7132	Frauenkirchen	180
St. Peter ****	Wellness	10	6100	Seefeld	117
St. Zeno Familotel ****	Wellness	11	6534	Serfaus	151
Stanglwirt Bio-Hotel *****	Wellness	16	6353	Going	137
Staribacher ****	Wellness	10	8430	Leibnitz-Kaindorf	201
Stefan ****	Wellness	11	6450	Sölden	145
Stefanie Life & Spa ****	Wellness	13	6283	Hippach	131
Steffisalp ****	Wellness	12	6767	Warth	171
Stegerhof ****	Wellness	11	8953	Donnersbachwald	207
Steigenberger Kaprun ****	Wellness	12	5710	Kaprun	104
Steigenberger Krems ****	Wellness	13	3500	Krems	60
Steinberger Event & Seminar ****	Wellness	9	3033	Altlengbach	59
Steinberger Vital-Seminar ****	Wellness	10	3032	Eichgraben	59
Steinbock ***	Wellness	10	6993	Mittelberg	177

Hotelname	Kategorie	Punkte	PLZ	Ort	Seite
Steiner ****	Wellness	13	5562	Obertauern	90
Steirerhof Wander-Vitalhotel ****	Wellness	10	8973	Pichl	211
Stenitzer ****	Wellness	13	8344	Bad Gleichenberg	201
Stern Ehrwald ***	Wellness	9	6632	Ehrwald	158
Stern Elbigenalp ****	Wellness	9	6652	Elbigenalp	158
Sternsteinhof Schönheitsfarm ****	Beauty	12	4190	Bad Leonfelden	67
Stock Resort *****	Wellness	19	6292	Finkenberg	131
Stocker´s Erlebniswelt ****	Wellness	10	8971	Rohrmoos-Untertal	209
Stoderhof ****	Wellness	10	4573	Hinterstoder	70
Stofflerwirt Landhotel ***	Wellness	10	5582	St. Michael	92
Stoiser Thermenhotel ****s	Wellness	15	8282	Loipersdorf Therme	199
Stoiser´s garni ****	Wellness	9	8044	Graz	193
Strasser Landhaus garni	Wellness	11	6306	Söll	134
Strasserwirt Herrenansitz ****	Wellness	11	9918	Strassen	163
Strobl Vital ****	Wellness	10	7533	Ollersdorf	187
Strobler Hof ****	Wellness	10	5350	Strobl	85
Stubaier Hof ****	Wellness	12	6166	Fulpmes	119
Styria Vitalhotel ****	Wellness	11	8163	Fladnitz	193
Sundance Grande Mountain Resort ****	Wellness	11	8864	Turracher Höhe	207
Sägerhof ****	Wellness	12	6675	Tannheim	162
Talhof ****	Wellness	9	6610	Wängle	156
Tandler Naturhotel ****	Wellness	12	9963	St. Jakob	164
Tannbergerhof ****s	Wellness	10	6764	Lech	171
Tannenhof ****s	Wellness	11	5600	St. Johann	95
Tannenhof ***	Wellness	9	6655	Steeg	159
Tannenhof Ischgl ***s	Wellness	9	6561	Ischgl	153
Tannenhof St. Anton *****s	Wellness	17	6580	St. Anton	156
Tauern Spa ****	Wellness	14	5710	Kaprun	104
Tauernhof Flachau ****	Wellness	10	5542	Flachau	87
Tauernhof Kaprun ****	Wellness	11	5710	Kaprun	104
Tauernhof Kleinarl ****	Wellness	11	5603	Kleinarl	95
Tauernhof Vitalhotel ****	Wellness	12	5611	Großarl	96
Tauferberg ***	Wellness	9	6441	Niederthai	144
Taurerwirt Vitalhotel ****	Wellness	13	9981	Kals am Großglockner	165
Teichwirt ****	Wellness	11	8163	Fladnitz	195
Tennerhof *****	Wellness	12	6370	Kitzbühel	141
Thaller Posthotel ****	Wellness	10	8184	Anger	195
Theresa Genießer-Hotel ****s	Wellness	17	6280	Zell am Ziller	128
Theresia Gartenhotel ****s	Wellness	13	5754	Saalbach-Hinterglemm	106
Thermal Biodorf ****	Wellness	11	8271	Bad Waltersdorf	197
Thermalbad Weissenbach ****	Kur	11	9412	St. Margarethen	222
Therme Geinberg Vitalhotel ****	Wellness	14	4943	Geinberg	76
Therme Laa ****s	Wellness	15	2136	Laa an der Thaya	54
Thermen- & Vitalhotel ****s	Wellness|Kur	15	7431	Bad Tatzmannsdorf	186
Thermenhof Paierl ****s	Wellness	16	8271	Bad Waltersdorf	197
Thermenoase garni ****	Wellness	10	8283	Bad Blumau	199
Thier ****	Wellness	10	2872	Mönichkirchen	59
Thurnhers Alpenhof *****s	Wellness	12	6763	Zürs	168
Tieflehner Hof ****	Wellness	10	6481	St. Leonhard	147
Tirol Ischgl ****	Wellness	11	6561	Ischgl	153
Tirolerhof ****s	Wellness	11	5700	Zell am See	103
Tirolerhof ****	Wellness	10	6543	Nauders	153
Tirolerhof ***	Wellness	10	6311	Wildschönau-Oberau	134
Tirolerhof Kinderhotel ****	Wellness	10	6632	Ehrwald	158
Told Almhotel ***	Wellness	10	6673	Grän	160
Tonnerhütte ***	Wellness	13	8822	Mühlen	206

Hotelname	Kategorie	Punkte	PLZ	Ort	Seite
Top Hochgurgl *****	Wellness	13	6456	Hochgurgl	146
Trattnig ****	Wellness	12	9873	Döbriach	233
Traube ****	Wellness	10	6542	Pfunds	151
Traube Braz ****	Wellness	12	6751	Braz	168
Traube Romantikhotel ****	Wellness	11	9900	Lienz	163
Traunsee Seehotel ****	Wellness	12	4801	Traunkirchen	72
Travel Charme Bergresort ****s	Wellness	13	5453	Werfenweng	86
Travel Charme Fürstenhaus ****s	Wellness	15	6213	Pertisau	123
Travel Charme Ifen-Hotel *****	Wellness	13	6992	Hirschegg	177
Triest ****	Kur|Wellness	11	8490	Bad Radkersburg	203
Trofana ****	Wellness	10	6561	Ischgl	153
Trofana Royal *****s	Wellness	14	6561	Ischgl	153
Truyenhof ****	Wellness	10	6531	Ried	148
Tuffbad Almwellness ****s	Wellness	14	9654	St. Lorenzen im Lesachtal	230
Tulbingerkogel ****	Wellness	12	3001	Mauerbach bei Wien	59
Tuxerhof Alpin Spa ****s	Wellness	14	6293	Tux	132
Tuxertal ****	Wellness	12	6293	Tux	133
Tyrol Grän ****	Wellness	13	6673	Grän	160
Tyrol Pfunds ****	Wellness	10	6542	Pfunds	151
Tyrol Söll ****	Wellness	10	6306	Söll	134
Unterlechner ****	Wellness	12	6392	St. Jakob in Haus	143
Unterschwarzachhof ****s	Wellness	14	5754	Saalbach-Hinterglemm	107
Urslauerhof ****	Wellness	12	5761	Maria Alm	108
Übergossene Alm ****s	Wellness	17	5652	Dienten am Hochkönig	101
Val Blu Resort ***	Wellness	10	6700	Bludenz	168
Valavier Aktivresort ****	Wellness	12	6708	Brand	168
Valluga ****	Wellness	12	6580	St. Anton	156
Veronika ****	Wellness	11	6100	Seefeld	117
Verwall ****	Wellness	11	6793	Gaschurn	172
Via Salina ****	Wellness	11	6672	Nesselwängle	159
Vier Jahreszeiten ****s	Wellness	13	6481	St. Leonhard	147
Vier Jahreszeiten ****	Wellness	10	6212	Maurach	122
Vier Jahreszeiten ****	Wellness	11	5710	Kaprun	104
Vier Jahreszeiten ****	Wellness	12	8282	Loipersdorf Therme	199
Vier Jahreszeiten ****	Wellness	13	7361	Lutzmannsburg	183
Vier Jahreszeiten Landhaus ****	Wellness|Kur	12	8490	Bad Radkersburg	203
Vila Vita Pannonia ****	Wellness	15	7152	Pamhagen	181
Villa Seilern ****	Wellness|Kur	13	4820	Bad Ischl	73
Vitalhotel ****	Wellness|Kur	10	8490	Bad Radkersburg	203
Vitalhotel Heilbrunn ****	Kur	11	8983	Bad Mitterndorf	212
Vitalhotel Wolfgangsee ****	Wellness	15	5360	St. Wolfgang	79
Vitana Kurhotel	Kur	12	4540	Bad Hall	70
Viva	Gesundheit	18	9082	Maria Wörth	217
Vollererhof Kurhotel ****	Gesundheit|Wellness	17	5412	Puch	85
Völserhof Wasserhotel ****	Wellness|Kur	10	5630	Bad Hofgastein	99
Wachtelhof Jagdgut	Wellness	12	5761	Maria Alm-Hinterthal	108
Wagner Panoramahotel ****	Wellness	12	2680	Semmering	57
Wagrain Sporthotel ****	Wellness	10	5602	Wagrain	95
Waidringer Hof Glückshotel ****	Wellness	12	6384	Waidring	142
Waldfrieden Alpenhotel ****	Wellness	12	8971	Rohrmoos-Untertal	209
Waldheimathof ****	Wellness	11	8671	Alpl bei Krieglach	205
Waldhof ****	Wellness	12	5611	Großarl	95
Waldklause Naturhotel ****s	Wellness	17	6444	Längenfeld	144
Walliserhof ****	Wellness	11	6708	Brand	168
Walserhof ****	Wellness	11	6992	Hirschegg	177
Walserhof Vitalhotel ****	Wellness	10	6733	Fontanella	168

Hotelname	Kategorie	Punkte	PLZ	Ort	Seite
Wanzenböck ****	Wellness|Kur	13	2734	Puchberg am Schneeberg	57
Warmbaderhof *****	Wellness|Kur	15	9504	Warmbad-Villach	223
Warther Hof ****s	Wellness	12	6767	Warth	171
Wasnerin G'sund & Natur ****	Wellness	17	8990	Bad Aussee	213
Wastlhof ****	Wellness	12	6314	Wildschönau-Niederau	134
Wastlwirt ****	Wellness	10	5582	St. Michael	92
Weinhof Kappel ****	Wellness	14	8442	Kitzeck	201
Weismayr	Wellness	9	5640	Bad Gastein	101
Weisses Rössl *****	Wellness	12	6370	Kitzbühel	141
Weitlanbrunn ****	Wellness	10	9920	Sillian	164
Weißbriach Kurhotel ****	Kur	11	9622	Weißbriach	229
Weißenseerhof Bio-Vitalhotel ****s	Wellness	12	9762	Weißensee	231
Wende ****	Wellness	11	7100	Neusiedl am See	180
Werzer's Resort ****	Wellness	14	9210	Pörtschach	220
Werzer's Velden ****	Wellness	14	9220	Velden	222
Werzer's Wallerwirt ****	Wellness	12	9212	Techelsberg	221
Widderstein ****	Wellness	10	6888	Schröcken	175
Wiesenhof ****s	Wellness	13	6213	Pertisau	123
Wiesergut	Wellness	17	5754	Saalbach-Hinterglemm	107
Wildbad Kurhotel	Kur	12	9323	Dürnstein	213
Wildspitze ****	Wellness	12	6481	St. Leonhard	147
Windischgarstnerhof ****	Kur|Wellness	11	4580	Windischgarsten	71
Winzer ****	Wellness	12	4880	St. Georgen im Attergau	74
Wirlerhof ****	Wellness	11	6563	Galtür	155
Wulfenia ****	Wellness	11	9620	Hermagor	229
Wöscherhof Aktivhotel ****	Wellness	15	6271	Uderns	127
Xander Sporthotel ****	Wellness	10	6105	Leutasch	118
Zanangspitze ****	Wellness	12	6791	St. Gallenkirch	172
Zanker ****	Wellness	10	9873	Döbriach	233
Zapfenhof Landgut ****	Wellness	10	6280	Zell am Ziller	129
Zauchenseehof ****	Wellness	10	5541	Altenmarkt	87
Zedern Klang ****s	Wellness	12	9961	Hopfgarten	164
Zenzerwirt Landhotel ****	Wellness	11	6283	Hippach	131
Zhero	Wellness	11	6555	Kappl	153
Ziegler Panoramahof garni ****	Wellness	10	8271	Bad Waltersdorf	198
Zillertaler Grillhof ***	Wellness	9	6272	Ried	128
Zinnkrügl ****s	Wellness	12	5600	St. Johann	95
Zu den drei Brüdern ****	Wellness	12	5091	Unken	82
Zugspitze Aktiv- & Familienresort ****	Wellness	11	6632	Ehrwald	158
Zum Gourmet ****	Wellness	12	6100	Seefeld	117
Zum Grünen Baum ****	Wellness	10	6632	Ehrwald	158
Zum Jungen Römer ****	Wellness	12	5550	Radstadt	89
Zum Mohren ****	Wellness	10	6600	Reutte	156
Zum Ritter ****	Wellness	10	6675	Tannheim	162
Zum Steinhauser ****	Wellness	10	8171	St. Kathrein am Offenegg	195
Zum Stern ****s	Wellness	13	5630	Bad Hofgastein	99
Zur Alten Post ****	Wellness	9	8430	Leibnitz	201
Zur Grünen Au ****	Wellness	12	8225	Pöllau	195
Zur Post ****	Wellness	10	5622	Goldegg	96
Zur Post Döbriach ***s	Wellness	10	9873	Döbriach	233
Zur Tenne ****	Wellness	11	6370	Kitzbühel	141
Zürserhof *****	Wellness	13	6763	Zürs	168